제5판

영유아 놀이 이론과 실제

이숙재

창지사

머리말

교육현장에서 놀이 지도를 직접 해 본 경험과 대학에서 놀이 관련 교과목을 강의하고 연구하면서 유아 놀이의 중요성을 실감한 것이 계기가 되어 1990년에 『유아를 위한 놀이의 이론과 실제』를 발간하였다. 놀이강의교재가 부족하던 시기에 놀이 이론과 지도방안을 종합적으로 제시하겠다는 사명감을 가지고 본서를 집필하던 때가 생생하게 기억난다. 오랜 동안 분에 넘치는 사랑을 받은 본서에 대한 책임을 다하기 위하여 4판 개정을 하면서 영아 놀이를 포함하여 제목을 『영유아 놀이의 이론과 실제』로 수정하였고, 4판에 미흡했던 부분을 보완하여 5판을 출간하게 되었다. 그동안 우리나라 영유아 교육· 보육 분야에서 많은 변화와 발전이 있었으나 실제로 영유아들은 놀이를 통한 즐거움과 배움의 기회를 예선보나 너 박탈당하고 있다. 지나친 조기학습의 열풍으로 영유아기부터 놀이할 시간과 환경을 잃어가고 있는 것이 현실이다. 앞으로 우리 영유아에게 놀이를 통한 삶과 앎의 기쁨을 마음껏 추구할 수 있는 권리를 되돌려주기 위해 다각적인 측면에서 노력해야 할 것이다.

본서의 구성은 4판과 거의 동일하며 총 10장으로 되어 있다. 내용면에서는 최근에 발표된 국내외 연구물을 추가하여 소개하였다. 1장에서는 놀이에 대한 이해를 돕기 위하여 놀이의 개념 및 특성, 놀이의 의의를 고찰하였고 놀이 연구 동향을 국내·외로 나누어 살펴보았다. 2장에서는 고전적 놀이 이론과 현대적 놀이 이론 등 놀이 이론을 서술했으며, 3장에서는 놀이와 영유아 발달의 관계를 영아기와 유아기로 구분하여 제시하였다. 놀이의 발달 과정을 다룬 4장에서는 출생~5세 영유아의 연령별 놀이 발달을 살펴보았고 유형별 놀이 발달을 사회적 놀이와 인지적 놀이로 나누어 소개하였다. 5장에서는 놀이 발달에 영향을 미치는 요인으로 영유아의 개인적 요인과 환경적 요인을 최근 연구 결과를 중심으로 소개하였다. 6장 놀이 지도에서는 교사의 역할을 좀 더 포괄적으로 살펴보았으며, 7장 놀이 환경에서는 실내 놀이실과 실외 놀이장의 환경 구성 및 어린이 놀이터 내용을 보완하여 소개하였다. 8장에서는 영아기 발달 특징에 적합한 신체놀이, 탐색놀이, 말놀이, 상징놀이, 표현놀이 등 다섯 가지 놀이의 의의와 교사 상호작용 및 놀잇감을 살펴보았다. 9장에서는 유아 놀이 활동으로 역할놀이, 연극놀이, 운동놀이, 쌓기놀이, 조작놀이, 물놀이, 모래놀이, 전래놀이, 목공놀이, 게임 등 열 가지 놀이에 대한 이론과 실제를 소개하였다. 마지막으로 10장에서는 장애아의 놀이를 지적장애아, 신체장애아, 정서장애아로 분류하여 서술하였다.

본서는 대학에서 유아교육학, 아동학, 보육학, 사회복지학 및 관련 학과 학생들의 교재로 활용될 수 있을 뿐만 아니라 유치원, 어린이집 교사, 학부모, 그 밖에 놀이 지도에 관심이 있는 분들에게 도움이 되길 바란다.

본서가 출판될 수 있도록 많은 분들이 베풀어 주신 도움과 격려에 감사를 드린다. 학자로서의 인생길을 열어 주시고 이끌어 주신 최이순 학장님, 이숙종 학원장님, 최정훈 교수님, 지혜련 교수님, 이은해 교수님, 이병림 교수님, 이형행 교수님께 진심으로 감사드린다. 또한 놀이 연구에 큰 힘이 되어 주신 성신여대 유아교육과 교수님, 학부 학생들과 대학원 석·박사생들에게 고마운 마음 전한다. 그 밖에 자료 수집을 도와 주고 생생한 영아 놀이 현장 자료를 보내 주고 놀이 활동 검토 작업을 위해 많은 수고를 해준 사랑하는 제자들에게 감사를 전한다. 출판을 맡아주신 창지사의 김기섭 사장님, 나기영 부사장님 그리고 편집부 직원 여러분께 진심으로 감사를 드린다.

풍부한 감성과 열린 마음으로 놀이재미에 푹 빠져 있는 손녀를 보면서, 본서가 영유아의 신나는 놀이세상을 지원하는 데 작은 보탬이 되기를 기대해 본다.

2019년 1월

이 숙 재

차 례

03 놀이와 영유아 발달 ··· 59

04 놀이 발달 ··· 77

05 놀이에 영향을 주는 요인 ··· 101

06 놀이 지도 ··· 129

07 놀이 환경 ··· 161

08 영아 놀이 활동 ··· 231

09 유아 놀이 활동 ··· 259

01

놀이에 대한 이해

놀이는 아주 친숙한 용어이며 고대로부터 현재까지 철학, 심리학, 사회학, 인류학, 아동학, 유아교육학 등 광범위한 분야에서 중요성을 인정하여 꾸준히 연구된 주제이다. 그러나 놀이의 본질에 대한 학문적 탐구가 계속 이어져 왔음에도 불구하고 아직까지 놀이 개념에 대한 실제적 이해에 더 근접하지는 못한 것 같다. 더욱이 현대 사회에서 인지적 성취만을 중시하는 가치관이 팽배하면서 놀이는 비생산적 행동으로 인식되고 이로 인해 영유아들이 놀이할 기회를 박탈당하는 경향이 심화되고 있다. 이런 상황에서 놀이의 본질이 무엇이고 어떤 의미를 갖는지 근원적으로 살펴보는 일은 매우 의미가 크다 하겠다.

1장에서는 놀이에 대한 이해를 돕기 위해 놀이의 개념과 특성, 놀이의 의의, 놀이 연구 동향을 고찰하고자 한다.

1 놀이의 개념 및 특성

놀이의 중요성이 강조되면서 1800년대부터 최근까지 많은 학자들이 다양한 관점에서 놀이의 의미를 밝혀왔다. 예를 들어 Schiller는 놀이를 잉여에너지의 발산으로 보았고, Fröbel은 인간의 가장 순수한 정신적 활동이 놀이라고 정의했으며, Isaacs는 놀이가 영유아의 삶 자체인 동시에 세상을 이해하는 수단이라고 정의하였다. 또한 Dewey는 놀이를 영유아의 신체, 정서, 인지, 사회 발달을 도모하는 수단으로 간주하였다(Frost, 1992). 이와 같이 여러 학자가 관심을 가지고 놀이를 정의했음에도 불구하고 놀이의 본질 규명은 미흡한 실정이다.

일반적으로 학자들은 놀이를 하나의 행동 범주로 개념화하기 위해 놀이와 유사한 행동인 탐색과 비교하거나 놀이와 대립하는 행동, 즉 일과 구분하여 놀이의 특성을 밝히려는 우회적인 시도를 하였다. 본 절에서는 이런 접근법을 통하여 놀이 개념과 특성을 살펴보고자 한다.

1) 놀이와 탐색

놀이와 유사한 행동으로 자주 언급되는 것이 탐색 행동(exploration)이다. 놀이와 탐색은 어떤 외적 목표를 성취하기 위한 것이 아니라 내적으로 동기화된 행동이라는 공통점을 갖는데, Hutt(1971)는 놀이와 탐색 행동을 완전히 별개의 행동으로 구분하는 입장을 취했다. Hutt에 의하면 탐색은 '이 물건의 속성은 무엇일까(What does this object do)?'라는 의문을 풀기 위한 행동인 반면에, 놀이는 '이 물건을 가지고 무엇을 할 수 있을까(What can I do with this object)?'라는 의문에 연관되는 행동이라고 한다. Burghardt(1984)도 탐색은 일종의 정보 수집 활동이라고 할 수 있으나 놀이에는 이러한 직접적인 기능이 없으며, 탐색은 놀이에 앞서 일어날 뿐 아니라 익숙한 상황보다는 새롭고 신기한 상황에서 더 잘 나타난다고 주장하였다. 또한 Wohlwill(1984)도 놀이와 탐색을 행동의 정형화 정도, 집중도, 정서 상태 등 세 가지 측면에서 구별하였다. 즉, 탐색 행동은 상황이나 대상에 따라 거의 변하지 않고 정형화된 행동으로 표출되는 반면에 놀이는 매우 다양한 행동으로 표현되는 차이를 보이며 탐색할 때는 놀이할 때보다 모든 감각기관이 대상물에 더 집중하는 특징이 있다고 한다. 또한 탐색할 때는 긴장해서 집중하기 때문에 약간 부정적 정서가 지배적이지만 놀이할 때는 이완되어 미소, 웃음 등의 긍정적 정서가 주로 표현되는 차이를 보인다고 주장한다.

한편 Hutt는 탐색 행동을 특정 탐색(specific exploration)과 다각적 탐색(diversive exploration)으로 세분화하였다. 특정 탐색이란 새로운 자극물을 접할 때 그 자극물을 만져 보고 조작하여 시험해 보는 반응을 의미한다. 또한 다각적 탐색은 자극물의 특징을 파악한 후에 좀 더 내적으로 동기화되고 오랜 시간 지속하는 탐색으로 Hutt는 특정 탐색보다 다각적 탐색이 더 놀이에 가깝다고 주장하였다. 그러나 Fenson과 Schell(1986)은 동물이나 인간의 초기 발달 단계에서는 탐색과 놀이가 분명하게 구별되지 않으므로 '탐색적 놀이'라는 용어를 사용해야 한다고 주장하였다. 놀이와 탐색 행동의 특성을 비교하면 다음 〈표 1-1〉과 같다.

〈표 1-1〉 놀이와 탐색 비교

	놀이	탐색
시기	탐색 이후에 나타남	놀이 전에 나타남
대상	익숙한 사물	새로운 사물
목표	만족 추구	정보 획득
행동	다양한 행동	정형화된 행동
정서	즐거움	진지함
심장박동	변화 큼	변화 적음

출처: Johnson, Christie, & Yawkey(1999: 16).

2) 놀이와 일

어떤 용어의 개념적 가치가 그 반대되는 말에 의하여 규정될 수 있다는 사실에 근거하여 놀이와 놀이가 아닌 행동을 서로 대비시켜 접근하는 학자들도 있다. 대표적 학자 Levy(1978)는 놀이 행동을 인간의 창의적이고 심오한 특성을 계발시키는 역동적인 과정이라고 정의하면서 [그림 1-1]과 같이 설명하였다.

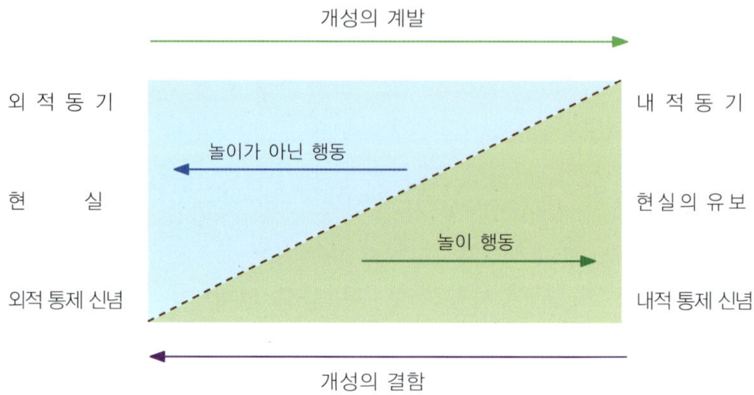

출처: Levy(1978: 19).

[그림 1-1] 놀이 행동 : 개성의 계발

그림에서 알 수 있는 바와 같이 Levy는 놀이 행동의 특성으로 내적 동기(intrinsic motivation), 현실의 유보(suspension of reality), 내적 통제 신념(internal locus of control) 등 세 가지를 지적하였다. 놀이가 아닌 행동의 특성으로는 외적 동기, 현실, 외적 통제 신념 등 세 가지를 제시하였다.

놀이의 세 가지 특성 가운데 내적 동기란 행동 자체에서 만족을 얻는 것으로 행동의 결과에 의해서 만족을 얻는 외적 동기와는 구별된다. 예를 들어 보물찾기 놀이에서 어떤 남아가 보물을 찾아 기뻐하며 그것을 가지고 갔다면 이 남아는 보물을 찾은 자기 행동의 결과에서 보상을 받은 것이다. 그러나 보물을 찾은 후에도 다시 감추고 찾는 행동을 반복했다면 찾는 행동 자체가 보상된 것이며 바로 이런 행동이 놀이의 특징이라 할 수 있다. 이와 같이 내적으로 동기화가 되면 자아의식을 하지 않고 활동에 완전히 몰입하게 된다.

Levy가 지적한 놀이의 두 번째 특성은 현실의 유보로 놀이 중에 현실적 자아를 떠나서 잠시 동안 '환상적 자아', '상상적 자아'를 수용하는 것이다. 즉, 일종의 자아 망각현상으로 이러한 특성 때문에 영유아는 놀이 세계에서 현실에 얽매이지 않고 자유롭게 상상하고 다양한 탐색과 경험을 할 수 있다.

세 번째 놀이 특성인 내적 통제 신념이란 사람들이 자기 자신의 행동과 행동의 결과를 스스로 통제하고 있다고 지각하는 정도를 의미한다. 놀이를 하는 영유아는 자신에게 책임과 통제권이 있다고 믿음으로써 놀이가 아닌 행동을 할 때보다 외부 요인의 영향을 덜 받고 스스로 선택하고 만족하게 된다고 한다.

놀이	일
능동적 ↔	수동적
자발적 ↔	강요적
재미있음 ↔	단조롭고 고됨
목표 없음 ↔	외적 목표에 구속
스스로 시작함 ↔	타인에 의해 착수됨
진지함 ↔	무사 안일함

출처: Frost & Klein(1979: 21).

[그림 1-2] 놀이-일 연속체

Frost와 Klein(1979), Dattner(1986)도 놀이와 놀이가 아닌 행동, 즉 일(work)의 특성을 대비시킴으로써 놀이의 본질을 규명하였다. 이 학자들은 놀이와 일의 특성이 각기 다르지만 서로 이분화되는 것이 아니라 연속선상에 있음을 강조하였다.

Frost와 Klein은 놀이와 일의 고유 특성을 연속선상에서 [그림 1-2]와 같이 제시하였다. Frost와 Klein에 의하면 놀이는 능동적, 자발적이며 재미있고 과정 중심적인 특성이 강한 활동인 데 비해서 일은 수동적, 강요적이며 단조롭고 고되며 외부로부터 부과된 규칙의 구속을 받는 특성이 있다.

Dattner도 놀이와 일을 다음 네 가지 측면에서 비교하고 있다. 먼저 일은 우리의 생계를 유지하기 위해서 강제적으로 요구되지만, 놀이는 지극히 자발적으로 표출되는 행동이라는 점, 일은 생산과 관련되는 반면에 놀이는 그 자체가 목적인 경우가 많다는 점, 또한 일은 외부에서 강요된 규칙에 따르게 되지만, 놀이를 지배하는 규칙은 자발적으로 형성된다는 점, 마지막으로 일은 현실 세계에서만 이루어지나 놀이는 현실 세계를 초월할 수 있다는 점을 지적하였다.

이러한 학자들의 주장은 연구 결과를 통해서도 입증되었다. 유아의 놀이 개념을 분석한 King(1979)의 연구에서 유아들은 스스로 선택한 활동만을 놀이로 생각하고 교사가 지시한 활동은 일로 간주하였다. Fein(1985)도 5~9세 유아와 아동을 면접하여 놀이와 일의 의미를 분석한 결과, 누군가가 자신에게 시킨 활동은 일로 인지하고 있었다. 또한 Smith와 Vollstedt(1985)는 성인을 대상으로 놀이 특성에 대한 인식을 조사하였다. 그 결과 성인들은 긍정적 정서, 비현실성, 과정 중심, 가변성 등 네 가지를 놀이의 특성으로 지적하였다. 그 밖에 우리나라 어머니를 대상으로 놀이와 일의 개념을 분석한 남현숙(1992)도 어머니들이 놀이는 내적으로 동기화되고 즐거운 활동으로 정의하고 일은 생활을 위해서 필요한 활동, 보상받는 활동으로 인식하고 있음을 밝혀냈다.

한편 Sutton-Smith와 Kelly-Byrne(1984)은 이제까지 놀이의 본질이 너무 이상적이고 긍정적인 측면에서 규명된 경향이 있다고 반론을 제기하였다. 즉, 이제까지 많은 학자가 놀이의 특성으로 자유와 자발성, 긍정적 정서, 융통성과 사회화 기능 등을 지적하였는데 실제로 놀이 행동에는 이런 특성 이외에 부정적인 측면도 포함된다는 것이다. 예를 들어 영유아의 놀이를 관찰해 보면, 힘센 또래들에 의해서 자유로운 놀이 선택이 불가능하게 되고, 때로는 의견 충돌로 싸움이 벌어져 부정적 정서가 유발되기도 한다.

이러한 의미에서 놀이의 양면적 특성이 고려되어야 한다고 주장하는 학자들도 있는데 Huizinga(1981), Sutton-Smith(1986 a,b) 등이 대표적인 학자이다. 특히 저명한 문화사가 Huizinga는 인간에게 놀이가 매우 중요한 기능을 한다는 의미에서 '호모 루덴스(Homo Ludens)', 즉 '놀이하는 인간'을 주장하였다. 그는 인간 사회의 중요한 원형적 행위에 놀이 요소가 스며들어 있다고 강조하면서 놀이를 문화 영역으로 확장시켜 놀이 연구의 외연을 넓히는 데 기여하였다. 또한 놀이에는 어떤 것을 얻기 위한 투쟁과 어떤 것에 관한 표현이라는 상반된 기능이 있다고 보았다. Sutton-Smith도 놀이에는 긍정적인 정서와 자유롭고 융통적인 특성이 있는 동시에 긴장감과 부정적인 정서도 내포된다고 놀이의 양면적 특성을 제시하였다.

놀이의 긍정적 측면이 강조된 주요 원인에 대해 학자들(Garza, Briley & Reifel,

1985; Kelly-Byrne, 1989; Sutton-Smith, 1986a, b)은 놀이를 성인의 관점에서 이상화(idealization)하였기 때문이라고 주장한다. 즉, 놀이의 본질을 논의할 때 놀이자의 입장에서 자료나 정보를 수집하기보다 연구자인 성인의 입장에서 임의로 추론해 왔기 때문이라는 것이다(Schwartzman, 1978). 그러므로 성인들이 놀이라고 인식한 행동이 놀이자의 관점에서 볼 때 놀이가 아닐 가능성도 크므로 놀이자 관점에서 놀이의 본질을 조명해 볼 필요가 있다고 강조한다.

영유아의 입장에서 놀이 개념을 분석한 연구는 많지 않은 편인데, 앞에 소개한 King, Fein의 연구와 우리나라에서 이루어진 연구 결과(이숙재, 1992; 양옥승·이정란·나은숙, 2002)를 종합해 보면, 영유아들은 놀이의 특성으로 자발성, 재미, 과정 중심 등을 지적함으로써 성인의 인식과 거의 일치하였다. 또한 놀이 중에서도 싫증 나거나 힘 드는 놀이, 실패 경험을 많이 하는 놀이는 재미없는 놀이로 규정하여 놀이의 양면적 특성을 인식하고 있음을 보여 주었다.

3) 놀이의 특성

이상에서 놀이의 개념이 여러 관점에서 어떻게 다루어지고 있는지를 살펴보았다. 이를 토대로 놀이의 특성을 정리하면, 긍정적 정서, 비사실성, 내적 동기, 자유선택, 과정 중심, 융통성, 내부에서 부여된 규칙 등으로 설명할 수 있다. 놀이 특성을 자세히 소개하면 다음과 같다(김경섭, 2008; 지혜련, 1992; Caillois, 2003; Fromberg, 2002; Johnson, Chriestie, & Yawkey, 1999).

(1) 긍정적 정서

놀이의 가장 핵심적 특성은 놀이하는 영유아에게 기쁨과 즐거움을 준다는 점이다. 배가 고프거나 놀이 기구에 올라가는 것이 두려운 상황에서도 놀이를 지속하는 것은 놀이를 통해 느끼는 즐거움, 재미 때문이다. 놀이를 하면서 때로는 부정적인 정서가 표현되기도 하지만(신유림, 2000), 놀이 중에 가장 지배적으로 나타나는 정서 표현은 흥미와 기쁨(김희연, 2001)이라 할 수 있다.

(2) 비사실성

놀이는 비사실적이다. 놀이에는 가작화 요소(as-if elements)가 내포되어서 실제의 자기가 아닌 또는 실제의 사물이 아닌 '~인 척' 가상하는 놀이가 많다. 즉, 놀이 속에서 영유아는 실제의 삶을 벗어나서 자신이 희망하는 엄마나 선생님, 로봇 등 가상의 세계로 들어설 수 있는 매력이 있다.

(3) 내적 동기

놀이는 내적으로 동기화된 자연스럽고 자발적인 행동이다. 스스로 놀이를 하고 싶어서, 놀이 자체를 위해서 하기 때문에 명령에 의한 놀이는 이미 놀이가 아니다(Huizinga, 1981). 이처럼 자발적으로 놀이에 참여함으로써 영유아는 놀이를 스스로 시작하고 몰입하여 능동적으로 하게 된다.

(4) 자유 선택

놀이는 자유로운 활동이다. 영유아는 자기 의지에 따라 놀이를 선택할 수 있는 자유가 부여된다. 언제, 어디서, 누구와 어떤 놀이를 어떻게 할 것인지를 결정하는 자유 선택은 놀이의 중요한 요소이다. 영유아들이 자유롭게 스스로 선택하여 주도적으로 이끌어 나가는 활동만이 놀이이다.

(5) 과정 중심

놀이는 결과보다 과정 중심적이다. 영유아는 놀이 후의 결과보다는 놀이 과정에서 만족을 얻는다. 따라서 결과에 대한 부담이 없기 때문에 놀이를 하면서 다양한 변화나 탐색을 마음껏 시도해 볼 수 있다.

(6) 융통성

놀이는 융통적이고 가변적이어서 예측이 불가능하다. 언제나 영유아가 원하는 방향으로 놀이 내용을 재구성할 수 있으며 즉흥적인 아이디어에 따라 놀잇감의 용도를 변경시킬 수도 있고 친구들과 합의하여 역할을 융통성 있게 조정할 수도 있다.

(7) 내부에서 부여된 규칙

모든 놀이는 고유의 규칙을 갖는다. 놀이는 외부에서 부과된 규칙의 제약을 거의 받지 않는다. 놀이에 필요한 규칙은 대부분 놀이자들이 함께 정한다. 영유아들은 규칙 있는 게임을 할 때에도 정해진 규칙을 따르기보다 참여자들이 협의해서 새로운 게임 규칙을 만드는 경우가 많다.

2 놀이의 의의

놀이에 대한 관점은 시대적 상황에 따라 변화해 왔다. 고대 그리스 시대에는 놀이의 비합리성과 무질서에 초점이 맞춰졌으며, 중세에는 유용한 놀이와 쓸모없는 놀이의 분류 작업이 활발하게 논의되었다. 17, 18세기경에는 놀이를 유치하고 하찮은 것으로 생각하였으나 현대에는 놀이를 영유아의 발달에 필수적인 활동으로 간주하는 견해가 지배적이다. 본 절에서 놀이의 의의를 학습, 교육, 평가 및 치료의 네 가지 측면에서 고찰하고자 한다.

1) 놀이와 학습

현대 사회의 교육과 보육에서 놀이의 중요성이 강조되는 이유는 놀이가 영유아의 생활일 뿐만 아니라 학습의 기본 형식이기 때문이다. 영유아는 놀면서 배운다. 놀이를 통해 자연스런 방식으로 감각 운동적 능력을 기르고 지식을 습득하게 된다. 또한 놀이를 하면서 사회적 기술이나 규칙에 익숙해지고 풍부한 상상력과 창의력을 기를 수 있다. 즉, 놀이를 통해 영유아의 신체적, 지적, 사회적, 정서적, 창의적 발달 측면에서 다양한 학습 기회를 얻을 수 있다.

이와 같이 놀이가 효과적인 학습 수단이 된다면, 놀이와 학습은 어떤 관계에 있는 것일까? Samuelsson과 Johansson(2006)에 의하면 놀이와 학습은 영유아가 주변 세계를 경험하고 의미를 창출하도록 도와주는 역할을 하기 때문에 서로 분리할 수 없는 관계라고 한다. Singer, Golinkoff와 Hirsh-Pasek(2006)도 놀이가 곧 학습(play=learning)이라고 주장하였다. 또한 놀이가 영유아의 학습을 촉진한다는 사실을 받아들이는 데서 한 걸음 더 나아가 최적의 학습 조건을 갖춘 놀이를 분별할 수 있어야 한다고 강조하였다.

놀이와 학습의 관계를 다음 몇 가지 측면에서 구체적으로 살펴보고자 한다.

- 효과적인 학습은 학습자의 자발적 동기를 전제로 한다. 이는 강요에 의한 학습보다 배우고자 하는 자발적 동기에 의한 학습이 효과적임을 뜻한다. 그런데 놀이도 영유아 자신의 자발적 욕구에서 우러나 몰입하는 행동이기 때문에 놀이에는 이미 효과적인 학습의 기본 조건이 갖춰져 있다고 할 수 있다.
- 학습자의 적극적인 행동은 학습의 효과를 높이는 데 필수적이다. 영유아는 놀이 세계의 주인공으로 호기심을 가지고 탐색하며, 선택하고 주변의 인적, 물적 환경과 다양한 상호작용을 능동적으로 맺게 되므로 즐겁고 의미 있는 학습 기회를 가질 수 있다.
- 영유아에게는 구체적인 경험을 통한 학습이 효과적인데, 놀이에는 다양한 배움의 기회가 자연스럽게 만들어진다. 놀잇감을 직접 관찰, 탐색하고 조작하는 경험을 통해서 또한 또래와 부모, 교사와 긴밀한 상호작용을 통해서 학습이 가장 이상적으로 실현된다고 볼 수 있다.
- 놀이의 자유롭고 융통적이며 자기 선택적인 특성으로 인해서 '즐거운 학습(learning as joy)'이 이루어질 수 있다. 즉, 영유아 스스로 의지를 가지고 시도해 보고 배워 터득하는(오욱환, 2010) 자기 발견적 학습이 촉진될 수 있다. 또한 영유아의 개별적인 흥미와 수준에 적합한 놀이에 참여하면서 의미 있는 개별 학습이 효율적으로 이루어질 수 있다.
- 놀이에서는 사건이나 행동이 반복되는 경향이 있어 경험이 심화되고 확대됨으로써 학습 효과를 높일 수 있다.

2) 놀이와 교육

놀이를 효율적인 학습 수단으로 인식한 많은 심리학자와 교육학자들은 놀이를 영유아 교육 방법으로 활용할 것을 주장하였다. 이상금(1987)은 놀이가 영유아기의 조화로운 발달과 종합적 학습을 성취시키는 최상의 방법이라고 놀이의 교육적 가치를 강조하였다.

우리나라 국가 수준의 유치원 교육과정, 누리과정과 표준보육과정에서도 유치원과 어린이집의 교수-학습 방법이 놀이 중심으로 이루어져야 한다고 명시함으로써 놀이를 통한 영유아 교육의 중요성을 명백히 밝히고 있다(보건복지부·교육과학기술부, 2013). 최근에는 교육부(2017)가 유아교육 혁신방향으로 놀이 위주의 교육과정 개편정책을 발표한 바 있다. 일부 국가에서는 놀이를 국가 정책으로 채택하는 경우도 있다. 예를 들어 영국은 놀이 실조 현상과 놀이 기회의 불평등이 심각해지는 상황을 개선하기 위하여 2008년부터 국가적 아동정책의 핵심 부분으로 놀이를 채택하여 지원하고 있다(이종희, 2010).

그러나 이러한 학문적, 정책적, 제도적 인식과는 다르게 현실적으로는 놀이와 교육이 함께 어우러지지 못하고 분리되며, 심지어 놀이를 경시하고 사교육에만 매달리는 경향을 보이고 있다. 이러한 심각한 현상의 원인은 학력주의, 출세주의, 결과주의 등 여러 사회적인 요인에서 찾을 수 있겠으나 보다 근본적으로 놀이와 교육의 조화를 어렵게 만드는 문제가 무엇인지 심층적으로 재고해 볼 필요가 있다.

사실상 놀이가 영유아의 생활 자체이며 교육적 가치를 갖는다고 해도 모든 놀이 경험이 영유아의 성장에 긍정적으로 작용한다고 단정할 수는 없다. 어떤 놀잇감은 영유아의 위생과 안전을 위협할 수도 있고 어떤 놀이 친구의 언행이 다른 영유아에게 나쁜 영향을 줄 수도 있다. 따라서 놀이가 최적의 교육을 무조건 보장하는 것은 아니다. 놀이 활동이 더욱 교육적이고 가치 있는 활동이 되기 위해서는 정비된 놀이 환경을 제공하고 효율적으로 지도할 필요성이 있다고 하겠다.

이런 관점에서 Gehlbach(1991)는 교수적 놀이(instructional play)를 주장한다. 교수적 놀이란 영유아가 놀이 환경에서 다양한 관계를 형성하면서 환경으로부터 교육적인 메시지를 스스로 발견할 수 있는 놀이를 의미한다(이종희, 1995, 재인용). 이종희는 이러한 Gehlbach의 교수적 놀이 개념이 놀이와 교육을 조화시키는 하나의 방법이 될 수 있다고 주장하면서 대표적인 교수적 놀이로 구성놀이를 지목하였다. 구성놀이는 자료를 가지고 무엇을 짜 맞추는 활동으로 놀이의 특성인 자발성과 재미, 교육의 목표인 인지적 적응이 모두 성취될 수 있는 활동이라고 강조하였다.

이상에서 살펴본 바와 같이 모든 놀이가 다 교육적인 것은 아니다. 또한 놀이의 교육적 기능을 강조하여 지도하다 보면 진정한 의미의 놀이가 아닌 재미없고 강요된 활동이 되어버리는 딜레마에 빠지게 된다. 놀이가 영유아의 학습이나 인지 발달을 촉진시키기 위한 교육 활동으로 전락해서는 안 된다. 무엇보다 중요한 점은 영유아가 자유롭고 재미있게 놀이에 몰입하는 경험을 통해 다양한 의미 있는 교육이 이루어져야 한다는 것이다.

3) 놀이와 평가

놀이의 주요한 의의 가운데 하나는 영유아의 전반적인 발달을 평가하거나 진단하는 데 놀이를 활용할 수 있다는 점이다(안경숙, 2010). 영유아는 놀이를 통해 자신의 모든 것을 표현한다. 자신의 정서 상태, 내면의 문제는 물론이고 신체적, 인지적, 사회적인 발달이 놀이에 표출되기 때문에 영유아교육기관이나 상담기관에서는 오래전부터 놀이를 통해 영유아의 평가, 진단 자료를 수집하였다. 특히 놀이는 자발적으로 참여하는 활동이기 때문에 인위적으로 조사하는 방법보다 자연스런 상황에서 있는 그대로를 관찰할 수 있어 타당도가 높은 장점이 있다. 또한 놀이에 기초한 평가는 한두 번의 평가로 끝나는 성취도 검사와는 다르게 다양한 놀이 상황에서 여러 번 반복하여 관찰이 이루어지기 때문에 신뢰도도 높다(Van Hoorn, Nourot, Scales, & Alward, 2003).

놀이를 통하여 평가할 수 있는 내용을 구체적으로 살펴보면 다음과 같다.

- 놀이에 참여하는 영유아의 전반적인 발달 수준을 평가할 수 있다. 놀이하는 영유아의 손동작과 움직임을 통하여 대소근육 조절 능력 및 눈과 손의 협응력 수준을 파악할 수 있다. 영유아의 놀이 중 언어 표현이나 인지 반응을 근거로 언어 능력과 지적 능력도 평가할 수 있다. 또한 놀이 친구와의 상호작용 정도에 따라서 사회성 발달 수준도 파악할 수 있다.
- 놀이에는 영유아의 정상적인 발달뿐 아니라 발달상의 문제점이 표출되므로 이를 진단할 수 있다. 놀이 중에 신체적 장애나 사회 정서적 장애, 지적 장애 등을 진단하여 필요한 경우에는 전문상담가나 치료자에게 처치를 의뢰할 수 있다.
- 놀이 행동 자체가 평가의 대상이 될 수 있다. 영유아가 흥미롭게 참여하는 놀이 종류, 주로 사용하는 놀잇감, 놀이 집단의 구성(성별, 연령, 집단의 크기 등), 놀이지속시간, 또래 간의 상호작용 등을 평가하여 효율적인 놀이지도를 위한 참고 자료로 활용할 수 있다.

4) 놀이와 치료

영유아는 놀이에 자신의 기쁨, 슬픔, 불안, 좌절, 질투, 공포, 분노 등 모든 감정을 표현한다. 학자들은 이러한 감정의 표출을 통해 영유아의 정서 부적응이나 문제 행동이 자연스럽게 치료된다고 주장한다.

놀이의 치료적 가치는 정신분석학적 이론에 근거하고 있다. Guerney(1984)는 영유아의 치료에 놀이가 유용한 이유를 다음의 세 가지로 지적하였다. 첫째, 놀이가 욕구를 만족시켜 주는 매체 역할을 한다. 둘째, 놀이에서 얻는 만족은 놀이 결과에 의한 것이 아니라 놀이 과정 중에 자연스럽게 얻게 된다. 셋째, 영유아에게 인상 깊었던 사건이나 경험이 놀이 속에 반복적으로 재현되므로 그 상황에 숙달되거나 동화되어 해결된다.

한편 김광웅, 유미숙, 유재령(2004, 20-28)은 놀이의 치료적 가치를 일곱 가지 측면에서 논의하였다.

첫째, 심리치료가 이루어지려면 기본적으로 영유아와 치료자가 유대관계를 형성해야 한다. 이러한 유대관계는 영유아가 즐겁게 놀이하면서 자연스럽게 형성될 수 있다.

둘째, 심리치료를 위해서는 무엇보다 영유아의 정서 문제를 정확히 파악하여야 한다. 영유아는 놀이 과정에서 자연스럽게 자기표현을 하므로 영유아의 문제를 이해할 수 있는 가장 강력한 통로가 될 수 있다.

셋째, 심리치료의 주요 목적은 영유아의 손상된 자아 존중감을 증진시켜 주는 것인데, 영유아는 놀이에서 성취 경험을 통해 손상된 자아를 치유하고 자기 자신을 존중하는 마음을 키울 수 있다.

넷째, 심리치료의 핵심적 요소는 개인이 경험한 외상적 사건이나 이에 관련된 감정을 해소시키는 정화(catharsis)인데, 영유아는 놀이 속에서 불안, 분노, 질투, 슬픔 등의 감정을 무의식적으로 표출하고 이를 통해 완화한다.

다섯째, 심리치료의 목적 가운데 하나는 현실에 대한 지나친 집착과 편견에서 벗어나도록 도와주는 것이다. 영유아는 놀이에서 상상과 환상경험을 통해 현실에서 좌절된 욕구를 충족시킬 수 있으며 자신의 한계, 편견 등을 극복할 수 있는 가능성을 시험해 볼 수 있다.

여섯째, 심리치료의 궁극적인 목적은 삶의 소망과 용기를 불어넣어 주는 것이다. 놀이에 동반되는 기쁨, 즐거움, 재미 등의 긍정적 정서를 통해 영유아가 행복감과 희망을 갖고 삶의 갖가지 불안을 해소할 수 있다.

일곱째, 심리치료는 영유아가 현실에서 겪는 갈등을 소화하고 스스로 해결책과 통찰력을 갖도록 도와주는 일인데, 영유아는 놀이 속에서 자기 자신이나 경험을 은유적으로 표현하고 동일시하면서 현실에 적응할 수 있는 능력을 키울 수 있다.

3 놀이 연구 동향

놀이 연구 동향을 국외, 국내로 나누어 살펴보고자 한다.

1) 국외 놀이 연구 동향

놀이의 중요성은 고대 그리스의 Platon 이래로 많은 교육학자, 사상가들에 의해 강조되었다. Platon은 저서『공화국(*Republic*)』에서 영유아 교육은 그들의 놀이 본능이 잘 발휘될 수 있는 음악과 춤을 통하여 일종의 오락같이 가르치는 것이 효과적이라고 주장하였다. 또한 Aristle은 가정에서 자녀가 건강하게 자라도록 놀이를 통해 지도하는 것이 바람직하다고 강조하였다.

놀이에 대한 관심은 Locke와 Rousseau로 이어져서 Locke는 영유아가 좋아하는 놀이를 하도록 허용해야 한다고 지적하였으며, Rousseau도『에밀(*Emile*)』에서 놀이의 중요성을 역설했다. 놀이를 교육 활동으로 활용할 것을 주장한 학자로는 Fröbel과 Montessori를 들 수 있다. 유치원의 창설자인 Fröbel은 놀이가 인간 성장의 기본 요소임을 인식하여 은물(gifts)을 고안하였다. Montessori도 영유아에게 감각 교육을 시키기 위한 목적에서 감각 교구를 개발하고 실제로 교육을 통해 실험함으로써 오늘날의 영유아 교육에 큰 영향을 미쳤다(Frost, 1992) .

놀이에 관한 체계적이고 과학적인 연구가 본격적으로 시작된 것은 1920, 1930년대이다. 놀이 연구가 이 시기에 활기를 띠게 된 배경에 대하여 Sponseller(1982)는 영유아 연구의 발달, 진보주의적 교육 운동, 유아원 설치 운동의 전개 등을 지적하였다. 즉, 1903년에 Binet가 최초로 지능 척도를 개발한 이래로 모든 발달 영역을 측정하려는 검사 운동이 일어났으며, 이에 힘입어 여러 검사 도구를 활용한 연구가 활발하게 이루어졌다. 또한 Freud의 정신분석 이론은 놀이치료의 임상적 연구에 기여하였고, Piaget의 인지 이론은 놀이와 인지 발달과의 관계를 분석하는 연구를 활성화시켰다. 더욱이 영유아를 수용적인 존재로 간주하던 당시의 전통적 교육 관점이 점차 진보주의 교육 운동, 다시 말해 영유아를 학습의 주체로 간주하고 경험의 재구성 과정을 교육으로 생각하는 진보주의 운동이 전개되면서 놀이에 대한 관심이 높아지게 되었다. 그뿐 아니라 영유아를 교육기관에서 보호, 교육하기 위한 기관이 많이 설치되면서 놀이 연구가 더욱 활성화된 것이다.

이와 같이 1920, 1930년대 이후로 본격화된 놀이 연구의 동향을 Cheng과 Johnson(2010), Ellis(1973), Kelly-Byrne(1989), Sponseller(1982), Sutton-Smith(1985)의 연구에 근거하여 분석해 보면, 놀이와 영유아 발달의 관계, 놀이를 촉진시키는 요인, 놀이의 본질 및 연구 방법에 관한 연구 등 세 가지로 나눌 수 있다.

(1) 놀이와 영유아 발달의 관계 연구

초기 놀이 연구에서는 놀이의 발달적 규준(developmental norm)을 밝히는 데 초점이 맞추어졌다. 예를 들어 1932년에 발표된 Parten의 사회적 놀이 발달 과정에 대한 연구는 오늘날 사회적 놀이 연구의 기초가 되었다.

놀이와 영유아 발달의 관계 연구는 1970년대 이후에 활발하게 이루어졌으며 놀이와 인지 발달, 언어 발달, 사회 발달, 정서 발달과의 관계 등이 다루어졌다.

놀이와 인지 발달의 관계를 분석한 연구는 주로 Piaget(1962)와 Vygotsky(1976)의 영향을 많이 받았다. 즉, 놀이를 인지 행동으로 개념화한 Piaget 이론이나, 상징놀이를 구체적 사고에서 추상적 사고로의 전환 과정으로 규정한 Vygotsky 이론의 영향을 받아 놀이와 인지 발달의 관계를 실증적으로 분석한 연구가 많았다. Kuschner(2007)이 1973년부터 2002년까지 「*Young Children*」에 발표된 놀이 관련 연구물을 분석한 결과에서도 놀이 경험이 지적 발달과 학습 능력 증진에 영향을 미친다고 하였다. 특히 상징놀이나 사회극놀이가 유아의 문제해결력(Vandenberg, 1990), 개념 발달(Gmitrová & Gmitrov, 2003) 및 공간관계와 분류(Rubin & Maioni, 1975), 학습준비도(Singer & Singer, 2004), 창의성(Pepler, 1982)을 촉진시키는 것으로 밝혀졌다. 최근에는 마음 이론(theory of mind) 및 두뇌 발달과 놀이의 관계가 주요 연구주제로 부각되고 있다(Sluss, 2005).

놀이와 언어 발달의 관계도 주요 문제로 연구되었다. 여러 선행 연구 결과에 의하면 상징놀이, 주제극놀이(thematic fantasy play), 모래놀이 등이 구두 언어와 문자 언어의 발달을 촉진시키는 것으로 보고되었다(Davidson, 1998; Garvey, 1977). 놀이와 언어 발달에 대한 연구는 영아기 상징놀이와 언어 발달(Bornstein, Vibbert, Tal, & O'Donnel, 1992; McCune, 1995), 유아기 극놀이와 문해 발달(Christie, 1998) 등을 밝히는 연구들이 주류를 이루고 있다.

한편 놀이와 정서 발달의 관계는 정신분석학을 기초로 하여 연구되기 시작하였다. Freud, Isaacs, Lowenfeld, Axline 등이 불안, 공격성, 인형놀이, 놀이치료에 대해 연구하면서(Sutton-Smith, 1985) 놀이와 정서 발달의 관계에 관심이 집중되었다. 1970년대에는 인지 발달 이론이 부각되면서 정신분석 이론에 기초한 연구가 많이 위축되기도 하였으나 1980년대에 들어서면서 Guerney, Singer와 Singer 등의 연구에 의해 놀이가 불안 감소, 자아 개념 형성, 정서 표현에 미치는 영향력이 강조되었다(Johnson, Christie, & Yawkey, 1999). 일부 학자들은 놀이와 영유아의 성격, 예를 들어 놀이성(playfulness), 기질, 상상능력, 자기통제와 놀이의 관계를(Lieberman, 1977; Thomas & Chess, 1977; Singer, 1973; Berk, Mann & Ogan, 2006) 연구하였다.

또한 놀이는 영유아의 사회화 과정에 밀접하게 연관되므로 일찍부터 학자들이 놀이와 사회성 발달의 관계에 관심을 갖고 연구하였다. Parten이 사회적 놀이의 발달 과정을 통해 영유아의 사회성 발달을 연구하기 시작한 이래 Howes(1984), Rubin(1982) 등에 의해 영유아의 사회적 놀이 수준에 대한 연구가 계속되었다. 또한 놀이 유형 중에 또래 간의 사회적 상호작용이 활발하게 일어나는 사회극놀이를 중심으로 사회성 발달 연구가 폭넓게 이루어졌다. 연구 결과에 의하면 사회극놀이를 통해 또래를 사귀고 함께 어울리는 데 필요한 다양한 사회적 기술(Connolly & Doyle, 1984), 타인의 관점을 이해하는 조망수용능력(Rubin, Fein, & Vandenberg, 1983), 상대방과 서로의 관점을 조절해 나가는 능력인 상호 주관성(Goncu, 1993) 등이 증진된다고 한다. 그 밖에 또래와 함께 몸을 거칠게 움직이면서 놀이하는 거친 신체놀이(rough-and-tumble play)와 사회적 유능성의 관계 연구(Pellegrini, 1995)에도 관심이 모아지고 있다.

(2) 놀이 발달에 영향을 주는 요인에 관한 연구

놀이 발달에 영향을 주는 요인을 분석한 초기 연구에서는 주로 영유아의 선호 놀잇감을 조사하는 연구가 많이 행해졌다. 1970년대 이후에는 물리적, 사회적 놀이 환경의 영향을 규명하려는 연구가 활발하게 이루어졌다(Sponseller, 1982). 이제까지 물리적 환경 요인으로 많이 연구된 주제는 공간 밀도, 놀이 시설물이나 영역의 배치, 소음 수준 등이다(Prescott, 1984). 이들 연구에서 공통으로 밝혀진 사실은 좁은 공간에서는 단독놀이와 정적 놀이가 활성화되는 반면, 넓은 공간에서는 사회적 놀이와 거친 신체놀이가 조장된다는 것이다. 그 밖에 놀이 행동을 놀잇감의 종류나 구조화 정도에 따라 분석한 연구(Dodge & Frost, 1986; Trawick-Smith, 1999; Vandenberg, 1981)도 많았다. 이들의 연구 결과에서는 용도가 제한되지 않은 놀잇감(예 블록, 찰흙)이 용도가 제한된 놀잇감(퍼즐, 미로 찾기)에 비해서 구성놀이와 상상놀이를 자극하는 것으로 밝혀졌다.

한편 학습이론가들은 놀이를 일련의 학습된 활동으로 간주하기 때문에 영유아 주변의 인적 환경, 즉 부모, 교사, 친구 및 TV의 영향을 주요 요인으로 생각하였다. 이런 관점에 따라 부모-자녀 간의 상호작용에 대한 연구가 활발하게 이루어졌으며 교사도 놀이에 중요한 영향을 미치는 존재로 주목을 받았다(Stanton-Chapman, 2015). 특히 교사가 의도적으로 영유아에게 훈련을 시킨 효과에 대한 논의가 활발하게 전개되었다. 대표적인 연구로 Smilansky(1968)는 사회 경제적으로 저소득층 영유아에게 사회극놀이 훈련을 실시하여 사회극놀이 참여율이 높아진 것을 밝혀냈다. 또한 인적 환경 가운데 친구가 놀이상대자나 놀이모방자로서 중요한 존재임을 강조하는 학자도 있다(Fromberg, 2002).

그 밖에 현대 사회에서는 컴퓨터, TV 등 각종 미디어 매체가 생활의 일부라고 할 수 있을 만큼 영유아 생활에 밀착되어 있어서 놀이에 막강한 영향을 미친다. 1, 2세 영아기부터 비디오나 TV 등의 여러 미디어에 많이 노출되어 있으며 이런 경험이 긍정적 효과 이외에 놀이 시간의 축소, 공격적 행동 모방, 집중력 저하 등을 야기하는 것으로 밝혀졌다(Weber, 2006).

(3) 놀이의 본질 및 연구 방법에 관한 연구

놀이의 본질을 규명하는 문제는 놀이 연구의 핵심적 과제라 할 수 있다. 이제까지 연구자들의 관점에 따라 놀이의 본질은 다양하게 논의됐다. 즉, 놀이를 설명 가능한 모든 행동 이외의 것으로 협의로 정의하기도 하고 자극-반응 이론에 의해서 설명되지 않는 모든 행동이라고 광의로 정의하기도 한다(Sponseller, 1982). 또 놀이를 탐색 행동과 비교하여 설명하거나(Hutt, 1971) 모방과 비교하기도 한다(Piaget, 1962). 그 밖에 Kelly-Byrne(1989), Sutton-Smith(1986a) 등은 이제까지 놀이의 본질이 너무 긍정적인 측면에만 초점이 맞추어졌다고 주장하면서 놀이의 부정적 측면까지 포함시킬 것을 제안하였다. 또한 Lieberman(1977)은 놀이에 대한 성향을 의미하는 놀이성이 신체적 자발성, 인지적 자발성, 사회적 자발성, 즐거움, 유머 감각 등 다섯 가지 요소로 구성된다는 사실을 밝혀냈다.

한편 놀이 연구 방법에 있어서 초기에는 주로 자연스러운 상황에서 일어나는 놀이 행동을 관찰하고 기록하는 방법으로 자료 수집을 하였다(Sponseller, 1982). 그러나 근래에는 주로 상관 연구, 실험 연구, 질적 연구 등 세 가지 접근법이 활용되고 있다. 상관관계를 분석한 연구는 1970년대에 많이 이루어졌으며, 예를 들어 놀이와 지능, 언어 발달, 사회 경제적 수준 등의 상관관계가 연구되었다. 실험 연구는 Berlyne, Hutt, Rubin, Saltz, Vandenberg 등이 행동주의 이론에 근거하여 각성(arousal), 강화, 문제해결력, 사회극놀이 등을 주제로 연구하였다. 1990년대 이후에는 영유아의 놀이가 일어나는 사회·문화적 맥락에 초점을 맞추어 연구하는 질적(qualitative) 놀이 연구가 많이 이루어지고 있다(Johnson, Christie & Yawkey, 1999; Kelly-Byrne, 1989).

2) 국내 놀이 연구 동향

우리나라에서 놀이에 관한 학문적 연구가 처음으로 발표된 것은 1964년도 이유선의 석사학위논문이라 할 수 있다. 「유치원아에게 요구되는 유구에 관한 일 연구」라는 제목으로 서울 시내 유치원의 놀잇감 실태를 조사한 연구이다. 한편 유아교육이나 아동학 관련 학술지에 가장 먼저 게재된 놀이 관련 논문으로는 1980년 아동학회지 1권에 발표된 최진의 「취학 전 아동의 놀이 형태 분석」을 들 수 있다. 이후로 놀이 관련 연구는 석·박사 학위논문이나 학술지 논문에서 양적으로 많이 증가하는 경향을 보이고 있다.

국내 놀이 연구동향을 1964~2004년까지의 학위논문 중심으로 분석한 정설희(2005)에 의하면 1980년 이전에는 15편에 불과했던 놀이관련 학위논문이 2001~2004년에는 273편으로 늘어나서 20여 년 만에 논문 편수가 급증했음을 알 수 있다. 이 시기 놀이연구 동향을 구체적으로 살펴보면, 놀이 연구 대상은 주로 3~5세였고 연구 방법은 양적 연구가 대부분이었다. 연구 내용은 놀이 발달에 영향을 미치는 요인에 관련된 연구가 가장 많았다.

한편 황윤세(2006)가 1995~2004년까지 학술지에 게재된 논문을 위주로 분석한 결과, 인지적 놀이 연구 비중이 높았고 구성놀이에 대한 연구는 대단히 저조하였다고 한다. 또한 또래, 교사 등 인적 환경에 대한 연구가 많았고 대상은 주로 유아였으며 양적 연구가 주류를 이루었다고 한다.

이종희, 조은진, 김송이(2009)이 1976~2008년까지 학술지에 게재된 놀이 관련 논문을 분석한 결과에 의하면, 우리나라는 1980년대부터 90년대 중반까지는 놀이 연구가 저조하였으나 90년대 중후반부터 놀이 관련 연구가 급증하고 연구주제도 다양화하였다고 한다. 2000년대 전반에는 교사의 놀이 개입 방법이나 역할에 대한 연구가 증가하였고, 놀이치료와 놀이 프로그램 개발 연구가 나타나기 시작하였으며 2000년대 후반에는 다른 시기에 비해 교실 환경과 놀잇감 연구가 증가한 것으로 나타났다. 놀이 유형으로는 가장놀이와 사회극놀이가 가장 빈번하게 연구되었고, 놀이와 발달에 대한 연구 가운데 정서 발달이나 신체 발달과의 관련성을 보고한 연구는 매우 드물었다.

이시자(2010)도 2005~2009년까지 학술지에 발표된 논문을 분석하였는데, 놀이와 발달 범주의 연구가 가장 많았고, 5세가 주요 연구대상이며 양적 연구법을 많이 활용했다고 한다. 이시자 연구에서는 놀이관련 논문 편수가 2009년도에 감소한 것으로 보고되었으나 장연주(2018)가 2006~2015년까지 학술지에 게재된 논문을 조사한 연구에서는 놀이 관련 논문의 감소가 확인되지 않았다. 장연주의 연구에서도 주요 놀이연구 주제는 놀이행위에 관련된 연구가 가장 많았으며 연구대상은 5세아가 많았고 양적 연구방법이 많이 활용되었다.

영아놀이 관련 연구 동향을 학술지와 학위논문 중심으로 분석한 김근혜, 홍순옥

(2013) 연구에서는 놀이와 발달에 관한 연구가 가장 많았으며, 1세 영아 연구가 가장 많았다. 또한 양적 연구가 많았다고 한다.

곽승주, 이승숙, 김혜숙(2016)이 2010년 이후 5년간 학술지 게재 논문을 분석한 연구에서도 이상의 선행 연구와 유사한 결과가 나타났다. 즉, 놀이와 발달의 관계를 조사한 연구가 다수를 차지하였으며 영아보다는 유아, 부모보다는 교사를 대상으로 한 연구가 많았고 양적 연구법을 가장 많이 사용했다고 한다.

그 외에 영유아의 실외놀이에 초점을 맞추어 연구동향을 분석한 학자들도 있다. 최은영, 김정원(2009)의 연구결과, 가장 많이 다루어진 연구주제는 실외놀이에서 영유아의 행동특성이었고 연구대상은 유아가 많았고 영아는 적었다. 또한 연구방법은 양적 연구가 많았다. 유준호, 김은희(2012)도 2000년부터 2012년까지 영유아 실외놀이 관련 학술지 및 학위논문을 분석하였다. 연구결과에 의하면 연구주제는 실외 시설 및 설비, 운영실태, 인식, 안전에 대한 내용이 많았다. 연구대상은 유아, 교사 순으로 나타났으며 연구방법은 조사연구, 상관연구 등의 양적 연구가 주를 이루었다.

이상의 연구 결과를 종합하여 우리나라 놀이 연구 동향을 정리하면 다음과 같다.

- 놀이 관련 연구가 처음으로 발표된 1964년 이래로 양적으로 꾸준히 증가하는 추세를 보였다. 이는 유아 발달과 교육에서 놀이의 중요성이 강조되고 있음을 보여 주는 것이다. 특히 어린 시기부터 학습지공부, 특기교육으로 내몰려 점차 놀이할 기회를 잃어가는 우리나라 영유아를 생각할 때 바람직한 현상이라 할 수 있다. 앞으로 놀이 중심의 교육을 효율적으로 실현하기 위해서는 계속 놀이 연구에 관심을 가질 필요가 있겠다.
- 1990년대 후반부터 놀이 연구 주제가 다양화되어 놀이와 발달의 관계, 놀이 발달 관련 요인, 사회극놀이 등에 관한 연구가 많이 이루어졌으나 아직까지 폭넓게 이루어지지 못하고 있다. 이종희, 조은진, 김송이(2009)는 우리나라 놀이 연구 주제가 편향된 경향이 있음을 다음과 같이 지적하였다. 첫째, 놀이 특성

이나 개념에 관한 이론적 연구가 부족하며, 둘째, 실외 놀이 연구나 놀이와 정서, 신체 발달의 관계를 분석한 연구가 부족하고, 셋째, 최근의 국제적 관심사인 놀이와 뇌 과학을 연결하는 연구가 미미하고, 넷째, 해석학적 관점에서 놀이참여자의 의미 형성 과정을 이해하고 지원하는 것에 초점을 맞춘 연구가 부족하다는 점을 지적하였다.

- 놀이 연구 방법으로는 양적 연구가 많았으나 최근 들어 질적 연구 방법을 활용한 논문이 발표되고 있다. 양적 연구 방법 중에서는 조사 연구와 실험법이 주로 활용되었다. 앞으로 양적 연구법뿐 아니라 질적 접근의 연구가 많이 이루어져 놀이에 대한 맥락, 총체적 정보가 제공되어야 할 것이다. 또한 단기간 자료를 수집하는 연구 이외에 장기간 종단적으로 진행되는 연구도 필요하겠다(이시자, 2010).
- 최근에는 우리나라 유치원이나 어린이집에서 이루어지는 놀이가 진정한 의미의 놀이인지 문제를 제기하는 연구도 활발하다. 즉, 생활주제와 연계한 의도적인 놀이지도, 놀이 계획-실행-평가과정으로 진행되는 놀이가 놀이의 자발성, 자유로움을 제한한다는 비판이 제기되고 있다(곽향림, 2012; 김미소·서영숙, 2018; 김희진, 2017; 이승숙·송나리·배지희, 2017). 향후 활발한 논의를 통해 다양한 놀이지도 개선방안이 모색되어야 한다
- 이제까지 놀이연구의 주요 대상은 유아가 대부분이었다. 영아 대상 놀이연구는 매우 부족한 상황이며 특히 출생해서 1세까지 영아의 놀이연구가 매우 부족하다. 앞으로 영아 놀이 연구에 관심을 많이 가질 필요가 있겠다(곽승주·이승숙·김혜숙, 2016). 그 밖에 다문화 가정, 한부모 가정, 조손 가정의 영유아기 자녀와 부모, 교사 등 다양한 대상으로 놀이 연구를 확장시켜야 하겠다(이시자, 2010).

참고문헌

곽승주·이승숙·김혜숙(2016). 학술지 논문 분석을 통한 영유아 놀이의 최근 연구동향 탐색, 유아교육학논집, 20(3), 349-374.

곽향림(2012). 구성주의 교실에서 진정한 자유선택 활동을 위한 유아들의 노력. 유아교육학논집, 16(1), 401-424.

교육부 보도자료. 2017. 7. 27.

김겸섭(2008). 놀이학의 선구자, 호이징하와 까이와의 놀이담론 연구. 인문연구, 54, 147-190.

김광웅·유미숙·유재령(2004). 놀이치료학. 서울: 학지사.

김근혜·홍순옥(2013). 영아놀이관련 연구동향 분석. 어린이미디어 연구, 12(3), 135-156.

김미소·서영숙(2018). 유아의 "진짜" 놀이경험에 대한 의미탐구. 유아교육연구. 38(3), 349-368

김희연(2001). 유아기 놀이 행동에 있어서의 정서표현에 관한 연구. 유아교육연구, 21(2), 319-340.

김희진(2017). 놀이의 관점에서 본 자유선택활동에 대한 비판적 분석. 육아지원연구. 12(3), 5-23.

남현숙(1992). 한국 유아원 아동 어머니의 놀이와 일의 개념: 질적인 접근. 아동학회지, 13(2), 229-240.

보건복지부(2013). 제3차 어린이집 표준보육과정. 보건복지부 고시 제2013-8호.

보건복지부·교육과학기술부(2013). 3~5세 연령별 누리과정 해설서.

서현숙(2008). 놀이 개념의 분석과 교육적 가치. 계명대학교 대학원 박사학위논문.

신유림(2000). 유아의 상상놀이에서 부정적 정서 표현에 대한 연구. 아동학회지, 21(3), 133-142.

신은수·김명순·신동주·이종희·최석란(2002). 놀이와 유아. 서울: 이화여자대학교 출판부.

안경숙(2010). 놀이에 기초한 평가의 효과적 실행을 위한 기초 연구: 유아교사의 인식과 실행 경험이 주는 의미. 한국육아지원학회 추계학술대회 발표집, 121-133.

양옥승·이정란·나은숙(2002). 유아의 관점에서 본 자유놀이. 열린유아교육연구, 7(1), 143-165.

엄정애(2009). 영유아 놀이와 교육. 경기: 교문사.

오욱환(2010). 부모와 유아교육자에의 도전: 유아의 학습은 놀이. 한국육아지원학회 추계학술대회 발표집, 11-31.

유준호·김은희(2012). 영유아 실외놀이 관련 연구 동향 분석, 유아교육·보육행정연구, 16(2), 49-76.

이상금(1987). 한국 유아 교육의 본질: 한국 유아 교육의 현황과 개선 방향. 사단법인 새세대육영회, 유아교육세미나 자료집, 5-15.

이숙재(1992). 아동의 관점에서 본 놀이 개념. 교육 연구, 27, 31-41.

이승숙·송나리·배지희(2017). 유아교육기관에서의 놀이에 대한 유아교사의 생각과 갈등. 육아지원연구, 12(4), 215-240.

이시자(2010). 유아 놀이 연구의 최근 동향 분석: 학술지 논문을 중심으로. 유아교육연구, 30(5), 263-289.

이유선(1964). 유치원아에게 요구되는 유구에 관한 일 연구. 이화여자대학교 대학원 석사학위논문.

이은해·지혜련·이숙재 (편역)(1990). 놀이 이론. 서울: 창지사.

이종희(1995). 놀이와 교육: 구성놀이에 대한 재고. 유아교육연구, 15(2), 91-104.

이종희(2010). 아동 놀이의 국가적 정책화: 영국의 사례. 아동학회지, 31(3), 161-181.

이종희·조은진·김송이(2009). 놀이. 아동학회지, 30(6), 309-321.

장현주(2018). 유아놀이연구 동향 분석 : 2006년부터 2015년을 중심으로. 유아교육연구, 36(2), 473-496.

정설희(2005). 유아 놀이 관련 학위논문 경향 분석. 이화여자대학교 대학원 석사학위논문.

지혜련 (1992). 아동 놀이 이론의 통합을 위한 개념적 접근. 생활과학논집, 6, 23-45.

최은영·김정원(2009). 영유아 실외놀이 관련 연구 경향 분석: 1998년 이후 국내논문을 중심으로. 육아지원연구, 4(2), 97-118.

최진(1980). 취학 전 아동의 놀이 형태 분석. 아동학회지, 1, 15-27

황윤세(2006). 유아 놀이에 관한 학술지 연구논문(1995-2004)의 경향 분석, 아동교육, 15(2), 21-36.

Berk, L. E., Mann, T. D., & Ogan, A. T.(2006). Make-believe play: Wellspring for development of self-regulation, In D. G. Singer, R. M. Golinkoff, & Hirsh-Pasek, Kathy (Eds.). *Play = learning: How play motivates and enhances children's cognitive and social-emotional growth* (pp. 74-100). New York: Oxford University Press.

Bornstein, M., Vibbert, M., Tal, J., & O'Donnel, K.(1992). Toddler language and play in the second year; Stability, covariation, and influence of parenting. *First Language, 12*, 323-338.

Burghardt, G. M. (1984). On the origins of play, In P. K. Smith (Ed.), *Play in animals and humans*(pp. 5-41). Oxford: Basil Blackwell.

Caillois, R. (2003). 놀이와 인간. (이상률 역). 서울: 문예출판사. (원본발간일 1958년).

Cheng, M., & Johnson, J. E. (2010), Research on children's play: Analysis of developmental and early education journals from 2005 to 2007. *Early Childhood Education, 37*(4), 249-259.

Christie, J. F. (1998). Play as a medium for literacy development. In D. P. Fromberg & D. Bergen (Eds.), *Play from birth to twelve and beyond: Contexts, perspectives, and meanings*(pp. 50-55). New York: Garland.

Connolly, J., & Doyle, A. (1984). Relations of social fantasy play to social competence in preschoolers. *Developmental Psychology, 20*, 797-806.

Dattner, R. (1986). 어린이 놀이 환경 디자인. 김정태(역). 서울: 기문당. (원본발간일 1969년).

Davidson, J. L. F. (1998). Language and play: Natural partners. In D. P. Fromberg & D. Bergen (Eds.), *Play from birth to twelve and beyond: Contexts, perspectives, and meanings*(pp. 175-183). New York: Garland.

Dodge, M. K., & Frost, J. L. (1986). Children's dramatic play: Influence of thematic and nonthematic settings. *Childhood Education, 99*, 166-170.

Ellis, M. J. (1973). *Why people play*. Englewood Cliffs, NJ: Prentice-Hall.

Fein, G. G. (1985). Learning in play: Surfaces of thinking and feeling. In J. L. Frost and S. Sunderline (Eds.), *When children play*(pp. 45-53). Wheaton, MD: ACEI.

Fenson, S., & Schell, R. E. (1986). The origins of exploratory play. In P. K. Smith (Ed.), *Children's play : Research developments and practical applications*(pp. 15-38). New York: Gordon and Breach. .

Fromberg, D. P. (2002). *Play and meaning in early childhood education*. Boston: Allyn and Bacon.

Frost, J. L. (1992). *Play and playscapes*. Albany, NY: Delmar Publishers Inc.

Frost, J. L., & Klein, B. L. (1979). *Children's play and playgrounds*. Boston: Allyn & Bacon.

Garvey, C. (1977). *Play*. Cambridge, MA: Harvard University Press.

Garza, M., Briley, S., & Reifel, S. (1985). Children's views of play. In J. L. Frost and S. Sunderline (Eds.), *When children play*(pp. 31-37). Wheaton, MD: ACEI.

Gmitrová, V., & Gmitrov, J. (2003). The impact of teacher-directed and child-directed pretend play on cognitive competence in kindergarten children. *Early Childhood Education Journal, 30*(4), 241-246.

Goncu, A. (1993). Development of intersubjectivity in the dynamic play of preschoolers. *Early Childhood Research Quarterly, 8*, 99-116.

Guerney, L. F. (1984). Play therapy in counseling settings, In T. D. Yawkey, & A. D. Pellegrini (Eds.), *Child's play: Devlopmental and applied*(pp. 291-321), Hillsdale, NJ: Lawrence Erlbaum Associates, Inc.

Howes, C. (1980). Peer play scale as an index of peer interaction. *Developmental Psychology, 16*, 371-372.

Huizinga, J. (1981). 호모 루덴스: 놀이와 문화에 관한 한 연구. 김윤수(역). 서울: 도서출판 까치. (원본발간일 1955년).

Hutt, C. (1971). Exploration and play in children. In R. E. Herron and B. Sutton-Smith (Eds.), *Child's play*(pp. 231-251). New York: John Wiley & Sons.

Johnson, J. E., Christie, J. F., & Yawkey, T. D. (1999). *Play and early childhood development*. New York: Addison Wesley Longman, Inc.

Kelly-Byrne, D. (1989). *A child's play life: An ethnographic study*. New York: Teachers College Press.

King, N. R. (1979). Play: The kindergartner's perspective. *The Elementary School Journal, 80*(2), 81-87.

Kuschner, D. (2007). Children's play in journal, Young Children: An analysis of how it is portrayed and why it is valued, In D. J. Sluss & O. S. Jarett (Eds.), *Investigating play in the 21st century. Play and culture studies*(Vol. 7, pp. 55-69). New York: University Press of America.

Levy, J. (1978). *Play behavior*. New York: John Wiley & Sons.

Lieberman, J. N. (1977). Preschoolers' competence with a peer: Relations with attachment and peer experiences. *Child Development, 48*, 1277-1287.

McCune, L. (1995). A normative study of representational play at the transition to language.

Developmental Psychology, 31(2), 198-206.

Pellegrini, A.(1995). Boy's rough-and-tumble play and social competence: Contemporaneous and longitudinal relations. In A. Pellegrini (Ed.), *The future of play research*(pp. 107-126). Albany, NY: SUNY Press.

Pepler, D. J.(1982). Play and divergent thinking. In D. J. Pepler and K. H. Rubin (Eds.), *The play of children: Current theory and research*(pp. 64-78). Basel, Switzerland: Karger.

Piaget, J.(1962). *Play, dreams and imitation in childhood*. New York: W. W. Norton.

Rubin, K. H.(1982). Early play theories revisited: Contributions to contemporary research and theory. In D. J. Pepler and K. H. Rubin (Eds.), *The play of children: Current theory and research*(pp. 4-14). Basel, Switzerland: Karger.

Rubin, K. H., Fein, G., & Vandenberg, B.(1983). Play. In P. H. Mussen & E. M. Hetherington (Eds.), *Carmichael's manual of child psychology: Social development*(pp. 693-774). New York: John Wiley & Sons.

Samuelsson, I. P., & Johansson, E.(2006). Play and learning-inseparable dimensions in preschool practice. *Early Child Development and Care, 176*(1), 47-65.

Schwartzman, H. B.(1978). *Transformations: The anthropology of children's play*. New York: Plenum.

Singer, J. L.(1973). *The child's world of make-believe*. New York: Academic Press.

Singer, D., & Singer, J.(2004). Encouraging school readiness through guided pretend games. In E. Zigler, D. Singer, & S. Bishop-Josef (Eds.), *Children's play: The roots of reading*(pp. 175-187). Washington, DC: Zero to Three Press.

Singer, D. G., Golinkoff, R. M., & Hirsh-Pasek, K.(2006). *Play=learning: How play motivates children's cognitive and social-emotional growth*. New York: Oxford University press.

Sluss, D. J.(2005). *Supporting play: Birth through age eight*. New York: Thomson Delmar Learning.

Smilansky, S.(1968). *The effect of sociodramatic play on disadvantaged preschool children*. New York: Wiley.

Smith, P. K., & Vollstedt, R.(1985). On defining play: An empirical study of the relationship between play and various play criteria. *Child Development, 56*, 1042-1050.

Stanton-Chapman, T. L. (2015). Promoting positive peer interactions in the preschool classroom: The role and the responsibility of the teacher in supporting children's sociodramatic play. *Early Childhood Education Journal, 43*(2), 99-107.

Sutton-Smith, B. (1985). Play research: State of the art. In J. L. Frost and S. Sunderlin (Eds.), *When children play*(pp. 9-16). Wheaton, MD: ACEI.

Sutton-Smith, B. (1986a). The spirit of play. In G. Fein and M. Rivkin (Eds.), *The young child at play*(pp. 3-15). Washington, DC: NAEYC.

Sutton-Smith, B. (1986b). *Toys as culture*. New York: Gardner Press, Inc.

Sutton-Smith, B., & Kelly-Byrne(1984). The idealization of play. In P. K. Smith (Ed.), *Play: In animals and humans*(pp. 305-321). Oxford: Basil Blackwell.

Thomas, A., & Chess, S. (1977). *Temperament and development*. New York: Bruner/Mazel.

Trawick-Smith, J. (1990). The effect of realistic versus nonrealistic play matter on young children's symbolic transformation of objects. *Journal of Research in Childhood Educations, 5*(1), 27-36.

Vandenberg, B. (1990). Play and problem solving: An elusive connection. *Merrill-Palmer Quarterly, 36*, 261-272.

Van Hoorn, J., Nourot, P. M., Scales, B., & Alward, K. R. (2003). *Play at the center of the curriculum*. Upper Saddle River, NJ: Merrill Prentice Hall.

Vygotsky, L. S. (1976). Play and its role in the mental development of the child. In J. S. Bruner, A. Jolly, and K. Sylva (Eds.), *Play: Its role in development and evolution* (pp. 537-554). New York: Penguin Book.

Weber, D. S. (2006). Media use by infants and toddlers: A potential for play, In D. G. Singer, R. M. Golinkoff, & K. Hirsh-Pasek (Eds.), *Play=learning: How play motivates children's cognitive and social-emotional growth*(pp. 169-191). New York: Oxford University Press.

Wohlwill, J. F. (1984). Relationships between exploration and play. In T. D. Yawkey and A. D. Pellegrini (Eds.), *Child's play; Developmental and applied*(pp. 143-170). Hillsdale, NJ: Lawrence Erlbaum Associates, Inc.

02

놀이 이론

Platon이 놀이의 가치를 최초로 인정한 이래 많은 학자가 놀이의 중요성을 강조해 왔다. 그러나 놀이의 본질이 무엇이며, 놀이를 하는 생리적, 심리적 동기가 무엇인지에 대해서는 학자들 간에 의견을 달리하고 있다.

놀이에 관한 최초의 이론은 19세기 말에서 20세기 초까지 Schiller, Spencer, Groos, Hall, Patrick 등 여러 학자에 의해 정립되었다. 이러한 이론들은 흔히 고전적 놀이 이론(classical play theory)으로 불리는데 현대적 놀이 이론(contemporary play theory)을 형성하는 데 기초가 되었다. 최근에는 정신분석학이나 인지 발달론과 같은 심리학이 놀이의 개념 형성에 많은 영향을 미치면서 놀이 연구에 활기를 더해 주고 있다.

2장에서는 놀이 이론을 고전적 놀이 이론과 현대적 놀이 이론으로 나누어 살펴보겠다.

1 고전적 놀이 이론

고전적 놀이 이론에는 잉여에너지 이론(surplus energy theory), 연습 이론(practice theory), 반복 이론(recapitulation theory), 휴식 이론(relaxation theory)이 포함된다(Sluss, 2005).

1) 잉여에너지 이론

19세기 영국의 철학자, 심리학자인 Spencer는 놀이가 잉여에너지의 발산이라고 주장하였다. Spencer의 이론은 18세기 독일의 시인이며 철학자인 Schiller의 영향을 많이 받았는데, Schiller는 그의 서한문『인간의 미학적 교육(On The Aesthetic Education of Man)』에서 놀이를 잉여에너지가 특별한 목적 없이 소비되는 것이라고 정의하였다. 그에 의하면 인간은 기본 욕구를 충족시키기 위하여 일하게 되는데 기본 욕구가 충족된 후에 남은 잉여에너지의 소산이 놀이라고 한다. 특히 영유아는 자신의 생존을 위하여 일해야 하는 입장이 아니기 때문에 잉여에너지가 많으며, 이러한 에너지를 놀이로 소모하게 되므로 성인에 비해 더 많은 놀이를 한다는 것이다.

Spencer는 놀이를 생리학적으로 고찰하였다. 그는 인간이나 동물이 정신적, 신체적 활동을 하면 신경세포가 분해되고, 그 후 일정 기간 동안 활동 정지 상태를 통해 점차 복구가 되는데 신경세포의 재생은 유기체가 새로운 활동을 위한 준비를 완료했음을 시사한다고 주장하였다. 유기체는 재생된 세포로 인해 자극에 민감하게 되며 활동에 대한 무한한 욕구를 갖게 되는데, 이러한 경향은 진화 단계에 따라 차이를 보인다고 한다. 즉, 고등동물은 하등동물에 비하여 효율적으로 생명 유지를 할 수 있으므로 에너지가 많이 남아서, 이를 놀이 활동으로 방출함으로써 하등동물보다 놀이를 더 많이 한다는 것이다(Ellis, 1973).

이와 같이 놀이를 잉여에너지의 발산으로 보는 이론에 대하여 몇몇 학자들은 지지를 표명하였다. 예를 들어 Tolman(1932)은 인간이 음식, 성(sex), 휴식 등에 대한 기본 욕구가 충족되면 생리학적으로 활동 정지 상태(homeostatic condition)에 이르고, 이 상태가 오래 지속되면 에너지가 과다해지므로 놀이 욕구가 생긴다고 주장함으로써 Spencer와 동일한 의견을 제시하였다(Rubin, 1982, 재인용).

그러나 잉여에너지 이론에 대한 비판이 제기되고 있다. 영유아의 경우, 에너지 고갈 상태에서도 놀이를 하는 사실에서 이 이론의 모순이 지적되고 있다. Ellis(1973)는 영유아가 많이 지쳐 있을 때라도 새롭고 흥미로운 놀이 기회가 주어지면 피로감을 잊고 놀이에 몰두할 수 있다고 주장하였다.

2) 휴식 이론

독일의 시인 Lazarus는 일을 할 때 소모된 에너지를 복구하기 위해서 놀이를 한다고 주장하였다. 또한 Patrick도 인간이 정신적인 피로감을 풀고 휴식하고 싶을 때 놀이를 한다고 믿었다. 인간은 사회생활을 하면서 고도의 집중력이나 추상적인 추리 또는 섬세한 동작이 필요한 활동을 하는데, 이러한 활동을 함으로써 쉽게 피로감을 느끼고 피로를 풀기 위하여 뛰기, 달리기, 던지기 등과 같은 운동이나 레크리에이션을 하게 된다는 것이다.

한편 Lazarus와 Patrick의 휴식 이론은 스트레스가 심한 현대 사회에서 놀이를 합리적으로 설명하는 것처럼 보이지만 영유아의 놀이 해석에는 설득력이 부족하다고 Frost와 Klein(1979)은 주장하였다. 만일 휴식 이론의 주장처럼 놀이가 일을 해서 생긴 피로를 회복하려는 욕구에서 동기화된다면, 스트레스가 쌓일 정도로 일을 하지 않는 영유아가 놀이에 열중하는 이유를 설명할 수 없다는 것이다.

3) 연습 이론

Groos는 그의 저서『동물의 놀이』와『인간의 놀이』에서 놀이는 영유아기의 전유물이며 영유아기는 놀이를 위하여 존재한다고 주장하였다. 또한 놀이 기간은 진화 과정에 따라 차이를 보여서 고등동물일수록 놀이를 하는 기간이 길다고 지적하였다. 고등동물이 하등동물보다 놀이 기간이 긴 이유는 성인기의 생존에 필요한 기본적인 기술을 연습하여 강화시키기 위해서라는 것이다. 예를 들어 말벌은 어미 노릇을 잘할 수 있는 선천적인 능력이 있어서 특별한 연습을 하지 않아도 알을 낳기 위해서 벌레를 물색하고 재빨리 침을 놓아 벌레를 마비시키어 알에서 깨어난 유충이 벌레를 먹으며 성장하도록 해 준다(Millar, 1977).

이러한 하등동물처럼 특별한 준비 없이 성인기에 필요한 행동을 잘할 수 있다면 연습이 더 이상 필요하지 않을 것이다. 그러나 한 살짜리 영아는 몇 발자국을 걷기 위해 몸 뒤집기, 기어가기, 일어서기 등의 기본 능력을 기르는 연습을 수없이 해야 한다. 고등동물일수록 불완전한 능력을 갖고 태어나며, 이러한 능력을 발달시키기 위하여 놀이를 통해 연습해야 한다는 것이다.

그 밖에 Groos는 놀이를 함으로써 미성숙한 본능적 행동이 연습될 뿐 아니라 이러한 행동들이 점차 정교하게 발달하여 지적 행동으로 변하게 된다고 지적하였다. 즉, 놀이 과정을 통하여 지적 행동이 발달한다는 견해로 오늘날 놀이를 영유아의 인지 발달과 연관시키는 많은 심리학자나 교육학자들과 의견이 일치한다고 하겠다.

Groos의 연습 이론은 영유아기 경험이 성장에 미치는 영향력을 밝힌 많은 연구에 의해서 어느 정도 증명되었다. 그러나 Groos가 놀이를 통해 특정 행동(예 구애 행위, 어미 역할 등)이나 기술이 연습된다고 주장한 점은 놀이의 기능을 너무 제한시켰다는 비판을 모면할 수 없을 것이다. 왜냐하면 놀이 경험은 단편적인 특정 행동보다는 성격이나 사회성 등과 같이 인간의 총체적 발달에 영향을 미치는 것으로 밝혀졌기 때문이다.

4) 반복 이론

반복 이론은 인간이 하등동물에서 진화되었다는 Darwin의 진화론에 근거하고 있으며 미국의 심리학자이며 교육학자인 Hall이 주장한 이론이다. 영유아 연구를 과학적으로 접근한 개척자라 할 수 있는 Hall은 영유아의 발달 과정에 원생동물류에서 인간에 이르기까지의 진화 과정이 재현된다고 주장하였다. 따라서 영유아 놀이에도 인류의 진화 역사가 반복되어 나타난다고 보았다. 예를 들어 영유아가 좋아하는 물놀이는 인류 태초의 기원이 되풀이된 것이며, 기어다니는 놀이나 모래놀이 등은 초기 육지동물들의 자취를, 또 나무에 기어오르는 놀이는 원숭이와 유사했던 조상의 특징이 반영된 것이라고 하였다(Millar, 1977).

또한 Hall은 놀이의 주요 기능으로 정화를 지적하였다. 즉, 영유아기 때의 놀이를 통해 종족 특유의 본능을 다 발산시켜 버림으로써 초기에 획득된 본능이 약화되고 좀 더 복잡한 형태의 행동으로 발전할 수 있다는 것이다. 이런 의미에서 Hall의 반복 이론은 놀이가 영유아의 성장에 정화작용을 한다고 주장하는 프로이드 학파의 견해와 밀접하게 연관된다.

그러나 Ellis(1973)는 인류의 진화 과정이 영유아 놀이에 반영되지 않는다고 지적함으로써 반복 이론을 비판하였다. 그에 의하면 영유아 놀이에 우리 조상의 행동과 유사한 행동이 나타나는 것은 사실이지만 이러한 현상은 동일한 해부학적 구속(anatomic constraints)에 의한 것으로 해석하는 것이 타당하다는 것이다. 또한 Frost와 Klein(1979)은 반복 이론으로는 현대의 다양한 놀잇감이나 게임을 통한 놀이의 사회적 학습 측면이 설명될 수 없다고 지적하였다.

이상에서 네 가지의 고전적 놀이 이론에 대해 살펴보았는데, 이 이론들은 Huizinga(1981)가 지적한 것처럼 인간이 왜, 무엇 때문에 노는가를 분석하는 데 초점을 맞추었으며, 각 이론이 부분적인 문제해결에 불과하므로 상호 보완적인 면이 많다고 하겠다. 네 가지 이론을 간략하게 비교하면 다음과 같다.

〈표 2-1〉 고전적 놀이 이론

이론	학자	놀이의 목적
잉여에너지 이론	Schiller/Spencer	잉여에너지의 발산
연습 이론	Groos	성인 생활에 필요한 기술의 연습
반복 이론	Hall	원시의 본능 발산
휴식 이론	Patrick/Lazarus	일할 때 소모된 에너지의 재생

출처: Johnson, Christie, & Yawkey(1999: 6).

2 현대적 놀이 이론

놀이에 관한 이론은 20세기에 들어서면서 현대심리학의 영향을 받아 보다 체계적인 이론으로 발전하였다.

본 절에서는 현대적 놀이 이론으로 정신분석 이론(psychoanalytic theory), 인지발달 이론(cognitive theory), 각성조절 이론(arousal modulation theory), 상위의사소통 이론(meta-communications theory), 각본 이론(script theory) 등을 소개하고자 한다.

〈표 2-2〉 현대적 놀이 이론

이론	학자	놀이의 역할
정신분석 이론	Freud Erikson	외상적 경험의 정화 자아 기능의 강화
인지 발달 이론	Piaget Vygotsky Bruner/Sutton-Smith	학습된 기술의 연습과 강화 추상적 사고력 촉진 행동과 사고력의 융통성 촉진
각성조절 이론	Berlyne/Ellis/Fein	자극을 증가시켜서 각성을 최적의 상태로 유지
상위의사소통 이론	Bateson	의미의 다각적 이해 능력을 촉진
각본 이론	Wolf/Grollman	개인적 경험의 이해

1) 정신분석 이론

놀이에 대한 정신분석 이론가들의 관심은 Freud로부터 시작되었으며 Wälder, Erikson으로 이어지면서 이론이 체계화되었다.

(1) Freud

Freud(1961)는 인간의 심리적 과정을 원초아(id), 자아(ego), 초자아(superego)의 세 가지로 나눈다. 인간의 성장 과정에서 신생아 시기는 주로 본능적 충동인 원

초아에 의해 행동하지만, 점차 다양한 경험을 하면서 자아와 초자아가 발달하는데 이러한 과정에 놀이 경험이 중요한 작용을 하게 된다고 한다. 즉, 영유아의 놀이 세계는 현실을 초월하는 경우가 많기 때문에 영유아의 자아가 본능적 충동과 초자아를 조절할 수 있게 되며, 그 결과로 자아가 성숙한다는 것이다.

특히 Freud는 놀이의 동기를 쾌락의 원리로 설명한다. 그에 의하면 영유아는 놀이에서 희망을 성취하고 기쁨을 느낀다. 영유아는 놀이에서 원하는 모든 것을 해 볼 수 있다. 우주 비행사, 간호사, 엄마, 아빠, 경찰관 등 현실에서 불가능한 역할을 하면서 만족을 얻게 된다. 영유아는 실제로 주변의 사물이나 사람을 통제하고 지배할 능력이 없지만, 놀이에서는 자신이 어른인 것처럼 가작화하여 막강한 힘을 발휘하고 욕구를 충족시킴으로써 즐거움을 느끼게 된다고 한다.

또한 Freud는 놀이 경험이 영유아에게 정화 효과가 있다고 주장한다. 영유아는 실생활에서의 부정적 경험, 예를 들어 의사의 진찰을 받고 수술을 한 무서운 경험을 병원 놀이에서 의사 역할을 맡아 또래 환자나 인형을 치료하고 수술함으로써 해소할 수 있다. 이와 같이 놀이 과정을 통해 불안, 공포, 분노 등 부정적 정서가 정화된다고 믿어 놀이의 치료적 기능에 주목하였다.

한편 Wälder(1933)는 정화 이론만으로는 동일한 내용의 놀이가 계속 반복되는 현상을 설명할 수 없다고 주장하면서 '반복 강박(repetition compulsion)'의 개념을 소개하였다. Wälder에 의하면 영유아가 불쾌한 경험을 하게 되면, 이를 갑자기 소화하기가 매우 어렵다는 것이다. 따라서 이런 경험을 놀이에 자주 반복함으로써 그 강도를 점차 약화시켜 해소한다고 설명했다(Frost & Klein, 1979, 재인용). 반복 강박의 개념은 Brown, Curry와 Titlnich(1971)의 관찰 결과에 생생하게 나타나 있다. 이들이 관찰한 바에 의하면 어떤 교육기관의 영유아들이 사다리에 올라가 건물을 수리하던 인부가 떨어져서 다치는 장면을 목격했다고 한다. 그 사건 이후 영유아들은 인부가 떨어져서 응급처치를 받고 병원차로 이송되는 내용의 역할놀이를 여러 번 반복하면서 충격을 완화시켰다고 보고하였다.

(2) Erikson

Erikson(2014)은 놀이의 동기를 주관적으로 해석하는 정신분석 이론의 결점을 보완, 확장하여 놀이가 영유아 사회화의 중요한 단서가 된다고 주장하였다. 즉, 영유아는 놀이를 하면서 자아가 성장하고 정체성이 발달되어 주변 환경에 숙달(mastery)된다고 설명하였다. Erikson은 그의 저서 『유년기와 사회(*Childhood and Society*)』에서 놀이가 심리 사회적 측면에서 세 단계로 발달된다고 주장했다.

첫째, 자기 세계의 놀이 단계(autocosmic play)로 출생 후 첫 1년 동안 팔, 다리, 머리 등 자기 신체의 감각적 지각이나 근육 운동 및 발성을 반복하여 시도해 보는 놀이를 한다. 이런 놀이를 통해 영아는 자신이 다른 사람과 다르다는 것을 이해하게 된다.

둘째, 2세가 되면 놀잇감이나 사물을 놀이 대상으로 하는데, Erikson은 이 시기를 미시 영역 놀이 단계(micro-sphere play)라 불렀다. 이 시기의 영아는 관심 영역이 자신의 신체로부터 벗어나 놀잇감이나 사물을 가지고 놀면서 주변 세계에 숙달되고 자아가 향상된다.

셋째, 유치원에 다니는 동안은 거시 영역 놀이 단계(macro-sphere play)에 속한다. 이 단계의 유아는 다른 사람과 함께 놀이하면서 사회적 상호작용에 숙달된다. 또 나아가 문화와 사회적 역할을 이해할 수 있게 된다.

2) 인지 발달 이론

Piaget, Vygotsky, Bruner와 Sutton-Smith의 인지 발달 놀이 이론을 소개하고자 한다(신은수 외, 2002; 정옥분, 2002; 조은진, 2004; Johnson, Christie & Yawkey, 1999).

(1) Piaget

영유아의 인지 발달에 관해 가장 포괄적인 이론을 정립한 Piaget(1962)는 그의 저서 『놀이, 꿈 그리고 모방(Play, Dreams and Imitation)』에서 놀이의 본질과 발달

과정을 설명하였다. 그는 놀이 경험이 영유아의 인지 발달과 긴밀한 관계를 맺는다고 주장하면서 영유아에게 있어서 놀이는 이 세상을 이해하는 데 도움을 주는 매개체의 구실을 할 뿐 아니라 인지 발달의 지표 또는 부산물이라고 강조하였다. Piaget는 영유아의 인지 발달이 동화와 조절의 평형(equilibrium)을 통해 이루어진다고 설명하였다. 동화(assimilation)는 영유아가 외부 세계의 새로운 자극을 자신의 사고 체계에 맞추어 받아들이는 과정을 의미한다. 반면에 조절(accommodation)은 새로운 자극을 받아들이기 위해 자신의 사고 체계를 변형하는 것을 의미한다. Piaget는 특히 놀이와 모방을 구분해서 놀이는 조절보다 동화가 우세하게 작용하는 상황인데 반해서 모방은 순수한 조절 행동이라고 설명하였다. 예를 들어 어린 영아가 베개를 머리에 대고 자는 시늉을 하는 것은 타인의 행동을 모방하는 행동인 반면에 인형, 옷, 수건을 베개처럼 머리에 대고 즐거워하는 것은 사물을 본래의 기능과 무관한 대상물, 즉 베개로 동화시킨 것이다. 객관적 사고는 외적 현실의 요구 조건에 맞게 기존의 사고 체계를 적응시키려는 것이지만 놀이에서는 규칙에 구애됨이 없이 영유아의 행동에 사물을 예속시키는 일종의 상징적 전환(symbolic transposition)이 이루어지므로 놀이는 거의 순수한 동화라고 할 수 있다는 주장이다.

또한 Piaget는 놀이가 영유아의 인지 발달 수준에 따라 연습놀이(practice games), 상징놀이 (symbolic games), 규칙 있는 게임(games with rules)의 세 단계로 발달한다고 주장하였다. 놀이 발달의 첫 번째 단계인 연습놀이는 2세 미만의 감각운동기 영아가 주로 하는 놀이로, 신체의 감각 운동을 연습하는 즐거움을 위해 단순한 행동을 반복하는 것이다. 두 번째는 2~7세의 전조작기 유아가 주로 하는 상징놀이 단계이다. 전조작기에는 상징적으로 사고하는 능력이 발달하여 사물이나 상황, 역할을 '마치 ~인 것처럼(as if element)' 가작화하는 상징놀이를 많이 한다. 마지막 단계는 규칙 있는 게임 단계로, 7세 이후 구체적 조작기로 들어서면 구체적 사실들에 대한 논리적 사고가 가능하여 규칙 있는 게임을 할 수 있게 된다.

(2) Vygotsky

러시아의 심리학자 Vygotsky(1976)는 인지 발달에 미치는 놀이의 영향력을 Piaget보다 더욱 강조하였다. Vygotsky에 의하면 영유아는 사물과 의미를 분리하여 사고할 수 없기 때문에 추상적 사고가 불가능하여 실제로 말(horse)을 보지 않고는 말에 대해 생각할 수가 없다는 것이다. 그러나 놀이를 하면서 구체적 사고에서 추상적 사고로 쉽게 전환할 수 있게 된다고 한다. 즉, 놀이의 가상적 상황에서는 시각의 장(field)과 의미의 장이 분리되어서 사물과 격리된 사고를 할 수 있을 뿐 아니라 사물보다 사고에 근거한 행동이 가능하다는 것이다. 예를 들어 영유아가 놀이에서 막대기를 한 마리의 말로 사용하고 있다면 이미 그의 사고는 실제 사물에서 분리된 상태이며, 의미가 사물을 지배하여 더 이상 구체적 사물에 전적으로 의존하지 않고 사고할 수 있다. 따라서 그가 하는 행동은 막대기에 대한 행동이 아니라 말에 대해 생각하는 것을 행동으로 나타내는 것이다. 이때 막대기는 실제 말의 의미를 전달하는 주축(pivot)의 역할을 하게 된다고 Vygotsky는 주장하였다.

한편 Vygotsky는 놀이를 인지발달 차원에서 개념화한 Piaget와는 달리 놀이의 사회·문화적 맥락을 강조하였다. Vygotsky에 의하면 영유아의 인지적 기능은 주변에 있는 성인이나 유능한 또래와의 상호작용을 통해 촉진된다고 한다. Vygotsky는 인지발달과정을 근접발달영역(zone of proximal development : ZPD)의 개념으로 설명하였다. 근접발달영역이란 영유아가 독자적으로 문제를 해결하는 실제적 발달 수준과 성인이나 유능한 또래의 도움을 받아 문제를 해결할 수 있는 잠재적 발달 수준, 이 두 수준 사이의 영역을 의미한다. Vygotsky는 영유아의 발달을 실제적 수준에서 잠재적 수준으로 끌어올리기 위해 제공되는 모든 지원 체계를 비계(scaffold)라 하였다. 원래 비계는 건축을 할 때 공사진행을 위한 발판 역할을 하는 임시구조물을 뜻하는데 놀이가 영유아 인지발달에서 이러한 비계역할을 한다고 보았다(정옥분, 2002). 다시 말해 영유아가 놀이 중에 성인이나 유능한 또래와 상호작용하고 적절한 지원을 받음으로써 자연스럽게 비계설정이 이루어져 인지발달이 촉진된다고 한다.

(3) Bruner와 Sutton-Smith

Bruner(1972), Sutton-Smith(1967)는 놀이가 영유아의 창의성과 사고의 융통성을 촉진시킨다고 주장하였다. Bruner는 놀이에서 목적보다 수단이 중요시된다고 지적하였다. 즉, 놀이를 할 때 영유아는 목적을 달성하려고 애쓸 필요가 없기 때문에 부담 없이 새로운 시도를 해볼 수 있으며, 놀이 중에 독특한 행동을 탐색하여 실행한 후에 이를 일상생활의 문제해결에 적용한다는 것이다. 이와 같이 놀이를 통해 영유아의 행동 선택 폭이 넓어지면서 사고의 융통성이 촉진된다는 주장이다. 이와 유사한 견해로 Sutton-Smith는 영유아의 역할놀이에서 일어나는 상징적 전환(예 막대기를 말로 사용)이 사고의 융통성을 확장시키는 데 기여한다고 설명했다. Sutton-Smith에 의하면 상징적 전환 경험은 영유아로 하여금 기존의 사고방식에서 벗어나 새롭고 독특한 방식의 사고를 하도록 유도하여 정신적 융통성(mental flexibility)을 증진시킨다는 것이다.

특히 Bruner와 Sutton-Smith가 주장하는 놀이의 융통적이고 가변적인 특성은 급격하게 변화하는 미래 사회에서 놀이가 왜 중요한지를 더욱 실감하게 해준다. 즉, 급변하는 미래에 어떤 지식이나 기술이 필요한지를 정확하게 예측하기는 불가능하므로 놀이를 통해 영유아에게 다양한 상황을 극복할 수 있는 적응적 잠재력(adaptive potential)을 키워 줄 필요가 있다. 뇌 영상 기술을 이용한 신경학적 연구에 의하면, 적응적 잠재력은 인간 뇌 발달의 초기에 형성되며, 바로 놀이 활동이 뇌의 잠재력을 활성화하는 데 크게 기여하는 것으로 밝혀졌다(Nelson & Bloom, 1997).

3) 각성조절 이론

각성조절 이론은 인간의 각성을 적정 수준으로 유지하려는 중추신경조직의 욕구를 만족시키기 위해 놀이를 한다고 설명하는 이론이다. 이 이론은 Berlyne(1960)이 제기하고, Ellis(1973), Fein(1981) 등에 의해 보완되었다.

Berlyne에 의하면, 인간은 자극이 과도한 상황에서는 각성이 높은 수준으로 증가하고 이로 인해 자극을 감소시키는 활동에 참여한다. 예를 들어 유기체는 신기한 사물을 접하여 각성이 높은 수준으로 증가하면, 그 사물을 탐색하여 친근하게 됨으로써 각성을 감소시킨다. 반대로 자극이 충분치 못한 상황에서는 각성이 낮은 수준으로 감소하여 싫증을 내거나 지루함을 느끼어 새로운 자극을 찾으려 노력한다.

Ellis는 각성을 적정 수준으로 높일 수 있는 자극추구활동(a stimulus-seeking activity)을 놀이로 간주하였다. 즉, 놀이에서는 새롭고 특이한 방법으로 사물을 사용하고 행동하면서 자극이 증가한다. 예를 들어 고정된 방법으로 미끄럼 타는 것에 싫증이 나면 누워서 미끄럼을 탐으로써 자극을 증가시킬 수 있다. 그러므로 놀이는 각성이 낮은 수준에서 발생하는 일종의 자극생산활동(a stimulation producing activity)이라 할 수 있다.

한편 Fein도 Ellis의 견해에 동조하여, 놀이는 유기체가 필요로 하는 다양한 자극을 제공한다고 주장하였다. 다양한 자극에는 운동적 또는 신체적 자극, 지각적 자극 및 지적 자극이 포함되는데 영유아가 놀이 과정 중에 신기한 사물이나 상황을 접하게 되면 처음에는 새로운 상황의 불확실성을 감지한다. 그러나 점차로 상황의 불확실성이 감소함에 따라 놀이의 효과는 확실해진다. 놀이는 불확실하고 호기심을 유발하는 새로운 상황을 창조하기 위한 활동이다. 이와 같이 새로운 상황의 창조와 불확실성 및 호기심의 순환은 계속 이어진다. 흔히 영유아는 성인들이 위험하다고 생각하는 모험놀이를 즐겨하는데, 영유아는 이러한 놀이를 통해 다른 활동에서는 얻기 어려운 자극을 찾는 것이다.

4) 상위의사소통 이론

Bateson(1971)은 실생활에서 심각한 문제로 간주되는 영유아의 행동이 가상놀이 상황에서는 심각성을 갖지 않는 점에 흥미를 가지고 연구하여 상위의사소통(meta-communication) 이론을 개발하였다. 상위의사소통이란 놀이의 여러 상황, 행동, 사물 등을 놀이하는 상대방에게 이해시키고 설명해 주어 의미를 공유하기 위한 의사소통을 뜻한다. 예를 들어, 놀이 친구에게 “우리가 지금 가짜로 싸우는 거라고 하자."라고 말함으로써 자신의 가작화 행동을 상대방에게 알리는 것이다. 놀이 중에 하는 행동은 실제 생활에서의 행동과 그 의미가 다르다. 영유아가 싸움놀이를 하면서 친구를 때리는 척하는 행동은 실제로 친구를 때리는 것과 매우 다른 의미를 갖는다. 이렇게 다른 의미임을 상위의사소통을 통해 타인에게 알려서 다른 사람들이 실제 상황이 아님을 알 수 있도록 놀이의 틀(frame)을 설정하고 놀이 틀 안의 가상 세계와 틀 밖의 실제 상황을 넘나들면서 놀이를 한다. 만일 놀이 틀이 설정되지 않는다면 놀이 중에 가짜로 때리는 것을 실제로 때리는 것으로 오해받게 될 것이다. 따라서 자신의 행동이 실제가 아니라 단지 놀이 중에 하는 행동임을 전달해야 한다. 즉, '이것은 놀이 중임(This is a play)'을 알리는 데 실패한다면 그 행동의 의도가 잘못 해석되어 사회적 갈등을 초래한다. 영유아가 놀이를 하면서 상위의사소통 경험을 함으로써 자신이 맡은 역할을 충실하게 수행하는 능력이 촉진된다고 Bateson은 강조하였다(이은해·지혜련·이숙재, 1990).

한편 Bateson 이론에 영향을 받은 Garvey(1993)는 영유아가 놀이 에피소드를 시작, 협상, 유지, 확장, 종결, 복원시키기 위해 어떤 상위 의사소통을 하는지 연구하였다. 그 결과 영유아는 가상놀이에 참여하는 동안 그들이 맡은 역할과 실제의 자기 자신 사이를 계속 넘나드는 것을 발견하였다. 놀이 중에 자신이 맡은 역할에 문제가 발생하면 문제해결을 위해 놀이의 틀을 벗어나 자신의 원래 위치로 되돌아가는 것이다. 예를 들어 아기 역할을 맡은 친구가 우유병을 빨고 있는데 아빠 역할의 친구가 우유병을 빼앗아 가자 "야! 아빠가 그러는 게 어디 있니? 잘 먹어라 해야지."라고 말하는 것이다. 이처럼 영유아는 놀이 중에 그들이 맡은 역할에 충실하면서 동시에 자신의 실체, 즉 자신이 누구인지, 어떤 위치에 있는지 등을 늘 인식하고 있다.

상위의사소통은 명시적인 언어로 표현(예 자신의 변형, 역할의 변형, 행동의 변형, 사물의 변형, 존재하지 않는 사물의 변형 등의 의사소통)하는 경우가 많으나 비언어적 신호(예 역할에 맞는 목소리 변화, 우스꽝스런 목소리, 웃기, 상황 묘사 효과음, 표정 등)로도 표현된다(박소연, 2006; 성은영·박은주, 2004; Garvey, 1993).

5) 각본 이론

각본 이론에 의하면 놀이에는 영유아의 개인적 경험에 대한 지식이 나타난다고 한다. 영유아가 성숙해지면 경험에 근거하여 사건을 구성할 수 있게 되며, 이러한 경험에 대한 영유아의 해석이 놀이 내용으로 표현된다는 것이다. 각본이란 기억으로부터 활성화되는 지식 구조(knowledge structure)를 뜻한다. 각본은 규모가 큰 활동(예 물건을 사러 가게에 가거나 바닷가에 놀러 가는 활동)을 구성하는 주요 사건(scenes)이나 하위 활동(subaction)에 대해 영유아가 갖고 있는 지식의 연결망(network)을 의미한다. 따라서 영유아의 지적 발달이 증진될수록 놀이 각본이 통합되고 더 복잡해진다(Johnson, Christie, & Yawkey, 1999; Fromberg, 2002).

Wolf와 Grollman(1982)은 영유아의 사회극놀이 중에 표현되는 이야기 구성(narrative organization) 수준을 분석함으로써 각본이 전개되는 세부 과정을 설명하였다. 그들에 의하면 놀이의 이야기 조직은 쉐마 수준(scheme level), 사건 각본 수준(event script level), 에피소드 수준(episode level) 등 세 가지 수준으로 구성된다. 이러한 이야기 조직의 수준을 통하여 영유아의 인지적, 언어적 성숙도와 자아 개념, 성격 등을 추정할 수 있다고 한다. 각 수준을 더 자세히 설명하면 다음과 같다.

〈표 2-3〉 놀이의 이야기 조직 수준

쉐마 수준	• 한 가지 사건에 관련된 단순한 표현(예 인형에게 우유 주기)
사건 각본 수준	• 단순한 사건 : 두 가지 이상의 쉐마를 표현(예 커피를 부어 교사에게 줌) • 연결된 사건 : 목적 달성을 위해 네 가지 이상의 쉐마를 표현 (예 커피를 붓고, 설탕을 넣고, 뜨거우니 조심하라고 말하며 교사에게 줌)
에피소드 수준	• 단순한 에피소드 : 목적 달성을 위해 두 가지 이상의 단순한 사건을 표현 (예 음식놀이 에피소드에서 요리놀이 사건과 인형에게 먹이는 사건을 표현) • 연결된 에피소드 : 목적 달성을 위해 두 가지 이상의 연결된 사건을 표현 (예 생일잔치놀이 에피소드에서 반죽을 하고, 오븐에 굽는 요리놀이 사건과 친구에게 대접하면서 대화를 나누는 음식 접대 사건을 연결)

출처: Wolf & Grollman(1982: 53).

참고문헌

박소연 (2006). 사회적 가상놀이에 나타난 유아의 마음 이론 및 놀이대본에 관한 연구. 유아교육연구, 26(5), 145-171.

성은영·박은주 (2004). 사회적 가장놀이에서 나타나는 비언어적 메타커뮤니케이션 분석. 유아교육학논집, 8(4), 325-347.

신은수·김명순·신동주·이종희·최석란(2002). 놀이와 유아. 서울: 이화여자대학교 출판부.

이은해·지혜련·이숙재 (편역)(1990). 놀이 이론. 서울: 창지사.

이종희 (2000). 초기 가상놀이의 인지적 측면에 대한 이견들: 상징성과 마음의 이론에 대한 논의. 유아교육연구, 20(3), 233-252.

정옥분(2002). 아동발달의 이해. 서울: 학지사.

조은진(2004). 상징놀이의 기능에 관한 이론적 고찰과 분석: 학습 및 학업성취에서의 역할을 중심으로. 열린유아교육연구, 8(4), 89-108.

Bateson, G.(1971). The message "This is play". In R. E. Herron and B. Sutton-Smith (Eds.), *Child's play*(pp. 261-266). New York: John Wiley & Sons.

Berlyne, D. E.(1960). *Conflict, arousal and curiosity*. New York: McGraw-Hill.

Brown, N., Curry, N. E., & Titlnich, E. T.(1971). How groups of children deal with stress through play. In N. E. Curry and S. Amaud (Eds.), *Play: The child's drive toward self-realization*. Washington, DC: NAEYC.

Bruner, J. S.(1972). The nature and uses of immaturity. *American Psychologist. 27*, 687-708.

Dansky, J. L.(1980). Make-believe: A mediation of relationship play and associative fluency. *Child Development, 51*, 576-579.

Ellis, M. J.(1973). *Why people play*. Englewood Cliffs, NJ: Prentice-Hall.

Erikson, E. H.(2014). 유년기와 사회. 송제훈 (역). 경기 : 연암서가. (원본발간일 1950년).

Fein, G. G.(1981). Pretend play: An integrative review. *Child Development, 52*, 1095-1118.

Freud, S.(1961). *Beyond the pleasure principle*. New York: Norton.

Frost J. L., & Klein, B. L.(1979). *Children's play and playgrounds*. Boston: Allyn & Bacon.

Fromberg, D. P. (2002). *Play and meaning in early childhood education*. Boston: Allyn and Bacon.

Garvey, C. (1993). *Play*. Cambridge, MA: Harvard University Press.

Huizinga, J. (1981). 호모 루덴스: 놀이와 문화에 관한 한 연구. 김윤수 (역). 서울: 도서출판 까치. (원본발간일 1955년).

Johnson, J. E., Christie, J. F., & Yawkey, T. D. (1999). *Play and early childhood development*. Glenview, IL: Scott, Foresman and Company.

Millar, S. (1977). *The psychology of play*. New York: Penguin Books.

Nelson, C. A., & Bloom, F. E. (1997). Child development and neuroscience. *Child Development, 68*(5), 970-987.

Pellegrini, A. D., & Galda, L. (1982). The effect of thematic fantasy play on the development of children's story comprehension. *American Educational Research Journal, 19*(3), 443-452.

Piaget, J. (1962). *Play, dreams and imitation in childhood*. New York: W. W. Norton.

Rubin, K. H. (1982). Early play theories revisited: Contributions to contemporary research and theory. In D. J. Pepler and K. H. Rubin (Eds.), *The play of children: Current theory and research* (pp. 4-14). Basel, Switzerland: Karger.

Sutton-Smith, B. (1967). The role of play in cognitive development. *Young children, 22*, 361-370.

Vandenberg, B. (1981). Environmental and cognitive factors in social play. *J. of Experimental Child Psychology, 31*, 169-175.

Vygotsky, L. S. (1976). Play and its role in the mental development of the child. In J. S. Bruner, A. Jolly, and K. Sylva (Eds.), *Play: Its role in development and evolution* (pp. 537-554). New York: Basic Books.

Wolf, D., & Grollman, S. H. (1982). Ways of playing: Individual Differences in Imaginative Style. In D. J. Pepler and K. H. Rubin (Eds.), *The play of children: Current theory and research* (pp. 46-63). Basel, Switzerland: Karger.

03

놀이와 영유아 발달

영유아는 놀면서 자란다. 운동놀이를 하면서 키가 크고 친구와 함께 집짓기놀이를 하면서 협동하는 것을 배운다. 또한 비눗방울을 만들어 날리는 놀이에서 과학적 개념을 배울 수 있다.

3장에서는 놀이와 신체, 사회성, 인지, 언어, 정서, 창의성 발달의 관계를 영아기와 유아기로 나누어 살펴봄으로써 놀이와 영유아의 전인적 성장의 관계를 알아 보고자 한다. 또한 이를 통해 놀이가 영유아의 성장에 꼭 필요한 경험이라는 점을 밝히고자 한다.

1 놀이와 신체 발달

1) 영아기

출생 초기에는 움직이는 물체를 쳐다보거나 소리를 듣고 자기 손이나 발을 이리저리 움직이면서 놀이를 한다. 또한 손으로 놀잇감이나 물건을 잡아 흔들거나 입으로 빨면서 탐색하는 놀이를 한다. 1, 2세가 되어 이동 능력이 생기고 손으로 잡는 운동기술이 발달하면 활동 범위가 넓어지고 좀 더 다양한 탐색과 놀이를 할 수 있다. 예를 들어 장난감 자동차를 끌고 다니거나 작은 모양 조각을 구멍에 끼워 맞추는 등의 놀이를 통해 눈과 손의 협응력 및 대소근육의 운동 능력이 발달한다(이영자 외, 2001).

또한 영아기에는 놀이를 통해 신체 발달 가운데 두뇌 발달이 촉진된다. 영아기는 뇌 발달이 빠르게 진행되는 시기로 특히 감각운동놀이를 하면서 전두엽의 시냅스가 활발하게 생성되어 뇌 발달이 촉진된다(정미라 외, 2012).

그 밖에 인형 돌보기, 자동차놀이 등을 하면서 건강하고 안전하게 생활하는 데 필요한 기초 능력을 기를 수 있다.

2) 유아기

건강한 유아는 어느 곳에서나 쉬지 않고 활발하게 놀이를 한다. 유아가 놀이를 하려면 신체를 움직여야 하는데, 놀이 중에는 운동량이 많은 놀이가 있는 반면에 손이나 입 등 신체의 일부를 소극적으로 움직여서 하는 놀이도 있다. 이렇게 다양한 놀이를 하면서 유아의 신체 발달이 촉진된다. 예를 들어 여러 종류의 블록으로 쌓기 놀이를 하거나 조각 그림 맞추기를 하면서 눈과 손의 협응력이 발달하고 소근육 운동 능력이 발달한다. 또한 실외에서 달리고, 매달리고, 기어오르고, 던지는 등의 운동놀이나 쫓고 쫓기는 거친 신체놀이(rough-and-tumble play), 규칙 있는 게임 등을 함으로써 체력과 대근육 운동 능력이 증진된다. 유아기는 기본운동능력을 기르기에 가장 이상적인 시기이다. 이 시기에는 신체가 유연하여 다양한 자세와 움직임을 잘 받아들일 수 있을 뿐만 아니라 모험심이 많아서 새로운 동작을 시도해 보려는 열의가 대단하기 때문이다(Frost, Wortham & Reifel, 2001).

그 밖에 유아들은 실내, 실외에서 활동적인 운동놀이를 하면서 놀잇감이나 놀이기구를 안전하게 사용하는 데 필요한 태도와 기술을 익혀서 위험상황에 대처하는 능력을 기를 수 있다.

이상에서 살펴본 바와 같이 영유아의 놀이와 신체 발달의 관계를 종합하면 다음과 같다.

- 놀이 동작을 하면서 대소근육을 움직이게 되므로 신장, 체중 등 신체 성장이 촉진되고 혈액 순환, 배설, 수면 등의 생리 기능이 증진된다.
- 운동놀이를 하면서 뛰기, 던지기, 매달리기 등의 기본운동능력과 체력이 향상된다.
- 놀잇감을 보고, 만지고, 두드리는 탐색 활동을 통해 감각 및 지각 능력이 발달하고 뇌 발달이 촉진된다.
- 놀이 경험을 통해 영유아가 건강하고 안전하게 일상생활을 하는 데 필요한 능력을 증진시킨다.

2 놀이와 사회성 발달

1) 영아기

영아는 놀이를 하면서 점차 사회적인 존재로 성장한다. 영아기 초기에는 주로 부모나 양육자와 놀이를 하면서 긴밀한 상호작용을 한다. 양육자는 어린 영아와 놀이를 할 때 주도적으로 놀이를 이끌어가며 시범을 보이거나 영아의 놀이 참여를 격려하는 역할을 한다(Frost, 1992). 예를 들어 엄마가 장난감 전화기를 들고 통화하는 시늉을 하면서 전화놀이를 유도하거나 '까꿍놀이'를 하면서 영아에게 호기심과 재미를 느끼게 한다. 이러한 양육자와의 놀이를 통해 부모나 교사와 애착 관계를 형성한다. 또한 현실과 가상의 경계를 이해하게 되며 낯선 상황에 적응하여 안정된 상태에서 원만한 대인관계를 맺을 수 있게 된다(Beckwith, 1986). 그 밖에 어린이집 등의 기관에서 다른 영아와 함께 지내는 경험을 하면서 또래에 관심을 갖고 더불어 생활하는 행동양식을 배운다(보건복지부, 2013).

2) 유아기

유아기가 되면 또래와 놀이할 기회가 많아지고 놀이를 통해 풍부한 사회 경험을 할 수 있다. 또래들과 협동하고 사이좋게 놀거나 경쟁하고 다투면서 다른 유아와 함께 살아가는 지혜를 배우고 도덕적 기준이나 규칙, 성 역할 등 사회적 학습을 한다. 특히 협동하는 놀이에 많이 참여할수록 친사회적 행동을 많이 익힌다(박은영·신은수·김현진, 2012).

놀이와 사회성 발달과의 관계를 분석한 연구에 의하면, 여러 종류의 놀이 가운데 사회적 상호작용이 활발하게 이루어지는 사회극놀이나 역할놀이, 주제극놀이(thematic fantasy play), 거친 신체놀이가 유아의 사회성 발달을 촉진시키는 것으로 보고되었다. 즉, 또래와 역할을 분담해서 참여하는 사회극놀이 경험이나 역할놀이 경험이 친사회적 행동을 촉진하고 교우관계의 폭을 확장시키는 것으로 밝혀졌다(전숙영, 2005; Hoffmann & Russ, 2003). 또한 여러 유아가 동화 속의 등장인물이 되어서 함께 놀이하는 주제극놀이 경험이 유아의 사회성 발달을 촉진시킨다고 밝혀졌다(이숙재, 1997). 그 밖에 거친 신체놀이를 통해 유아의 친사회적 리더십이 형성되며(왕혜원, 2012), 전통놀이경험이 사회성 발달에 긍정적인 영향을 미친다고 한다(진영미·박향아, 2016)

결론적으로, 영유아 놀이와 사회성 발달의 관계를 종합하면 다음과 같다.

- 부모나 양육자, 교사와 놀이를 하면서 친밀감을 갖게 되고 애착 관계를 형성한다.
- 또래와 놀이를 하면서 다른 사람과 더불어 살아가는 데 필요한 사회적 능력, 예를 들어 질서 지키기, 협력하기, 놀잇감 공유하기 등을 배운다.
- 다양한 놀이 경험을 통해 주변 사회에 대한 관심과 이해 및 지식을 습득한다.

3 놀이와 인지 발달

1) 영아기

영아는 자신의 신체나 주변에 있는 물건과 놀잇감을 탐색하거나 놀이를 하면서 다양한 체험을 하고 이런 경험을 토대로 지적 발달이 이루어진다. 감각운동적 놀이 행동을 반복하면서 새로운 행동을 학습하며 학습된 행동을 여러 상황에 적용하면서 인과관계를 이해하고, 시행착오 과정을 경험하는 등 지적 발달수준을 높여간다. 또 놀잇감이나 사물을 조작하는 경험을 통해 사물의 기능과 특성을 이해하고 대상영속성(object permanence) 개념을 형성하며(Athey, 1984) 사물을 다른 것으로 대체하여 표상하는 능력이 발달한다.

2) 유아기

유아기에는 또래 집단과 함께 다양한 놀이에 능동적으로 참여하여 경험의 폭을 넓힘으로써 인지 발달이 촉진된다. 즉, 여러 가지 놀잇감이나 사물, 자연물을 가지고 놀면서 무게, 질감, 색깔, 크기, 공간, 수, 비교, 측정 등 수학적, 과학적 기초 지식을 자연스럽게 습득한다. 또한 탐구 과정을 통해 문제를 합리적이고 논리적으로 해결하는 능력의 토대를 기를 수 있다(신은수 외, 2002).

다양한 놀이 경험이 유아의 인지 발달에 중요한 영향을 미친다는 사실은 이제까지 여러 연구(이은영, 2010; Wyver & Spence, 1999)에서 밝혀졌다. 놀이와 인지 발달의 관계를 밝힌 연구에 의하면, 주제극놀이 경험이 유아의 수학 개념 발달을 촉진시키며(박상숙, 1999), 쌓기놀이를 통해서도 유아의 공간조망 능력과 수학적 태도가 향상될 수 있음이 밝혀졌다(최미숙·안지영·임연자, 2012).

특히 일부 학자들은 놀이와 문제해결력의 관계에 관심을 집중하여서 쌓기놀이가 유아의 창의적 문제해결력에 긍정적인 영향을 미친다고 보고하였다(이순복, 2010). 또한 거친 신체놀이와 대인문제해결력 간에 정적 상관관계가 있어서 거친 신체놀이를 많이 하는 유아가 대인문제해결력이 높다고 밝혔다(마지순·강영식, 2012).

Pepler(1982)는 놀이와 문제해결력의 관계를 다음 세 가지 관점에서 설명하였다.

첫째, 유아는 놀이를 하면서 여러 탐색 활동을 하고, 이를 통해 사물에 대한 이해력이 증진되어 문제해결력이 발달한다.

둘째, 놀이 행동의 융통적이고 실험적인 속성이 문제해결력과 밀접하게 연관된다. 유아는 놀이 중에 새로운 사물을 접하면, 그 사물의 속성을 탐색하고 적극적으로 실험해 본다. 이러한 실험 과정에서 시행착오를 하면서 다양한 반응을 하고 사물에 새로운 상징적 의미를 부여하는 가운데 융통성을 갖게 되어 문제를 효과적으로 해결할 수 있게 된다.

셋째, 놀이를 통해 구체적 사고에서 추상적 사고로의 전환이 자연스럽게 이루어진다. Piaget(1962)에 의하면 놀잇감을 상징적 의미로 활용한다는 것은 유아가 추상적으로 사고할 수 있음을 의미한다. 특히 Vygotsky(1976)는 상상놀이 경험이 추상적 사고력의 발달을 촉진한다고 주장하였다. 예를 들어 막대기를 칼로 생각하여 전쟁놀이를 하거나 달리는 말로 생각하여 말 타기놀이를 할 수 있다. 이와 같이 실제 사물로부터 의미를 분리시켜서 다른 상징을 부여하는 경험을 통해 추상적으로 생각하는 능력을 기르게 된다는 것이다. 이런 주장을 뒷받침하는 연구(Jackowitz & Watson, 1980)에 의하면 상상놀이 초기에는 실제 사물과 유사한 사물을 사용하지만(예 장난감 권총을 총으로 사용) 점차 사고력이 발달함에 따라 실제 사물과 덜 유사한 사물에도 상징적 의미를 부여한다(예 네모 블록을 총으로 사용).

이처럼 놀이 과정 중에는 사물의 용도나 속성 자체를 추상적으로 생각할 기회가 많기 때문에 다양하게 자유연상을 필요로 하는 문제해결력이 촉진된다.

결론적으로 영유아의 놀이와 인지 발달의 관계를 정리하면 다음과 같다.

- 여러 가지 놀이를 하면서 수, 분류, 서열화, 공간, 시간, 보존 개념을 자연스럽게 학습하여 수학적 능력을 기른다.
- 호기심을 가지고 놀면서 과학적 지식을 습득하고 탐구 과정을 경험한다.
- 놀이 중에 새로운 사물이나 상황을 탐색하고 실험하면서 문제해결력이 발달한다.
- 사물이나 상황에 상징적 의미를 부여하는 놀이를 하면서 추상적 사고력이 증진된다.

4 놀이와 언어 발달

1) 영아기

영아가 태어나자마자 울음으로 최초의 발성을 한 후, 2, 3개월쯤 되면 옹알이를 한다. 옹알이는 가장 초보적인 언어놀이로 처음에는 모음에 가까운 소리에 한정된다. 그러나 점차 부부… 뚜뚜… 등 다양한 소리를 낼 수 있게 되고 억양이나 리듬의 변화도 추가되어 놀이로 발전하게 된다(이숙재 외, 2016). 생후 1년이 되어 말을 배우기 시작하면 언어의 구조를 반복하는 말 연습놀이를 많이 한다. 동일한 문장 구조에 다른 어휘를 넣어서 반복하거나 몇 마디 단어를 장난스럽게 반복하는 말놀이를 한다. 예를 들어 '아기는 어딨어?', '맘마는 어딨어?'를 반복하여 이야기하는 것이다. 또한 특별한 의미는 없지만, 영아가 재미있어하는 어휘나 유행어를 장난스럽게 자주 말하는 경우도 있다.

이러한 언어놀이를 통해 영아는 다양한 어휘를 습득하고 정확한 발음과 목소리 조절 능력이 발달하며 문장 구성력도 증진된다. 특히 영아기는 양육자인 어머니의 영향을 많이 받는 시기여서 영아가 어머니와 놀이를 많이 할수록 어휘 습득을 많이 하였다(김명순·김의향·이유진, 2007). 또한 영아의 놀이 수준이 높을수록 언어 발달이 많이 이루어지며(성지현, 2000), 영아의 상징놀이 발달이 초기 어휘 습득 및 사용과 유의미한 정적 상관을 보이는 것으로 나타났다(최윤지·이윤경, 2011).

2) 유아기

놀이는 유아의 언어 연습장이다. 유아는 놀이를 통해 끊임없이 언어 능력을 습득하고 연습한다. 놀이를 하면서 다양한 어휘를 배우고 역할에 알맞은 언어를 사용할 수 있게 된다. 또한 또래들과 놀이에서 사회적 관계를 맺음으로써 점차 자기중심적 언어에서 탈피하여 남의 말을 귀 기울여 듣고 이해하며 자신의 의견을 교환하는 의사소통능력을 기른다. 예를 들어 병원놀이를 하려면 의사와 환자의 역할을 맡은 유아들이 각자의 역할에 적합한 대화를 나누어야 놀이가 원만하게 진행된다. 대화가 이루어지기 위해서는 우선 상대방의 말을 이해하고 자신의 의견을 적절한 시기에 분명하게 표현해야 하며, 이런 놀이 경험을 통해 의사소통능력이 증진되는 것이다(Van Hoorn, Nourot, Scales, & Alward, 2003). 그 밖에 놀이를 하면서 읽고 쓰는 문해 능력도 기를 수 있다. 가게놀이, 은행놀이, 우체국놀이, 병원놀이 등을 통해 일상생활에서 친숙한 인쇄물이나 글자를 접하게 되어 읽기·쓰기에 관심을 갖고 친근한 글자를 변별하여 읽거나 쓰기를 시도할 수도 있다.

한편 Levy(1984)는 놀이와 언어 발달의 관계를 다음 다섯 가지 측면에서 고찰하였다(Frost, 1992, 재인용).

첫째, 놀이에서는 새로운 어휘나 표현을 마음껏 시도해 볼 수 있다.

둘째, 놀이를 통해 다양한 단어와 개념을 학습한다.

셋째, 놀이를 하면서 자유자재로 언어표현을 하고 연습할 기회를 갖는다.

넷째, 놀이 경험을 통해 상위의사소통 인식(meta-linguistic awareness)이 발달한다.

다섯째, 놀이를 하면서 언어적 사고력(verbal thinking)이 촉진된다.

놀이와 언어 발달의 관계를 분석한 연구에 의하면 언어 능력과 상징놀이 간에 정적 상관이 있는 것으로 나타났으며(정남미, 1997; 황복주, 2016; Pellegrini & Galda, 1991), 특히 모래놀이는 읽기·쓰기 등 기초적 문자언어학습에 도움이 되는 것으로 밝혀졌다(Barbour, Webster, & Drosdeck, 1987).

그 밖에 주제극놀이가 유아의 언어 능력을 증진시킨다는 연구 결과가 많이 발표되었다. 주제극놀이의 효과를 분석한 연구 결과에 의하면 주제극놀이를 경험한 유아의 이야기 이해 능력과 회상 능력이 향상되었다고 한다(Williamson & Silvern, 1991). 국내 연구에서도 동일한 결과가 나타나서 주제극놀이 경험이 유아의 이야기 이해 능력과 회상 능력을 증진시키는 것으로 보고되었다(김미정, 2006; 이시자, 1995).

이상에서 소개한 영유아의 놀이와 언어 발달의 관계를 종합하면 다음과 같다.

- 놀이를 하면서 다양한 어휘를 습득하고 정확한 발음과 목소리 조절 능력이 발달하며 문장 구성력도 증진된다.
- 다양한 상황이나 역할에 적합한 언어를 사용하는 놀이 경험을 통해 바른 언어 사용 습관을 자연스럽게 형성한다.
- 또래들과 집단놀이를 하면서 남의 말을 주의 깊게 듣고 이해하며 자신의 의견을 교환하는 의사소통능력을 기른다.
- 가게놀이, 우체국놀이처럼 글자를 접할 기회가 많은 놀이를 하면서 읽기·쓰기에 관심을 가지고 자발적으로 학습하려고 시도하게 된다.

5 놀이와 정서 발달

1) 영아기

아주 어린 영아도 놀면서 기분이 좋거나 만족스러울 때는 웃고, 응시하고, 여유 있게 행동하지만 불만족스러울 때는 울거나 팔, 다리를 격렬하게 움직이면서 분노를 표현하는 등 다양한 정서 반응을 한다. 특히 부모나 형제와 함께 '짝짜꿍', '까꿍' 등의 놀이를 하면서 상대방에게 애착을 형성함으로써 낯선 것에 대한 두려움이 감소하고 상대에게 강한 친밀감과 신뢰감을 갖게 되며 정서적으로 안정된다. 또 놀이를 하면서 마음대로 안 되는 것이 무엇인지 이해하게 되고 감정과 행동을 적절하게 표현하는 경험을 하며, 놀이 중에 '내 것', '내가 할 차례'를 주장하면서 자아 인식이 발달한다. 그 밖에 영아가 어린이집의 실외 놀이장에서 자연과 더불어 즐겁게 놀이하는 경험을 통해 정서적으로 위안을 받고 안정감을 느낄 수 있는 것으로 밝혀졌다(허윤정, 2009).

2) 유아기

유아는 성인에 비해 언어 능력이 제한되어 있기 때문에 놀이를 통해 자신의 감정이나 생각을 표현하는 경우가 많다. 특히 놀이에서는 부정적인 정서를 자연스러운 방법으로 표출할 수 있기 때문에 정신건강에 도움이 된다. 예를 들어 새로 태어난 동생에 대한 질투심을 동생을 때리거나 심술을 부리는 행동으로 표현한다면, 공격적 행동으로 간주하여 꾸중을 듣게 된다. 따라서 이런 행동으로는 질투심이 정화되지 못한다. 그러나 역할놀이에서는 아기 인형이 말을 안 듣는다고 때려 주거나 아파서 주사를 놓아 주는 등의 행동을 자연스럽게 할 수 있으며, 이런 기회를 통해 질투심이 정화된다. 이와 같이 편안한 분위기에서 놀이를 통해 정서를 표출함으로써 불안을 감소시키고, 일상적인 사회적 요구에 좀 더 쉽게 적응할 수 있다는 것이다(김성재, 2011).

그 밖에 놀이 경험은 유아에게 기쁨을 준다. 퍼즐 맞추기를 끝냈을 때의 흡족함, 엄마·아빠 놀이를 할 때의 만족감, 쫓고 쫓기는 놀이의 웃음과 스릴 등을 통하여 건전한 정서가 형성된다. 또한 놀이를 하면서 자신의 감정을 통제하는 방법을 배워서 갈등 상황을 잘 극복할 수 있게 될 뿐 아니라 또래들의 다양한 정서 표현 방법을 관찰하여 동일한 정서가 각기 다르게 표현될 수 있음을 깨닫는다(지미하·이경화, 2016; Ashisbi, 2007).

놀이가 정서 발달에 미치는 또 다른 영향력은 다른 사람의 정서에 감정 이입할 수 있다는 것이다. 감정 이입이란 다른 사람의 관점을 이해하는 능력인데(이옥형, 2002), 유아는 놀이 중에 감정 이입의 기회를 많이 경험한다. 병원놀이에서 의사 역할을 맡은 유아는 '나'라는 입장에서 벗어나 '다른 사람', 즉 의사의 입장이 되어서 느끼고 생각하며 행동하는 경험을 함으로써 자기 중심성에서 벗어날 수 있다.

이상에서 소개한 영유아의 놀이와 정서 발달의 관계를 종합하면 다음과 같다.

- 놀이를 통해 영유아의 부정적 정서가 정화될 수 있기 때문에 정신건강에 도움이 된다.
- 놀이를 하면서 긍정적인 자아 개념, 성취감, 자신감, 자율성, 인내심 등 건전한 정서를 형성하게 된다.
- 놀이를 하면서 감정을 통제하는 방법, 갈등을 해결하는 방법을 습득한다.
- 놀이를 통해 타인의 감정에 대한 조망 능력과 공감 능력의 기초를 다질 수 있다.

6 놀이와 창의성 발달

1) 영아기

인간은 누구나 잠재적으로 창의성을 지니고 태어난다. 창의성이란 과거 경험을 재생하는 것이 아니고 다른 방식으로 문제를 해결하는 방법이나 태도를 말한다(한국유아교육학회편, 1996). 즉, 창의성에는 새로움이라는 개념이 포함되며 발명이나 천재적 사고만을 일컫는 것이 아니라 상상적 활동을 통해 자기 나름의 혁신성을 드러내는 모든 행위라 할 수 있다. 영아는 놀잇감이나 일상용품을 가지고 놀면서 주변 세계에 관심을 보이기 시작하며 감각과 지각능력이 발달함에 따라 탐색 영역을 확대해 나간다. 영아의 이러한 탐색적 놀이 활동을 Piaget(1962)는 인간이 지니고 있는 선천적인 호기심 또는 새로운 것에 대한 흥미의 시작이라고 하였다. 탐색과 놀이 행동은 어떤 문제를 해결하기 위해 다양한 방법을 시도해 본다는 측면에서 창의성 발달에 중요한 의미를 갖는다.

2) 유아기

유아의 창의성은 놀이를 통해 증진된다. 놀이를 하면서 자신만의 독특한 방법으로 표현할 기회를 갖게 되고 놀잇감을 조작하거나 역할을 가작화하면서 창의성의 주요요소인 유연성, 통찰력, 확산적 사고력 등이 자연스럽게 발달한다. 놀이와 창의성의 관계는 주로 다음 두 가지 관점에서 논의되고 있다(Pepler, 1986).

첫째는 놀이 행동 자체의 특성에 초점을 맞추어 창의성 발달과의 관계를 지지하는 관점이다. 놀이에는 실험적 탐색 행동이 많이 내포되어 있어 다양한 기술과 광범위한 반응 레퍼토리를 습득하고 융통적인 사고를 하게 되며, 그 결과로 창의성이 증진된다는 것이다. 두 번째는 놀이를 통해 유아의 구체적 사고력이 추상적 사고력으로 전환되기 때문에 놀이와 창의성 발달이 깊은 관계에 있다고 주장하는 관점이다. 유아가 장난감 강아지를 진짜 강아지처럼 생각하는 상징적 표상화는 일종의 추상적 사고이며 유아는 이러한 놀이과정을 통해 새로운 연상을 하여 창의성이 발달된다고 보는 것이다.

놀이와 창의성 발달의 관계는 놀이 행동과 확산적 사고력의 상관을 연구한 학자들에 의해 제기되기 시작하였다. Lieberman(1965, 1977)은 이러한 상관관계를 최초로 연구한 학자로 유아의 놀이성(playfulness)과 확산적 사고의 상관을 분석하였다. 놀이성이란 신체적 자발성, 사회적 자발성, 인지적 자발성, 즐거움의 표현, 유머 감각 등 다섯 가지 요소로 구성되는 성격적 특성을 의미한다(유애열, 1994). Lieberman의 연구 결과에 의하면 놀이성과 확산적 사고 간에는 높은 상관이 있는 것으로 나타났다. 즉, 놀이성이 높은 유아가 창의성이 높다는 것이다. 우리나라의 연구(김호, 유영의, 2011; 유애열, 1994; 이은희, 김수향, 2016)에서도 유아의 놀이성과 창의성이 정적 상관을 보이는 것으로 밝혀졌다.

그 밖의 연구(권경숙·황인애·봉진영, 2016; 김현실, 2013; Monighan-Nourot & Van Hoorn, 1991; Pepler & Ross, 1981; Russ, 2003)에서도 극놀이, 구성놀이, 전래놀이 경험을 한 유아가 다른 지적 활동이나 모방 활동을 한 유아보다 창의성이 높은 것으로 밝혀졌다.

이상에서 살펴본 영유아의 놀이와 창의성 발달의 관계를 요약하면 다음과 같다.

- 놀이를 하면서 창의성의 정의적 요소인 호기심, 자발성, 민감성이 발달한다.
- 놀이를 통해 다각적인 탐색을 하여 확산적 사고 능력이 증진된다.
- 놀이 가운데 '~인 척하는' 가작화 요소(as-if element)가 내포된 상상놀이를 하면서 상상력이 발달한다.
- 놀이 중에 새롭고 독특하게 생각할 기회가 많아서 독창성이 발달한다.

참고문헌

권경숙·황인애·봉진영(2016). 세계 여러 나라 전통놀이가 유아의 다문화 인식 및 창의 인성에 미치는 영향. 예술인문사회융합멀티미디어논문지. 6(6), 263-271.

김명순·김의향·이유진(2007). 영아의 차례 맡기와 어휘 습득 간의 관계. 유아교육연구, 27(3), 301-314.

김미정(2006). 그림책을 활용한 작가적 전략과 주제환상극 놀이 교수 방법이 유아의 이야기 이해도와 사회적 능력에 미치는 효과. 조선대학교 대학원 박사학위논문.

김성재(2011). 잡기놀이 중심의 거친 신체놀이가 유아의 일상적 스트레스 감소에 미치는 효과. 열린유아교육연구. 16(1), 361-387.

김현실(2013). 팝업 북과 블록을 활용한 구성놀이가 유아의 문제해결력과 창의성에 미치는 영향. 성신여자대학교 교육대학원 석사학위논문.

김호. 유영의(2011). 유아의 놀이성에 따른 창의성의 변화과정 탐색. 어린이문학교육연구, 12(1), 333-352.

마지순·강영식(2012). 유아의 거친 신체놀이와 대인문제 해결력의 관계. 한국열린유아교육학회 추계학술대회 발표집, 353-366.

박상숙(1999). 주제극놀이 활동이 유아의 수학개념에 미치는 영향. 성신여자대학교 교육대학원 석사학위논문.

박은영(2013). 전통놀이를 활용한 신체 활동이 유아의 기초 체력과 사회성에 미치는 영향. 전남대학교 교육대학원 석사학위논문.

박은영·신은수·김현진(2012). 유아의 사회적 놀이 행동과 사회적 능력 간의 관계: 혼자놀이를 중심으로. 한국보육학회지, 12(4), 249-268.

보건복지부(2013). 어린이집 표준교육과정에 기초한 영아교육 프로그램 운영의 이해.

성지현(2000). 1세 영아-어머니의 언어와 놀이. 연세대학교 대학원 석사학위논문.

신은수·김명순·신동주·이종희·최석란(2002). 놀이와 유아. 서울: 이화여자대학교 출판부.

왕혜원(2012). 유아의 거친 신체놀이의 유형과 사회적 힘의 관계. 부산대학교 대학원 박사학위논문

유애열(1994). 유아의 상상놀이와 교사 개입에 관한 관찰 연구. 연세대학교 대학원 박사학위논문.

이숙재(1982). 유아의 상상놀이와 놀잇감에 관한 연구. 대한가정학회지 20(4), 185-192.

이숙재(1997). 유아의 사회성 지도를 위한 주제환상놀이의 적용방안 연구. 연구논문집, 35, 265-293.

이숙재·김경란·이방실·강보라(2016). 영유아 발달과 교육. 서울: 창지사.

이순복(2010). 쌓기놀이 활동 프로그램이 유아의 기하 및 공간 감각 능력과 창의적 문제해결력에 미치는 효과. 유아교육연구, 30(1), 95-119.

이시자(1995). 극화놀이가 유아의 이야기 이해 증진에 미치는 영향. 미래유아학회지, 제1권, 161-174.

이영자·이종숙·신은수·곽향림·이정욱(2001). 탐색 및 놀이 활동 중심의 1, 2세 영아 프로그램의 개발 및 그 효과에 대한 연구. 유아교육연구, 21(2), 133-154.

이옥형(2002). 아동·청년 발달. 서울: 집문당.

이은영(2010). 역할놀이를 활용한 유아수학교육프로그램 구성 및 적용효과. 중앙대학교 대학원 박사학위논문.

이은희·김수향(2016). 유아의 창의성에 미치는 사회성과 놀이성의 영향력 연구. 열린유아교육연구. 21(1), 593-612.

정남미(1997). 사회적 역할놀이가 유아의 말하기, 듣기, 읽기, 쓰기에 미치는 효과. 중앙대학교 대학원 석사학위논문.

정미라·박수경·권정윤·이방실(2012). 뇌 발달 이론에 기초한 걸음마기 영아 - 부모 프로그램이 영아 발달 및 어머니 상호작용에 미치는 영향. 유아교육연구, 32(6), 467-488.

전숙영(2005). 집단역할놀이가 아동의 문제행동 개선과 사회성 증진에 미치는 영향. 한국영유아보육학. 42, 59-76.

지미하·이경화(2016). 직업관련 극놀이활동이 유아의 진로인식 및 자아개념에 미치는 영향. 유아교육연구, 36(2), 5-26.

진영미·박향아(2016). 집단 전통놀이 활동이 유아의 사회성 발달과 정서지능에 미는 영향. 생태유아교육. 15(1), 215-242.

최미숙·안지영·임연자(2012). 주제 탐색을 통한 쌓기놀이 활동이 유아의 공간조망능력 및 수학적 태도에 미치는 영향: 주제에 대한 상호작용, 계획하기, 평가하기를 중심으로. 열린유아교육연구, 17(2), 257-278

최윤지·이윤경(2011). 영유아의 상징놀이 발달과 초기 표현어휘 발달과의 관계. 언어청각장애연구. 16, 248-260.

한국유아교육학회 편(1996). 유아교육사전(용어편). 서울: 한국사전연구사.

허윤정(2009). 영아 실외 놀이 경험의 교육적 의미 탐색. 중앙대학교 대학원 박사학위논문.

황복주(2016). 영아의 가상놀이 상징화 수준과 언어 및 마음이론 발달 간의 관계 연구. 동덕여자대학교 대학원 석사학위논문.

Ashiabi, G. S. (2007). Play in the preschool classroom : Its socioemotional significance and the teacher's role in play. *Early Childhood Education Journal, 35*(2), 199-207.

Athey, I. (1984). Contributions of play to development. In T. D. Yawkey and A. D. Pellegrini (Eds.), *Child's play: developmental and applied*(pp. 9-27). Hillsdale, NJ: Lawrence Erlbaum Associates, Inc.

Barbour, N., Webster, T. D., & Drosdeck, S. (1987). Sand: A resource for the language arts. *Young Children, January*, 21-23.

Beckwith, L. (1986). Parent-infant interaction and infants' social - emotional development. In A. W Gottfried. and C. C. Brown (Eds.), *Play interactions: The contribution of play materials and parental involvement to children's development*(pp. 279-292). Lexington, MA: Lexington Books.

Connolly, J. A., & Doyle, A. B. (1984). Relation of social fantasy play to social competence in preschoolers. *Developmental Psychology, 20*, 797-806.

Frost, J. L. (1992). *Play and playscapes.* Albany, NY: Delmar Publishers Inc.

Frost, J. L., Wortham, S., & Reifel, S. (2001). *Play and child developement*. Upper Saddle River, New Jersey: Merrill Prentice Hall.

Hoffmann, S., & Russ, S. (2003). Pretend play creativity and emotion regulation in children. *Psychology of Aesthetics. Creativity, and the Arts, 6*(2), 175-184.

Jackowitz, E. R., & Watson, M. W. (1980). Development of object transformations in early pretend play, *Developmental Psychology, 16*, 543-549.

Lieberman, J. N. (1965). Playfullness and divergent thinking: An investigation of their relationship at the kindergarten level. *Journal of Genetic Psychology, 107*, 219-224.

Lieberman, J. N. (1977). Preschoolers' competence with a peer: Relations with attachment and peer experiences. *Child Development, 48*, 1277-1287.

Monighan-Nourot, P., & Van Hoorn, S. L.(1991). Symbolic play in preschool and primary settings. *Young Children, September,* 40-50.

Pellegrini, A. D., & Galda, L.(1991). Longitudinal relations among preschooler's symbolic play, metalinguistic verbs, and emergent literacy. In J. C. Christie (Ed.), *Play and early literacy development*(pp.47-67). Albany, NY: State University of New York Press.

Pepler, D. J.(1982). Play and divergent thinking. In D. J. Pepler and K. H. Rubin (Eds.), *The play of children: Current theory and research*(pp. 64-77). Basel, Switzerland: Karger.

Pepler, D.(1986). Play and creativity. In G. Fein & M. Rivkin (Eds.), *Young child at play*(pp. 143-153). Washington, DC: NAEYC.

Pepler, D. J., & Ross, H. S.(1981). The effects of play on convergent and divergent problem solving. *Child Development, 52,* 1202-1210.

Piaget, J.(1962). *Play, dreams and imitation in childhood.* New York: W. W. Norton.

Russ, S. W.(2003). Play and creativity: Developmental issues. *Scandinavian Journal of Educational Research, 47*(3), 291-303.

Sutton-Smith, B.(1986). *Toys as culture.* New York: Gardner Press,Inc.

Van Hoorn, J., Nourot, P. M., Scales, B., & Alward, K. R.(2003). *Play at the center of the curriculum.* Upper Saddle River, NJ: Merrill Prentice Hall.

Vygotsky, L. S.(1976). Play and its role in the mental development of the child. In J. S. Bruner, A. Jolly, and K. Sylva (Eds.), *Play: Its role in development and evolution*(pp. 537-554). New York: Penguin Books.

Williamson, P. A., & Silvern, S. B.(1991). Thematic-fantasy play and story comprehension. In J. F. Christie (Ed.), *Play and early literacy development*(pp. 69-90). Albany, NY: State University of New York Press.

Wyver, S. R., & Spence, S. H.(1999). Play and divergent problem solving : Evidence supporting a reciprocal relationship. *Early Education and Development. 10*(4), 419-444.

04

놀이 발달

영유아가 신체적, 인지적, 언어적, 사회·정서적으로 성장함에 따라 놀이도 변화하고 발달한다. 발달에 적합한 놀이 환경을 조성하고 지도하기 위해서는 놀이 발달 과정을 올바르게 이해하는 것이 매우 중요하다.

4장에서는 영유아의 놀이 발달 과정을 연령과 놀이 유형별로 나누어 고찰하고자 한다. 먼저 놀이 발달을 출생~5세까지 연령별로 살펴보겠다. 놀이 발달에는 개별 차이가 크나 각 연령대에서 나타나는 일반적인 특징을 소개하고, 그다음에는 놀이를 사회적, 인지적 발달 측면으로 나누어서 발달 단계를 소개하겠다.

1 연령별 놀이 발달

영유아의 연령별 놀이 특징에 대해서는 학자들의 주장이나 연구 결과에 따라 차이가 있을 뿐 아니라 개인차가 크기 때문에 연령에 따라 엄격히 구분하기 어려운 점이 있다. 그러나 영유아 발달에 적합한 놀이지도를 하기 위해서는 연령에 따른 일반적인 놀이 특징을 파악하는 것이 필요하다.

본 절에서는 출생~5세 영유아의 놀이 특징을 연령별로 나누어 살펴보고자 한다(김경란, 2006; 보건복지부, 2013; 이숙재, 2011; Frost, Wortham, & Reifel, 2001; Johnson, Christie, & Yawkey, 1999).

1) 출생~12개월 영아

출생에서 생후 12개월까지 영아의 놀이 발달을 생후 6개월까지와 7개월~12개월까지로 나누어 설명하고자 한다.

(1) 출생~6개월 영아

출생에서 생후 6개월까지의 영아는 손과 입으로 사물을 탐색하는 놀이를 한다. 사물을 손에 잡히는 대로 입에 집어넣거나 흔들어서 소리를 내기도 하며 잡아당기기, 두드리기 등의 조작을 할 수도 있다. 또 소리에 민감하게 반응해서 음악이나 노랫소리에 따라 몸을 움직이며 부모, 형제가 말을 걸면 옹알이로 모방하는 시늉을 한다(김정준·김정화·신유림, 1999). 그 밖에 시각적으로 움직이는 모빌이나 거울을 보고 즐거워한다.

(2) 7개월~12개월 영아

이 시기의 영아는 손, 다리 운동 능력이 발달하여서 다양한 운동놀이를 할 수 있다. 즉, 밀고 당기는 놀이를 하거나 공 굴리기를 하며 물이나 주스를 손으로 휘젓거나 문지르는 감각운동적 놀이를 반복하며 즐거워한다. 또 빗을 머리에 갖다 대거나 전화기를 들어서 귀에 대는 등의 단순 모방 행동을 하기 시작한다. 이 시기의 영아는 자기 주도적인 놀이보다는 짝짜꿍이나 까꿍놀이처럼 부모나 형제가 주관하는 놀이에 참여하는 경우가 대부분이다.

2) 1세 영아

영아가 혼자 걷게 되면서 이동 영역과 관심대상이 점차 확대된다. 끌고 다니는 놀잇감, 큰 공을 가지고 놀이를 하며 눈과 손의 협응력이 발달하여 가벼운 스펀지 블록이나 종이 벽돌을 올려놓는 놀이를 하고 스위치나 손잡이 돌리기, 운전대 돌리기, 큰 상자 속에 작은 상자 넣기 등의 조작놀이를 할 수 있다. 또 '~ 인 척하는' 상징놀이를 시작하고 그림책 보기도 좋아한다. 대부분 혼자서 놀이를 하거나 성인과 함께 놀이한다(김정준·김정화·신유림, 1999).

3) 2세 영아

2세 영아는 1세 때보다 대소근육 운동 능력이 증진되어서 층계 오르내리기, 흔들 목마 타기, 공 주고받기를 좋아하며 끌고 돌아다니는 놀잇감도 좋아한다. 눈과 손의 협응력도 발달하여 물건을 다른 물건 위에 포개 쌓는 놀이나 구멍에 모양 맞추어 넣는 놀이를 즐기며 크레파스를 잡고 끼적거리는 놀이도 가능하다. 또한 블록을 들고 이 장소에서 저 장소로 옮기거나 가볍고 커다란 블록을 가지고 한 줄로 길게 늘어놓거나 위로 높게 쌓는 놀이를 한다.

또한 이 시기는 인지 발달 측면에서 전조작기가 시작되는 때이지만 아직도 감각운동놀이를 많이 한다. 즉, 찰흙이나 밀가루 반죽, 모래, 물 등을 가지고 감각적으로 탐색하는 놀이를 즐긴다.

한편 2세 영아는 일상생활에서 경험했던 단순한 내용의 상징놀이, 예를 들어 마루 닦기, 인형 돌보기, 빨래하기 등의 놀이를 좋아한다. 이런 놀이를 할 때 실물과 형태가 유사한 사물을 상징적으로 활용하여 두루마리 휴지 속심을 전화기로 사용하는 경우도 있다.

그 밖에 또래 친구에게 관심을 보이기 시작하나 상호작용을 하지는 못한다.

4) 3세 유아

3세 유아는 기본적인 신체운동능력이 발달하여 세발자전거 타기, 달리기 등의 대근육 운동놀이를 좋아할 뿐 아니라 소근육 조절 능력을 발달시키는 구슬꿰기, 가위질하기, 퍼즐 맞추기, 그림 그리기 등의 놀이를 즐긴다. 또 블록을 가지고 폐쇄된 공간을 만들거나 다리를 만들며 자신이 만든 구조물에 이름을 붙인다.

3세 유아는 행동의 결과에 관심을 보여서 찰흙이나 종이, 크레파스, 가위 등을 가지고 자유롭게 오리고 그리거나 만들고 꾸민 것을 다른 사람에게 보여 주고 자랑하면서 만족감을 느낀다.

특히 3세경에는 언어 발달이 현저하게 증진되어 말하는 것을 즐기고 우스운 소리나 말놀이를 좋아한다. 또한 실제 사물이나 동물 등이 그려진 그림책, 간단한 줄거리의 이야기책, 사진 등에 관심을 보인다.

3세 유아는 성인의 역할에 관심이 많아지고 상상력이 풍부하여 엄마, 아빠 역할과 같이 가정생활에 관련된 역할놀이를 많이 한다(이기숙·이은화·이영자·이숙재, 1995; 하정희·성은영·이혜경, 2005).

이 시기의 유아는 친구와의 관계를 증진시키는 능력이나 기술이 서툴고 부족하며 자기중심적이어서 혼자 노는 편이지만 또래 친구에게 관심을 보이고 친구 곁에서 나란히 병행놀이를 하는 경우도 많다.

5) 4세 유아

4세 유아는 신체운동능력이 3세 때보다 발달하여 한 발로 서서 균형을 잡을 수 있고, 놀이시설물에 오르내리기를 원활하게 할 수 있다. 특히 4세 유아들은 손의 섬세한 근육과 눈과 손의 협응력이 발달함에 따라 작은 조각들을 조립하여 형태를 구성하거나 조각 그림을 맞추는 조작놀이를 하며 블록으로 폐쇄 공간과 다리를 혼합한 구조물을 만들어 극놀이에 활용하기도 한다.

또한 4세 유아는 지적 자극에 대하여 민감하게 반응하는 시기이므로 학습과 연관되는 놀이, 예를 들어 분류 놀이, 수놀이, 문자놀이 등에 흥미가 많아진다. 한편 이 시기의 유아는 성인의 관심과 인정을 받고 싶어 하는 욕구가 강하고 언어 능력이 발달하여 우스갯소리나 익살을 부리는 말장난, 수수께끼놀이를 즐긴다.

4세 유아들은 자유롭게 탐색하고 창의적으로 표현하는 놀이를 좋아한다. 그래서 3세 때에는 단순히 감촉을 즐기던 물과 모래를 가지고 이제는 물에 뜨고 가라앉는 물건을 구별하고 비눗방울놀이를 하는 등, 과학적인 탐색을 하거나 터널, 수로 등을 만드는 놀이를 한다. 미술 활동을 할 때도 크레파스뿐 아니라 물감, 매직펜, 색연필, 풀 등 다양한 자료를 활용한다(이기숙 외, 1995).

그 밖에 이 시기의 놀이 특징은 역할놀이가 양적, 질적으로 발전한다는 점이다. 역할놀이의 내용은 가정생활에 관련된 놀이 이외에 병원놀이나 가게놀이처럼 유아가 직접 경험한 내용을 놀이하기도 한다. 또 역할놀이를 시작하기 전에 계획을 세우지만 실제로는 계획대로 놀이를 하지 않는 경우가 많다.

그리고 친구와 함께 놀이에 관해 이야기를 주고받거나 놀잇감을 빌려 주는 연합놀이를 할 수 있다.

6) 5세 유아

5세 유아는 자신의 운동기술을 다양하게 시험해 보는 놀이를 많이 한다. 뜀뛰기를 할 때에도 한 발로 뛰거나 스키핑을 하며 그네에 엎드려 타는 등의 놀이를 한다. 소근육 조절기술이 더욱 발달하여 모양 따라 가위질하기, 찰흙 빚기, 색종이 접기를 할 수 있으며 목공 연장을 사용하여 단순한 작품을 만들 수도 있다.

5세 유아들은 쌓기놀이에서도 여러 종류의 블록을 이용하여 복잡한 형태의 구조물을 균형과 패턴을 고려해서 만들 수 있다. 블록을 가지고 고속도로, 다리 등을 만들어 역할놀이에 이용한다.

이 시기의 유아는 주변 세계에 대한 호기심이 많아서 돋보기나 저울, 온도계 등으로 관찰하고 실험하는 놀이를 즐긴다. 또한 동화책 보는 것을 좋아하며 동화를 들으면서 많은 질문을 한다. 때로는 그림을 보고 이야기를 꾸미거나 자신이 동화, 동요를 지어서 다른 사람에게 들려주거나 끝말 이어가기, 수수께끼 등의 말놀이를 한다.

5세가 되면 유아들은 인지 능력이 발달하여 주사위 게임이나 바둑판 게임, 운동게임 등과 같이 규칙이 있는 게임을 한다(이기숙 외, 1995).

5세 유아들은 3, 4세 때에 비해 발전되고 확장된 역할놀이를 한다. 즉, 역할놀이의 내용이 매우 다양해져서 일상적으로 경험하는 생활 내용뿐만 아니라 TV나 책을 통해 접한 여러 유형의 인물이나 사건을 표현하며 때로는 스스로 내용을 꾸미면서 놀이를 한다. 역할놀이를 하는 방법도 사전에 계획을 세우고 역할을 분담하여 진행하며 놀잇감도 4세 때에 비해 다양한 것을 사용할 뿐 아니라 상상력을 발휘해서 놀잇감을 직접 만들어 사용하기도 한다.

또 4세 유아보다 덜 자기중심적이고 관대하며 우호적이어서 친구들과 원만한 상호작용을 하면서 협동놀이를 하는 편이다.

이상에서 소개한 영유아의 연령별 놀이 발달 특징을 요약하면 아래의 표와 같다.

〈표 4-1〉 연령별 놀이 발달의 특징

연령	놀이 발달 특징
출생 ~ 12개월	• 탐색놀이 : 손과 입으로 사물을 탐색하는 놀이를 한다. • 감각운동놀이 : 밀고 당기는 놀이나 물 휘젓기 등의 놀이를 한다. • 사회적 놀이 : 부모나 형제가 주관하는 짝짜꿍, 까꿍놀이에 참여한다.
1세	• 감각운동놀이 : 끌고 다니는 손수레, 큰 공을 가지고 논다. • 조작놀이 : 운전대 돌리기, 큰 상자에 작은 상자 넣기를 한다. • 쌓기놀이 : 스펀지 블록이나 종이 벽돌을 가지고 쌓기놀이를 한다. • 역할놀이 : 성인의 행동을 모방하는 단순한 행동을 한다. • 사회적 놀이 : 혼자서 놀거나 성인과 함께 놀이한다.

연령	놀이 발달 특징
2세	• 운동놀이 : 층계 오르내리기, 흔들 목마 타기, 끌고 돌아다니는 놀잇감, 찰흙이나 밀가루 반죽 등을 좋아한다. • 조작놀이 : 눈과 손의 협응력이 발달하여 크기대로 쌓기, 구멍에 모양 맞추어 넣는 놀이를 한다. 또 크레파스로 끼적거리를 한다. • 쌓기놀이 : 블록을 옮기거나 한 줄로 늘어놓기, 높이 탑 쌓기를 한다. • 역할놀이 : 일상 생활에서 경험한 내용의 단순한 역할놀이를 한다. • 사회적 놀이 : 또래에게 관심을 보이나 상호작용은 없다.
3세	• 운동놀이 : 달리기, 세발자전거 타기를 좋아한다. • 조작놀이 : 구슬꿰기, 퍼즐 맞추기, 찍찍이 붙이기 등을 한다. • 쌓기놀이 : 블록으로 폐쇄된 공간을 만들거나 다리를 만들고 자기가 만든 구조물에 이름을 붙인다. • 역할놀이 : 엄마·아빠 역할 등의 가정 생활에 관련된 역할놀이를 한다. • 사회적 놀이 : 혼자놀기를 즐기거나 또래 곁에서 나란히 병행놀이를 한다. • 미술놀이 : 크레파스로 그림그리기를 하거나 가위로 종이 오리기를 한다. • 언어놀이 : 말하기를 좋아하고 우스갯소리나 그림책 보기를 좋아한다.
4세	• 운동놀이 : 모험적인 놀이를 좋아해서 한 발로 서기, 기어오름대 오르내리기를 잘한다 • 수·조작놀이 : 학습과 관련되는 분류놀이, 수놀이에 흥미를 보이고 퍼즐 맞추기, 일상 생활용품 조작하기를 잘한다. • 쌓기놀이 : 블록으로 폐쇄 공간과 다리를 혼합한 구조물을 만들어 극놀이에 사용한다. • 역할놀이 : 역할놀이가 양적, 질적으로 발전한다. 놀이 내용도 병원놀이, 가게놀이 등으로 확대되며, 꼭 실천하지는 못하지만 사전에 놀이 계획을 세우기도 한다. • 사회적 놀이 : 또래와 놀이에 대한 의견이나 놀잇감을 교환하는 연합놀이를 한다. • 미술놀이 : 크레파스 이외에 물감, 매직펜, 색연필, 풀 등을 사용해서 그리기, 만들기를 한다. • 언어놀이 : 우스갯소리나 익살 부리는 말장난, 수수께끼를 좋아한다.
5세	• 운동놀이 : 한 발로 뛰거나 스키핑 하기, 계단에서 뛰어내리기, 엎드려서 미끄럼 타기를 좋아한다. • 수·조작놀이 : 다양한 퍼즐 맞추기, 바느질하기, 분류, 서열화 카드놀이를 할 수 있다. • 쌓기놀이 : 블록으로 균형과 패턴을 고려해서 복잡한 구조물을 만든다. • 역할놀이 : 사전에 계획을 세워서 다양한 내용의 역할놀이를 한다. • 사회적 놀이 : 또래와 역할을 분담해서 협동놀이를 한다. • 미술놀이 : 모양 따라 가위질하기, 찰흙 빚기, 색종이 접기, 다양한 대상 그리기 등을 한다. • 언어놀이 : 끝말 이어가기, 수수께끼 등의 말놀이와 동화책 보기를 좋아하며 이야기 꾸미기, 동요짓기를 할 수 있다. • 과학 탐구놀이 : 확대경, 온도계 등으로 관찰하고 실험하는 놀이를 한다. • 목공놀이 : 목공 연장을 사용해서 단순한 작품을 만들 수 있다. • 게임 : 주사위 게임이나 운동 게임을 한다.

2 놀이 유형별 발달

본 절에서는 놀이의 발달 과정을 사회적 놀이(social play)와 인지적 놀이(cognitive play)로 나누어서 살펴보도록 하겠다.

1) 사회적 놀이

사회적 놀이의 초기 경험은 주로 양육자인 어머니와의 상호작용을 통해서 이루어진다. 영유아는 양육 과정 중에 어머니와 신체적, 언어적으로 긴밀한 접촉을 하면서 사회적 놀이를 할 수 있는 기본 능력이 발달한다. 이러한 사회적 놀이 능력은 영유아기 동안에 점차 발달한다.

영유아의 사회적 놀이 발달을 분석한 대표적인 학자로 Parten(1932)을 꼽을 수 있다. 그는 기관의 자유놀이시간을 관찰하여 영유아의 사회적 참여도에 따라 놀이를 다음과 같이 여섯 가지 형태로 분류하였다(Frost & Klein, 1979, 재인용).

① 비참여 행동(unoccupied behavior)

엄밀한 의미에서 놀이로 볼 수 없는 행동으로 순간적인 흥미에 따라 어떤 것을 몰두해서 바라만 보는 행동을 말한다. 흥밋거리가 없을 때에는 자신의 몸을 만지작거리거나 의자에 앉았다 일어서는 행동을 반복하기도 하며 또 여기저기 돌아다니거나 선생님을 따라다닌다.

② 방관자적 행동(onlooker behavior)

다른 친구의 놀이를 지켜보는 행동으로 가끔 자신이 구경하는 친구에게 말을 걸거나 질문을 하기도 하며, 제안을 하기도 한다. 그러나 놀이에 직접 참여하지는 않는다. 이 행동이 비참여 행동과 다른 점은 특정 집단을 바라본다는 점과 가까운 거리에서 지켜봄으로써 필요한 경우에는 말을 걸 수도 있다는 점이다.

③ 단독놀이(solitary play)

주변에 있는 친구들과 이야기를 나눌 수 있는 위치에서 친구가 사용하는 놀잇감과는 다른 놀잇감을 가지고 혼자서 독자적으로 놀이하는 형태이다. 곁에 있는 친구와 가까워지려는 시도를 전혀 하지 않는다.

④ 병행놀이(parallel play)

주변의 다른 친구들과 같은 놀이를 하지만 서로 접촉하거나 간섭하지 않고 혼자서 놀이하는 형태이다. 친구와 함께 논다기보다 친구 곁에서 논다고 할 수 있다.

⑤ 연합놀이(associative play)

친구들과 함께 노는 집단놀이의 일종으로 놀이 내용에 대해 이야기를 주고받거나 놀잇감을 빌려 주기도 하지만 역할을 분담하거나 놀이 내용이 조직적으로 전개되지는 못한다.

⑥ 협동놀이(cooperative play)

가장 발전한 사회적 놀이 단계로 집단의 한두 명이 지도자가 되어 역할을 서로 분담하고 공동의 목표 달성을 위해 조직적으로 진행하는 집단놀이이다.

Parten의 연구 결과에 의하면, 2세~2.5세는 단독놀이, 2.5세~3.5세는 병행놀이, 3.5세~4.5세는 연합놀이, 4.5세 이후에는 협동놀이를 주로 한다. 우리나라 유아의 실외놀이를 관찰한 지혜련(1980)의 연구에서 3세는 단독놀이, 병행놀이를 많이 하고, 5세는 협동놀이를 많이 하는 것으로 밝혀졌다. 최미숙(1994)의 연구에서도 혼자 놀이는 6세보다 4세가 많이 하고, 집단놀이는 6세가 4세보다 더 많이 하는 것으로 나타났다.

한편 Howes(1980), Howes 와 Matheson(1992)은 Parten의 병행놀이를 좀 더 세분화하고 가상놀이를 추가하여 영유아의 사회적 놀이를 6단계로 다음과 같이 분류하였다.

① 병행놀이(parallel play)

또래와 가까운 거리에서 동일한 놀이를 하지만 상대방에게 관심을 보이지 않는 놀이 단계이다.

② 호의적 병행놀이(parallel aware play)

또래와 동일한 놀이를 하면서 상대방의 존재와 활동을 인지하여 눈을 맞추는 등의 호의를 보이지만 또래와 사회적 상호작용은 하지 않는 단계이다.

③ 단순 사회적 놀이(simple social play)

또래와 동일한 놀이를 하면서 미소 짓기, 이야기하기, 놀잇감 빌려 주기 등의 사회적 접촉을 하는 단계이다.

④ 상호 보완적 놀이(complementary and reciprocal play)

또래와 사회적 놀이에 함께 참여하면서 놀잇감을 서로 주고받거나 게임에서 쫓고 도망가는 역할이나 숨고 찾는 역할 등을 서로 바꾸어 놀이하는 단계이다.

⑤ 협동적 사회가상놀이(cooperative social pretend play)

또래와 어울려 가상놀이를 하면서 역할을 맡고 역할에 알맞은 가작행동을 하는 단계이다.

⑥ 복합적 사회 가상놀이(complex social pretend play)

또래와 함께 가상놀이를 하면서 놀이 진행을 위해 자신이 맡은 역할에서 잠시 벗어나 상위의사소통(metacommunication)을 할 수 있는 단계이다. 예를 들어 역할 정하기(예 나는 엄마, 넌 아빠 하자), 놀이 내용 제안(예 우리가 백화점에서 길을 잃었다고 하자), 또래에게 알려주기(예 도서관에서는 책을 살 수 없어. 도서관은 책을 빌리는 곳이야)등의 상위의사소통을 한다.

이상에서 살펴본 사회적 놀이의 발달 과정을 표로 정리하면 <표 4-2>와 같다.

〈표 4-2〉 사회적 놀이 발달

Parten	Howes와 Matheson
비참여 행동 방관자적 행동 단독놀이 병행놀이 연합놀이 협동놀이	병행놀이 호의적 병행놀이 단순 사회적 놀이 상호 보완적 놀이 협동적 사회가상놀이 복합적 사회가상놀이

2) 인지적 놀이

Piaget(1962)는 영유아가 인지적으로 발달함에 따라 놀이가 점차 복잡해져서 연습놀이, 상징놀이, 규칙 있는 게임의 세 단계로 발달한다고 주장하였다. Piaget 이외에도 Smilansky(1968), Frost와 Klein(1979) 등이 인지 발달적 관점에서 놀이 유형을 제시하고 있는데, 이를 소개하면 다음과 같다.

〈표 4-3〉 인지적 놀이 발달

Piaget의 인지 발달 단계	Piaget	Smilansky	Frost와 Klein
감각운동기(출생~2세)	연습놀이	기능놀이	기능놀이
전조작기(2~7세)	상징놀이	구성놀이 극놀이	구성놀이 상징놀이 사회극놀이
구체적 조작기(7~11세) 형식적 조작기(11~15세)	규칙 있는 게임	규칙 있는 게임	규칙 있는 게임

본서에서는 여러 학자가 제시하는 인지적 놀이 가운데 Frost와 Klein의 분류에 따라 기능놀이, 구성놀이, 상징놀이, 사회극놀이, 규칙 있는 게임으로 나누어 자세히 살펴보고자 한다.

(1) 기능놀이

기능놀이(functional play)는 출생~2세의 감각운동기 영아가 기능적인 즐거움을 위해 반복적으로 되풀이하는 단순한 놀이 행동을 뜻한다. 예를 들어 매달려 있는 장난감을 우연히 건드려서 이리저리 흔들거리면 영아는 자기 행동의 결과로 장난감이 움직이게 된 것을 매우 기뻐하며 이 행동을 반복하게 된다.

기능놀이에는 특별한 놀이 기술이나 상징이 포함되지 않는다는 의미에서 Piaget(1962)는 이 놀이를 연습놀이라고 불렀으며, 이를 다시 6단계로 세분하여 설명하였다.

① 제1단계(출생~1개월)

빨기, 잡기 등의 선천적인 반사 행동을 주로 하는 시기로 배고픈 욕구가 충족되었음에도 불구하고 빨기를 계속하는 등 놀이로 간주할 수 있는 행동이 나타난다. 이러한 놀이 비슷한 행동은 빨기, 잡기 등에 숙달되기 위해 행해지므로 진정한 의미의 놀이로 볼 수 없다.

② 제2단계(1~4개월)

이 시기에는 자신의 신체에 관심이 집중되며 우연한 행동을 통해 재미있는 경험을 하게 되면 그 행동을 계속해서 반복한다. 예를 들어 손가락을 빠는 것이 재미있으면 계속 빠는 행동을 하려 한다. 그러나 이러한 행동에 의도성은 없으며 단순히 반복적인 행동을 하는 것이다.

③ 제3단계(4~8개월)

진정한 의미의 놀이가 나타나는 시기이다. 이 단계에서는 외부의 사물이나 대상에 관심을 갖고 놀이의 특징인 동화에 의한 행동을 하게 된다. 가령 딸랑이를 손으로 건드렸을 때 소리가 나면, 이것이 재미있어서 잠시 후에 다시 딸랑이를 의도적으로 흔드는 놀이를 계속한다.

④ 제4단계(8~12개월)

이 시기에는 이미 학습한 행동을 새로운 상황에 보다 적극적으로 적용한다. 예를 들어 목적을 달성하기 위하여 장애물을 제거하는 것을 학습하면 목표물인 놀잇감에 수건이나 종이를 씌워서 감추어 놓아도 장애물을 치우고 놀잇감을 찾을 수 있다. 나중에는 물건을 찾는 목적보다 행동 자체를 즐기면서 반복하기도 한다.

⑤ 제5단계(12~18개월)

이 단계는 재미있는 결과를 보기 위해서 실험을 시도하는 시기로 매우 적극적으로 목표지향적 행동을 하며 때로는 여러 가지 시행착오 행동이 나타난다. Piaget(1962)는 이 시기의 특징을 그의 딸 Jacqueline의 행동을 통해 설명하였다. 즉, Jacqueline은 목욕하던 중에 우연히 손으로 물을 튀기게 되었는데, 다음에는 의도적으로 손의 높이를 다르게 하여 물 튀기는 것을 즐겼으며 목욕할 때마다 이런 행동을 했다고 한다.

⑥ 제6단계(18~24개월)

이 시기가 되면 외부 세계의 여러 가지 현상을 내적으로 표상화시켜 사고할 수 있는 능력을 갖게 된다. Piaget의 딸 Jacqueline은 자신의 베개가 연상되는 옷감을 보자 이것을 움켜쥐고 손가락을 빨면서 자러 가는 흉내를 냈다고 한다.

(2) 구성놀이

구성놀이(constructive play)는 놀잇감을 다양한 방법으로 활용하여 창의적인 구조물을 만드는 놀이로 영유아는 구성놀이를 많이 한다. Rubin, Fein과 Vandenberg(1983)의 연구에 의하면, 3세가 하는 놀이의 40%, 4~6세의 경우는 51%가 구성놀이였다.

Smilansky(1968)에 의하면, 구성놀이는 기능적 활동으로부터 창조적 활동으로의 전환을 뜻한다. 생후 2세경이 되면 다양한 놀잇감을 활용하여 무엇인가를 만드는 놀이를 시작한다. 예를 들어 블록 놀잇감을 길게 늘어놓아 길을 만들거나 모래에 물을 넣어 죽 만들기 등의 놀이를 한다. 이러한 변화는 사물을 조작하는 단계로부터 사물을 구성하는 단계로의 발전을 의미하는 것이라고 Smilansky는 지적했다.

그러나 Piaget(1962)는 Smilansky와는 달리, 구성놀이를 하나의 독립된 놀이 단계로 인정하지 않았다. 만일 어떤 영유아가 나뭇조각에 돛을 달아서 배를 만들고 있다면, 이런 행동을 하나의 놀이로 볼 것인지, 모방이나 자발적인 작업으로 볼 것인지에 문제가 생긴다는 것이다. 따라서 그는 구성놀이가 상징놀이와 규칙 있는 게임의 중간 또는 놀이와 지적 활동의 중간, 놀이와 모방의 중간 위치에 있다고 주장하였다.

이종희(1995)는 이러한 학자들의 상반된 주장 때문에 구성놀이가 놀이와 교육을 한데 어우러지게 하는 중요한 놀이임에도 불구하고 그동안 주목받지 못했다고 지적하면서 구성놀이의 질을 분석하는 준거 네 가지를 다음과 같이 제시하였다.

- 시간 : 하나의 놀이 주제가 오랫동안 계속되는가?
- 놀이 내용의 풍부성 : 다양한 행동이 하나의 주제로 연결되어 나타나는가?
- 놀이 자료의 다양성 : 다양한 놀이 자료가 하나의 주제로 연결되어 사용되었는가?
- 결속성 : 한 주제 안에서 나타나는 행동들이 연계성 있게 조직되었는가?

(3) 상징놀이

영아는 1세 말경이 되면 소꿉 놀잇감을 들고 무엇을 마시는 시늉을 한다든가 작은 막대기로 담배 피우는 시늉을 하는 등 상징놀이를 본격적으로 한다.

일반적으로 상징놀이란 눈에 보이지 않는 대상을 표상하거나 사물이나 상황을 실제와 다르게 변형시켜 표상하는 놀이로 학자나 이론에 따라 각기 다른 용어로 불리고 개념화되고 있다. 예를 들어 Singer(1973)는 상상놀이(imaginative play)와 가장놀이(make-believe play)를 동의어로 간주하여 가작화 요소(as-if elements)가 내포된 놀이로 정의했다. 또한 Garvey(1977)는 가상놀이(pretend play)를 시간, 공간, 역할 및 사물을 실제와 다르게 변형하는 놀이로 개념화했다.

그 밖에 Saltz와 Johnson(1974)은 환상놀이(fantasy play)와 극놀이(dramatic play)가 현실과는 다른 주제와 역할을 가작화하는 공통점이 있다고 지적하였다. 그러나 극놀이는 현실에서 경험한 범위 내의 주제나 역할만을 표현하는 반면에 환상놀이는 실제적 경험을 초월하는 주제나 역할의 놀이라고 구분하였다. Corsaro(2003)도 가상놀이와 역할놀이를 나누어서 개념 정리하였다. 가상놀이는 블록이나 모래 등으로 구성놀이를 하는 가운데 일어나는 가작화 놀이를 의미하고, 역할놀이는 주변에서 볼 수 있는 역할을 재현하는 놀이로 설명하였다. 정선아(2012)는 역할 모방이라는 제한된 의미를 갖고 있는 역할놀이라는 용어보다 현실을 재창조하고 현실과 가상 세계를 자발적, 즉흥적으로 연결한다는 의미에서 가상놀이라는 용어가 더 적절하다고 주장하였다.

이와 같이 학자들이 강조하는 가치나 견해에 따라서 용어 사용이나 해석에 약간의 차이는 있지만 상징놀이, 상상놀이, 환상놀이, 극놀이, 역할놀이, 가상놀이에는 '마치 ~인 것처럼' 하는 가작화 요소가 포함되는 공통점이 있다고 하겠다.

한편 Piaget(1962)는 영유아가 인지적으로 불균형 상태에 있고 개념 발달이 미숙한 단계에서 현실을 자신의 욕구에 동화시키는데, 이러한 동화의 한 실례가 상징놀이라고 설명했다. 즉, 발달적 차원에서 볼 때 영유아는 자신의 인지적, 정서적 욕구를 충족시키지 못하는 경우가 많으므로 자기 자신을 현실에 조절하기보다 현실을 자신의 욕구에 동화시켜서 새로운 세계를 창조해 나가는 상징놀이를 하게 된다는 것이다.

상징놀이는 영유아의 연령이 증가하면서 탈중심화, 탈상황화, 통합 등 세 가지 요소에 의하여 점차 발달한다. 발달 단계를 소개하면 다음과 같다(조숙영, 2011; McCune, 1986, 1995).

① 제1단계 : 전 상징적(presymbolic) 단계

상징놀이 초기 단계에서 영유아들은 사물의 용도를 인지하여 행동으로 표현한다. 즉, 빈 컵을 입에 가져다 대고, 빗을 머리에 대는 등의 행동을 한다.

② 제2단계 : 자기 가작화(self-pretending) 단계

이 단계에서는 자신에 관련된 가작화 행동, 예를 들어 먹는 척하거나 자는 척하는 상징놀이를 한다. 이런 행동이 가작화 행동임을 표현하기 위해서 소리를 내면서 먹는 시늉을 하거나 코를 골며 잠자는 시늉을 하는 등의 효과음을 내기도 한다.

③ 제3단계 : 타인 가작화(other-pretending) 단계

타인 가작화란 가상행동이 영유아 자신으로부터 타인에게로 분산되는 것을 의미한다. 타인 가작화는 두 가지 형태로 나타나는데, 첫 번째는 일상생활에서 연습한 가작화 쉐마(schema)를 다른 놀잇감이나 사람에게 적용하는 것이다. 예를 들어 컵으로 인형이나 엄마에게 우유를 먹이는 가작화 행동이 이에 속한다. 두 번째는 다른 사람이나 사물의 행동을 가작화하는 것으로 엄마처럼 걸레를 가지고 마루를 열심히 닦는 흉내를 내는 것이 그 예이다.

④ 제4단계 : 결합적 가작화(combinatorial pretending) 단계

결합적 가작화는 여러 개의 쉐마가 연속적으로 결합하는 것을 의미한다. 결합은 두 가지 형태로 이루어져서 하나의 상징적 쉐마가 여러 대상에게 적용되거나(예 자신의 머리를 빗고 난 후 인형의 머리를 빗겨 줌), 여러 개의 쉐마가 일련의 순서로 결합한다(예 인형에게 입맞춤을 해 주고, 침대에 눕힌 후 고무젖꼭지를 입에 물려 줌).

⑤ 제5단계 : 위계적 가작화(hierarchical pretending) 단계

상징놀이 마지막 단계에는 위계적 구조가 나타난다. 즉, 가작행동을 하기 전에 미리 계획을 세우고, 이를 말이나 행동으로 표현하거나(예 "우리 세탁소놀이 하자."

하며 옷을 찾으러 다님) 대체물을 사용하거나 사물이 마치 스스로 행동하는 것처럼 가작화한다(예 인형의 다리를 움직여서 걸어가는 것처럼 움직임).

(4) 사회극놀이

사회극놀이(sociodramatic play)는 상징놀이가 더욱 발전된 놀이 형태로 한 명 이상의 친구와 함께 참여하는 극놀이이다.

사회극놀이에 관한 연구를 주도한 학자로 Smilansky를 들 수 있다. 그는 이스라엘 영유아를 대상으로 사회극놀이의 효과를 분석한 연구 결과를 토대로 『사회극놀이가 문화 실조아에게 미치는 효과(*The Effects of Socio-Dramatic Play on Disadvantaged Preschool Children*, 1968)』를 저술했다.

Smilansky에 의하면 사회극놀이에는 현실적 요소와 비현실적 요소가 내포된다. 즉, 영유아는 현실 세계에서 직접 경험한 상황이나 사람의 역할을 모방하는 사회극놀이를 많이 하는데, 이것이 바로 현실적 요소 또는 모방적 요소이다. 그런데 영유아는 발달 특성상 자신이 관찰한 내용을 정확하게 모방할 능력이 부족하기 때문에 비현실적 요소 또는 가작화 요소가 개입된다고 한다. 가작화 요소가 작용함으로써 사회극놀이의 내용이 다양하고 창의적이 될 뿐 아니라 영유아에게 더 큰 만족감을 줄 수 있다.

Smilansky는 수준 높은 사회극놀이의 여섯 가지 조건을 다음과 같이 지적하였다(Smilansky, 1968; Smilansky & Shefatya, 1990).

- 역할의 가작화 : 가상적인 역할을 언어나 행동으로 표현(예 나는 아빠, 너는 엄마)
- 사물의 가작화 : 사물의 용도를 다양하게 가작해서 언어나 행동으로 표현(예 손을 컵 모양으로 하여 들고 마시는 동작을 하면서 "나는 커피를 마시고 있어." 라고 말함)
- 행동과 상황의 가작화 : 상황이나 행동을 언어로 가작화(예 내가 회사에서 돌아와 지금 저녁을 차리고 있는 중이라고.)
- 지속성 : 한 가지 놀이 주제(episode)를 적어도 10분간 계속

- 상호작용 : 동일한 놀이 주제를 가지고 두 명 이상의 놀이자가 상호작용
- 언어적 의사소통 : 놀이 주제에 대해 놀이자 간에 언어적 의사소통을 함

한편 Smilansky는 사회극놀이의 교육적 의의를 영유아의 창의력, 지적 성장 및 사회적 기술 측면에서 광범위하게 설명하였다.

- 사회극놀이를 통해 분산된 경험을 결합하여 새로운 것을 창조할 수 있다.
- 일정한 조회 체계에 따라 경험과 지식을 선별적으로 받아들일 수 있다.
- 자신이 맡은 역할의 특징을 파악하여 표현할 수 있다.
- 사회극놀이에 참여하는 가운데 놀이 주제에 몰입하는 능력을 기른다.
- 자신을 통제하는 능력을 기른다.
- 사회극놀이를 함으로써 전후 관계에 알맞은 행동을 할 수 있다.
- 다양한 상황에 접근하는 융통성을 습득한다.
- 자기 나름대로 행동 기준을 설정할 수 있게 된다.
- 사회극놀이를 하면서 자신이 창조자가 된 것 같은 만족감을 느낄 수 있다.
- 사회극놀이 경험을 통해서 자기중심적인 존재에서 사회적 존재로 성장한다.
- 사회극놀이를 통해 현실을 정확하게 관찰하는 것을 배운다.
- 새로운 개념을 배울 수 있다.
- 사회극놀이를 함으로써 좀 더 추상적인 사고를 할 수 있다.
- 다른 친구들의 지식이나 경험을 공유하면서 많은 것을 간접적으로 학습한다.

(5) 규칙 있는 게임

영유아의 인지 능력이 발달하면서 놀이에도 변화가 일어난다. 공기놀이를 하는 경우, 2세 이전의 영아들은 공깃돌을 굴리고 컵에 담거나 흔들어 보는 기능놀이를 주로 한다. 그러나 3세경이 되면 공깃돌을 다양한 패턴으로 나열하거나 모래 케이크 윗부분을 장식하는 데 사용하며, 4세경에는 공깃돌을 계란으로 가작하여 사회극놀이를 한다. 그리고 6세경이 되면 공깃돌을 가지고 목표물 안에 던져서 집어넣

는 규칙 있는 게임을 즐길 수 있다.

규칙 있는 게임은 7~11세의 구체적 조작기에 주로 하는 가장 발전된 형태의 놀이로 정해 놓은 규칙에 따라 2명 이상의 또래와 경쟁하면서 승부를 겨루는 활동이다(Hughes, 1995).

참여자가 정해진 규칙을 잘 지키며 게임을 하려면 규칙을 정확하게 이해하고 적절하게 적용하며 주어진 범위 내에서 자신의 행동을 통제할 수 있어야 한다.

Parker(1984)는 규칙 있는 게임의 종류를 경기장 게임(field games), 테이블 게임(floor and table games), 그림 카드 게임(iconic games), 단어 게임(word games) 등 네 가지로 나누었다. 각 게임 종류를 간략하게 소개하면 다음과 같다.

- 경기장 게임 : 경계선과 결승점이 표시되어 있는 사각형 모양의 커다란 경기장에서 이리저리 이동하면서 진행하는 게임을 뜻한다(예 축구, 농구 등).
- 테이블 게임 : 게임을 하는 장소의 규모가 작으며 주로 손과 팔을 움직여서 게임 도구를 사용하는 게임이다(예 당구, 공기놀이).
- 그림 카드 게임 : 사람, 사물의 그림이나 문자, 기호 등이 그려져 있는 카드나 놀이판을 사용하는 게임으로 주사위와 카드 게임이 이에 속한다.
- 단어 게임 : 특별한 게임 도구 없이 말로 진행되며 기억력, 재치, 능변을 겨루는 게임으로 '사물 알아맞히기'와 같은 게임이 이 유형에 속한다.

Piaget(1962)에 의하면 구체적 조작기에 시작되는 규칙 있는 게임은 나이가 들수록 다양해져서 성인기까지 계속된다고 한다. 그러나 현대 사회에 들어서면서 게임의 발달 양상은 기존의 학자들이 소개하였던 게임의 개념과는 질적으로 다르게 나타나고 있다. 즉, 정보통신기술의 급격한 발달로 영유아기부터 각종 미디어 매체에 노출되면서 '게임'이라고 하면 자연스럽게 컴퓨터나 비디오, 스마트폰을 이용한 전자 게임을 떠올릴 정도로 게임의 개념이 바뀌고 있다. 전자 게임은 영아부터 청소년기까지 모든 연령층의 놀이 문화에 깊숙이 자리를 잡고 있다. 3~5세의 인터넷 이용률이 72.8%(방송통신위원회·한국인터넷진흥원, 2012), 스마트폰 게임

서비스 이용률이 유아 29.7%, 1, 2세 영아 16.1%(이정림·도남희·오유정, 2013) 등의 수치가 우리나라 영유아의 미디어 게임 의존 현상을 잘 보여 주고 있다. 미디어 매체를 이용한 게임의 긍정적 효과를 간과해서는 안 되겠지만 '게임중독', '게임과몰입' 등의 부정적 의미도 내포된다는 점을 인식하여야 하겠다.

이상에서 영유아의 놀이 발달을 전통적인 분류 체계에 따라 사회적 놀이와 인지적 놀이로 나누어 살펴보았는데, 이러한 놀이 범주 체계에 대해 몇몇 학자들은 문제를 제기한다. 기존의 놀이 범주의 위계적 단계에 대해 문제를 제기하거나 사회적, 인지적 놀이 범주 체계로는 놀이의 종합적 측면을 분석하는 데 제한점이 있다는 지적을 한다. 예를 들어 사회적 놀이 단계에서 영유아의 단독놀이가 사회적 능력과 부정적 관계에 있는 것이 아니라는 연구 결과도 보고되었다. 단독놀이 가운데 혼자서 몰두하여 탐색하는 놀이나 단독구성놀이는 사회적 부적응이나 문제 행동과 관계가 없다는 결과도 있다(박은영·신은수·김현진, 2012; Rubin, Maioni, & Hornung, 1976). 또한 Takhvar와 Smith(1990)는 인지적 놀이 유형에서 구성놀이를 상징놀이보다 미성숙한 단계로 분석하는 것에 이의를 제기했다. 구성놀이와 인지 능력의 상관이 상징놀이와의 상관보다 높다는 것을 밝힌 연구 결과에 비추어 볼 때, 구성놀이를 상징놀이보다 하위 단계의 놀이로 보기 어렵다는 주장이다.

그 밖에 Rubin, Maioni와 Hornung(1976)은 놀이의 사회적 차원과 인지적 차원을 동시에 고려한 사회·인지적 놀이 범주를 제시하였다. 그들은 Parten의 사회적 놀이 범주와 Piaget의 인지적 놀이 단계를 변형한 Smilansky의 분류를 통합하여 단독-기능, 단독-구성, 단독-극놀이, 병행-기능, 병행-구성, 병행-극놀이, 연합-기능, 연합-구성, 연합-극놀이, 협동-구성놀이, 협동-극놀이, 협동-규칙 있는 게임 등 열두 가지의 사회·인지적 놀이 범주를 제시하였다.

참고문헌

김경란(2006). 놀이에 나타난 영아의 교사 및 또래와의 관계 탐색. 중앙대학교 대학원 박사학위논문.

김영심·이종희(2003). 초기 가상놀이의 상징화 수준과 표상적 사고에 관한 연구. **아동학회지, 24**(5), 1-14.

김정준·김정화·신유림(1999). **유아에게 적합한 125가지 놀잇감**. 서울: 창지사.

박은영·신은수·김현진(2012). 유아의 사회적 놀이 행동과 사회적 능력 간의 관계 : 혼자 놀이를 중심으로. **한국보육학회지, 12**(4), 249-268.

방송통신위원회·한국인터넷진흥원(2012). **2012년 인터넷이용 실태조사**.

보건복지부(2013). **어린이집 표준보육과정에 기초한 영아보육프로그램운영의 이해**.

이기숙·이은화·이영자·이숙재(1995). **유아 발달에 적합한 유치원 실내 교육 환경**. 교육부.

이숙재(2011). **영유아 놀이 활동**. 서울: 창지사.

이정림·도남희·오유정(2013). 영유아의 미디어 매체 노출실태 및 보호대책. 육아정책연구소.

이종희(1995). 놀이와 교육: 구성놀이에 대한 재고. **유아교육연구, 15**(2), 91-104.

정선아(2012). 가상놀이의 즉흥성(improvisation)에 관한 연구: '궁전놀이'의 사례를 중심으로. **유아교육연구, 32**(1), 417-443.

조숙영(2011). 장애 관련 동화책에 기초한 토의와 역할놀이 활동이 통합교실 내 유아의 가장놀이와 사회적 상호작용에 미치는 영향. 덕성여자대학교 대학원 박사학위논문.

지혜련(1980). 한국 취학 전 어린이들의 사회적 행동에 관한 연구 II : 3세와 5세 어린이들에 있어서 시기와 장소의 효과. **연세논총, 17**, 235-248.

최미숙(1994). 유아 놀이 행동에 관한 연구. 전남대학교 대학원 박사학위논문.

하정희·성은영·이혜경(2005). 역할놀이의 연령별 특성 탐색. **영유아교육연구, 8**, 219-240.

Corsaro, W. A. (2003). *We're friends right?: Inside kid's culture*. Washington, DC: Joseph Henry Press.

Fromberg, D. P. (2002). *Play and meaning in early childhood eduation*. Boston: Allyn and Bacon.

Frost, J. L. (1992). *Play and playscapes*. Albany, NY: Delmar Publishers, Inc.

Frost, J. L., & Klein, B. L. (1979). *Children's play and playgrounds*. Boston: Allyn & Bacon.

Frost, J. L., Wortham, S. C., & Reifel, S. (2001). *Play and child development*. Upper Saddle River, NJ: Merrill Prentice Hall, Inc.

Garvey, C. (1977). *Play*. Cambridge, MA: Harvard University Press.

Howes, C. (1980). Peer play scale as an index of peer interaction. *Developmental Psychology, 16*, 371-372.

Howes, C., & Matheson, C. (1992). Sequences in the development of competent play with peers: Social and social pretend play. *Developmental Psychology, 28*, 961-974.

Hughes, F. P. (1995). *Children, play and development*. Boston: Allyn and Bacon.

Johnson, J. E., Christie, J. F., & Yawkey, T. D. (1999). *Play and early childhood development*. New York: Addison Wesley Longman, Inc.

Lillard, A. (1993). Pretend play skills and the child's theory of mind. *Child Development, 64*, 348-371.

McCune, L. (1986). Symbolic development in normal and atypical infants. In G. Fein and M. Rivkin (Eds.), *The young child at play* (pp. 45-61). Washington, DC: NAEYC.

McCune, L. (1995). A normative study of representational play at the transition to language. *Developmental Psychology, 31*(2), 198-206.

Parker, S. T. (1984). Playing for keeps: An evolutional perspective on human games. In P. K. Smith (Ed.), *Play in animals and humans* (pp. 271-293). Oxford: Basil Blackwell.

Piaget, J. (1962). *Play, dreams and imitation in childhood*. New York: W. W. Norton.

Rubin, K. H., Fein, G., & Vandenberg, B. (1983). Play. In P. H. Mussen & E. M. Hetherington (Eds.), *Carmichael's manual of child psychology: Social development* (pp. 693-774). New York: John Wiley & Sons.

Rubin, K. H., Maioni, T. L., & Hornung, M. (1976). Free play behaviors middle and lower-class preschoolers: Parten and Piaget revisited. *Child Development, 47*, 414-419.

Saltz, E., & Johnson, J. (1974). Training for thematic fantasy play in culturally disadvantaged children. *J. of Educational Psychology, 66*, 623-624.

Sarocho, O. N., & Spodek, B. (1987). Play for young handicapped children in an integrated setting, Part Ⅰ. *Day Care and Early Education, 15*(2), 32-35.

Sawyer, R. K. (1997). *Pretend play as improvisation: Conversation in the preschool classroom*. Mahwah, NJ: Lawrence Erlbaum Associates, Publishers.

Schaefer, C. E., & Reid, S. E. (Eds.) (2001). *Game play: Therapeutic uses of childhood games*. New York: John Wiley & Sons.

Singer, J. L. (1973). *The child's world of make-believe*. New York: Academic Press.

Sluss, D. J. (2005). *Supporting play: Birth through age eight.* New York: Thomson Delmar Learning.

Smilansky, S. (1968). *The effects of sociodramatic play on disadvantaged preschool children*. New York: Wiley.

Smilansky, S., & Shefatya, L. (1990). *Facilitating play: A medium for promoting cognitive, socio-emotional and academic development in young children*. Silver Spring, Maryland: Psychosocial & Educational Publications.

Sutton-Smith, B. (1967). The role of play in cognitive development. *Young Children*, 22, 361-370.

Sutton-Smith, B. (1986). *Toys as culture*. New York: Gardner Press, Inc.

Takhvar, M., & Smith, P. K. (1990). A review and critique of Smilansky's classification scheme and the "nested higharchy" of play categories. *Journal of Research in Childhood Education, 4*(2), 112-122.

Van Hoorn, J., Nourot, P. M., Scales, B., & Alward, K. R. (2003). *Play at the center of the curriculum.* Upper Saddle River. NJ: Merrill Prentice Hall.

05

놀이에 영향을 주는 요인

영유아의 놀이는 여러 요인의 영향을 받는다. Darvill(1982)은 놀이 행동에 작용하는 요인들의 영향력을 Lewin의 이론으로 설명하였다. Lewin은 인간의 모든 행동(behavior)이 인간(person)과 환경(environment)이 서로 작용(function)한 결과라는 이론을 전개하였는데[B=f(PE)], 놀이 행동도 이와 유사한 맥락으로 이해될 수 있다고 한다. 즉, 놀이 행동(play behavior)은 놀이하는 영유아(playing child)와 놀이 환경(play environment)의 관계로 작용하며, Bp=f(Pc Ep)로 간략하게 표현할 수 있다는 것이다.

5장에서는 놀이에 영향을 미치는 영유아의 개인적 요인(연령, 성, 인지 능력, 성격)과 환경적 요인(가정환경, 교육 환경)을 국내외 선행 연구 결과를 중심으로 살펴보고자 한다.

1 연령

영유아는 연령이 많아질수록 더 복잡하고 발전된 형태의 놀이를 한다. 연령에 따라 정신적, 신체적, 사회적으로 성장하면서 자연스럽게 놀이의 양적, 질적 측면에서 발달이 이루어지게 된다.

연령에 따른 변화는 놀이 유형별 참여빈도와 수준에서 나타난다. 상징놀이 참여빈도를 분석한 연구(조혜경, 2003)에 의하면, 영유아의 연령이 많아질수록 상징놀이 빈도가 더 높아졌다. 상징놀이 수준도 연령에 따라 향상된다. 최윤지, 이윤경(2011) 연구에서 영아의 월령이 증가함에 따라 상징놀이의 복합적 행동과 계획적 행동이 증가하는 경향을 보였다. 또한 Fields, De Stefano와 Koewler (1982)가 영유아를 대상으로 분석한 결과, 어린 연령대에서는 놀잇감을 용도대로 활용하는 놀이를 많이 하였으나 점차 놀잇감을 다양한 용도로 가상하는 놀이로 발전되었다.

이러한 연령별 변화는 구성놀이에서도 나타난다. 즉, 연령이 많아질수록 구성놀이 지속시간이 길어지고, 놀이 자료를 다양하게 활용하며 놀이 활동의 내용이 풍부해진다. 아울러 구성놀이 진행 과정에서 놀이 활동의 결속성이 높아지는 경향을 보인다(유영의, 2004).

또한 사회적 놀이의 발달 양상을 분석한 연구(최미숙, 1994)에서는 연령이 많아질수록 단독놀이는 적게 하고 친구들과 함께 하는 집단놀이를 많이 하는 경향을 보였다. 인지적 놀이에서도 연령이 적을수록 기능놀이를 많이 하고, 연령이 많을수록 극화놀이와 규칙 있는 게임을 많이 하였다(김선영·강의정, 2007).

결론적으로 영유아의 연령이 많아질수록 놀이 수준이 높아지며 복잡한 규칙이나 기술이 필요한 놀이를 많이 하는 것으로 밝혀졌다. 또한 놀이 지속시간이 길어지고 놀잇감의 활용도가 다양해지며 놀이 친구와 함께 참여하는 사회적 놀이 빈도와 수준 높은 인지적 놀이가 증가하는 것으로 밝혀졌다.

2 성

놀이에서의 성별 차이는 이제까지 많은 학자, 교육자들의 관심대상이었다. 성별 차이는 주로 놀이 행동과 또래 상호작용, 선호하는 놀이 유형과 놀잇감, 상상놀이 빈도와 내용 등에서 나타나고 있다.

놀이의 성별 차이는 놀이 행동 및 또래 상호작용에서 나타난다. 남아, 여아의 놀이 행동 차이가 비교적 생후 초기부터 나타난다고 주장하는 학자들도 있다. 예를 들어 Sachs(1987)에 의하면 생후 24개월부터 남아는 놀이에서 독립적이며, 탐색 활동을 적극적으로 하였다. 여아는 의존적이며 탐색 활동을 덜 하고 주로 조용한 형태의 놀이를 하였으며 대부분 동성의 놀이 친구를 선호하고 이러한 경향은 초등학교까지 이어진다. 또 남아는 또래와의 상호작용에서 부정적인 놀이 행동을 여아보다 많이 하는 데 비해 여아는 긍정적인 놀이 행동을 더 많이 하는 것으로 밝혀졌다(임현주, 2014).

이와 같은 놀이의 성별 차이는 영유아가 선호하는 놀이 유형에서도 나타난다. 일반적으로 남아는 쌓기놀이를 좋아하고, 여아는 역할놀이를 선호한다는 견해가 있다(Fagot & Leve, 1998). 실외놀이에서도 남아는 게임과 가상놀이를 선호하고, 여아는 그네 등 고정놀이 기구를 이용한 대근육활동, 게임, 가상놀이를 선호하였다(박효숙·이효림, 2015). 전쟁놀이, 거친 신체놀이, 상상놀이에서도 성별차이가 나타났다. 전쟁놀이 연구(조경자, 1995)에 의하면 남아가 여아보다 전쟁놀이를 2배 이상 많이 했으며 전쟁놀이 과정 중에도 남아는 리더, 공격자, 가해자, 구원자 등 적극적인 역할을 하고 여아는 피해자, 구조받는 자와 같은 수동적 역할을 했다.

거친 신체놀이(rough-and-tumble play)를 조사한 이숙재(1998), 고여훈(2009)의 연구에서도 남아가 여아보다 거친 신체놀이를 더 많이 하는 것으로 밝혀졌다. 이러한 거친 신체놀이의 성별 차이는 미국이나 영국, 캐나다 영유아를 대상으로 행해진 연구(Blurton-Jones, 1976; Pellegrini, 1987; Tannock, 2011)에서도 동일하게 나타났다.

상상놀이 참여빈도에 있어서 성별 차이를 밝힌 연구도 있다. 전반적으로 여아보다 남아가 더 많은 상상놀이를 하는 것으로 나타났으나 반대로 여아가 남아보다 상상놀이를 더 많이 한다는 연구 결과도 보고되었다(김영심, 2002; 송하나·최경숙, 2010).

상상놀이 내용의 성별 차이는 여러 연구에서 밝혀졌다. 김보현(1999), 김영심(2002)의 연구에 의하면 여아는 소꿉놀이, 극화놀이를 많이 하고 남아는 군인·경찰놀이, 자동차·교통놀이, 선장·해적놀이, 로봇·우주놀이, 공사·수선놀이를 많이 했다.

성별 차이는 선호 놀잇감에서도 나타난다. Almqvist(1989)의 연구에서 남아는 군인 인형이나 자동차 종류의 놀잇감을 사용하는 빈도가 높았으며, 여아는 인형과 장난감 가구를 사용하는 빈도가 높았다. 우리나라 영유아들도 놀잇감 선호에서 남아는 남성적 유형의 놀잇감, 여아는 여성적 유형의 놀잇감을 선호하였다(송하나·최경숙, 2010).

한편 놀이에서 성별 차이가 나는 원인으로 학자들은 부모, 교사, 친구의 영향력을 지적한다. 놀이의 성별 차이가 부모의 태도 때문이라고 주장하는 연구(Rheingold & Cook, 1975)에 의하면 부모가 딸의 방에는 인형과 소꿉 놀잇감, 아들 방에는 교통기관 놀잇감과 운동놀이 기구를 준비해 주었다. 또한 부모는 자녀의 성별에 어울리는 색채를 다르게 인식하여 남아는 파란색·하늘색을, 여아용으로는 빨간색을 선호하는 경향이 있으며(이수민, 2004), 이러한 부모의 태도로 인해 자녀의 놀이나 놀잇감에서 성별 차이가 나타나는 것으로 보고 있다.

Fagot와 Leve(1998)는 성 유형화된 놀이에 대한 교사의 영향력을 강조하였다. 교사는 부모와 마찬가지로 영유아가 전통적인 성 역할에 부합되는 놀이를 동성의 친구와 하도록 부추기는 경향이 있다는 주장이다.

또한 Johnson, Christie와 Yawkey(1999)는 놀이에서 성별 차이가 친구의 영향을 받아서 나타난다고 주장하였다. 특히 남아들은 남자 친구가 전통적인 성 역할에 부적합한 놀이를 하지 못하도록 견제하는 역할을 한다고 밝혔다.

그 밖에 Lewis(1972)는 놀이에서의 성별 차이를 야기시키는 첫 번째 요인으로, 생물학적 요인을 들었다. 동물을 비롯한 모든 종의 남자는 여자보다 탐색적인 행동을 많이 하는 생득적 특성을 지닌다고 한다. 두 번째는 부모들이 자녀에게 보상과 처벌을 통해 성 역할 행동을 가르친다는 점이며, 세 번째는 영유아 스스로가 성 역할 행동을 유도하는 제반 사회적 관습을 학습한다는 것이다.

이상의 연구 결과를 종합하면, 영유아가 참여하는 놀이 유형, 내용, 선호하는 놀잇감 및 놀이 친구 상호작용은 성별에 따라 차이가 있음을 알 수 있다.

3 인지 능력

오래전부터 학자들은 영유아의 놀이와 인지 발달 관계에 관심을 가지고 연구해 왔다. 놀이 연구 초기 단계에서는 주로 영재아, 지진아, 일반아의 놀이 차이를 비교하였는데, 인지능력이 우수한 영재아는 신체 활동을 싫어하여 거친 놀이에는 흥미를 보이지 않고 조용한 놀이에 흥미를 보였다. 또한 자기보다 나이가 많은 놀이 친구를 더 좋아하며 상상놀이를 많이 하는 특징이 있었다. 반면에 지진아는 놀이 활동에서 창의성을 거의 보이지 않으며 단순한 놀이를 좋아하고 친구들과 어울리는 놀이를 좋아하는 경향이 있었다(Millar, 1977). 영재성과 또래놀이 관계를 분석한 황윤세(2010)의 연구에서도 영재성과 또래놀이가 정적 상관이 있는 것으로 밝혀졌다. 특히, 영재성의 하위요인 가운데 언어능력, 모험심, 독창성이 놀이 상호작용에 유의한 설명력을 갖는 것으로 나타났다.

Hill과 McGune-Nicolich(1981)는 상상놀이의 참여빈도와 수준이 영유아의 지적 발달과 높은 정적 상관이 있음을 밝혔다. 즉, 지능이 높을수록 상상놀이를 많이 하고 수준 높은 상상놀이를 한다는 것이다. 또 한석실과 박주희(2007)의 연구에서는 구성놀이의 질적 수준과 문제해결력 간에 정적 상관이 있는 것으로 밝혀져서 구성놀이의 질적 수준이 높을수록 확산적 문제해결을 더 잘하는 것으로 나타났다. 이선경, 김효원(2016), 최미숙(2018)의 연구에서도 영유아의 인지능력은 또래놀이행동의 중요한 예측변인으로 밝혀져서 인지능력이 높을수록 긍정적인 또래놀이를 잘한다고 볼 수 있다.

한편 놀이와 영유아 인지양식의 관계를 연구한 학자들도 있다. 인지양식(cognitive style)은 장 독립적(field-independent) 양식과 장 의존적(field-dependent) 양식으로 분류되는데(Saracho, 2003), 장 독립적 인지양식은 사물을 지각할 때 사물을 둘러싼 배경의 영향을 받지 않으며 장 의존적 양식은 배경의 영향을 많이 받는 특징을 보인다. Saracho에 의하면 장 의존적인 영유아는 타인에게 강한 호기심을 보이고 민감하게 반응함으로써 사회적 기술을 습득할 기회가 많으므로 병행, 연합, 협동놀이를 자주 한다고 한다. 반면에 장 독립적인 영유아는 사회적 능력보다 분석적 능력이 우수하여 단독놀이를 더 좋아한다고 한다.

천혜경(1988) 연구에서도 장 의존적인 5, 6세는 집단놀이를 많이 하고, 장 독립적인 유아는 단독놀이를 많이 하는 것으로 밝혀졌다. 권지연, 이종희(2003)가 인지양식에 따른 놀이스타일의 차이를 분석한 결과, 장 독립적인 유아는 주도적 놀이스타일, 장 의존적인 유아는 추종적 놀이스타일을 보였다.

이상의 연구 결과를 종합해 볼 때, 영유아의 지적 능력이나 인지양식이 놀이 행동특성, 놀이 참여빈도 및 친구와의 상호작용 등과 밀접하게 연관됨을 알 수 있다.

4 성격

영유아의 놀이 행동은 개인의 성격에 따라 다양하게 나타난다. 이제까지 놀이에 영향을 미치는 성격 특성으로 밝혀진 것은 놀이성(playfulness), 상상 성향(fantasy-making predisposition), 기질, 정서지능 등이다.

놀이성과 놀이의 관계를 최초로 밝힌 Lieberman(1965)은 놀이 행동이 놀이성과 매우 상관이 높다고 주장하였다. 놀이성이란 신체적 자발성, 인지적 자발성, 사회적 자발성, 즐거움의 표현, 유머 감각 등의 다섯 가지 요소로 구성된 개인의 성격 특성을 의미한다. 국내 유애열(1994) 연구에서도 놀이성이 높을수록 상상놀이 수준이 높다는 결과가 나왔으며 남진경(2013)도 놀이성이 높을수록 목적 없는 행동은 적게 하고 집단놀이 행동을 빈번하게 한다고 보고하였다.

한편 영유아의 상상 성향과 놀이의 관계를 분석한 학자들도 있다. 상상 성향은 외현적인 상상놀이 행동이나 내면화된 판타지로 표현되는 성격을 의미한다. Singer(1973)에 의하면, 상상 성향이 높은 영유아는 놀이 중에 상호작용, 협동, 집중, 긍정적 정서 표현을 더 잘하고, 가작화된 놀이나 게임을 선호하였다. Pulaski(1973)의 연구에서도 상상 성향이 높을수록 수준 높은 상상놀이를 하고 놀이에 더 열중하였다.

또한 영유아의 기질과 놀이행동이 밀접하게 관련되는 것으로 여러 선행 연구에서 밝혀졌다. 기질은 활동성, 규칙성, 적응성, 반응 강도, 주의 산만성, 지구력 등에 따라 순한 기질, 까다로운 기질, 반응이 느린 기질로 분류된다. 순한 기질은 새로운 놀이 친구나 상황에 적응을 잘하는 경향을 보이고 까다로운 기질의 영유아는 적대적인 반응을 많이 하고 놀이 친구나 상황에 적응하는 데 시간이 걸린다. 반응이 느린 기질은 새로운 놀이 친구나 상황에 처음엔 적응을 못하지만 시간이 지나면 흥미를 보이는 특징이 있다(Thomas & Chess, 1977). 이지연(2004)이 영유아의 기질에 따른 실외 놀이 형태를 분석한 결과, 까다로운 기질의 유아가 혼자 놀이, 기능놀이를 많이 하는 데 비해 순한 기질은 집단놀이와 상징놀이, 규칙 있는 게임을 더 많이 하였다. 조선미(2000)가 기질에 따른 놀이스타일을 조사한 결과, 순한 기질은 까다로운 기질보다 추종적 놀이스타일을 더 많이 보였으며 주도적 놀이스타일은 적은 것으로 나타났다. 1, 2세 영아를 대상으로 연구한 김난실, 조혜진(2007)에 의하면 까다로운 기질의 영아는 탐색놀이를 많이 하고 가작놀이를 적게 하는 것으로 밝혀졌다. 박춘방(2006)의 연구에서는 놀이 지속시간에 차이가 있어서 순한 기질의 영아가 놀이 지속시간이 더 길었다.

그 밖에 영유아의 정서지능이 놀이에 영향을 미쳐서 정서지능이 높을수록 또래와 놀이상호작용이 활발하고 긍정적이라는 연구결과도 발표되었다(김분기·박인전·2017; 최미숙, 2018).

이상의 연구 결과에 비추어 볼 때, 영유아의 놀이성, 상상 성향, 기질, 정서지능 등이 놀이 형태, 놀이스타일, 놀이 지속시간에 영향을 미친다고 할 수 있다.

5 가정환경

놀이에 영향을 미치는 가정환경으로 가정의 사회 경제적·문화적 배경과 부모 변인을 살펴보겠다.

1) 가정의 사회 경제적·문화적 배경

영유아의 놀이는 가정의 사회 경제적 수준이나 문화적 배경과 깊은 관계가 있는 것으로 알려졌다. 상상놀이에 관한 연구에 의하면, 사회 경제적 수준이 하류층인 영유아는 중류층보다 상상놀이에 덜 참여하는 것으로 밝혀졌다. 예를 들어 Smilansky(1968)가 이스라엘에서 관찰한 바에 의하면, 하류층 자녀가 중류층보다 상상놀이를 덜 하였다. 국내 연구에서도 가정의 경제사회적 배경이 유아의 또래놀이에 영향을 미치는 중요한 변인으로 밝혀졌다(한명숙·서선숙, 2013). 또한 김균희, 송요현(2017)의 연구결과, 가정의 경제소득이 많을수록 유아가 또래와 긍정적인 놀이상호작용을 하며 놀이를 순조롭게 하는 특징을 보였다

이러한 연구 결과에서 알 수 있듯이 영유아의 놀이는 가정의 사회 경제적 수준에 의해 영향을 받는다고 할 수 있으나 효과가 직접 작용한다고 보기는 어렵다. 왜냐하면 가정의 사회 경제적 배경이 영유아의 놀이 능력이나 흥미에 직접 영향을 미치는 것이 아니라 상황적 요인과 복합적으로 작용하여 영향을 미친다고 볼 수 있기 때문이다. 즉, 사회 경제적 수준에 따라 놀이에 대한 부모의 인식이나 상호작용, 가정의 놀이 환경에 상당한 차이가 생기고, 그 결과로 각 계층 영유아의 놀이가 달라진다고 볼 수 있다.

이에 관련된 연구로, 김명순 외(2010)의 연구에 의하면 저소득 가정은 일반 가정보다 부모-자녀 놀이 상호작용을 덜 하였으며 언어 관련 놀잇감을 적게 보유하고 있는 것으로 밝혀졌다. 또한 정혜미(2018) 연구에서 아버지 놀이참여도가 직업에 따라 차이를 보여서 전문직 아버지가 생산직, 판매직 아버지보다 자녀놀이 참

여도가 높은 것으로 나타났다.

한편 가정이라는 조직이 영유아 놀이에 미시 체계로 작용한다면 문화적 배경은 거시 체계로 작용한다. 놀이와 문화적 배경의 관계를 연구한 대표적 학자는 Roberts와 Sutton-Smith(1962)이다. 그들은 문화적 차이와 놀이의 관계를 분석하기 위해서 갈등-문화화 가설(conflict-enculturation hypothesis)을 설정하였는데, 이를 자세히 설명하면 다음과 같다. 즉, 각 문화권에서는 고유한 방법으로 자녀를 양육하며 양육 방법에 따라 영유아가 각기 다른 스트레스를 받게 되며 이를 게임을 통해 발산한다는 것이다. 또한 영유아가 게임에 참여하는 것은 스트레스 해소의 기회인 동시에 문화화되는 과정, 다시 말해 영유아가 사회적 역할, 가치, 규범 등을 습득하는 과정이 된다는 이론이다.

이러한 가설을 토대로 Roberts와 Sutton-Smith는 자녀 양육 유형과 게임의 관계를 밝혀냈다. 연구 결과를 살펴보면, 자녀 양육에서 책임감을 강조하는 사회의 영유아는 게임의 승부가 운에 따라 결정되는 찬스 게임(games of chance, 예 주사위 던지기)을 많이 했다. 또 성공 지향적인 사회에서는 신체적 기술을 필요로 하는 게임(games of physical skill, 예 달리기 게임)을 주로 했으며, 복종을 강요하는 사회에서는 작전을 잘 세워야 이길 수 있는 전략 게임(games of strategy, 예 윷과 윷판)을 많이 했다.

한편 국가 간의 놀이 비교를 통해 문화적 차이를 분석한 연구도 있다. 우리나라와 미국 유아의 놀이 유형과 집중 시간을 비교한 연구(장상옥·로레인 맥스웰, 2009)에 의하면 한국 유아는 구성놀이, 병행놀이를 많이 한 반면에 미국 유아는 기능놀이, 역할놀이, 교육적 놀이를 고르게 하였다. 놀이 지속시간은 한국유아가 미국 유아보다 짧았다.

그 밖에 최근에는 국내 다문화가정의 증가로 외국인 어머니와 자녀놀이에 관한 연구도 활발하게 이루어지고 있다. 형근혜, 허기, 홍혜경(2014)의 연구에서는 외국인 어머니가 자녀와 게임과정에서 상호작용하는 방법에 어려움을 느끼는 것으로 밝혀졌다. 그러나 이수원(2015)은 다문화 가정의 외국인 어머니가 자신이 자라온 문화보다는 정착지 문화에서 접하는 놀이를 적극 수용하는 모습을 보인다고 주장한다.

이상의 연구 결과를 종합하면, 영유아는 자신을 둘러싸고 있는 가정, 사회, 문화의 전체적인 맥락에서 놀이하게 되므로 놀이와 가정의 사회경제적·문화적 배경은 매우 밀접한 관계에 있다고 하겠다.

2) 부모

놀이에 관한 많은 연구에서 공통적으로 지적되는 사항은 놀이 발달의 전제 조건으로 양육자의 관심과 참여가 절대적으로 필요하다는 사실이다. 영유아의 모든 놀이 경험은 일차 양육책임자인 어머니, 아버지와 밀접하게 연관되기 때문이다.

부모가 자녀 놀이에 미치는 영향력은 부모의 놀이 신념, 애착관계 등에 따라 다르게 나타난다. 부모가 놀이의 중요성을 인정하고 지지하는 신념을 가질수록 자녀의 놀이에 적극적으로 많은 시간 동안 참여하는 경향을 보인다(김명순 외, 2013; 이현지·정혜욱, 2016), 또한 부모와 애착이 잘된 영유아는 탐색과 상상놀이를 많이 하고 불안정 애착 영유아보다 놀이친구와 긍정적인 상호작용을 더 많이 하는 차이를 보인다(이숙재, 2004; Hughes, 1995).

특히 부모 가운데 주 양육자인 어머니의 중요성에 연구자들의 관심이 집중되어 왔다. 여러 연구 결과에 의하면 영유아는 혼자 놀 때보다는 어머니와 함께 놀이를 할 때 질적으로 우수한 놀이를 다양하게 하며 놀이지속 시간도 더 길었다고 한다(이새봄, 2006; O'connel & Bretherton, 1984).

어머니의 양육태도도 자녀의 놀이행동과 밀접한 관계가 있는 것으로 밝혀졌다. 통제적 양육태도를 가진 어머니의 자녀는 놀이 상황에 몰입하지 못하고 자기 마음대로 하거나 놀이를 하지 않으며 공격적인 반응을 보였다(권정윤·김은희, 2014). 반면에 허용적인 양육태도를 가진 어머니의 자녀는 상상놀이를 많이 하였다(Dunn, 1986).

어머니의 양육태도 이외에 어머니가 자녀와 어떤 상호작용을 맺느냐도 중요하게 작용한다. 영유아가 출생 이후 어머니와 맺는 긴밀한 상호작용은 바로 놀이의 근원이 된다. 어머니가 1, 2세 영아와 언어와 행동으로 상호작용을 많이 해 줄수록 영아의 상징놀이 수준 및 빈도가 높아졌다는 연구 결과도 있다(김의정, 2011).

또한 최근에는 영유아 놀이에서 아버지 역할이 강조되고 있다. 어머니가 자녀와 교육적 놀이나 상징놀이를 주로 하는 데 비해서 아버지는 신체놀이에 적극 참여하는 특징을 보인다(윤상인, 2010). 아버지가 자녀의 놀이 파트너로 긴밀하고 활기찬 상호작용을 함으로써 자녀의 전인적 발달을 증진시키는 역할을 하는 것으로 인식되고 있다(Lamb, 2010). 이런 주장을 뒷받침하는 연구에 의하면 아버지의 놀이 신념이 자녀의 놀이 몰입과 또래놀이 행동에 직접적인 영향을 미친다고 한다(김정주·박형신, 2017), 또한 아버지가 자녀와 함께 놀이하는 시간이 많을수록 또 놀이에 참여하는 수준이 높을수록 유아가 또래관계를 주도하는 능력이 발달하는 것으로 밝혀졌다(김순희·김경숙, 2018).

이상의 연구 결과에 비추어 볼 때, 영유아의 놀이는 부모의 놀이신념, 어머니의 놀이 참여, 양육 태도, 자녀와 어머니가 맺는 상호작용의 빈도나 질, 아버지 역할 등의 영향을 받는다고 하겠다.

6 교육 환경

교육 환경은 영유아의 성장에 중요한 영향을 미친다. 특히 영유아의 놀이 발달은 놀이 공간, 놀잇감, 교육·보육기관의 특성, 친구, 교사 등과 밀접한 관계를 맺는 것으로 여러 연구에서 밝혀졌다. 이에 관해 구체적으로 살펴보면 다음과 같다.

1) 놀이 공간

놀이에 영향을 미치는 공간 요인으로는 실내 놀이실의 사회적 밀도 및 1인당 면적, 공간 배치, 실외 놀이장 유형 및 질적 수준 등이 있다.

첫째, 놀이 공간의 사회적 밀도(social density)와 영유아의 1인당 면적이 놀이에 영향을 미친다. 사회적 밀도는 일정한 공간에 있는 영유아의 수를 의미하는데, 일정한 공간에 영유아 수가 많아지면 사회적 밀도가 높아져서 조밀한 환경이 된다. 사회적 밀도와 놀이 행동의 관계를 분석한 Peck와 Goldman(1978)의 연구에서는 사회적 밀도가 높아지면 동일 주제의 놀이를 또래와 집단으로 하는 경향이 있으며, 상상놀이 빈도와 방관적 행동이 증가하는 것으로 나타났다(Phyfe-Perkins, 1980, 재인용). 김향자(1993)의 연구에서도 사회적 밀도가 높은 학급에서 집단놀이를 더 많이 하였다. 그러나 사회적 밀도와 놀이 행동에 대한 연구 결과가 일관성 있게 나타나는 것은 아니다. 김수진(1995)의 연구에서는 유치원 학급의 사회적 밀도가 낮을 때 집단-구성놀이를 더 많이 하였다. 또한 2세 영아를 대상으로 연구한 박주현(2007)도 어린이집의 사회적 밀도가 높을 때 영아의 혼자놀이, 목적 없는 행동이 많이 나타났다고 밝혔다.

한편 Shapiro(1975)는 영유아 1인당 면적을 다양하게 하여 놀이 행동을 관찰하였다. 그 결과 1인당 면적이 2.7㎡에서는 비참여 행동이나 방관적 행동 및 목적 없이 빈둥거리는 행동이 가장 많이 나타났다. 그러나 1인당 면적이 2.7~4.5㎡로 증가하였을 때는 비참여 행동이 감소하였으나, 4.5㎡ 이상으로 넓어진 경우에는 비참여 행동이 다시 증가하였다. 이러한 결과는 1인당 면적이 너무 좁거나 넓어도 비참여 행동을 유발할 수 있음을 시사한다.

그 밖에 장상옥과 로레인 맥스웰(2009)은 한국과 미국 어린이집을 비교하였는데, 우리나라 어린이집에서는 학급 면적이 넓을수록 놀이 집중시간이 길었다. 반면에 미국의 경우는 흥미 영역 당 참여자 수가 적을수록 집중시간이 길어졌다. 즉, 놀이집중시간이 한국은 학급 면적이 넓을수록, 미국은 흥미 영역당 사회적 밀도가 낮을수록 증가하였다.

둘째, 실내 놀이실의 공간 배치가 놀이에 영향을 미친다. 선행연구에 의하면, 놀이실 배치에서 쌓기놀이 영역과 역할놀이 영역의 구분을 없애고 서로 통합시켰을 때 동성 친구의 놀이보다 혼성집단놀이가 증가하였다(Kinsman & Berk, 1979). 또한 남·여아의 상호작용이 더욱 활발하였으며 다른 성이 선호하는 놀잇감을 더 많이 사용하는 경향을 보였다(전영아·전홍주, 2013).

또한 놀이실의 각 영역을 분리대로 경계를 지어서 구성한 경우, 그렇지 않은 경우보다 다른 친구의 놀이를 방해하는 행동이나 뛰어다니는 행동이 감소했으며 미술 영역, 과학 영역 및 역할놀이 영역에서 놀이지속시간이 더 길어진 것으로 밝혀졌다(이정미, 1986)

셋째, 실외 놀이장의 유형이 영유아의 놀이 행동에 중요한 영향을 미친다. 실외 놀이장의 유형에 따른 차이는 Campbell과 Frost(1985)의 연구에서 입증된 바 있다. 이들은 전통적 실외 놀이장(traditional playground)과 창의적 실외 놀이장(creative playground)을 비교하였다. 전통적 실외 놀이장이란 미끄럼틀, 시소, 그네 등과 같은 고정놀이 시설물이 설치된 놀이장을 의미한다. 창의적 실외 놀이장은 고정놀이 시설물 이외에 이동식 놀이 기구를 제공하여 필요한 용도로 활용할 수 있게 준비된 놀이장을 뜻한다. 연구 결과에 의하면, 전통적 놀이장에서는 기능놀이를 더 많하였고 창의적 놀이장에서는 극놀이와 구성놀이를 더 많이 하였다.

Hayward, Rothenberg와 Beasley(1974)도 실외 놀이장의 유형과 놀이 행동을 분석하였다. 즉, 전통적 실외 놀이장, 건축가가 아름답게 구성해 놓은 현대식 실외 놀이장(contemporary playground), 여러 가지 물건이나 건축자재로 집이나 토굴 등을 자유롭게 만들어서 놀이하는 모험 놀이장(adventure playground) 등 세 가지를 비교하였다. 그 결과 놀이장 이용률은 모험 놀이장이 가장 높았으며, 그 다음이 현대식 놀이장, 전통적 놀이장의 순서였다. 또한 각 놀이장에서의 평균 놀이 시간도 차이를 보여 전통적 놀이장에서 가장 짧은 시간 동안 머물렀으며, 모험 놀이장에서 가장 오래 머물렀다.

우리나라에서 이루어진 연구로 장정백(1986)은 어린이 놀이터 13개소를 관찰한 결과 전통적 놀이터에 대한 흥미도가 가장 낮게 나타났다. 또한 노현주(1994)의 연구에서는 전통적 유치원 놀이터와 창의적 유치원 놀이터를 비교하였다. 연구 결과, 전통적 놀이터에서는 구성 놀이가 많이 나타났고, 창의적 놀이터에서는 기능놀이와 상징놀이, 협동놀이가 많이 나타났다.

넷째, 실외 놀이장의 질적 수준도 놀이 행동에 영향을 미친다. 박희숙, 이효림의 연구(2015)에 의하면 실외놀이장의 질적 수준은 영유아의 성별이나 기질과 같은 개별적 특성보다 놀이행동에 가장 중요한 요인으로 작용한다고 한다. 이에 관련된 연구결과를 살펴보면, 질적 수준이 낮은 실외놀이장에서는 기능놀이를 주로 하였으며(이봉선, 1998; 최목화·변혜령, 2006), 질적 수준이 높은 놀이장에서는 집단 구성놀이, 집단상징놀이, 집단게임을 많이 하였다(김정아·감학삼, 2008). 이숙재(1998)의 연구에서도 어린이집의 실외 놀이장 환경이 열악한 경우, 우수한 환경보다 친구를 쫓아다니고 뒹구는 등의 거친 신체놀이를 더 많이 하였다.

이상의 연구 결과를 통해 실내 놀이 공간의 사회적 밀도 및 영유아 1인당 면적, 놀이 공간 배치, 실외 놀이장의 유형 및 질적 수준이 영유아의 놀이 행동에 영향을 미치는 것으로 밝혀졌으나 일관성 있는 결과를 보이지는 않았다.

2) 놀잇감

영유아의 놀이 행동이 놀잇감에 따라 변화하는지, 만일 그렇다면 놀잇감의 어떤 측면이 놀이 행동에 영향을 미치는지를 밝혀내려는 많은 연구가 이루어져 왔다.

놀잇감의 종류와 놀이 행동의 관계를 분석한 초기 연구가로 Van Alstyne이 있다. Van Alstyne이 1932년 영유아의 놀잇감에 대한 반응을 관찰한 결과에 의하면, 놀잇감 중에서 인형, 수레, 전화기 등은 대화와 협동심을 고취했다고 한다(Phyfe-Perkins, 1980, 재인용).

Dodge와 Frost(1986)도 놀잇감의 종류와 놀이 형태의 관계를 분석한 결과, 크기가 작고 용도가 분명하지 않은 놀잇감(예 단위 블록 등)이 제공된 경우, 조작놀이와 구성놀이를 많이 하는 경향이 있었으며, 역할 내용에 연관되는 여러 가지 소품이 제공된 경우에는 역할놀이를 많이 했다.

Vandenberg(1981)의 연구에서는 놀잇감 종류와 사회적 놀이의 관계가 밝혀졌다. 소근육 운동 놀잇감을 가지고 놀 때에는 단독놀이와 병행놀이의 빈도가 높았으며, 대근육 운동 놀잇감을 가지고 놀 때에는 연합놀이가 우세하게 나타났다.

Tuner와 Goldsmith(1976)는 자유놀이시간에 일반 놀잇감 이외에 장난감 권총과 비행기를 제공해 준 후 놀이 행동을 비교하였다. 그 결과, 장난감 권총이 제공되었을 때 반사회적인 놀이 행동(예 모욕적 언사, 협박, 때리기, 권총 쏘기 등)을 더 자주 했다.

또한 놀잇감의 종류를 활용도, 구조성 등을 기준으로 분류하여 영향력을 분석한 연구들도 많다. Pepler와 Ross(1981)는 놀잇감의 활용도에 따라, 한 가지 용도로만 사용되는 수렴적 놀잇감(convergent materials)과 여러 가지 용도로 활용할 수 있는 분산적 놀잇감(divergent materials)으로 분류하여 각 놀잇감의 효과를 분석하였다. 연구 결과에 의하면, 수렴적 놀잇감이 제공된 집단에서는 놀잇감의 용도에 따라 제한된 놀이 활동을 했으나 분산적 놀잇감이 제공된 집단에서는 탐색놀이, 구성놀이, 상상놀이 등 다양한 놀이의 참여빈도가 높았다.

이와 유사한 결과가 이숙재(1988)의 연구에서도 밝혀졌다. 즉, 용도가 고정된 퍼즐, 모양 맞추기 등을 가지고 놀 때는 놀잇감을 제한된 방법으로 사용하고, 단독놀이를 많이 했으며 블록이나 반죽처럼 여러 용도로 활용하는 놀잇감을 가지고는 구성놀이와 상징놀이를 연합놀이로 하는 경향이 두드러졌다.

놀잇감의 구조성에 따른 놀이행동을 비교 분석한 지성애(2005) 연구에서 구조성이 높은 역할놀잇감을 가지고 놀 때는 평행활동이 많이 나타났고 구조성이 낮은 모래놀잇감을 가지고 놀 때는 연합, 협동놀이가 더 많이 나타났다. 이선주(2016)의 연구에서도 실물과 유사한 구조적 놀잇감은 영아가 일상생활에서 경험한 내용을 상징놀이로 표현하는 데 매개체 역할을 하였다. 반면에 기능이 모호한 비구조적 놀잇감을 가지고는 다양한 놀이법을 발견하여 반복적으로 연습하면서 즐거워하는 반응을 보였다.

그 밖에 놀잇감의 수량이 놀이 행동에 영향을 미친다고 주장하는 학자도 있다. 놀잇감의 수량 변화가 놀이 행동에 미치는 효과를 분석한 연구에서 놀잇감의 양이 증가했을 때 놀잇감과의 접촉이 많아졌으며, 수량이 감소했을 때는 또래 간의 사회적 접촉이 빈번해지거나 거친 신체놀이 빈도가 높아졌다(Phyfe-Perkins, 1980).

Bender(1978)의 연구에서는 속이 빈 블록(hallow block)의 수량과 놀이 행동의 관계를 분석하였다. 연구에서 4세 남아 6명에게 속이 빈 블록 20개를 제공했을 때, 블록놀이에 참여하는 남아가 한두 명에 불과했고, 주로 병행놀이를 하면서 단순한 형태의 구조물을 만들며 친구 간에 언쟁도 잦았다. 또한 놀이에 대한 관심도 낮았다. 그러나 속이 빈 블록을 70개 제공했을 때 6명의 남아 모두 블록놀이에 적극적으로 참여하여 다양한 형태의 구조물을 만들며 신체 활동과 역할놀이를 오랫동안 지속했다.

한편 오은순(1993)은 블록의 유형과 수에 따른 사회적 놀이 행동을 분석하였다. 분석 결과에 의하면, 속이 빈 블록은 집단놀이에 더 활용되고 단위 블록(unit block)은 집단놀이뿐 아니라 혼자놀이, 병행놀이에 고루 활용되었다. 또한 블록의 수가 부족한 경우에 속이 빈 블록보다는 단위 블록을 가지고 놀 때 혼자놀이, 병행놀이, 집단놀이가 많이 나타났다.

또한 김태연(1984)은 놀잇감의 종류와 수를 다양하게 제공하고 놀이 행동의 차이를 실험하였다. 그 결과, 놀잇감의 수량이 부족한 상황에서는 공격성과 창작 활동이 증가하는 경향을 보였으며, 놀잇감의 수량이 부족하고 종류도 제한될 때, 놀이에 참여하지 않는 빈도와 신체운동 빈도가 높게 나타났다.

그 밖에 놀잇감의 수량을 제한하거나 전혀 제공하지 않고 효과를 검증한 연구도 있다. 예를 들어 놀잇감이 제한되거나 없는 상황에서 거친 신체놀이가 증가하였다는 연구(고여훈, 2009), 어린이집 교실에 놀잇감을 전혀 제공하지 않은 경우, 처음에는 공격적인 놀이를 하였으나 점차 스스로 놀이와 놀잇감을 만들어 놀이를 주도하였다는 연구 결과(홍정선·최인숙·안연경, 2008)도 있다.

이상의 연구 결과를 요약하면, 놀잇감의 종류, 구조화 정도 및 활용도, 수량, 놀잇감의 유무가 영유아의 놀이 행동에 영향을 준다고 할 수 있다.

3) 교육·보육기관의 특성

영유아 교육·보육기관의 프로그램이 지향하는 목표, 내용 및 교수 방법에 따라 놀이를 보는 관점이 달라지므로 영유아의 놀이 양상에 차이가 나타난다. 이와 관련하여 Johnson, Ershler와 Bell(1980)은 학습 이론에 따라 발견 학습 프로그램과 형식적 프로그램으로 분류하여 연구하였다. 그 결과, 사고 과정을 중시하는 발견

학습 프로그램을 실시하는 기관의 영유아는 기능놀이를 많이 했으며, 지식의 전달 및 기술 향상을 강조하는 형식적 프로그램의 영유아는 구성놀이를 많이 하는 것으로 밝혀졌다. 또한 Huston-Stein, Friedrich-Cofer와 Susman(1977)의 연구에서는 교육 프로그램의 구조화 정도에 따른 차이를 분석한 결과, 구조화된 프로그램의 영유아들이 비구조화된 프로그램의 영유아보다 상상놀이에 덜 참여하였다.

노운서(2007)의 연구에서도 주제 중심, 몬테소리, 생태 프로그램별로 놀이 차이를 비교한 결과, 극화놀이가 주제 중심 프로그램에서 가장 높게 나타났고 생태 프로그램에서 가장 낮게 나타나는 것으로 밝혀졌다.

한편 박화윤(1992)은 교육기관의 질적 수준과 놀이 행동과의 관계를 연구한 결과, 질적으로 우수한 교육기관의 유아는 그렇지 못한 기관의 유아보다 사회적 놀이, 인지적 놀이, 사회·인지적 놀이에서 더 복잡하고 수준 높은 놀이를 하는 것으로 밝혀졌다. 송혜린(2004)의 연구에서도 어린이집의 질적 수준이 상집단 영유아가 중·하 집단의 영유아에 비해 집단놀이를 많이 하는 것으로 나타났다. 김영옥, 김수영(1999)의 연구에서도 질적으로 우수한 교육기관의 유아들은 구성놀이, 역할놀이를 더 많이 했으며 비놀이를 덜 하였다.

결론적으로 영유아의 놀이 행동은 교육·보육기관의 프로그램 유형 및 질적 수준에 따라 영향을 받게 되는데 일반적으로 많이 구조화된 프로그램에서는 상징놀이를 덜 하는 경향을 보였다. 또한 질적으로 우수한 교육 환경에서 수준 높은 놀이를 하는 것으로 나타났다.

4) 친구

영유아 놀이에서 친구는 놀이대상이 될 뿐만 아니라 서로의 놀이에 막대한 영향력을 미치는 역할을 한다. 즉, 친구 생각이나 견해에 동조하고 서로 지원하는 역할도 하고 때로는 놀이에서 친구와 갈등하거나 배제하는 경우도 있다.

또래놀이는 함께 놀이하는 친구와의 친분(familiarity) 정도에 따라 차이를 보여서 1,2세 영아는 보육기관에 적응하여 또래와 친숙도가 높아지면 놀잇감을 가지고 함께 놀이하는 빈도가 증가한다고 한다(김경란, 2006). 3세 이후에는 친분이 있는 또래와 놀이를 할 때 사회적 놀이를 빈번히 하고 수준 높은 인지적 놀이에 많이 참여한다는 연구보고도 있다(Doyle, Connolly, & Rivest, 1980).

놀이 친구의 연령도 영향을 미쳐서 동일 연령 집단보다 혼합연령집단에서 협동적인 구성놀이를 더 많이 하는 것으로 밝혀졌다(Hughes, 1995).

한편 함께 놀이하는 친구의 놀이 수준이 영향을 미친다. Sluss와 Stremmel(2004)에 의하면 놀이 능력이 덜 발달된 4세 여아가 놀이 기술이 발달한 친구와 놀이를 하면 좀 더 복잡하고 발전된 놀이를 하는 것으로 나타났다. 허진경(2001)의 연구에서는 극놀이 수준이 낮은 유아가 수준이 높은 친구와 함께 놀이 상호작용을 함으로써 표상 능력과 협상 능력이 증진되었다.

또한 친구들 간에 수용되는 정도도 놀이에 영향을 미친다. 즉, 또래 수용도에 따라 놀이 형태에 차이가 나타나서 인기아는 병행·협동 놀이를 많이 하고, 고립아는 비놀이를 많이 한다(이사임, 1994). 이영주(2002)의 연구에 의하면, 인기아는 주도적인 놀이스타일을, 비인기아는 혼자 놀거나 방관적 행동을 많이 하는 단독놀이스타일을 보이는 것으로 밝혀졌다. 또 한은지, 박영아(2016)의 연구에서도 인기도가 낮은 영유아는 공격적 행동이나 배회행동을 많이 하고 인기도가 높은 영유아는 또래와 놀면서 긍정적인 상호작용을 많이 했다고 한다

그 밖에 영유아의 연령이 어린 경우, 놀잇감이 또래놀이에 영향을 미치는 요인이 된다. Fontaine(1996)는 2세 영아의 또래놀이에서 발생하는 상호작용의 90%가 놀잇감을 통해 이루어진다고 주장하였다. 즉, 이 시기 영아는 놀잇감을 매개체로 하여 친구들에게 쉽게 접근할 수 있으며, 이를 통해 서로에게 관심을 갖게 된다는 것이다. 특히 Mueller와 Brenner(1977)는 놀잇감의 유형에 따른 효과를 분석하였는데, 크기가 작은 놀잇감을 가지고 놀 때는 놀잇감 자체가 놀이의 초점이 되므로 친구와 상호작용이 감소하였다. 반면에 여럿이 함께 이용할 수 있는 커다란 놀잇감, 예를 들어 흔들 배는 놀이 친구와의 상호작용을 촉진시켰다고 한다. 그러나 놀잇감이 또래놀이에 긍정적 매개 역할만 하는 것은 아니다. 때로는 또래놀이에서 놀잇감이 원인이 되어 서로 뺏고 뺏기는 갈등이 발생하기도 한다(김경란, 2006).

이상의 연구 결과를 통해 영유아의 놀이 발달은 함께 놀이하는 또래의 친분관계, 연령, 놀이 수준, 또래 수용도 및 놀잇감에 따라 영향을 받음을 알 수 있다.

5) 교사

영유아의 놀이 발달에 교사가 중요한 역할을 한다는 연구 결과를 처음 입증한 학자는 Smilansky(1968)이다. Smilansky는 3~6세의 사회극놀이에 교사가 개입함으로써 놀이가 순조롭게 전개되고 유아가 내면세계를 표현하는 데 도움을 준다는 가설을 설정하여 연구한 결과, 교사의 적절한 개입이 사회극놀이를 양적·질적으로 향상시켰다고 밝혔다.

Smilansky 이후로 교사의 놀이 개입 효과를 분석한 여러 연구에서 교사의 극놀이 개입을 통해 영유아의 창의성이 발달하거나 문제해결력 및 지적 능력이 증진되는 것으로 나타났다.

국내에서도 교사가 놀이에 개입할 때 영아들이 놀이를 더 오래 지속하는 것으로 밝혀졌다(박춘방, 2006). 유애열, 김온기, 조혜진(1996)의 연구에서는 단순히 극놀이 환경만을 제공했을 때보다 교사의 놀이 개입이 병행될 때 유아의 놀이 수준이 의미 있게 증진되는 것으로 나타났다. 그 밖에 송혜린(2004)의 연구에서도 어린이집 교사의 놀이 참여 수준이 높을수록 유아가 집단놀이를 더 많이 하고 비놀이 행동을 적게 하는 것으로 나타났다.

이상의 국내외 연구 결과에서 교사의 놀이 개입이 대부분 긍정적인 영향을 미친 것으로 나타났으나 교사 개입의 부정적인 효과를 주장하는 학자들도 있다. 즉, Schrader(1990)는 교사가 지나치게 놀이에 개입함으로써 놀이의 흐름을 방해하고 놀이 참여를 위축시킬 수 있다고 경고하고 있다. 실제로 Tegano, Lookabaugh, May와 Burdette(1991)의 연구에서 교사가 구성놀이에 모델을 제공하여 모방하도록 지시하는 등의 개입을 했을 때 구성놀이 참여가 감소하였다. File(1994)의 연구에서도 교사가 놀이에 개입하지 않을수록 유아가 수준 높은 사회적 놀이를 더 하는 것으로 밝혀졌다. 임부연, 오정희, 최남정(2008)도 교사의 놀이 준비와 계획, 개입, 통제로 인하여 놀이의 순수성을 잃게 되어 진정한 의미의 놀이를 할 수 없게 만든다고 지적하였다.

이러한 선행 연구 결과를 통해 교사의 놀이 개입 여부보다는 실제적으로 교사와 유아 간에 이루어지는 상호작용이 더욱 중요함을 알 수 있다. 이방실(2009) 연구에 의하면 교사가 놀이친구처럼 영아와 상호작용하면서 참여하는 것이 영아의 놀이 수준에 정적인 영향을 미치는 것으로 나타났다. 또한 여러 연구에서 교사·유아 간 상호작용이 또래놀이행동을 예측해 주는 주요변인으로 밝혀졌다(송주현·이선영, 2017; 이선경·김효원, 2016). 다시 말해 교사가 영유아의 흥미와 발달적 요구, 놀이 상황에 맞도록 정서적으로 교감하며 상호작용을 하면, 영유아의 놀이 활동이나 발달에 긍정적인 영향을 미칠 수 있으나 강압적이거나 과잉 개입을 하면 오히려 놀이를 방해하고 놀이를 통해 학습할 수 있는 기회를 박탈하는 역효과를 초래할 수 있다(김경란, 2006; 이방실, 2009; Johnson, Christie, & Yawkey, 1999).

그 밖에 교사의 놀이 교수 효능감도 중요한 영향을 미친다. 놀이 교수 효능감은 놀이 지도에 대한 교사 자신의 신념을 의미하는데, 놀이 교수 효능감이 높은 교사는 유아 중심의 놀이 계획을 세우고 관찰을 통해 적절한 놀이 지원을 해 주며 유아 주도로 놀이가 이루어지도록 호의적으로 반응하였다. 이에 반해 놀이 교수 효능감이 낮은 교사는 유아의 흥미와 요구를 무시하고 교사가 통제권을 갖고 놀이를 주도, 지시, 통제하는 경향을 보였다(변길진, 2010). 또 유영의(2004)는 교사의 놀이 교수 효능감에 따라 영유아의 구성 놀이 질적 측면에 차이가 있다고 밝혔다. 즉, 교사의 놀이 교수 효능감이 높은 학급은 낮은 학급의 유아들보다 구성 놀이의 지속시간, 놀이 자료의 다양성, 활동의 풍부성, 내용의 결속성 측면에서 더 우수한 것으로 나타났다.

이상의 결과를 종합하면, 교사의 놀이 개입과 상호작용, 교수 효능감이 영유아 놀이 발달에 영향을 미치는 중요한 변인이라고 할 수 있다.

참고문헌

고여훈(2009). 유아들의 거친 신체놀이의 양상과 영향을 주는 요인 및 의미 분석. 이화여자 대학교 대학원 석사학위논문.

권정윤·김은희(2014). 통제적인 어머니의 놀이 상호작용과 유아의 반응. 유아교육학논집, 18(6), 333-361.

권정윤·정미라·이방실(2015). 아버지의 놀이 상호작용이 유아의 인지, 동작, 언어발달에 미치는 영향. 유아교육연구, 35(1). 333-350.

권지연·이종희(2003). 유아의 인지양식과 성격에 따른 놀이스타일의 차이. 생활과학연구, 8, 205-216.

김경란(2006). 놀이에 나타난 영아의 교사 및 또래와의 관계 탐색, 중앙대학교 대학원 박사학위논문.

김균희·송요현(2017). 놀이환경이 유아의 놀이행동에 미치는 영향: 가정 및 보육지원 기관을 중심으로. 아동과 권리, 21(3), 283-308.

김난실·조혜진(2007). 영아의 기질적 특성과 기질에 따른 놀이 행동 분석. 유아교육학논집, 11(1), 237-256.

김명순·김길숙·손승희·유정은·이민주·이윤선·조항린·한찬희(2010). 저소득·일반 가정 영유아의 언어 능력에 영향을 미치는 언어 관련 놀잇감 및 부모-자녀 관계 관련 변인 연구. 아동학회지. 31(4), 61-74.

김명순·조항린·박영림·신혜영(2013). 부모와 유아자녀의 놀이에 관한 연구: 부모의 놀이 신념 및 놀이 참여를 중심으로. 열린부모 교육연구. 5(1), 37-54.

김보현(1999). 2세 유아의 상상놀이에 관한 일연구. 성신여자대학교 대학원 석사학위논문.

김분기·박인전(2017). 유아의 정서지능, 셀프리더십, 놀이성이 또래 놀이활동에 미치는 영향. 어린이문학교육연구, 18(2), 365-385.

김선영·강의정(2007). 유아의 연령과 성별 및 비만도에 따른 놀이 행동에 관한 연구. 한국보육학회지, 7(2), 73-89.

김수진(1995). 놀이 상황에서의 집단 크기와 놀잇감 특성에 따른 놀이 행동 유형에 관한 연구. 이화여자대학교 교육대학원 석사학위논문.

김순희·김경숙(2018). 아버지의 놀이 참여도가 유아의 또래 상호작용에 미치는 영향: 유아의 정서조절 효과를 중심으로. 아동교육, 27(1), 63-81.

김영심(2002). 초기 가상놀이의 표상적 특성: 가상놀이의 상징화 수준과 마음 이론과의 관계. 동덕여자대학교 대학원 박사학위논문.

김영옥·김수영(1999). 유아교육기관의 질에 따른 교사의 상호작용, 유아의 놀이 활동 및 인지 활동. 교육학연구, 37(1), 407-425.

김영희·박지현(2014). 보육교사-유아 상호작용과 유아의 또래놀이 행동간의 관계에서 부모·교사 협력의 조절효과. 유아교육연구, 34(3), 135-152.

김의정(2011). 어머니의 놀이지식 및 놀이 상호작용과 만 2세 영아의 놀이수준. 연세대학교 대학원 석사학위논문.

김정아·김학삼(2018). 실외놀이 환경의 질에 따른 유아놀이 변동연구. 한국유아체육학회, 9(2). 1-16.

김정주·박현신(2017). 아버지의 놀이신념이 유아의 놀이몰입, 또래놀이 행동에 미치는 영향: 아버지 놀이참여의 매개효과를 중심으로, 한국 보육학회지, 17(3), 29-48. .

김태연(1984). 놀잇감의 종류와 수가 유아의 행동에 미치는 영향. 이화여자대학교 교육대학원 석사학위논문.

김향자(1993). 학급 크기와 교사수 변화에 따른 유아와 교사의 행동 연구. 이화여자대학교 대학원 박사학위논문.

남진경(2013). 만 4세 유아의 순수 놀이 공간 및 놀이성과 놀이 행동 간의 관계. 연세대학교 대학원 석사학위논문.

노운서(2007). 유아교육 프로그램의 특성에 따른 다중지능 차이에 관한 연구: 주제 중심, 몬테소리, 생태 프로그램을 중심으로. 조선대학교 대학원 박사학위논문.

노현주(1994). 실외 놀이터 유형에 따른 유아의 놀이 형태. 이화여자대학교 대학원 석사학위논문.

마지순·강영식(2012). 유아의 거친 신체놀이와 대인문제해결력의 관계. 한국열린유아교육학회 추계 학술대회 발표집, 353-366.

박주현(2007). 보육시설 만 2세 학급의 사회적 밀도가 영아의 또래, 교사와의 상호적 행동에 미치는 영향. 덕성여자대학교 교육대학원 석사학위논문.

박춘방(2006). 24~35개월 영아의 기질과 교사 개입 유무에 따른 놀이 지속시간과 놀이 수준에 관한 연구. 이화여자대학교 대학원 석사학위논문.

박화윤(1992). 유아교육기관의 질적 환경과 유아의 놀이 형태와의 관계. 이화여자대학교 대학원 박사학위논문.

박희숙·이효림(2015). 만 5세 유아의 성별, 기질 그리고 바깥놀이 환경이 바깥놀이 행동유형에 미치는 영향. 육아지원연구. 10(3), 133-155.

변길진(2010). 유아교사의 놀이 교수 효능감에 따른 놀이 지도 양상 탐색. 성신여자대학교 대학원 석사학위논문.

송하나·최경숙(2010). 장난감의 성 유형적 특성과 유아의 성이 놀이 행동과 정서 표현에 미치는 영향. 유아교육연구, 30(3), 335-351

송혜린(2004). 어린이집의 질적 수준 및 교사의 놀이 참여와 아동의 놀이 행동 간의 관계. 연세대학교 대학원 박사학위논문.

오은순(1993). 블록의 유형과 수에 따른 유아의 사회적 행동에 관한 연구. 이화여자대학교 대학원 박사학위논문.

유애열(1994). 유아의 상상놀이와 교사 개입에 관한 관찰 연구. 연세대학교 대학원 박사학위논문.

유애열·김온기·조혜진(1996). 사회극놀이 경험이 유아의 발달에 미치는 영향. 삼성복지재단 제4회 국제학술대회자료집, 61-113.

유영의(2004). 교사의 놀이 교수 효능감에 따른 유아의 구성놀이 질의 차이. 덕성여자대학교 대학원 박사학위논문.

윤상인(2010). 맞벌이부모가 지각한 놀이 신념 및 놀이 참여도와 만 2세 영아의 놀이성 간의 관계. 연세대학교 대학원 석사학위논문.

이방실(2009). 영아 개별 특성과 교사 상호작용이 놀이참여에 미치는 영향 및 매개효과. 성신여자대학교 대학원 박사학위논문.

이봉선(1998). 어린이집 실외놀이터 질적 수준에 따른 유아의 놀이행동 비교. 성신여자대학교 대학원 석사학위논문.

이사임(1995). 유아의 또래 간 인기도에 따른 놀이 형태 및 놀이 행동. 이화여자대학교 대학원 석사학위논문.

이새봄(2006). 18개월 영아의 가장 놀이 발달에 미치는 영아- 어머니 상호작용의 영향. 이화여자대학교 대학원 석사학위논문.

이선경·김효원(2016). 교실환경, 교사-유아 상호작용, 유아의 인지능력과 또래 상호작용 간의 구조적 관계 분석. 학습자중심교과교육연구, 16(10), 925-945.

이선주(2016). 영아 놀이에서 나타난 놀잇감의 구조성 의미탐색. 총신대학교 교육대학원 석사학위논문.

이수민(2004). 유아용 놀이용품 디자인에 있어서의 선호 색채 적용에 관한 연구. 국민대학교 디자인대학원 석사학위논문.

이수원(2015). 다문화 가정 외국인 어머니의 놀이이해와 실천에 대한 내러티브 연구: 표현된 세계(figured world)를 중심으로. 열린부모교육연구, 7(3), 161-176.

이숙재(1988). 유아의 놀이와 문제해결력에 관한 연구. 연구논문집, 27, 203-218.

이숙재(1998). 어린이의 거친 신체놀이와 사회적 능력 연구. 아동학회지, 19(1), 131-140.

이숙재(2004). 부모에 대한 애착 유형에 따른 유아의 놀이 행동 및 정서 표현. 한국영유아보육학, 38, 85-103.

이영주(2002). 유아의 인기도에 따른 놀이성 및 놀이스타일에 관한 연구. 성신여자대학교 교육대학원 석사학위논문.

이정미(1986). 유치원 교실의 공간 구성이 유아의 행동에 미치는 영향에 관한 연구. 이화여자대학교 교육대학원 석사학위논문.

이지연(2004). 교사가 지각한 유아의 기질에 따른 실외 놀이 형태: 만 4세 유아를 대상으로. 성신여자대학교 교육대학원 석사학위논문.

이현지·정혜옥(2016). 부모의 놀이신념, 놀이참여, 유아의 행복감간의 관계: 부모의 놀이 참여의 효과를 중심으로. 육아지원연구, 11(4), 77-95.

임부연·오정희·최남정(2008). 비구조적 자유놀이시간에 유아들이 보여주는 '진짜 재미있는 놀이'에 대한 현상학적 연구. 유아교육연구, 28(1), 185 - 209.

임현주(2014). 유아의 성별, 기질과 어머니의 양육방식이 유아의 또래 상호작용에 미치는 영향. 유아교육연구. 34(6), 5-27.

장상옥·로레인 맥스웰(2009). 보육시설의 흥미 영역 계획을 위한 한국과 미국 유아 놀이의 유형과 집중 시간 비교. 大韓建築學會論文集：計劃系, 25(2), 51-58.

장정백(1986). 놀이터 유형별로 본 아동의 실외 놀이 형태에 관한 연구. 서울대학교 대학원 석사학위논문.

전영아·전홍주(2013). 흥미영역의 통합이 남,여 유아의 또래간 상호작용과 놀이감 사용에 미치는 영향: 쌓기놀이 영역과 역할놀이 영역을 중심으로. 어린이 문학교육연구, 14(1), 231-248.

정혜미(2018). 아버지의 양육참여도 및 놀이 참여도와 영아의 또래 상호작용과의 관계, 덕성여자대학교 교육대학원 석사학위논문.

조경자(1995). 전쟁놀이에 대한 부모·교사·유아의 인식 및 놀이 양상. 이화여자대학교 대학원 박사학위논문.

조선미(2000). 기질에 따른 유아의 놀이스타일에 관한 연구. 성신여자대학교 대학원 석사학위논문.

조혜경(2003). 영아의 상징놀이 발달에 관한 구성 요소별 분석 연구. 덕성여자대학교 대학원 박사학위논문.

지성애(2005). 놀이감 구조성에 따른 유아의 놀이행동비교. 한국영유아보육학, 43, 93-114.

천혜경(1988). 유아의 인지양식과 놀이 행동 간의 관계: 장 독립성-장 의존성 차원을 중심으로. 이화여자대학교 대학원 석사학위논문.

최목화·변혜령(2006). 실외 놀이터 환경 특성과 아동 놀이 행동과의 관계성: 대전지역 어린이집의 사례분석을 중심으로. 한국생활과학회지, 15(6), 919-935.

최미숙(1994). 유아 놀이 행동에 관한 연구. 전남대학교 대학원 박사학위논문.

최미숙(2018). 유아 또래놀이의 발달 경향 및 인지 능력과 정서지능과의 관계분석. 열린부모 교육연구, 10(1), 183-200.

최윤지·이윤경(2011). 영유아의 상징놀이 발달과 초기 표현어휘 발달과의 관계. 언어청각장애연구, 16, 248-260.

한명숙·서선숙(2013). 가정의 사회 경제적 배경과 가정환경 자극 및 유아의 상호작용적 또래 놀이 간의 구조분석. 생태유아교육연구, 12(1), 27-47.

한석실·박주희(2007). 구성놀이 질과 문제해결력 간의 관계. 아동학회지, 28(5), 143-159.

한은지·박영아(2016). 유아의 또래놀이 활동, 친사회적 거짓말 이해, 또래 인기도간의 관계. 미래유아교육학회지. 23(4), 55-71.

허진경(2001). 사회극놀이 수준이 다른 유아 간 상호작용이 표상 능력과 협상 능력에 미치는 영향. 이화여자대학교 대학원 석사학위논문.

형근혜·허기·홍혜경(2014). 놀이게임 과정에서 다문화가정 어머니와 자녀와의 상호작용 탐색: 베트남 다문화 가정을 중심으로. 미래유아교육학회지, 21(1), 115-138.

홍정선·최인숙·안연경(2008). '장난감 없는 교실'에 나타난 유아의 놀이 경험. 열린유아교육연구, 13(5), 429-457.

황윤세(2010). 유아의 영재성과 상호작용적 또래놀이와의 관계. 변형유아교육연구, 4(1), 133-145.

Almqvist, B. (1989). Age and gender differences in children's Christmas requests. *Play and Culture, 2*, 2-19.

Bender, J. (1978). Large hollow: Relationship of quantity to black building behaviors. *Young Children. September*, 17-23.

Campbell, S. D., & Frost, J. L. (1985). The effects of playground type on the cognitive and social play behaviors of grade two children. In J. L. Frost and S. Sunderlin (Eds.), *When children play*(pp. 81-88). Wheaton, MD: ACEI.

Darvill, D. (1982). Ecological influences on children's play: Issues and approaches. In D. J. Pepler and K. H. Rubin (Eds.), *The play of children: Current theory and research*(pp. 144-153). Basel, Switzerland: Karger.

Doyle, Anna-Beth, Connolly, J., & Rivest, Louis-Paul. (1980). The effect of playmate familiarity on the social interactions of young children. *Child Development, 51*(1), 217-223.

Fagot, B. I., & Leve, L. (1998). Gender identity and play, In D. P. Fromberg, & D. Bergen (Eds.), *Play from birth to twelve and beyond: Contexts, perspectives, and meanings*(pp. 187-192). New York: Garland publishing, Inc.

Field, T., De Stefano, L., & Koewler, J. H. (1982). Fantasy play of toddlers and preschoolers. *Developmental Psychology, 18*, 503-508.

File, N. (1994). Children's play, teacher-child interactions, and teacher beliefs in integrated early childhood programs. *Early Childhood Research Quarterly, 9*, 223-240.

Fontaine, A. M. (1996). 유아들 간의 의사소통 능력 발달과 놀이. 삼성복지재단 제4회 국제학술대회자료집, 227-240.

Hayward, D., Rothenberg, M., & Beasley, R. (1974). Children's play and urban playground environments: A comparison of traditional, contemporary and adventure playground types. *Environment and Behavior, 6*, 131-168.

Hetherington, E. M., Cox, M., & Cox, R. (1979). Play and social interaction in children following divorce. *J. of Social Issues, 35*, 26-49.

Hill, P. M., & McGune-Nicolich, L. (1981). Pretend play and patterns of cognition in down syndrome children. *Child Development, 52*, 611-617.

Hughes, F. P. (1995). *Children, play and development*. Boston: Allyn and Bacon.

Huston-Stein, A., Friedrich-Cofer, L., & Susman, E. (1977). The relationship of classroom structure to social behavior, imaginative play, and self-regulations of economically disadvantaged children. *Child Development, 48*, 908-916.

Johnson, J. E., Christie, J. F., & Yawkey, T. D. (1999). *Play and early childhood development*

(2nd Ed.). New York: Addison Wesley Longman, Inc.

Johnson, J. E., Ershler, J., & Bell, C. (1980). Play behavior in a discovery-based and a formal education preschool program. *Child Development, 51*, 271-274.

Kinsman, C. A., & Berk, L. E. (1979). Joining the block and housekeeping areas: Changes in play and social behavior. *Young Children, November*, 66-75.

Lamb, M. E. (2010). How to Influence children's development, Let me count the ways. In M. E. Lamb(5th Ed.), *The role of the father in child development*(pp. 1-26), Hoboken, N. J.: Wiley.

Lewis, M. (1972). Sex differences in play behavior of the very young. *J. of Health, Physical Education and Recreation, 43*, 38-39.

Lieberman, J. N. (1965). Playfulness and divergent thinking: An investigation of their relationship at the kindergarten level. *Journal of Genetic Psychology, 107*, 219-224.

Millar, S. (1977). *The psychology of play*. New York: Penguin Books

Mueller, E., & Brenner, J. (1977). The origins of social skills and interaction among playgroup toddlers. *Child Development, 48*, 854-861.

O'Connell, B., & Bretherton, I. (1984). Toddler's play, alone and with mother. In I. Bretherton (Ed.), *Symbolic play: The development of social understanding*(pp. 337-368). New York: Academic Press.

Pellegrini, A. D. (1987). Rough - and - tumble play, development and educational significance. *Educational Psychology, 22*(1), 23-43.

Pepler, D. J., & Ross, H. S. (1981). The effects of play on convergent and divergent problem solving. *Child Development, 52*, 1202-1210.

Phyfe-Perkins, E. (1980). Children's behavior in preschool settings: A review of research concerning the influence of the physical environment. In L. G. Katz (Ed.), *Current topics in early childhood education*(Vol. 3, pp. 91-125). Norwood, NJ: Ablex.

Pulaski, M. A. (1973). Toys and imaginative play. In J. L. Singer(Ed.), *The child's word of make-believe*(pp. 74-103). New York: Academic Press.

Rheingold, H. L., & Cook, K. V. (1975). The contents of boy's and girl's rooms as an index to parental behavior. *Child Development, 46*, 459-463.

Roberts, J. M. & Sutton-Smith, B. (1962). Child training and game involvement. *Ethology, 1*, 166-185.

Sachs, J. (1987). Preschool boys' and girls' language use in pretend play. In S. Philips, S. Steele, & C. Tanz (Eds.). *Language, gender, and sex in comparative perspective*(pp. 178-188). New York: Cambridge University Press.

Saracho O. N. (2003). Matching teachers' and students' cognitive styles. *Early Child Development and Care, 179*(2-3), 161-173 .

Schrader, C. (1990). Symbolic play as a curricular tool for early literacy development. *Early Childhood Research Quarterly, 5*, 79-103.

Shapiro, S. (1975). Preschool ecology: A study of three environmental variables. *Reading Improvement, 12*, 236-241.

Singer, J. L. (1973). *The child's world of make-believe*. New York: Academic Press.

Sluss, D. J., & Stremmel, A. J. (2004). A sociocultural investigation of the effects of peer interaction on play. *Journal of Research in Childhood Education, 18*(4), 293-305.

Smilansky, S. (1968). *The effects of sociodramatic play on disadvantaged preschool children*. New York: Wiley.

Sutton-Smith, B., & Rosenberg, B. G. (1971). Sixty years of historical change in the game preferences of american children. In R. E. Herron & B. Sutton-Smith (Eds.), *Child's play*(pp. 18-50). New York: John Wiley & Sons.

Tannock, M. (2011). Observing young children's rough-and-tumble play, *Australasian Journal of Early Childhood, 36*(2), 13-20.

Tegano, D., Lookabaugh, S., May, G., & Burdette, M. (1991). Constructive play and problem solving: The role of structure and time in the classroom. *Early Childhood Development and Care, 68*, 27-35.

Thomas, A., & Chess, S. (1977). *Temperament and development*. New York: Bruner/ Mazel.

Tuner, C. W., & Goldsmith, D. (1976). Effects of toy guns and airplanes on children's antisocial free play behavior. *J. of Experimental Child Psychology, 21*, 303-315.

Vandenberg, B. (1981). Environmental and cognitive factors in social play. *J. of Experimental Child Psychology, 31*, 169-175.

06

놀이 지도

놀이 지도라는 용어는 놀이와 지도라는 단어의 합성어이다. 놀이는 자발적인 동기에 의해 자유롭게 이루어지는 활동인 반면, 지도는 가르쳐서 이끌어 나가는 활동을 의미한다. 자발적으로 하는 놀이를 의도적으로 지도하는 것이 과연 옳은 일인지에 대한 논쟁이 뜨겁다.

6장에서는 놀이 지도에 대한 학자들의 다양한 견해를 소개하고, 놀이 지도를 올바르게 실천하는 방안을 모색하기 위해 자유놀이시간의 교육적 의의 및 교사의 역할, 놀이 계획 및 평가에 관하여 살펴보도록 하겠다.

1 자유놀이시간의 교육적 의의

유치원과 어린이집에서 놀이가 이루어지는 시간은 실내외 자유놀이시간이다. 자유놀이시간은 영유아가 개별적인 흥미, 욕구 및 발달 수준에 따라 스스로 선택한 놀이에 자유롭게 참여하는 시간을 의미한다. 우리나라 교육현장에서는 자유놀이라는 용어보다 자유선택활동이라는 용어가 주로 사용된다.

자유놀이시간의 교육적 의의를 살펴보면 다음과 같다(이숙재, 2011).

① 능동적 학습이 이루어지는 시간

자유놀이시간에는 영유아 스스로 구체적인 사물을 가지고 직접 경험을 함으로써 효율적인 학습이 이루어진다. 교사가 주도하는 대집단 활동과는 달리 자유놀이시간에는 영유아의 개별적인 흥미와 요구에 따라 자발적으로 놀이를 선택하여 적극적으로 참여하게 되고 이러한 놀이 경험을 통해 발달이 촉진된다.

② 개별 학습이 이루어지는 시간

영유아 교육·보육기관의 활동은 크게 교사가 주도하는 집단 활동과 영유아가 중심이 되는 자유놀이활동으로 구분할 수 있다. 교사 주도의 집단 활동에서 교사는 대집단이나 소집단의 영유아를 이끌어 나가는 입장이기 때문에 개인에게 적절한 교육적 배려를 할 수 없는 경우가 많다. 그러나 자유놀이시간에는 다양한 놀이 활동이 놀이 영역별로 구성되어 있으며, 영유아가 개별적으로 놀이에 참여하기 때문에 교사는 영유아와 긴밀한 상호작용을 하면서 개인차에 따라 지도할 수 있다.

③ 통합 교육이 이루어지는 시간

자유놀이시간에는 하나의 개념을 여러 놀이 영역에서의 활동을 통하여 반복, 통합하여 습득할 수 있다. 예를 들어 수 개념을 학습하는 경우, 조작놀이 영역에서는 숫자 퍼즐놀이를 하고, 쌓기놀이 영역에서는 블록을 하나씩 쌓으면서 수 개념을 학습할 수 있으며, 역할놀이에서는 친구들에게 음료수 대접하는 놀이를 하면서 친구 수와 유리컵의 수를 맞추는 학습을 자연스럽게 할 수 있다. 또한 인지 학습뿐 아니라 정서 발달, 신체 발달, 사회성 발달, 창의성 발달 등 모든 영역의 발달이 통합적으로 이루어질 수 있다. 이와 같이 자유놀이시간에 이루어지는 학습은 반복적이고 통합적이기 때문에 더욱 효과적이라 하겠다.

④ 인간관계를 학습하는 시간

자유놀이시간에는 또래나 교사와 상호작용이 긴밀하게 일어난다. 허용적이고 자유로운 분위기에서 신나게 놀이를 하면서 친구나 성인과 다양한 인간관계를 체험한다. 놀이의 즐거움, 융통성으로 인해 긍정적인 사회관계를 맺지만, 때론 갈등이 발생하여 또래와 싸우거나 교사에게 제지를 당하는 등의 경험을 하기도 한다. 이러한 놀이 경험을 통해 자신의 흥미, 요구를 사회적 맥락에 맞춰 조절하고 자율적으로 행동함으로써 바람직한 인간관계를 배울 수 있다.

⑤ 기쁨을 주는 시간

영유아 대부분은 하루 일과 중 자유놀이시간을 가장 즐거운 시간으로 인식한다. 개인의 자유와 흥미가 존중되는 가운데 풍부하고 다양한 놀이를 할 수 있는 시간이기 때문이다. 자유놀이시간에 느끼는 기쁨과 즐거움은 학급의 모든 영유아가 느끼는 기쁨이어야 한다. 내 기쁨을 위해 다른 영유아를 화나게 하거나 슬프게 해서는 안 된다. 그러기 위해서는 질서의 테두리 안에서 친구들과 더불어 자유를 누릴 수 있는 놀이 시간이 되어야 한다.

2 교사의 역할

영유아 놀이 지도에서 교사의 역할이 중요하다는 주장은 1960, 70년대 Piaget, Vygotsky, Sutton-Smith 등 여러 학자에 의해 놀이와 인지 발달의 관계가 밝혀지면서 제기되었다. 교사의 놀이 지도 역할을 본격적으로 연구한 Smilansky(1968)에 의하면, 교사가 놀이에 개입함으로써 영유아의 사회극놀이가 양적·질적으로 향상되었다고 한다. Smilansky 이후로 국내외에서 교사의 놀이 지도 역할이나 개입 효과를 분석한 많은 연구가 이루어졌으나 긍정적 효과와 부정적 효과가 나타나는 등 결과가 일치하지 않아 논쟁이 되고 있다. 일부 연구에서는 교사 개입이 영유아의 상상놀이 참여빈도를 높이고 놀이 내용 및 수준을 높이거나 인지놀이를 촉진시키는 등의 긍정적 효과가 있다고 밝혔다(유애열, 1994; Howes & Smith, 1995). 그러나 부정적 측면을 보고한 연구들도 있다. 즉, 교사가 놀이에 개입하지 않을수록 오히려 영유아가 수준 높은 사회적 놀이를 하며(File, 1994), 교사가 강압적이거나 무감각하게 개입하면 오히려 놀이를 방해하게 된다는 연구(Davies, 1997)가 발표되었다. 슬로바키아 영유아를 대상으로 한 연구에서도 교사 주도의 가상놀이가 인지발달에 덜 효과적인 것으로 나타났다(Gmitrová & Gmitrov, 2003). 또한 교사가 놀이 상대자로 적극 상호작용을 하는 경우, 교사와 유아 간 상호작용은 활발하게 일어나는 반면에 유아들 간 상호작용은 거의 없었다는 연구(이숙재, 2003), 교사가 갈등해결자, 규칙입안자, 훈육자, 권력자 역할을 행사하여 놀이의 자율성과 놀이다움을 잃어버리게 된다는 연구 결과(손유진, 2011)도 있다. 특히 우리나라 국가수준의 유치원, 어린이집 교육과정에서는 생활주제에 맞추어 흥미 영역별로 놀이 공간과 놀잇감을 구조화하고 지나친 놀이 규칙과 통제 등 많은 제한을 함으로써 영유아들이 진짜 하고 싶은 놀이를 못하게 한다고 우려하는 학자들(임부연·오정희·최남정, 2008)도 있다. 이들은 이런 문제점의 대안으로 영유아들이 공간, 규칙, 시간에서 해방되어 스스로 새로운 놀이를 만들어서 진정한 의미의 놀이를 할 수 있도록 자유놀이시간을 비구조적으로 운영해야 한다고 주장한다.

이상에서 살펴본 바와 같이 교사는 놀이 지도에서 일방적으로 환경을 조성해 주고 놀이에 개입하거나 통제하는 역할을 해서는 안 된다. 교사는 영유아와 공동체적 관계를 유지하며 영유아의 흥미, 경험, 발달 수준에 따라 스스로 놀이를 재구성하고 몰입할 수 있도록 도와주는 역할을 해야 한다(곽향림·안경숙, 2010).

한편 교육적 관점에서 볼 때 영유아의 놀이 지도를 구조화 또는 비구조화로 이

분화하여 수행하는 것은 바람직하지 않다. Van Hoorn, Nourot, Scales와 Alward(2003)가 지적한 바와 같이, 영유아 교육과정은 균형 잡힌 교육과정(balanced curriculum)으로 이루어져야 하며, 이러한 원리는 교육과정의 핵심인 놀이 지도에도 적용되어야 한다. 다시 말해, 교사는 영유아가 자발적으로 하는 놀이(spontaneous play), 교사가 인도하는 놀이(guided play), 교사가 지도하는 놀이(directed play) 등 다양한 놀이를 영유아 발달 수준, 흥미 및 상황에 따라 골고루 경험할 수 있도록 균형을 맞추어야 한다.

본 절에서는 이러한 관점에 기초하여 교사의 역할을 네 가지로 나누어서 살펴보고자 한다. 먼저 교사가 자유놀이시간에 놀이 지도를 효율적으로 하기 위해 사전 계획을 세워 준비하는 역할을 소개하려 한다. 다음에는 영유아 스스로 놀이를 선택하여 즐겁게 몰입할 수 있도록 도와주는 교사 참여 역할에 대해 설명하고자 한다. 또한 교사가 영유아의 놀이를 주의 깊게 관찰하는 역할과 놀이 환경 및 영유아 놀이를 지원하는 역할을 살펴보고자 한다.

교사의 역할을 구체적으로 소개하면 다음과 같다.

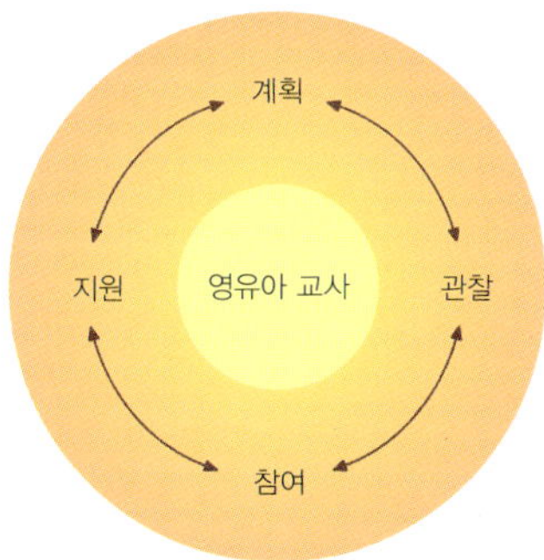

[그림 6-1] 놀이 지도에서 교사의 역할

1) 계획 및 준비

자유놀이를 지도하기 위해 교사가 계획하고 준비해야 할 사항은 놀이 시간, 놀이 활동 및 환경 구성, 사전 경험 등이다. 이에 관해 살펴보면 다음과 같다(교육과학기술부·보건복지부, 2013; 이숙재, 2011; Sluss, 2005).

(1) 놀이 시간

교사는 하루일과 중 자유놀이시간을 언제 또 얼마 동안 실시할 것인가를 사전에 계획해야 한다. 일반적으로 자유놀이시간은 놀이 장소에 따라 실내 자유놀이와 실외 자유놀이로 운영된다. 실내 자유놀이는 영유아가 기관에 등원하면서 시작하며 반일제 학급은 약 40분~1시간 정도, 종일제는 오전·오후에 걸쳐서 총 2시간 30분 이상 제공되어야 한다. 이와 같이 실내 자유놀이시간을 하루일과의 첫 활동으로 시작함으로써 영유아가 나머지 일과에 여유 있고 즐겁게 참여하도록 배려할 수 있다. 한편 실외 자유놀이는 하루일과 중 간식 시간이나 대집단 활동 후 30분~1시간 정도로 매일 진행되어야 한다.

그러나 실내외 자유놀이시간의 순서나 시간은 고정된 것이 아니며 다음과 같은 여러 조건을 고려하여 융통성 있게 조절되어야 한다.

① 영유아 연령 및 발달 수준

영유아의 연령에 따라 자유놀이시간을 조정한다. 특히 출생~2세 영아는 어린이집에서 먹고 자는 일 이외에는 거의 놀이를 하며 지낸다. 따라서 일상적인 양육 활동을 제외한 하루일과 대부분을 놀이 시간으로 운영해야 한다. 영아들은 새로운 사물이나 놀잇감을 보면 먼저 자신의 감각에 기초하여 두드리고, 빨아보고, 냄새 맡는 등의 다양한 탐색을 하고 놀이를 하므로 충분한 시간을 제공해야 한다. 또한 3, 4세는 5세에 비해 집단 활동에 오랜 시간 집중하여 참여할 수 없으므로 자유놀이시간을 더 길게 계획해야 한다.

② 영유아의 흥미 및 참여도

영유아가 놀이에 흥미를 보이고 활발하게 참여하면 점차로 자유놀이시간을 길게 연장한다. 영유아가 놀이에 몰입하려면 충분한 놀이 시간을 줘야 한다. 또한 영유아 개별적으로 놀이에 필요한 시간이 다를 수 있으므로 이를 존중해 준다.

③ 학년도의 시기

학기 초에는 자유놀이시간을 길게 계획하여 영유아의 흥미와 자유를 존중해 주고 학기 말에는 자유놀이시간을 단축하여 계획한다.

④ 기관의 교육 방향 및 운영 유형

영유아의 자발적 참여와 자유를 중시하는 개방주의 프로그램을 운영하는 기관에서는 자유놀이시간을 길게 계획한다. 또한 종일제 학급은 반일제 학급에 비해 자유놀이시간을 길게 하고 오전과 오후로 나누어서 계획한다.

⑤ 날씨 및 기온

날씨가 더운 여름철에는 영유아가 아침에 등원하면서 실외 자유놀이를 먼저 하고 기온이 높아지는 낮에 실내 자유놀이를 하도록 계획하는 것이 효과적이다. 실외 놀이의 경우, 최근에는 황사, 미세먼지, 자외선 노출 등의 문제가 심각한 수준이므로 이를 고려하여 융통성 있게 실시한다.

(2) 놀이활동 및 환경 구성

교사는 교육·보육기관의 실내외 놀이 영역과 놀이 활동, 놀잇감 및 놀이 기구와 시설물 등을 준비해야 한다. 놀이활동 및 환경 구성을 계획할 때 유의해야 할 사항을 소개하면 아래와 같다.

- 주간교육계획안과 일일교육계획안을 작성할 때 각 흥미 영역별로 놀이 및 환경을 구성한다(표 6-1).
- 영유아의 흥미나 발달 정도 등 개인차를 고려하여 다양한 수준의 놀이를 준비한다.
  흥미 영역별로 놀이의 종류와 양을 적절하게 준비한다. 흥미 영역에 너무 많은 놀이 활동을 제공하면 영유아가 혼란스러울 수 있고, 너무 적게 제공하면 놀이에 대한 흥미를 상실할 수도 있다.

- 영유아의 의견을 반영하여 생활주제와 관련된 놀이를 선정하고, 각 흥미 영역의 놀이가 상호 연관되도록 계획한다. 예를 들어 생활주제가 '동물'인 경우, 역할놀이 영역에서 '동물원놀이', 쌓기놀이 영역에서 '아기돼지 삼 형제 집짓기', 조작놀이 영역에서는 '기린 퍼즐 맞추기' 등을 할 수 있다.
- 실외 자유놀이도 실내 놀이만큼 중요하므로 영유아가 실외에서 다양한 놀이를 할 수 있도록 준비한다.

〈표 6-1〉 주간교육계획안 예시(5세 학급)

주제 : 교통기관

요일 놀이		월	화	수	목	금
실내자유놀이	쌓기	자동차 길 쌓기	→	자동차 만들기	고속도로놀이	→
	역할	버스놀이	교통경찰 무언극	→		119 구조대놀이
	수·조작	자동차 번호판 교통기관 퍼즐	신호등 게임	→	교통표지판 도미노	내가 좋아하는 자동차 그래프
	언어	교통기관 그림 수수께끼	동시 '부릉부릉 자동차가 달려요'	자동차 광고	어떤 일이 벌어질까? 이야기 꾸미기	교통기관 그림 사전 만들기
	미술	자동차 콜라주	→	자동차 디자인	자동차 카탈로그 만들기	→
	과학	바퀴의 움직임	반짝반짝 신호등	→	자동차는 어떻게 움직이나?	→
	음률	여러 가지 교통기관 효과음 듣기	교통수단 알아맞히기	'자동차' 노래에 맞춰 리듬 치기	→	'간다간다' 연주하기
실외자유놀이	운동	후프 자동차놀이	→	자동차 장애물 게임	→	누가 더 빠른가
	역할	바퀴 판토마임	신호등놀이	자동차 면허장	'신나는 자동차' 주제극놀이	자동차 정비소
	정적 놀이	바퀴 찍기 동화책 보기	→	동화책 보기	돌멩이에 자동차 꾸미기	→
	물·모래 놀이	모래에서 바퀴 굴리기	터널 만들기	자동차 세차	경사로 실험	입체 지도 만들기

(3) 사전 경험

교사는 영유아가 놀이를 확장시킬 수 있도록 놀이 활동과 관련된 다양한 사전 경험을 제공한다. 예를 들어 역할놀이에서 맡은 역할을 충실히 하기 위해서는 놀이 내용이나 역할에 대한 지식과 사전 경험이 필요하다. 영유아가 음식점놀이에서 요리사 역할을 맡았는데 요리사에 관한 기본 지식이나 사전 경험이 없다면 음식점 놀이를 진행하는 데 어려움이 발생할 수 있다. 따라서 교사는 영유아가 놀이 내용이나 역할에 관해 잘 이해하도록 돕고 관련 경험을 풍부하게 제공하기 위해 견학, 자원인사 활용, 인형극이나 동화책 읽기 등과 같이 다양한 사전 활동을 영유아의 발달 수준에 적합하게 준비한다.

다음에 사전 경험의 사례를 소개하고자 한다.

〈표 6-2〉 사전 경험의 예

놀이	사전 경험
우체국놀이	• 우체국 견학하기 • 집배원 초청하기 • 『우체부 아저씨와 비밀 편지』 동화책 보기
가게놀이	• 『장바구니』 동화책 보기 • 가게 견학하기 • 가게에서 파는 물건 만들기
두꺼비집 짓기	• 젖은 모래와 마른 모래 비교하기 • 두꺼비집 전래동요 부르기 • 두꺼비처럼 움직이기
괴물무언극	• 『괴물들이 사는 나라』 동화책 보기 • 찰흙으로 괴물 만들기

2) 놀이 참여

교사는 영유아의 놀이에 적절히 참여해서 놀이를 지원하고 확장시키는 역할을 해야 한다. 때로는 놀이에 직접 참여하거나 적절한 제언을 하여 놀이가 원만히 진행되도록 도와주어야 한다. 또한 놀이에 참여하지 못하는 영유아나 한 가지 놀이만 계속하는 영유아와 개별적인 상호작용을 함으로써 점진적으로 다양한 놀이를 할 수 있도록 지도한다(Sluss, 2005).

교사의 놀이 참여 방법에 대한 학자들의 견해를 소개하면 다음과 같다.

(1) Wolfgang, Mackender와 Wolfgang의 교사 참여 연속 모형(TBC)

Wolfgang, Mackender와 Wolfgang(1981)이 제시한 교사 참여 연속 모형(TBC : Teacher Behavior Continuum)은 영유아 중심의 개방적인 놀이 참여에서 교사 중심의 구조화된 개입으로 일련의 연속적인 역할을 할 수 있음을 강조한다. 예를 들어 영유아가 순조롭게 놀이하고 있는 상황에서 교사는 개방적인 태도를 보이지만 놀이에 문제가 발생하는 경우에는 <표 6-3>과 <표 6-4>에 소개된 바와 같이 구조화된 물리적 개입과 모델링을 한다.

〈표 6-3〉 교사 참여 연속 모형(TBC)

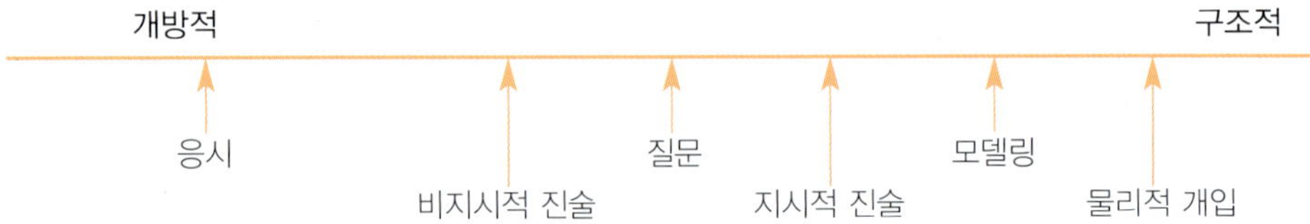

〈표 6-4〉 역할놀이에서 TBC 적용의 예

응시	영유아가 자발적으로 자유롭게 놀이하도록 가까이에서 지켜본다.
비지시적 진술	영유아의 놀이 행동을 말로 표현한다(예 선생님이 보니까 선화는 아기 인형에게 우유를 주고 있구나).
질문	영유아의 역할놀이가 확장될 수 있도록 적절한 질문을 한다(예 이제 아기에게 우유를 먹였으니 다음에는 어떻게 할까?).
지시적 진술	역할을 배정해 주거나(예 너는 아빠고 아기는 ○○가 하렴) 놀이 내용의 전개를 지시한다(예 아기가 우유를 먹었으니까 유모차에 태우자).
모델링	적절한 행동의 시범을 직접 보여 준다(예 아기에게 우유를 먹이려면 이렇게 먹여야지. 선생님이 해 볼게).
물리적 개입	역할놀이에 적합한 소품을 제시하며 신체적으로 영유아의 행동을 교정해 준다(예 전화기를 영유아의 귀에 대주면서 아기가 아프다고 병원에 전화하라고 말한다).

(2) Johnson, Christie와 Wardle의 교사 참여 방법

Johnson, Christie와 Wardle(2005)는 교사가 영유아의 놀이에 참여하는 방법을 포괄적으로 제시하였다. 즉, 교사가 놀이에 전혀 관여하지 않는 방법으로부터 방관자, 무대감독자, 공동놀이자, 놀이리더, 교수자로 점차 참여의 강도를 높여 가는 연속적 참여 방법을 제시하였다. 각 방법에 대해 설명하면 <표 6-6>과 같다.

〈표 6-5〉 교사 참여 방법

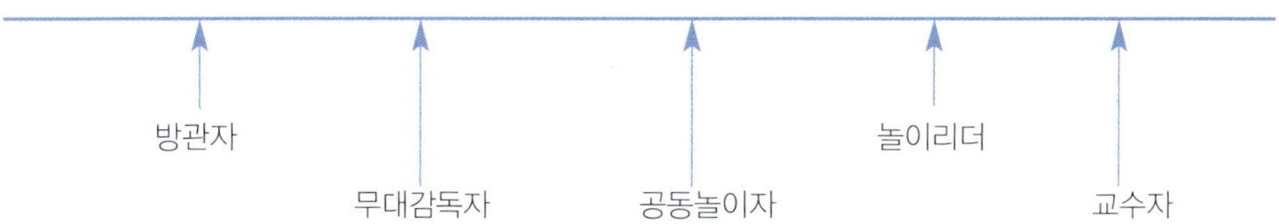

〈표 6-6〉 유형별 놀이 참여

방관자	가장 소극적인 참여 방법으로 교사가 영유아를 가까운 거리에서 지켜보면서 머리를 끄덕이거나 미소를 지으며 때로는 '재미있게 놀고 있구나', '무슨 놀이를 하는 거니?'라고 말을 걸어 관심을 표현한다. [장 점] • 교사가 영유아 놀이에 관심이 있고 놀이를 인정한다는 뜻이 전달된다. • 교사는 놀이를 지켜보면서 영유아가 선호하는 놀이 내용, 놀잇감, 놀이친구 등을 파악할 수 있으며 적절한 참여 방법을 결정할 수 있다. [유의점] • 영유아에게 부담을 줄 수 있다.
무대감독자	교사가 영유아의 놀이 준비와 진행을 도와주고 조언해 주는 참여 방법이다. 예를 들어 슈퍼마켓놀이를 하는 경우, 영유아들이 판매할 상품의 목록을 만들기로 결정하면 교사가 기록해 주거나(예 가게에서 팔고 싶은 물건 이름을 말하면 선생님이 종이에 적어 줄게), 놀이 내용을 확장시켜서 발전된 놀이를 할 수 있도록 적절한 질문을 한다(예 슈퍼마켓에 가지 않고 물건을 살 수 있는 방법이 있을까?). [장 점] • 교사가 상황에 적절한 제안 및 도움을 주어 놀이를 확장시킬 수 있다. [유의점] • 필요한 상황에 맞추어 참여하도록 한다.

공동놀이자	교사가 영유아의 놀이에 파트너로 함께 참여하는 방법이다. 예를 들어 가게놀이에서 교사가 손님 역할을 하거나 병원놀이에서 환자 역할을 하는 등 참여를 하지만 영유아가 놀이를 주도하고 교사는 이에 따른다. [장 점] • 놀이를 활성화시키고 발전시킬 수 있을 뿐 아니라 교사와 영유아 간에 친밀감이 형성될 수 있다. [유의점] • 영유아가 교사를 놀이에 초대하는 경우(예 선생님이 환자하세요), 놀이 진행을 위해 파트너가 되어야 할 경우(예 환자 역할을 자원하는 유아가 없을 때) 등 꼭 필요한 때에만 공동놀이자로 참여한다.
놀이리더	교사가 주도권을 가지고 놀이를 이끌어 나가는 적극적인 참여 방법이다(예 군인놀이가 공격적 행동으로 진전될 때, 교사가 참여하여 "자, 이제부터 선생님이 대장이다. 사격 연습을 시작하겠다. 준비, 땅!" 하며 다른 놀이 시도). [장 점] • 영유아 스스로 놀이에 참여하지 못할 때, 위험한 놀이를 할 때, 놀이가 반복되거나 중단될 때, 교사가 놀이리더로 참여하면 효과적이다. [유의점] • 교사가 주도적으로 지시와 통제를 하기 때문에 영유아의 자발적인 놀이 욕구를 침해할 가능성이 있다.
교수자	교사가 놀이를 통한 영유아의 인지 학습에 초점을 맞추어 참여하는 방법이다. 교사는 영유아가 놀이를 하면서 인지 학습을 하도록 적절한 질문이나 제안을 한다. 예를 들어 영유아가 소방차놀이를 하는 경우, 교사가 "불이 나면 어디로 전화해야 할까?" 등의 질문으로 인지 학습을 유도하는 것이다. [장 점] • 인지 학습에 효과적이다. [유의점] • 영유아의 놀이 흐름을 방해할 가능성이 있다.

(3) Peter, Neisworth와 Yawkey의 참여 전략

Peter, Neisworth와 Yawkey(1985)는 놀이 참여 방법으로 자유 발견(free discovery), 유도적 발견(prompted discovery), 지시적 발견(directed discovery) 등 세 가지 전략을 제안하였다.

자유 발견은 교사가 자유놀이시간에 각 놀이 영역별로 다양하고 풍부한 놀이와 놀잇감을 제공함으로써 영유아가 자유롭게 탐색하고 놀이하게 하는 방법이다.

유도적 발견은 영유아가 준비된 환경에서 적극적으로 놀이에 참여하도록 교사가 여러 가지 방법으로 유도하는 방법이다. 구체적인 유도 방법으로 탐색 격려하기, 적절한 놀잇감의 활용 제안하기, 놀잇감의 다각적 활용 격려하기, 놀이에 적합한 언어 모델 되기 등이다.

지시적 발견은 교사가 영유아의 놀이에 직접적인 도움을 주는 참여 방법이다.

이상에서 여러 가지 유형의 교사 놀이 참여 방법을 소개하였는데, 무엇보다 중요한 점은 적절한 시기에 적합한 방법으로 참여해야 한다는 사실이다. 교사가 꼭 필요한 경우에 민감하게 반응하고 참여하면 영유아의 놀이가 촉진되는 반면에 부적합한 방법으로 과도하게 통제하고 지시하면 오히려 놀이를 방해하는 결과를 초래한다. 따라서 교사는 여러 유형의 참여 방법을 참고하여 영유아의 개별적 특성과 놀이 상황에 알맞게 적절한 시기에 융통성 있게 참여하여야 한다.

3) 놀이 관찰

놀이 지도의 출발점은 관찰에서 시작된다. 교사는 영유아의 놀이를 세밀히 관찰하여 놀이를 확장, 발전시키는 데 필요한 정보를 얻어, 이를 토대로 놀이 지도를 효율적으로 해야 한다. 놀이 관찰의 의의와 절차 및 유의사항을 살펴보면 다음과 같다.

(1) 놀이 관찰의 의의

유치원, 어린이집에서 영유아의 놀이를 관찰하는 의의를 놀이 지도와 관련지어 소개하면 다음과 같다(이은해, 1991; 이은해·이미리·박소연, 2006; Van Hoorn, Nourot, Scales, & Alward, 2003).

첫째, 놀이 행동을 관찰함으로써 영유아의 발달 수준을 파악하고 개인차를 알 수 있다. 즉, 자연스런 상황에서 영유아의 놀이 행동을 관찰함으로써 영유아의 신체적, 언어적, 지적, 정서적, 사회적 발달 수준을 평가할 수 있는 자료를 수집한다.

둘째, 놀이 관찰을 통해 영유아의 욕구가 놀이에 표현되는 방법과 놀잇감을 탐색하고 활용하는 행동을 관찰하면서 학습 과정을 이해할 수 있다.

셋째, 놀이 관찰을 통해 교사가 놀이 활동 및 환경 구성을 계획하고 준비하는 데 필요한 기초 자료를 수집할 수 있다. 교사는 놀이 관찰에서 얻은 자료를 기초로 하여 놀이실의 각 흥미 영역에 제공할 놀이 활동, 놀잇감, 놀이 기구 등을 준비할 수 있다.

넷째, 놀이를 관찰함으로써 효율적인 놀이 참여나 지도를 할 수 있다. 교사는 관찰을 통해 영유아의 개별적인 특성과 놀이 상황에 가장 효과적인 참여 시기 및 방법을 결정하여 실천할 수 있다.

(2) 관찰 절차

놀이 관찰의 절차를 구체적으로 살펴보면 다음과 같다(이은해, 1991; 이은해·이미리·박소연, 2006).

① 관찰 목적 및 주제의 명료화

첫 번째 과제는 관찰 목적을 분명히 하는 일이다. 영유아의 놀이 행동을 왜 관찰하는지, 또 어떤 놀이를 관찰하는지 등의 관찰 목적이나 주제를 정함으로써 제한된 시간에 효율적으로 관찰할 수 있다.

② 관찰 행동의 정의

관찰 목적이 결정되면 관찰하려는 놀이 행동이 어떤 행동을 의미하는지 행동에 대한 분명한 정의를 내리고, 그 행동이 구체적으로 어떻게 나타나는지 하위 행동 범주를 설정해야 한다. 예를 들어 2세 영아의 놀이 참여를 관찰하는 경우, 놀이 참여의 의미를 자유놀이시간에 영아가 교사와 함께 놀이에 몰입하는 수준이라고 정의 내리고, 하위 범주를 놀이 참여 수준에 따라 정교한 참여, 맥락적 참여, 집중적 참여, 단순한 참여, 비참여 행동으로 나눌 수 있다(이방실, 2009).

③ 관찰 시간과 장면의 선정

관찰하려는 놀이 행동을 언제, 어디서 관찰할 것인가를 결정한다. 교사가 놀이를 관찰하기에 가장 적합한 시간은 실내외 놀이 시간이다.

또한 놀이 영역에 따라 영유아의 놀이 활동이 달라지므로 관찰이 이루어지는 장면도 이 점을 고려하여 선정한다. 예를 들어 쌓기놀이 영역이나 조작놀이 영역을 중심으로 관찰하면 영유아의 소근육운동 능력을 효과적으로 파악할 수 있다.

④ 관찰 기록

관찰 내용의 기록양식은 다음과 같이 세 가지로 나눌 수 있다(Johnson, Christie & Wardle, 2005)

① 서술 형식

일정한 양식에 구애되지 않고 행동과 사건을 그대로 기록하는 방법이다. 일화기록(anecdotal records)이 이에 속한다. 일화기록을 할 때의 유의점을 살펴보면, 놀이를 관찰 즉시 기록하고, 놀이 행동 순서대로 기록하며 영유아의 말과 행동을 사실 그대로 기록한다. 또한 관찰 시간, 장면 등 관찰 상황에 대한 자료를 기록한다. 그 밖에 영유아의 전체 놀이 행동뿐 아니라 표정, 몸짓 등 세부적인 내용까지도 기록해야 한다.

〈표 6-7〉 일화기록 관찰지

관찰 아동	한정선	생년월일	2010. 8. 9 (남·㉤)
관 찰 일	2013년 10월 22일	관 찰 자	이은석
장 면	역할놀이 영역에서 혼자 놀기(9 : 40)		
기 록	정선이가 역할놀이 영역의 침대에 인형을 눕힌다. 우유병을 인형 입에 물려 주고 우유를 먹인다. "자장자장" 하며 노래를 부른다. 선생님이 다가가자 "아기가 자요."라고 말한다. "잉잉~" 울음 소리를 내며 인형을 가슴에 안는다. 아기를 안은 채 흔든다.		

② 행동 목록(checklist)

관찰하려는 놀이 행동 목록을 사전에 준비하여 각 행동이 나타났는지를 관찰하여 체크로 표시하는 방법이다. 교사들이 체계적으로 관찰하고 기록하기 손쉬운 장

점이 있다.

〈표 6-8〉 또래놀이 상호작용 목록

놀이 상호작용 목록	예	아니오
친구와 놀잇감을 나누어 사용한다.		
친구들이 놀이집단에 초대하면 기꺼이 응한다.		
자신이 맡은 역할에 알맞는 행동과 언어 표현을 한다.		

③ 평정 척도(rating scale)

영유아의 놀이를 충분히 관찰한 후에 그 결과를 몇 등급으로 구분해서 평가하는 방법으로 놀이 행동의 질적 특성을 평가할 수 있는 것이 장점이다.

〈표 6-9〉 또래놀이 상호작용 평정 척도

놀이 상호작용	그렇다	보통이다	아니다
친구와 놀잇감을 나누어 사용한다.			
친구들이 놀이집단에 초대하면 기꺼이 응한다.			
자신이 맡은 역할에 알맞는 행동과 언어 표현을 한다.			

(3) 놀이 관찰의 유의점

교사가 영유아의 놀이를 관찰할 때 유의해야 할 점은 다음과 같다.

첫째, 영유아의 놀이 행동을 정확하고 객관적으로 관찰한다.

교사는 정확하고 객관적인 관찰을 하기 위해 개인적인 편견이나 감정이 개입되지 않도록 노력해야 한다. 그러기 위해 영유아가 놀이를 하면서 실제로 말하고 행동한 것만을 정확하게 관찰하고 기록한다.

둘째, 놀이 지도에 지장이 없는 한, 관찰 즉시 기록한다.

교사는 관찰용지와 필기도구를 늘 주머니에 넣고 다니거나 가까이에 준비해 두었다가 관찰 결과를 즉시 기록하도록 한다. 평상시에는 언제, 어디서나 제한 없이 기록할 수 있는 서술 형식으로 기록하고 서술된 기록 내용을 종합하여 행동 목록이나 평정 척도 형식으로 정리할 수 있다.

셋째, 지속적으로 관찰한다.

놀이 관찰이 일회성으로 끝나서는 안 된다. 영유아 교육·보육기관의 학기 내내 지속적으로 관찰함으로써 종합적이고 포괄적인 자료를 수집할 수 있을 뿐 아니라 놀이 행동이나 발달의 변화를 파악할 수 있다.

4) 놀이 지원

교사는 모든 영유아가 안전한 환경에서 편안한 마음으로 친구들과 즐겁게 놀이를 할 수 있도록 지원하는 역할을 해야 한다. 즉, 놀이에 참여하지 못하는 영유아가 있는지, 놀이 친구를 위협하거나 공격하는 영유아가 있는지, 놀잇감을 혼자서 독점하는 영유아가 있는지, 위험하거나 비위생적인 놀잇감이나 놀이 시설물이 있는지, 놀이 공간이 잘 구성되었는지, 놀잇감이 용도대로 잘 사용되고 있는지 등을 살펴보아야 한다(연세대학교 어린이생활지도연구원, 1988; 이숙재, 2011; Hohmann & Weikart, 1995).

(1) 정서적 지원

교사는 영유아가 놀이에 적극적으로 참여하도록 정서적으로 지원하는 역할을 해야 한다. 영유아의 능력을 인정하고 존중하며 친절하고 우호적인 반응을 보여야 한다. 교사는 영유아가 놀이하는 동안 미소를 짓거나 고개를 끄덕이거나 격려와 칭찬(예 참, 재미있는 생각을 했구나)을 해 주어서 놀이에 몰두할 수 있게 도와준다. 또한 놀이에 참여하지 못하고 배회하거나 시작한 놀이를 끝마치지 못하는 영유아에게도 관심을 보이고 적절한 도움을 주도록 한다.

(2) 갈등 상황의 중재

영유아는 놀이하면서 여러 가지 갈등 상황에 직면하게 된다. 영유아기에는 자신의 감정과 욕구를 조절하는 능력이 부족하고 기쁨, 슬픔, 분노 등의 감정에 따라 충동적으로 행동하는 경향이 있다. 이런 성향 때문에 친구와 싸우거나 놀잇감을 빼앗기고 따돌림을 당하거나 놀이가 원하는 대로 진행되지 않아 좌절하는 등의 문제 상황이 발생한다. 이때 교사는 영유아가 상황에 맞게 감정을 표현하고 다른 사람의 입장을 수용하며 공공규칙을 이해하고 지키도록 지속적으로 도와주어야 한다. 또한 교사가 직접 개입하여 문제를 해결하기보다는 영유아 스스로 문제를 해결할 수 있도록 기회를 제공한다.

(3) 정리 정돈 지도

놀이 공간을 영유아 스스로 정돈하도록 지도하기 위해 교사는 다음과 같은 점에 유의하여 지도한다.

- 놀이 시간이 끝나기 전에 정돈 시간을 미리 예고하여 갑자기 놀이를 중단하지 않도록 배려한다. 또한 정돈 후에 실시할 활동을 미리 알려 주는 것도 영유아의 정리 정돈 참여를 격려할 수 있다(예 정돈 후에는 밖에 나가서 자전거를 탈 거예요).
- 정리 정돈하는 것을 놀이처럼 재미있게 실시한다. 블록을 정돈하는 경우, 일렬로 서서 블록을 릴레이로 전달하여 정리하면 효과적이다.
- 영유아가 서로 협동하여 정돈하도록 한다. 무거운 물건은 서로 도와서 운반하고 정리를 끝내지 못한 친구를 도와주도록 격려한다.
- 정리 정돈은 놀이가 끝나는 시간뿐 아니라 놀이가 진행되는 중에도 이루어지도록 한다. 그러나 영유아에게 정리정돈을 강요하지 말고 자발적인 정리 정돈이 습관화되도록 지도한다.

(4) 놀잇감 및 놀이 시설물 관리

놀이 환경이 잘 구성되었다 하더라도 지속적으로 관리하지 않으면 효율적으로 활용될 수 없다. 교사는 놀잇감의 분류 기준을 흥미 영역, 생활주제, 놀이 종류 등에 따라 나누고 비품대장이나 목록을 작성하여 체계적으로 보관해야 한다. 비품대장이나 물품 목록 카드에는 물품명, 사용 영유아의 연령, 특성, 수량, 가격, 구입처 등을 기재하여 학기별로 현황 파악을 하면 관리가 용이하다. 또한 정기적으로 모든 놀잇감과 놀이 시설물을 점검해서 망가진 것은 수리하고 위험한 것은 제거하며 새로운 놀잇감을 보완하고 늘 청결을 유지하는 등의 적절한 관리를 해야 한다.

3 놀이 계획 및 평가

놀이 계획 및 평가란 영유아가 놀이 시간에 자신의 흥미와 요구에 따라 놀이 활동을 선택하여 계획하고 이를 실행한 후에 평가하도록 지도하는 방안이다. 이런 과정을 통해 영유아 놀이가 스스로 선택에 의해 자유롭게 이루어질 수 있을 뿐만 아니라 교사가 자유놀이시간의 전체 흐름을 파악하여 교사 역할에 대해 반성하는 사고의 기회를 가질 수가 있다(신은미, 2010; 양옥승, 2003).

그러나 놀이 계획 및 평가가 극도로 구조화된 놀이 지도 방법이라고 우려하는 학자들도 있다(임부연·오정희·최남정, 2008). 곽향림, 안경숙(2010)의 연구에 의하면, 교사가 놀이 계획-실행-평가의 구조적 틀에 갇혀서 영유아를 통제하고 지시하여 자유로운 놀이가 이루어지지 못하는 상황이 관찰되었다고 한다. 윤향미(2012)도 놀이 계획과 평가를 위해 활용하는 흥미 영역 선택 이름표가 오히려 또래간 갈등을 일으키는 걸림돌이 될 수 있다고 지적하였다. 이러한 문제점은 교사가 놀이의 본질을 외면하고 놀이의 교육적 가치와 지도에만 집중하여 획일화된 방법으로 무리하게 놀이 계획 및 평가를 실시한 결과라고 할 수 있다. 놀이 계획 및 평가는 자유놀이시간의 기본 전제인 영유아의 자율성, 선택권 및 놀이하는 즐거움을 보장하고 영유아의 경험, 연령 등을 고려하여 융통성 있게 이루어져야 한다. 특히 발달 특성상 2세 이하의 영아들에게는 놀이 계획 및 평가가 무의미한 활동이 될 수 있으므로 유의하여 운용한다. 이에 관해 상세히 설명하면 다음과 같다(양옥승, 2003; 이숙재, 2011; Hohmann & Weikart, 1995).

1) 놀이 계획

놀이 계획의 의의, 절차, 유의사항에 대해 살펴보고자 한다.

(1) 놀이 계획의 의의

놀이 계획은 영유아가 자유놀이 활동을 시작하기 전에 어떤 놀이를 할 것인지 스스로 결정하여 계획하는 것을 뜻한다.

영유아가 놀이 시간을 사전에 스스로 계획함으로써 얻을 수 있는 이점은 다음과 같다(손현진·정혜원, 2013; 황윤세, 2017).

- 시간을 효율적으로 활용하는 법을 배우고 다양한 놀이에 능동적으로 참여한다.
- 선택 능력과 의사결정능력이 증진된다.
- 자신의 생각을 행동이나 언어로 적절히 표현하는 능력이 발달한다.
- 스스로 선택, 결정하는 경험을 통해 자율성과 독립심을 기르고 계획한 활동의 결과에 대한 책임감을 갖게 된다.
- 자신의 생각과 행동을 조절하는 능력이 발달한다.
- 놀이에 집중하여 점차 발전된 놀이를 할 수 있다.

(2) 놀이 계획 절차

일반적으로 놀이 계획은 놀이 소개, 계획의 과정으로 진행된다.

① 놀이 소개

교사는 흥미 영역에 제공된 놀이 활동이나 놀잇감을 영유아들에게 소개함으로써 놀이 활동을 선택하고 계획하는 데 도움을 준다. 놀이 소개는 대집단이나 소집단 또는 개별적으로 실시할 수 있다. 즉, 연령이 어린 3세 학급이나 학기 초, 학급 인원수가 적은 경우에는 영유아가 등원하는 대로 각 영역으로 데리고 다니면서 개별적으로 소개해 주면 효과적이다. 또한 대집단이나 소집단을 대상으로 소개할 때는 교사가 말로 설명하거나 놀잇감을 직접 보여 주어 호기심을 자극할 수 있다.

이와 같이 여러 방법으로 놀이 활동을 소개할 수 있는데, 소개하는 시간이 너무 길거나 늘 동일한 방법으로 소개하면 영유아들이 지루해하므로 주의한다.

2 놀이 계획

놀이 활동을 소개한 후에는 영유아가 어떤 놀이를 할 것인지 계획을 하도록 지도한다. 놀이 계획은 영유아의 흥미, 발달 수준, 놀이 계획 경험, 학기 시기, 학급당 인원수 등에 따라 다양한 방법으로 이루어질 수 있다. 놀이 계획 방법을 구체적으로 소개하면 다음과 같다.

① 놀이 활동을 통해 계획하기

영유아의 흥미를 유발하면서 자연스럽게 놀이처럼 계획하는 방법이다. 예를 들어 교사와 영유아들이 한 줄로 늘어서서 '칙칙폭폭' 기차놀이를 하면서 흥미 영역을 돌아다니다 각자가 원하는 영역으로 들어가는 방법으로 계획할 수 있다. 그 밖에 영유아에게 비닐봉지나 종이 상자를 주고 놀고 싶은 놀잇감을 수집해서 담아 온 후에 수집품을 꺼내 보여 주면서 놀이 계획을 할 수도 있다. 이러한 방법들은 놀이계획을 해본 경험이 없는 학급이나 학기 초에 별도의 놀이 계획 시간을 갖지 않고 놀이처럼 자연스럽게 실시할 수 있어서 효과적이다.

② 말로 표현하기

학급의 영유아들이 대집단이나 소집단으로 모여서 참여하고 싶은 놀이를 생각하여 말로 발표하는 방법이다. 하루에 5~7명씩 계획한 내용을 말로 표현하게 한다(예 나는 오늘 역할놀이 영역에서 가게놀이를 할 거예요. 그리고 쌓기놀이 영역에서 블록으로 공룡을 만들 거예요). 이 방법은 연령이 어린 학급이나 학기 초에 효과적으로 활용할 수 있다.

③ 흥미 영역별 이름표 붙이기

각 흥미 영역에 이동식 칠판이나 작은 메모판을 준비하여, 그 영역에서 놀이를 하려고 계획한 영유아가 자신의 이름표를 걸어 놓고 참여하다가 다른 영역으로 이동할 때는 이름표를 떼어서 갖다 붙이는 방법이다. 이러한 놀이 계획 방법은 영유아가 자신의 계획을 시각적으로 확인할 수 있어서 효과적이다. 흥미 영역별로 참여 인원수를 엄격하게 제한하기보다는 영유아의 흥미, 참여도 등을 고려하여 융통성 있게 조절하도록 한다. 영유아가 이름표 붙이는 규칙을 지키느라고 과도하게 긴장하여 자유롭게 놀이하지 못하거나 친구 간에 갈등이 유발되지 않도록 주의하여야 한다(김미선, 2012; 이승숙·송나리·배지희, 2017).

④ 자유놀이계획판 활용하기

학급 전체 영유아가 각자의 계획을 놀이계획판에 표시하는 방법이다. 놀이계획판은 다양하게 제작할 수 있다. 예를 들어 놀이계획판에 있는 여러 흥미 영역 그림에 영유아의 이름표를 붙이게 하거나 영유아의 이름 카드에 자신이 참여하려고 계획한 흥미 영역 그림을 붙이게 제작할 수 있다. 놀이계획판을 이용함으로써 영유아가 자신의 놀이계획과 친구의 놀이계획을 비교해 볼 수 있다.

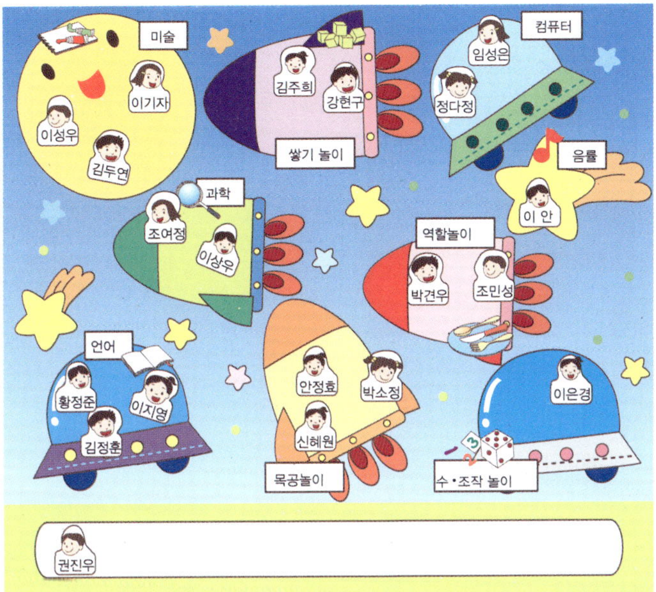

⑤ 놀이 계획 용지 이용하기

놀이 계획에 익숙해지면 개별적으로 계획 용지(표 6-10)를 사용해서 놀이계획을 할 수 있다. 놀이계획 용지는 1일용, 1주일용으로 다양하게 만들 수 있으며, 영유아의 흥미를 자극하고 이해를 돕기 위해 흥미 영역 표시는 그림과 글자로 한다. 그 밖에 평가란을 추가하면 놀이계획 및 평가를 함께 할 수 있다.

놀이계획용지를 사용할 때는 영유아의 자유로운 놀이선택을 방해하지 않도록 유의해야 한다. 용지사용이라는 형식에 얽매여서 단순히 놀이 종류를 선택하여 표기하는 일에 집중하도록 잘못 지도해서는 안 된다(곽향림, 2012). 영유아의 자유 의지를 존중하여 융통성 있게 활용하도록 한다.

⑥ 집단 토론을 통한 놀이계획

여러 영유아가 어떤 놀이를 어떻게 할 것인지에 관해 집단 토론을 하면서 생각을 공유하고 새로운 아이디어로 발전시키며 놀이계획을 할 수 있다(곽향림, 2012).

〈표 6-10〉 놀이 계획 및 평가표

날 짜 ____ 월 ____ 일 ____ 요일

이 름 ____________________

요일 / 영역		월	화	수	목	금
쌓기놀이 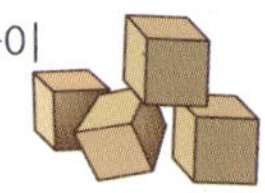	계획					
	평가	☺ 😐 ☹	☺ 😐 ☹	☺ 😐 ☹	☺ 😐 ☹	☺ 😐 ☹
역할놀이 	계획					
	평가	☺ 😐 ☹	☺ 😐 ☹	☺ 😐 ☹	☺ 😐 ☹	☺ 😐 ☹
수놀이 	계획					
	평가	☺ 😐 ☹	☺ 😐 ☹	☺ 😐 ☹	☺ 😐 ☹	☺ 😐 ☹
조작놀이 	계획					
	평가	☺ 😐 ☹	☺ 😐 ☹	☺ 😐 ☹	☺ 😐 ☹	☺ 😐 ☹
언어 	계획					
	평가	☺ 😐 ☹	☺ 😐 ☹	☺ 😐 ☹	☺ 😐 ☹	☺ 😐 ☹
미술 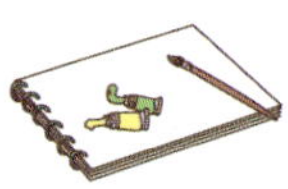	계획					
	평가	☺ 😐 ☹	☺ 😐 ☹	☺ 😐 ☹	☺ 😐 ☹	☺ 😐 ☹
과학 	계획					
	평가	☺ 😐 ☹	☺ 😐 ☹	☺ 😐 ☹	☺ 😐 ☹	☺ 😐 ☹
음률 	계획					
	평가	☺ 😐 ☹	☺ 😐 ☹	☺ 😐 ☹	☺ 😐 ☹	☺ 😐 ☹

(3) 놀이 계획 지도의 유의점

놀이 계획을 지도할 때 유의사항은 다음과 같다.

1 영유아 주도의 자유로운 놀이 계획

영유아가 자유롭게 놀이 계획을 주도하도록 허용적이고 편안한 분위기를 조성해 준다. 놀이계획으로 인해 영유아의 자유로운 놀이를 규제해서는 안 된다. 교사가 놀이계획을 구조적으로 실시하면 놀이계획의 의미를 상실하게 된다. 따라서 교사는 영유아의 놀이 동기와 선택을 존중하고 영유아의 관점에서 진정한 놀이계획이 이루어지도록 도와주어야 한다(곽향림·안경숙, 2010; 김희진, 2013). 즉, 영유아의 계획을 주의 깊게 들어주고 의도를 민감하게 파악하여 효과적으로 반응함으로써 놀이계획을 도와준다.

2 탄력적 놀이 계획

교사는 영유아가 놀이를 계획하면서 자유의지와 선택권을 최대한 발휘할 수 있도록 탄력적으로 실행해야 한다. 탄력적 놀이계획의 몇 가지 사례를 소개하면 다음과 같다(Hohmann & Weikart, 1995).

① 놀이 계획을 망설이거나 거부하는 경우

영유아 스스로 선택하고 결정해 본 경험이 없거나 표현하는 데 어려움이 있을 수 있다. 이런 경우, 강요하거나 지시하기보다 영유아가 할 수 있는 방법으로 계획하도록 배려한다. 예를 들어 "오늘 네가 하고 싶은 놀이를 손으로 가리켜 보렴."이라고 제안하여 계획하는 것을 도와준다.

② 흥미영역에 제공된 놀이와 무관한 계획을 하는 경우

영유아가 흥미영역에 준비되지 않은 놀이를 계획하는 경우도 생긴다. 교사는 이를 무시하거나 바꾸도록 지도하기보다 영유아와 함께 의논해서 영유아가 하고 싶은 놀이를 할 수 있도록 해결방안을 모색한다. 예를 들어, 어떤 유아가 조작놀이영역에 제공되지 않은 케이크 촛불끄기 놀이를 계획했다면 함께 의논해서 역할놀이 영역에 제공된 밀가루 반죽과 이쑤시개를 대용품으로 활용하여 놀이하도록 지도한다.

③ 놀이계획을 변경하는 경우

영유아가 하고 싶은 놀이가 바뀌거나 문제가 생겨서 놀이계획을 변경하는 상황도 발생한다. 이런 경우, 계획표에 표시한 내용이나 이름표 때문에 영유아가 원하는 놀이를 못하게 막아서는 안 된다. 필요에 따라 놀이계획을 수정할 수 있도록 융통성 있게 지도한다.

3 놀이계획의 단계적 실시

영유아의 발달 수준과 놀이 계획 경험에 따라서 계획 방법을 단계적으로 적용한다. 다음은 어느 유치원에서 놀이 계획을 단계적으로 실시한 예이다(이숙재, 2011).

① 학기 초

영유아가 놀이 계획을 해본 경험이 없는 학기 초에는 놀이 계획 시간을 갖지 않는다. 그 대신 교사가 등원 시간에 영유아들을 각 흥미 영역으로 데리고 가서 준비된 놀이를 소개하고 개별적으로 하고 싶은 놀이를 말하도록 한다. 영유아들이 점차 친구 이름, 놀잇감과 놀이 영역의 명칭을 알고 놀이 계획의 의미를 이해하게 되면 소집단으로 놀이 계획 시간을 가질 수 있다.

② 학기 중간

집단으로 놀이 활동을 소개하고 영유아가 참여를 원하는 놀이를 생각하게 한다. 참여할 놀이가 결정되면 영유아가 미술 시간에 만든 자신의 이름표를 참여하고자 하는 영역에 붙이도록 한다. 다른 영역으로 이동할 때는 이름표를 옮겨다 붙인다.

③ 학기 말

놀이계획 및 평가표를 사용한다. 자유놀이가 시작되기 전에 계획한 내용을 표시하고 놀이 시간이 끝난 후에 평가란에 표시하도록 한다. 그 밖에 집단토론을 통해 친구들과 의견을 나누면서 놀이계획을 하도록 한다.

2) 놀이 평가

자유놀이시간이 끝나면 놀이가 잘 진행되었는지, 만일 계획대로 되지 않았다면 이유는 무엇인지, 놀이를 할 때 친구와의 관계는 어떠하였는지, 놀이를 하면서 기분 좋았던 일과 기분 나빴던 일은 무엇인지 등에 관하여 생각하는 시간을 갖는다. 이러한 놀이 평가의 의의와 평가 방법, 지도에서 유의할 점 등을 소개하면 다음과 같다(이숙재, 1997; 황윤세, 2013; Hohmann & Weikart, 1995).

(1) 놀이 평가의 의의

- 계획한 놀이를 실행하는 경험을 통해 계획과 실행의 일치도를 높인다.
- 자신이 선택한 놀이 활동에 몰입하고 마무리하는 능력을 기른다.
- 생각과 행동을 계획에 따라 조절하고 통제하는 경험을 통해 자기조절능력을 기른다.
- 의사소통능력과 발표력이 증진된다.

(2) 놀이 평가 방법

놀이 평가는 집단 활동이나 개별 활동으로 실시할 수 있다.

① 집단 평가

학급 전체 영유아가 함께 모이거나 소집단으로 모여서 놀이 평가를 한다. 한꺼번에 모든 영유아가 다 발표할 수 없으므로 발표 순서를 정하거나 각 흥미 영역에 참여한 영유아들이 발표하도록 기회를 준다(예 오늘은 쌓기놀이를 한 친구들이 놀이 평가를 해 보자). 집단평가 방법은 말로 표현하기, 놀이 시간에 가지고 논 놀잇감이나 작품을 가져와서 보여 주면서 발표하기, 무언극의 형태로 평가하기, 집단토론 등이 있다. 집단놀이 평가를 통해 친구들의 놀이 경험이나 평가 내용을 공유함으로써 자신의 놀이 활동을 계획하고 평가하는 데 도움을 받을 수 있다.

② 개별 평가

영유아가 놀이평가표를 사용해서 개별적으로 평가하는 방법이다. 평가 내용은 얼굴 표정 그림으로 표시하게 할 수도 있다. 교사는 놀이평가표를 통해 영유아의 놀이 참여 경향 및 평가 능력을 파악하여 지도 자료로 활용할 수 있다.

(3) 놀이 평가 지도의 유의점

- 교사는 영유아들이 자유로운 분위기에서 부담감 없이 놀이 평가를 하도록 지원해 주는 역할을 해야 한다. 그러기 위해서 교사는 서두르거나 지시, 강요하지 말고 영유아의 놀이 평가 능력을 신뢰하고 인정하면서 점진적으로 지도해야 한다.
- 영유아가 놀이 평가에 계속 관심을 가지고 참여하도록 발달 수준과 흥미에 적합한 여러 가지 평가 방법과 자료를 활용한다.
- 교사는 영유아가 놀이 계획과 연관지어 평가할 수 있도록 적절한 질문을 하거나 대화를 하며 개별적으로 도와준다.
- 시간이 지남에 따라 영유아의 놀이 선택 및 내용, 평가에 발전적인 변화가 있는지 지켜보면서 상호작용한다. 즉, 놀이 선택의 폭이 다양해졌는지, 놀이 내용이나 놀이 친구와의 관계에 발전이 있는지, 놀이 평가를 계획-실행-결과와 연관 지어 표현할 수 있는지를 종합적으로 분석하면서 지도한다.

참고문헌

곽향림(2012). 구성주의 교실에서 진정한 자유선택활동을 위한 유아들의 노력. 유아교육학논집. 16(1), 401-424.

곽향림·안경숙(2010). 교사 주도적 교수 학습에 대한 반성적 제고: 교사와 유아의 삶의 관점에서. 유아교육연구, 30(2), 309-337.

교육과학기술부·보건복지부(2013). 3~5세 연령별 누리과정 해설서.

김미선(2012). 자유선택활동 시 흥미 영역 선택 이름표 사용에 대한 유치원 교사의 생각과 유아의 반응. 이화여자대학교 교육대학원 석사학위논문.

김희진(2013). 자유선택활동 시간의 놀이 계획-실행-평가 관행에 대한 비판적 탐색. 교육과학연구, 44(3), 1-17.

보건복지부(2013a). 어린이집 표준보육과정에 기초한 영아 보육 프로그램 운영의 이해.

보건복지부(2013b). 어린이집 표준보육과정에 기초한 영아 보육 프로그램 2세(1).

손유진(2011). 자유놀이에서 유아들이 생각하는 선생님의 의미. 유아교육연구, 31(1), 271-288.

손현진·정혜원(2013). 자유선택활동의 놀이계획, 수행, 평가의 일치 정도와 유아의 자율 행동과의 관계 연구. 열린유아교육연구, 18(5), 219-239.

신은미(2010). 교사들의 언어적 계획·평가(VPE) 실행 경험에 기초한 자유선택활동시간의 교수 전략 모색. 한국교원교육연구. 27(1), 43 - 69.

양옥승(2003). 자유선택활동에서 유아의 선택의 의미. 유아교육연구, 23(3). 131-152.

양옥승·나은숙(2005). 물리적 환경구성과 유아의 자유선택활동의 의미에 관한 질적 연구. 열린유아교육연구, 10(1), 21-40.

연세대학교 어린이 생활 지도 연구원 편(1988). 연세 개방주의 유아교육과정. 서울: 창지사.

유애열(1994). 유아의 상상놀이와 교사 개입에 관한 연구. 연세대학교 대학원 박사학위논문.

윤향미(2012). 소집단 멘토링에 참여한 유아 교사의 자유선택활동 운영 변화 양상. 성신여자대학교 대학원 박사학위논문.

이기숙·이은화·이영자·이숙재(1995). 유아 발달에 적합한 유치원 실내 교육 환경. 서울: 교육부.

이기숙·장영희·정미라·엄정애(2002). 유아교육개론. 경기: 양서원.

이방실(2009). 영아 개별 특성과 교사의 상호작용이 놀이 참여에 미치는 영향 및 매개 효과. 성신여자대학교 대학원 박사학위논문.

이숙재(1997). 유아의 사회성 지도를 위한 주제환상놀이의 적용방안 연구. 연구논문집, 35, 265-293.

이숙재(2003). 유치원 실외 놀이장에서의 교사 개입 : 교사-유아 간 상호작용을 중심으로. 연구논문집, 38, 215-233.

이숙재(2011). 영유아 놀이 활동. 서울: 창지사.

이승숙, 송나리, 배지희(2017). 유아교육기관에서의 놀이에 대한 유아교사의 생각과 갈등. 육아지원연구, 12(4), 215-240.

이은해(1991). 놀이 관찰의 실제적 방안. 사단법인 한국어린이육영회, 유아 교육 세미나: 유아 교육과 놀이, 97-107.

이은해·이미리·박소연(2006). 아동 연구방법의 이해. 서울: 학지사.

임부연·오정희·최남정(2008). 비구조적인 자유놀이시간에 유아들이 보여 주는 '진짜 재미있는 놀이'에 대한 현상학적 연구. 유아교육연구, 28(1), 185-209.

정진·성원경(2004). 유아놀이와 게임. 서울: 학지사

황윤세(2017). 놀이계획-실행-평가 과정의 의미 및 일치정도와 행동적 자기조절력 ; 혼합연구방법론의 적용 의미. 학습자중심교과교육연구, 17(16), 495-514

Davies, M. (1997). The teacher's role in outdoor play: Preschool teachers' beliefs and practices. *Journal of Australian Research in Early Childhood Education, 1*, 10-20.

File, N. (1994). Children's play, teacher-child interactions, and teacher beliefs in integrated early childhood programs. *Early Childhood Research Quraterly, 9*, 223-240

Fowler, W. (1980). *Infant and child care: A guide to education in group settings*. Boston: Allyn & Bacon.

Fromberg, D. P. (1987). Play. In C. Seefeldt (Ed.), *The early childhood curriculum: A review of current research*(pp. 35-74). New York: Teachers College Press.

Frost, J. L. (1992). *Play and playscapes*. Albany, NY: Delmar Publishers Inc.

Gmitrová, V., & Gmitrov, J. (2003). The impact of teacher-directed and child - directed pretend play on cognitive competence in kindergarten children. *Early Childhood Education Journal, 30*(4), 241-246.

Hohmann, M., Banet, B., & Weikart, D. P. (1995). *Young children in action*. Ypsilanti, MI: The High/Scope Press.

Howes, C., & Smith, E. (1995). Relations among child care quality, teacher behavior, children's play activities, emotional security, and cognitive activity in child care. *Early Childhood Research Quraterly, 10*, 381-404.

Johnson, J. E., Christie, J. F., & Wardle, F. (2005). *Play, development, and early education*. Boston, MA : Allyn and Bacon.

Johnson, J. E., Christie, J. F., & Yawkey, T. D. (1999). *Play and early childhood development*. New York: Addison Wesley Longman, Inc.

Peters, D. L., Neisworth, J. T., & Yawkey, T. D. (1985). *Early childhood education: From theory to practice*. Monterey, CA: Brooks/Cole Publishing Company.

Seefeldt, C., & Baraour, N. (1986). *Early childhood education: An introduction*. Columbus, OH: Charles E. Merrill.

Sluss, D. J., (2005). *Supporting play: Birth through age eight*. New York: Thomson Delmar Learning.

Smilansky, S. (1968). *The effects of sociodramatic play on disadvantaged preschool children*. New York: Wiley.

Trawick-Smith, J. (2001). 놀이지도: 아이들을 사로잡는 상호작용. 송혜린 외(역). 서울: 다음세대. (원본 발간일 1994).

Van Hoorn, J., Nourot, P. M., Scales, B., & Alward, K. R. (2003). *Play at the center of the curriculum*, Upper Saddle River, NJ: Merrill Prentice Hall.

Wolfgang, C. H., Mackender, B., & Wolfgang, M. E. (1981). *Growing & learning through play*. Instructo/McGraw-Hill.

Woodard, C. Y. (1985). Guideline for Facilitating Sociodramatic Play. In J. L. Frost and S. Sunderline (Eds.), *When children play*(pp. 291-295). Wheaton, MD: ACEI.

07

놀이 환경

놀이 환경이란 영유아가 놀이하는 실내외 공간과 그곳에 비치된 놀이 시설물 및 놀잇감을 포함하는 물리적 환경을 의미한다. 영유아의 놀이는 물리적 환경의 영향을 많이 받기 때문에 이제까지 유아교육학자, 심리학자, 건축가, 디자이너, 교사들은 놀이환경 개선을 위해 많은 노력을 해 왔다.

Prescott(1984)는 바람직한 놀이 환경의 조건으로 개방성과 폐쇄성, 단순성과 복합성, 활동성과 비활동성, 집단 경험과 단독 경험, 부드러움과 딱딱함, 접촉과 은둔, 도전과 안전 등 서로 상반되는 일곱 가지 조건을 지적함으로써 환경 구성에서 세심한 배려가 필요함을 강조하였다.

7장에서는 영유아를 위한 물리적 놀이 환경으로 영유아 교육·보육기관의 실내 놀이실과 놀잇감, 실외 놀이장과 놀이 시설, 기관 이외의 어린이 놀이터에 관하여 살펴보겠다.

1 실내 놀이실

본 절에서는 교육·보육기관의 실내 놀이실 환경을 구성할 때 고려해야 할 조건과 영역 배치의 기준, 영아 놀이실 환경 구성, 유아 놀이실 환경 구성에 관하여 살펴보고자 한다.

1) 놀이실 구성 및 놀이 영역 배치

일반적으로 유치원, 어린이집 실내 놀이실 구성의 이상적인 조건으로 놀이실 위치, 방향 및 면적 등을 제시하는 경우가 많다. 이러한 조건에 따르면 놀이실은 건물의 1층에 배치하고, 면적은 영유아 1인당 1~1.5평 정도, 방위는 남향이 바람직하다고 한다(Decker & Decker, 2004). 그러나 이런 조건들은 놀이실을 새로 건축할 때에는 유용한 참고 자료가 될 수 있지만, 기존의 놀이실 환경을 재구성해야 하는 교사들에게는 실질적인 도움이 되지 못한다. 특히 놀이 공간을 물리적, 교육적, 디자인적, 기능적 관점에서만 이해하고 조성해서는 안 된다. 놀이실에서 영유아 중심으로 다양한 놀이가 이루어질 수 있도록 구성해야 한다.

본 절에서는 놀이실을 구성할 때 고려해야 할 실제적인 조건들과 놀이 영역 배치에 대하여 소개하고자 한다.

(1) 놀이실 환경 구성의 기본 조건

최적의 놀이실 환경을 조성하기 위해서는 다음과 같은 다섯 가지 조건, 즉 놀이실의 현재 상태, 영유아의 요구, 영유아의 연령 및 특성, 교육·보육기관의 특징, 안전과 위생, 융통성과 변화 등에 기초하여 환경을 구성한다.

① 놀이실의 현재 상태

교사가 놀이실을 구성하려면 먼저 놀이실 현황을 세밀히 관찰하여 분석해야 한다. Jones와 Prescott(1982)에 의하면, 놀이실 공간계획은 문제를 해결하는 과정(a problem-solving process)인 동시에 문제를 명시하는 과정(a problem-stating process)이다. 다시 말해 놀이실의 공간을 구체적으로 계획하기 전에 학급의 영유아가 현재 놀이실에 만족하는지, 공간이 협소하지 않은지, 놀이실 공간이 최대한으로 활용되고 있는지, 사용되지 않는 공간이 있는지, 놀이실의 영역이 효율적으로 배치되어 있는지, 놀이실에서 영유아가 원활하게 이동할 수 있는지 등과 같은 놀이실 사용에 관련된 문제점을 파악해야 한다는 것이다.

문제점이 파악된 다음에는 이를 해결할 수 있는 다각적인 방법을 모색하여 최선의 대책을 수립해야 한다. 만일 놀이실 공간이 매우 협소하지만, 공간을 확장시키는 것이 불가능한 상황이라면 가능한 해결방안을 모두 탐색하여 최선의 방법을 선택해야 한다. 예를 들어 놀잇감의 용도를 조사하여 자주 사용되는 것만을 배치하고 그렇지 않은 놀잇감은 정리함으로써 공간 활용도를 높일 수 있다. 또한 2층 놀이집을 설치하여 제한된 바닥 면적을 넓게 활용하는 방안을 모색할 수 있다.

2) 영유아의 요구

놀이실 공간은 사용자인 영유아의 요구를 고려하여 구성해야 한다. 교사 위주로 효율성에만 초점을 맞추어 공간 배치를 하거나 공간 구성 원리에만 맞추어서 놀이실을 구성해서는 안 된다. 교사가 일방적으로 조성한 놀이 공간에서는 영유아가 통제되고 규제를 받아서 놀이의 범위나 몰입 시간, 상호작용 등에 제한을 받게 된다. 따라서 영유아의 요구, 흥미, 일상 경험, 사회적 관계 등을 반영하고 놀이실 구성 과정에 영유아를 참여시켜 함께 구성하도록 배려한다(권선영·정지현·김경은, 2013).

3) 영유아의 연령 및 특성

우리나라 영유아 교육·보육기관의 대부분은 연령별로 학급이 구성되어 있으므로 놀이실 구성에서도 영유아의 연령에 따른 발달 특성이 반영되어야 한다. 예를 들어 출생~12개월 영아와 1세 놀이실에는 수유, 기저귀 갈이 등을 할 수 있는 일상생활 영역과 놀이 영역을 조성하고, 2세 영아 학급은 놀이 영역 중심으로 구성한다(보건복지부, 2013b). 또한 3세 놀이실은 5세 학급에 비해 안정되고 아늑하게 조성해 주며, 놀이 영역의 종류도 다양한 감각 경험과 자연물을 관찰하고 탐색할 수 있는 영역, 움직임의 요구를 만족시켜 주는 영역을 조성해야 한다.

최근에는 장애아와 비장애아를 통합 교육하는 경우도 많으므로 놀이실 구성에서 장애아에 대한 배려를 하도록 한다. 그 밖에 영유아 가정의 문화적 배경을 고려하여 다문화 경험을 할 수 있도록 놀이 공간을 구성한다.

④ 교육·보육기관의 특성

놀이실은 기관의 유형이나 운영 철학, 기관이 위치한 지역의 사회 문화적 특성 등을 고려하여 구성한다. 종일제로 운영되는 기관의 놀이실은 집과 같이 편안하고 아늑한 분위기를 조성하고 휴식 및 낮잠, 급식을 위한 공간과 시설을 제공해야 한다.

또한 기관의 운영 철학에 따라 개방주의 교육을 실시하는 기관에서는 하루일과가 영유아의 자발적인 놀이 위주로 진행되므로 이에 맞추어 놀이실 공간을 다양하게 배치한다. 한편 구조화된 프로그램에서는 교사가 주도하는 집단활동시간과 자유활동시간으로 하루일과가 운영되므로 집단 활동 영역과 놀이 공간을 구성한다(이영자·이기숙, 1986).

그 밖에 유치원이나 어린이집이 위치한 곳의 지역별 특성이나 문화적 배경을 고려해서 공간을 구성하면 영유아들이 사회문화적 공감대를 형성하여 적극적으로 공간을 활용할 수 있다.

⑤ 안전과 위생

놀이실 구성에서 우선적으로 고려해야 할 점은 안전 문제이다. 영유아기는 각종 안전사고에 노출될 가능성이 많기 때문이다. 놀이실을 조성할 때 점검해야 할 사항은 다음과 같다.

- 놀이실 바닥이 미끄럽거나 굴곡이 있어서 영유아가 넘어질 위험은 없는가?
- 책상이나 교구장의 형태, 모서리는 안전한가?

- 출입문의 형태나 크기는 학급의 영유아가 이용하기에 안전한가?
- 놀이실의 냉난방시설은 안전한가? 화재의 위험은 없는가?
- 교사가 놀이실 전체를 한눈에 관찰할 수 있도록 공간 배치가 되어 있는가?
- 망가지거나 위험한 놀이 시설이나 놀잇감은 없는가?
- 영유아가 삼킬 수 있는 3.5㎝ 이하 크기의 놀잇감은 없는가?

또한 영유아는 어른보다 세균 감염의 위험이 크므로 놀이실은 밝고 청결하며 환기가 잘 되어야 한다. 특히 놀이실에서는 정적 활동 이외에 동적 활동이 빈번히 이루어지므로 환기 문제에 세심한 배려를 해야 한다. 놀잇감도 정기적으로 세척하여 청결하게 제공한다. 또한 눈이 부시지 않는 적절한 조명과 채광을 조절할 수 있는 커튼이나 블라인드도 필요하다.

⑥ 융통성과 변화

놀이실 공간은 필요에 따라 재구성되어야 한다. 한번 구성된 놀이실을 1학기나 1년 동안 고정 불변으로 유지하는 것이 아니라 재구성하여 역동적인 놀이 환경을 조성한다. 놀이실을 재구성하여 변화를 주면 영유아들이 놀이 환경에 싫증을 내지 않고 흥미를 유지할 수 있다. 또한 영유아의 참여와 반응에 따라 계속적으로 놀이실 환경을 수정하고 보완함으로써 영유아 중심의 놀이 공간을 조성할 수 있다.

그러나 놀이실 공간을 너무 자주 바꾸면, 영유아의 정서적 안정을 해칠 염려가 있으므로 1개월에 1, 2회 정도 재구성하거나 놀이실 일부에만 변화를 주어 다양하면서도 안정감 있는 환경을 제공하도록 한다.

(2) 놀이 영역 배치

실내 놀이실은 놀이 영역으로 구분해서 각 영역에 일정한 공간과 놀이에 필요한 놀잇감을 제공하는 것이 바람직하다. 놀이실을 놀이 영역에 따라 구분하여 배치함으로써 다음과 같은 효과를 얻을 수 있다(이숙재, 2011; Sluss, 2005).

- 각 놀이 간의 경계가 뚜렷해지므로 다른 놀이를 하는 영유아의 방해를 받지 않고 놀이에 몰두할 수 있다.
- 각 영역별로 놀이를 하는 데 필요한 놀잇감과 공간이 함께 제공되어서 좀 더 발전된 놀이를 할 수 있다.
- 각 영역에 제공된 여러 종류의 놀이 중에 영유아가 원하는 놀이를 스스로 선택하는 데 도움이 된다..
- 여러 놀이 영역에 참여하면서 폭넓고 다양한 경험을 통합적으로 할 수 있다.

놀이 영역에는 수놀이 영역, 과학 영역, 쌓기놀이 영역, 역할놀이 영역, 미술 영역, 언어 영역, 음률 영역, 목공놀이 영역, 물놀이 영역, 모래놀이 영역, 요리 영역, 대근육 활동 영역 등 여러 영역이 있다. 영유아의 놀이는 놀이 영역의 배치에 따라 영향을 받게 되므로 효율적으로 배치해야 한다. 놀이 영역을 배치할 때 고려할 사항은 다음과 같다(보건복지부, 2012, 2013b; 보건복지부·교육과학기술부, 2013; 이숙재, 2011; Johnson, Christie, & Yawkey, 1999).

① 영유아의 연령, 인원수, 흥미, 놀이실 크기를 고려하여 놀이 영역의 종류와 수 결정

영유아의 연령에 따라서 영역 배치에 차이를 둔다. 유아 학급은 영아 학급보다 놀이 영역을 좀 더 세분화하여 놀이 영역의 수를 늘린다. 놀이 영역을 구성할 때 영유아와 함께 의논하여 결정하면 영유아의 흥미를 높이고 자발적인 놀이 참여를 이끌어낼 수 있다. 또한 놀이실이 협소할 경우에는 놀이 영역을 통합(예 과학 영역을 수·조작 놀이 영역과 통합)하여 배치할 수 있다. 그 밖에 혼합연령 학급에서는 모든 연령의 영유아를 고려하여 놀이 영역을 배치한다.

② 놀이의 활동성과 소음 수준, 물의 사용 여부에 따라 놀이 영역 위치를 결정

놀이실을 정적 놀이 영역(예 언어 영역, 과학 영역)과 동적 놀이 영역(예 음률 영역), 물이 사용되는 영역(예 조형 영역)과 사용되지 않은 영역(예 쌓기놀이 영역)으로 구분해서 배치하면 서로 방해받지 않고 놀이할 수 있다.

③ 서로 연관되는 놀이 영역 인접 배치

관련 영역, 예를 들어 극놀이가 많이 일어나는 역할놀이 영역과 쌓기놀이 영역을 서로 가까이 배치하면 남·여아의 혼성놀이를 자극할 수 있을 뿐 아니라 쌓기놀이와 역할놀이가 통합되어 보다 발전된 놀이가 이루어질 수 있다.

④ 각 놀이 영역에 필요한 공간 배정

각 놀이 영역에 적합한 넓이의 공간을 배정한다. 일반적으로 각 영역에 4~5명의 영유아가 자유롭게 놀이할 수 있을 정도의 공간이 제공되어야 한다.

⑤ 책꽂이, 교구장을 활용한 영역 구분

책꽂이나 교구장을 배치하여 놀이영역의 공간을 구분한다. 교구장의 높이는 영유아의 키보다 낮아야 하며, 각 놀이 영역별로 적절한 공간 크기나 통로 등을 고려하여 배치한다.

⑥ 놀이실에 통로를 확보하여 배치

통로를 만들어서 영역을 배치하면 영유아가 한 영역에서 다른 영역으로 원활하게 이동할 수 있으며 다른 영역에서 놀이하는 또래를 방해하지 않고 이동할 수 있다.

⑦ 필요에 따라 조정할 수 있도록 배치

교구장이나 기타 시설물을 이동하기 쉽게 제작하여 영유아의 요구 및 참여 인원수에 따라 융통성 있게 놀이 영역을 확장하거나 축소할 수 있도록 한다.

⑧ 교사가 영유아를 돌보고 지도하기 편리하게 배치

교사가 학급의 모든 놀이 영역을 한눈에 볼 수 있도록 영역을 배치해야 한다. 특히 보조교사가 없는 기관에서는 영유아의 안전관리를 위하여 이 점에 유의한다.

2) 영아 놀이실 환경 구성

2세 이하 영아를 위한 실내 놀이 환경은 가능하면 가정과 같이 아늑한 분위기로 조성하며 영아가 보고, 듣고, 만지는 다양한 경험을 하도록 안전하고 위생적으로 구성한다.

영아 놀이실 전체 환경의 구성 지침에 대해 먼저 소개하고 이를 토대로 놀이 영역 배치에 관해 살펴보고자 한다.

(1) 영아 놀이실 환경 구성 지침

Lowman과 Ruhmann(1998)은 영아를 위한 환경 구성의 기준으로 안전과 건강, 위생, 안정감과 친숙함, 안락함, 단순함과 편리함, 개별 공간, 자극, 부드러움, 감각적 매력, 밝고 온화함 등 열 가지를 지적하였다(Sluss, 2005, 재인용).

또한 장영희(1995)는 영아의 발달적 요구, 다시 말해 안전, 정서적 안정, 탐색, 움직임의 요구에 기초해서 환경 구성이 이루어져야 한다고 하였다.

이러한 학자들의 견해를 참고로 하여 영아 놀이실 환경 구성의 지침을 제시하면 다음과 같다.

① 안전하고 위생적인 놀이실

영아 놀이실은 안전과 위생을 최우선으로 하여 구성한다. 무엇이든지 손과 입으로 탐색하며 운동 능력이 미숙하여 자신의 안전을 스스로 지킬 수 없는 영아기 발달 특성을 고려하여 놀이실을 안전하게 구성한다. 또한 수유, 낮잠, 기저귀 갈이 등 영아의 생리적 요구를 위생적으로 처리할 수 있도록 청결한 환경을 조성한다.

② 다양한 탐색과 놀이를 할 수 있는 놀이실

영아는 자신의 신체나 주변 사물과 환경을 탐색하려는 욕구가 강하다. 영아의 내적 욕구에 따라 자발적으로 다양한 탐색과 놀이가 이루어질 수 있도록 환경을 조성한다. 자극이 지나치게 많거나 부족하지 않도록 균형 있게 제공한다.

③ 안정적이고 영아 개별적 요구가 반영된 놀이실

영아기는 낯선 사람이나 환경에 불안감을 느끼는 시기이므로 영아가 놀이 환경에 잘 적응하여 안정감을 느낄 수 있도록 집과 같이 아늑한 분위기로 조성한다. 또한 놀이실 환경을 안정적으로 유지하면서 환경의 변화를 조금씩 점진적으로 시도한다. 그 밖에 영아별로 생리적 요구, 적응력, 호기심, 애착 형성, 이동 능력 등에 차이를 보이므로 영아가 교사와 개별적으로 긴밀하게 상호작용을 맺으며 놀이에 몰두할 수 있도록 구성한다.

④ 신체를 활발하게 움직일 수 있는 놀이실

영아기는 기어 오르내리고, 걷는 등의 다양한 신체 활동이 활발하게 이루어지는 시기이므로 영아가 편안하고 자유롭게 몸을 움직일 수 있도록 넓은 공간을 조성한다.

(2) 영아 놀이실 영역 배치

영아 놀이실에는 조용하고 편안한 영역, 대근육 영역, 만들고 탐색해 볼 수 있는 영역, 역할놀이 영역을 배치할 수 있다(장영희, 1995).

어린이집 표준보육과정에 근거한 영아 학급의 놀이 영역은 다음 표와 같이 영아 연령에 따라 구분된다(보건복지부, 2013b; 보건복지부·한국보육진흥원, 2017).

〈표 7-1〉 영아 연령에 따른 놀이 영역

영아 연령	놀이 영역	비고
출생~12개월	신체, 언어, 탐색	• 출생~12개월 영아는 놀이 영역에 구애받지 않고 놀이하는 경우가 많으므로 놀이실을 영역별로 구분하지 않아도 된다. • 출생~12개월 영아 학급과 1세 영아 학급은 놀이 영역 이외에 수유, 낮잠, 기저귀 갈이를 위한 일상 생활 영역을 배치한다.
1세	신체, 언어, 탐색, 역할·쌓기	
2세	신체, 언어, 탐색, 역할·쌓기, 미술, 음률	

영아 학급의 놀이 영역을 신체놀이 영역, 탐색놀이 영역, 말놀이 영역, 상징놀이 영역, 표현놀이 영역 등 다섯 가지 영역으로 나누어서 소개하고자 한다(보건복지부, 2013a, d; 이숙재, 2011).

1 신체놀이 영역

영아는 움직임에 대한 욕구가 강하므로 실내 놀이실에도 대근육 운동놀이를 할 수 있는 영역을 조성한다. 높이가 낮은 오르기 기구, 미끄럼틀, 계단, 흔들 배, 탈 수 있는 놀잇감, 밀고 당기는 놀잇감(예 인형 유모차), 모래와 물놀이용품 등을 제공한다.

2 탐색놀이 영역

영아의 소근육과 오감을 활용해서 다양한 탐색을 할 수 있도록 환경을 구성한다. 퍼즐, 나무못과 못판, 촉감 상자, 냄새 맡기 병, 큰 구슬 꿰기, 여러 가지 자연물과 확대경, 일상생활 훈련틀, 가볍고 커다란 블록을 충분하게 제공하고 자동차, 동물 모형 등의 소품을 준비한다.

③ 말놀이 영역

영아기는 언어 발달이 현저하게 촉진되는 시기이다. 영아가 그림책을 보거나 교사, 또래와 이야기를 편안히 할 수 있도록 흔들의자, 쿠션 등을 준비한다. 내용이 반복되거나 친숙한 동화책, 색상이 아름답고 단순한 삽화의 그림책, 감각 책, 헝겊책 등을 제공한다.

④ 상징놀이 영역

영아는 일상생활에서 경험한 단순한 내용의 상징놀이를 많이 하므로 사실적인 인형, 예를 들어 머리카락과 움직이는 눈을 가진 인형, 영아에게 친숙한 동물 인형과 손 인형, 소꿉그릇, 가구, 거울 등을 제공한다.

⑤ 표현놀이 영역

영아는 음악, 미술, 움직임을 통한 표현놀이를 좋아한다. 종, 딸랑이, 트라이앵글, 북, 탬버린 등을 제공하고 크레파스, 물감과 붓, 찰흙, 색종이, 스카프 등을 제공한다.

3) 유아 놀이실 환경 구성

3세 이상의 유아에게 적합한 놀이 영역 배치를 3~5세 누리 과정과 기타 문헌(보건복지부, 2012; 보건복지부·교육과학기술부, 2013; 이숙재, 2011; Sluss, 2005)에 근거하여 제시하면 다음과 같다.

(1) 쌓기놀이 영역

쌓기놀이 영역은 활동적이고 소음이 발생하는 영역이므로 정적 놀이 영역과 떨어진 곳에 배치한다. 또한 역할놀이 영역과 인접하게 배치하면 두 영역의 놀이가 통합될 수 있어서 효과적이다. 공간을 넓게 확보하여 제한을 받지 않고 쌓기놀이를 하도록 한다. Decker와 Decker(2004)에 의하면, 3~5명이 함께 쌓기놀이를 하기 위해서 7㎡의 공간이 필요하다. 그 밖에 또래의 방해를 받지 않고 놀이에 몰두할 수 있도록 칸막이나 교구장으로 둘레를 막아 주거나 부분 카펫, 종이테이프를 붙여서 경계선 표시를 해준다. 쌓기놀이 영역에는 단위 블록, 속이 빈 블록, 종이 벽돌 블록, 우레탄 블록과 소품(자동차 종류, 작은 인형이나 동물, 교통표지판 등)을 제공한다.

(2) 역할놀이 영역

이 영역에서는 여러 가지 역할을 가작화하는 활동적인 놀이를 많이 하므로 동적 놀이 영역과 인접하게 배치한다. 역할놀이 영역에는 인형 침대, 부엌 가구, 옷장 등 커다란 놀잇감이 배치되고 여러 명이 함께 참여하는 경우가 많아 7~10㎡ 정도의 공간이 필요하다(Decker & Decker, 2004). 주방용품, 가정용품, 각종 의상, 인형 등을 제공한다.

(3) 수·조작놀이 영역

수·조작놀이 영역에서는 소근육을 이용하여 조작, 구성, 게임, 컴퓨터 등의 정적인 놀이를 주로 하므로 조용한 장소에 배치한다. 연령이 어린 유아는 바닥에 앉아서 수·조작놀이를 할 수 있도록 낮은 책상을 준비하고 바닥에 카펫이나 방석을 깔아 준다. 퍼즐 종류, 끈 끼우기, 일상생활 훈련틀, 짝 맞추기 놀잇감, 게임용 자료, 컴퓨터 등을 제공한다.

(4) 언어 영역

언어 영역은 유아들이 방해를 받지 않고 안정된 분위기에서 말하기, 듣기, 읽기, 쓰기에 관련된 놀이를 할 수 있도록 배치한다. 동적 놀이가 이루어지는 영역과 떨어져 있으며 유아들이 많이 왕래하지 않는 곳에 배치하는 것이 바람직하다. 또한 유아가 놀이에 몰두할 수 있도록 의자나 쿠션, 매트리스 등을 제공하고 부분 조명을 장치하는 것이 좋다. 언어 영역에는 여러 종류의 동화책, 인쇄물, 쓰기 자료 등을 비치한다.

(5) 미술 영역

미술 영역은 정적인 공간에 배치한다. 또한 미술 활동을 하면서 손이 더러워지기 쉬우므로 세면대 가까이에 배치하면 더욱 효과적이다. 바닥에는 비닐을 깔아서 청소하기 편리하게 한다. 미술 영역에서는 개별 작업 이외에 공동 작업도 하므로 영역의 공간이나 위치를 필요에 따라 조정 가능하도록 한다. 그 밖에 작품을 말리거나 보관, 전시할 수 있는 공간이 준비되어야 한다. 미술 놀이용품으로 종이류, 크레파스, 물감과 붓, 풀, 테이프, 가위, 찰흙, 재활용품 등을 제공한다.

(6) 과학 영역

과학 영역은 햇빛이 잘 들며, 물 공급을 쉽게 받을 수 있는 공간에 배치하는 것이 좋다. 또한 관찰 및 탐색, 실험에 몰두할 수 있도록 조용한 장소에 조성하는 것이 효과적이다 과학 영역에는 각종 측정 도구, 시계, 자석, 확대경, 식물재배용품 등을 제공한다.

(7) 음률 영역

음률 영역에서 발생하는 소리와 움직임이 다른 영역의 놀이를 방해하지 않도록 특별히 배려해야 한다. 정적 놀이 영역과 멀리 떨어진 곳에 배치하고 유아가 자유롭게 움직일 수 있도록 넓은 공간을 조성해 준다. 또한 바닥에 카펫을 깔아 소음을 방지하고 유아가 넘어졌을 때 다치지 않도록 한다. 음률놀이용품으로 각종 악기, 신체 표현 도구 등을 제공한다.

(8) 물·모래놀이 영역

물·모래놀이 영역은 실내외 어느 곳이나 설치할 수 있는데, 실내 놀이실에 설치하는 경우, 유아들의 이동이 많지 않으며 세면대 가까운 곳에 배치한다. 또한 물과 모래를 쉽게 치울 수 있도록 바닥에 비닐을 깐다. 물·모래놀이 테이블, 그릇, 삽, 물뿌리개, 스펀지, 비닐 앞치마 등을 제공한다.

(9) 목공놀이 영역

목공놀이에서는 소음이 많이 발생할 뿐 아니라 위험한 도구를 사용하므로 정적 놀이 영역과 떨어진 장소에 배치한다. 또한 목공놀이를 안전하게 하도록 충분한 공간이 제공되어야 한다. 실외나 별도의 목공활동실에 배치할 수도 있다. 목공놀이용품으로 목공놀이 테이블, 망치, 못, 톱, 나뭇조각, 모래 종이, 접착제 등을 준비한다.

2 놀잇감

놀잇감이란 놀이에 대한 흥미를 유발하고 놀이를 효율적으로 진행하는 매체의 역할을 하는 모든 물건을 지칭한다. 영유아는 놀이용으로 제작된 상품화된 놀잇감 이외에 주변의 많은 것들을 놀이에 사용한다. 예를 들어 생활용품, 나뭇잎이나 돌멩이 또는 풍뎅이나 개미 등 작은 벌레가 놀잇감이 되기도 한다. 따라서 놀이용으로 제작된 놀잇감 이외에 영유아의 흥미를 자극하는 모든 물건을 놀잇감에 포함시켜야 할 것이다. 이런 점에서 볼 때 놀잇감의 종류와 수는 이루 헤아릴 수 없을 만큼 많다고 하겠다.

놀잇감은 종류만 다양한 것이 아니라 질적인 수준도 다양하다. 교육적인 놀잇감이 있는가 하면 비위생적이거나 위험한 놀잇감도 있다. 놀이 경험을 통해 영유아가 성장하도록 돕기 위해서는 발달에 적합하며 흥미롭고 안전한 놀잇감이 제공되어야 한다.

본 절에서는 놀잇감에 대한 올바른 이해와 활용을 돕기 위하여 놀잇감의 조건과 종류를 구체적으로 살펴보고자 한다.

1) 놀잇감의 조건

수많은 놀잇감 가운데 어떤 놀잇감을 영유아에게 제공할 것인가 하는 문제는 교사와 학부모가 해결해야 하는 중요한 과제이다. 영유아 주변에는 놀잇감을 판매 상품으로만 인식하는 몰지각한 생산업체 때문에 불량 놀잇감이 범람하고 있다.

놀잇감이 영유아에게 기쁨을 주고 영유아의 성장을 촉진시키는 기능을 발휘하기 위해서는 첫째, 영유아의 발달 수준에 적합할 것, 둘째, 영유아의 흥미와 요구에 맞을 것, 셋째, 안전도가 높을 것, 넷째, 견고하며 내구성이 있을 것, 다섯째, 영유아가 혼자서 조작할 수 있고 이동 가능할 것, 여섯째, 상상력, 창의력, 문제해결력 등의 발달을 자극할 것, 일곱째, 여러 가지 용도로 활용할 수 있는 것, 여덟째, 저렴하고 경제적일 것 등의 조건을 갖추어야 한다(Johnson, Christie, & Yawkey, 1999).

한편 Fowler(1980)는 놀잇감의 조건으로 사회문화적 가치를 강조하고 있다. 즉, 상품화된 놀잇감 중에 권총이나 전사인형과 같이 영유아의 공격성을 자극하는 놀잇감이나 성역할 고정관념이 반영된 놀잇감, 예를 들어 남성으로 표현된 의사인형, 여성으로 표현된 간호사 인형 등에는 왜곡된 사회문화적 가치가 내포되어 있다고 비판하였다.

이상에서 학자들이 지적한 놀잇감의 구비 조건을 살펴보았는데, 이를 종합하면 놀잇감은 안전성, 적합성, 내구성, 경제성 등의 기능적 조건과 영유아의 신체적, 지적·창의적, 사회정서적 성장을 촉진시키는 교육적 조건 및 사회 문화적 조건을 갖추어야 한다. 이에 관해 구체적으로 살펴보면 다음과 같다.

(1) 기능적 조건

1 안전성

놀잇감의 조건으로 무엇보다 중요한 것은 안전성이다. 영유아는 위험 상황을 인식하는 능력과 자신을 보호하는 능력이 부족하므로 영유아의 안전을 위협하는 놀잇감은 즉각 제거되어야 한다. 특히 우리나라는 놀잇감의 안전 문제가 심각한 수준임이 여러 연구에서 보고되고 있다. 손용희(2008)의 연구에서는 조사 대상의 80% 이상이 유아용품으로 인한 사고를 경험하였으며 무기류 놀잇감에 의한 사고가 가장 높은 것으로 나타났다. 또한 한국소비자원(2012)의 위해정보시스템에 수집된 사례에 의하면 2007년~2011년도까지 5년간 영유아의 놀잇감 관련 안전사고는 꾸준히 증가 추세를 보여 2011년에는 2007년보다 4.3배가 늘어났다. 안전사고 유형으로는 삼키거나 흡입하는 사고가 가장 빈번하였다.

미국과 유럽을 비롯한 선진국에서는 이미 엄격한 놀잇감 안전 기준을 정하여 검사를 실시하고 있다. 우리나라 기술표준원(2010)에서도 납, 카드뮴, 니켈, 프탈레이트 가소제 등의 사용을 전면 제한하는 '어린이용 공산품에 대한 공통 적용 유해물질의 안전 기준'을 입안하여 2012년 1월부터 시행하고 있다. 생산업체의 자발적인 노력과 정부, 영유아 교육 및 보육 기관, 관련 단체를 통해 지속적이고 철저한 안전관리가 지속적으로 이루어져야 할 것이다.

놀잇감의 안전과 관련해서 점검해 보아야 할 사항은 다음과 같다.

- 재질 및 페인트 : 플라스틱이나 금속 등 놀잇감 재질에 유해 성분은 없는가?
  페인트가 잘 벗겨지거나 유해하지는 않은가?
- 강도 : 놀잇감의 구조가 단단한가?
  놀잇감에 부착된 부품이 쉽게 떨어지는가?
- 크기 및 무게 : 작은 조각을 삼킬 위험은 없는가?
  무거워서 떨어뜨릴 위험은 없는가?
- 모양 : 날카로운 모서리나 뾰족한 끝 부분은 없는가?
- 끝마무리 : 나무제품의 표면이 거칠어서 다칠 위험은 없는가?
  봉제 놀잇감의 바느질 처리가 잘 되어 있는가?
  플라스틱이나 금속부품의 접합이 잘되어 있는가?

② 적합성

놀잇감은 사용자인 영유아의 발달, 흥미 및 요구에 적합해야 교육적 기능을 발휘하고 활용도를 높일 수 있다.

- 영유아의 발달 수준에 적합 : 놀잇감의 형태, 크기, 난이도가 영유아의 신체적, 인지적, 사회적 발달에 적합해야 한다. 발달에 부적합한 놀잇감은 영유아에게 좌절감을 느끼게 하거나 놀이에 흥미를 잃게 할 수 있다.
- 영유아의 흥미와 요구에 적합 : 놀잇감의 형태, 색상, 기능이 영유아의 흥미와 요구에 적합해야 싫증을 내지 않고 지속적으로 가지고 놀 수 있다.

③ 내구성

놀잇감은 영유아가 지속적으로 사용하므로 망가지기 쉽다. 놀잇감의 내구성은 재질이나 구조, 각 부품의 접착 등에 의해서 결정된다. 특히 로봇이나 자동차처럼 형태가 복잡하고 부착물이 많으며 작동기능이 다양한 제품은 영유아가 반복 사용함에 따라 부착물이 떨어져 나가거나 작동 스위치가 고장 날 가능성이 많으므로 내구성을 높여야 한다. 한편 놀잇감의 내구성은 보관과 관리가 얼마나 용이한가에 따라 영향을 받는다. 놀잇감을 튼튼하게 잘 만드는 것도 중요하지만 쉽게 보관하고 관리할 수 있도록 제작해야 놀잇감을 오래 사용할 수 있다.

④ 경제성

놀잇감은 저렴해서 누구나 경제적 부담 없이 구입할 수 있어야 한다. 이수민(2004)의 조사에 의하면, 우리나라 가정의 놀잇감 구입 금액은 3~7만 원이 가장 많았으며, 7~10만 원 가격도 10% 가까이 있었다. 또한 부모들이 놀잇감의 불만 요인으로 가격 문제를 가장 많이 지적하는 결과에 비추어 볼 때 놀잇감의 가격을 낮출 필요가 있겠다.

한편 놀잇감의 경제성은 가격뿐 아니라 활용도 측면에서도 찾아볼 수 있다. 놀이 방법이 제한되어 활용 가치가 떨어지는 놀잇감보다는 다양하게 활용할 수 있는 놀잇감이 경제적이라고 할 수 있다.

(2) 교육적 조건

① 신체 발달 증진

영유아가 놀잇감을 가지고 다양한 동작을 해봄으로써 대소근육 운동 능력과 눈과 손의 협응력 발달이 증진되도록 한다. 또한 놀잇감을 통해 영유아가 신체 활동에 자발적으로 즐겁게 참여하며 다양한 감각 경험을 할 수 있어야 한다.

② 언어적·지적 발달 증진

영유아는 놀잇감을 통해 언어적·지적 발달을 촉진시킬 수 있는 여러 경험을 한다. 호기심과 탐색 활동을 자극하는 놀잇감을 가지고 다양한 놀이를 하면서 언어 능력, 확산적 사고력, 문제해결력을 증진시킬 수 있어야 한다.

③ 정서·사회성 발달 촉진

놀잇감을 가지고 놀면서 성취감, 만족감, 즐거움을 느끼고 정서적 안정감을 얻으며 자유롭게 정서 표현을 할 수 있다. 또한 놀잇감이 매개체가 되어서 또래 간에 언어적, 사회적 상호작용을 활발하게 촉진시키는 기능을 해야 한다.

④ 창의성 발달 증진

놀잇감을 다양한 방법으로 융통성 있게 가지고 놀면서 상상력, 창의력을 발달시킬 수 있어야 한다.

(3) 사회문화적 조건

놀잇감이 기능적, 교육적 조건을 갖추는 것만으로는 충분하지 못하다. 영유아 삶의 관점에서 좀 더 넓게 보면, 영유아는 놀잇감을 통해 또래나 성인과 경험을 공유하고 각 사회, 문화에서 요구하는 가치와 의미를 자연스럽게 습득하면서 세상에 대해 배워 나간다(박미경·엄정애, 2010).

저명한 놀이 연구가 Sutton-Smith(1986)는 저서 『Toys as Culture(문화로서의 놀잇감)』에서 놀잇감은 영유아가 단순히 놀이를 할 때 가지고 노는 매체로서의 의미를 초월하여 문화적으로 중요한 의미를 지닌다고 역설하였다. Sutton-Smith는 놀잇감을 문화로 간주하여 가족, 기술 산업, 교육, 시장경제 등 네 가지 측면에서 논의하였다. 즉, 놀잇감은 가족에게 선물, 교환, 결속, 위로와 유대감 등의 의미를 지니며 기술 산업 측면에서는 기계 작동, 컴퓨터, 비디오 게임과 연계된다. 또한 교육적 맥락에서는 자극, 탐색, 학습, 인지 등의 의미를 함축하고 시장경제에서는 소비, 판매, 대량생산, 오락, 광고 등의 포괄적 의미를 지닌다.

특히 오늘날과 같은 다문화 사회에서 영유아의 모든 놀잇감은 성 역할, 인종, 외모, 직업, 가족, 장애 등의 측면에서 다양성을 갖추어야 한다. 따라서 고정된 성 역할 개념을 강조하는 놀잇감, 공격성을 자극하는 놀잇감, 가족, 인종 등 사회문화적 배경에 부적합한 놀잇감 등은 바람직하지 않다. 이숙재(1997)의 연구에 의하면, 우리나라 놀잇감 중에는 영유아가 성 역할에 대해 고정관념을 갖도록 부추기는 요소가 많다. 예를 들어 여자 인형은 주로 화려한 의상을 입은 모습이나 아기 모습으로 표현되거나 엄마, 가수, 선생님 등으로 표현되었다. 반면에 남자 인형은 우주탐사대원, 경찰, 119구조대원, 자동차 정비공, 의사 등과 같이 다양한 인물로 표현되었다. 영유아가 어려서부터 이런 놀잇감을 가지고 놀면서 성 역할에 대한 편견이 생길 가능성이 크므로 주의해야 한다.

또한 최근에는 다문화 가정, 한부모 가정, 조부모 가정 등 여러 가족 형태가 공존하므로 놀잇감 제작이나 선택에서 사회문화적 편견을 심어주지 않도록 조심해야 한다.

이제까지 소개한 내용을 정리하면 〈표 7-2〉와 같다.

〈표 7-2〉 놀잇감의 구비 조건

기능적 조건	교육적 조건	사회·문화적 조건
안전성 • 재질 및 페인트 안전 • 구조와 부품의 안전 • 안전한 크기 및 무게 • 안전한 형태 및 끝마무리 적합성 • 발달 및 흥미, 요구에 적합 내구성 • 재질 및 구조의 견고성 • 간편한 보관 및 관리 경제성 • 저렴한 가격 및 다용도	신체 발달 증진 • 대소근육 운동 및 협응력 증진 • 다양한 감각 경험 제공 언어적·지적 발달 증진 • 언어 능력 촉진 • 탐색 활동 자극 • 확산적 사고력, 해결력 증진 정서·사회성 발달 증진 • 정서적 안정감 유지 • 자유로운 정서 표현 장려 • 사회적 상호작용 촉진 창의성 발달 증진 • 상상력과 창의력 고취	반편견 인식 고취 • 성 역할, 외모, 직업, 장애에 대한 반편견 인종의 다양성 수용 • 다문화 가정 친구 수용 가족의 결속, 유대감 강화 • 가족의 놀이 참여 자극 건전한 놀이 문화 조성 • 전자게임 몰입 억제 • 자연친화적 놀이 장려

2) 놀잇감의 유형

놀잇감의 유형은 분류 기준에 따라 다양하게 나눌 수 있다. 놀잇감이 영유아의 성장 발달에 작용하는 기능에 초점을 맞추어 신체 발달, 언어·인지 발달 , 정서·사회성 발달을 촉진시키는 놀잇감으로 분류할 수 있다. 이러한 분류 기준은 놀잇감의 활용 목표를 명확하게 제시하는 데는 도움이 되지만 대부분의 놀잇감이 여러 가지 기능을 복합적으로 수행하기 때문에 분류하는 데 어려움이 생긴다.

또한 놀잇감을 놀이 영역에 따라 분류하는 경우도 많다. 놀이실을 영유아의 놀이 활동에 따라 역할놀이, 쌓기놀이, 미술, 수·조작, 물·모래놀이 등의 영역으로 나누고 각 영역에 적합한 놀잇감을 배치함으로써 놀잇감이 효율적으로 활용될 수 있다(2절 참조).

그 밖에 영유아의 연령을 기준으로 놀잇감을 분류하는 방법도 있다. 연령별 분류는 발달 시기에 적합한 놀잇감을 제공하는 데 실제적인 도움을 줄 수 있으나 영유아의 생활 연령이 정신 연령과 꼭 일치하지 않을 수 있다는 점에 유의해야 한다.

한편 Fowler(1980)는 놀잇감 자체의 특성을 기준으로 하여 놀잇감 종류를 분류하였는데, 각 놀잇감의 특성을 올바르게 이해하고 효과적으로 활용하기 위해서 이에 주목할 필요가 있다.

본 절에서는 놀잇감의 유형을 놀잇감의 특성과 영유아의 연령을 기준으로 살펴보겠다.

(1) 놀잇감의 특성에 의한 분류

놀잇감의 유형을 규모, 구조성, 차원, 복잡성 등 특성에 따라 분류해 보면 다음과 같다(신은수 외, 2002; Fowler, 1980; Johnson, Christie, & Wardle, 2005).

① 놀잇감의 규모에 따른 분류

놀잇감은 규모에 따라 소형 모조품(microsphere)과 실물 놀잇감(macrosphere)으로 나눌 수 있다. 소형 모조품이란 영유아의 작은 손으로 쉽게 다룰 수 있도록 실물의 크기를 축소시켜 놓은 놀잇감을 의미한다. 작은 집과 가구, 작은 자동차, 조그만 인형이나 동물 인형 등의 소형 모조품은 특히 역할놀이에 없어서는 안 될 필수품이다. 영유아는 이러한 소형 모조품을 가지고 자신의 감정이나 행동을 표출하고 놀이에 직접 참여시키기 어려운 여러 대상(예 가축, 군인 아저씨 등) 대신에 놀잇감을 활용하면서 경험의 폭을 넓힌다.

한편 실물 놀잇감은 주방용품, 헌 장신구나 의상, 고장 난 자동차, 목공놀이용 도구처럼 실물을 놀잇감으로 직접 사용하거나 형체와 크기를 실물과 비슷하게 제작한 놀잇감을 뜻한다. 이러한 놀잇감은 모양이나 크기, 기능이 실물과 유사하기 때문에 영유아가 주변 인물이나 사건을 모방하는 놀이를 하는 데 큰 도움이 된다.

② 놀잇감의 구조성에 따른 분류

놀잇감이 얼마나 구조화되었는가에 따라 특수 목적용 놀잇감(specific purpose materials)과 개방식 놀잇감(open-ended materials)으로 나눈다.

특수 목적용 놀잇감은 구조적 놀잇감이라고도 하는데, 수단과 결과를 연결하도록 구조화한 놀잇감이다. 나무못과 못판, 퍼즐 맞추기, 미로찾기, 숫자 막대기 등이 이에 속한다. 이런 놀잇감은 대부분 용도가 정해져 있어서 고정된 방법으로만 사용해야 한다. 예를 들어, 퍼즐은 각 그림 조각들을 크기별로 분류하거나 높게 쌓는 용도로는 활용될 수 없고 하나의 그림을 완성하기 위한 도구적 활동에만 사용된다.

한편 블록 종류나 찰흙, 모래, 물, 밀가루 반죽과 같은 개방식 놀잇감 또는 비구조적 놀잇감은 그 용도가 무제한으로 개방된 놀잇감이기 때문에 여러 가지 다양한 창의적인 놀이에 활용될 수 있다. 개방식 놀잇감의 대표적인 예라고 할 수 있는 단위 블록(unit block)은 용도가 제한되어 있지 않다. 단위 블록으로 집을 만들 수도 있고 다리와 길 또는 우주선을 만들 수도 있다. 또한 집짓기놀이를 하는 경우, 지붕은 세모꼴 블록, 벽은 직사각형 블록을 사용해야 한다는 규정이 없다. 놀이하는 영유아의 자유로운 선택에 따라 다양한 블록을 사용하여 집을 지을 수 있다.

그 밖에 Fowler(1980)는 개방식 놀잇감을 다시 세분하여 기준 치수 놀잇감(modular materials)과 자유형 놀잇감(free-form materials) 등 두 가지로 나누었다.

기준 치수 놀잇감이란 단위 블록처럼 형태는 몇 가지 유형으로 고정되어 있으면서 크기는 기준 단위를 중심으로 배수(倍數)가 되도록 만들어진 놀잇감을 뜻한다. 단위 블록의 경우, 직사각형 블록(3.5×7×14cm)을 기준으로 하여 반(1/2) 단위, 두 배 단위, 네 배 단위의 직사각형 블록과 원기둥, 사각기둥 등으로 구성된다. 반면에 자유형 놀잇감은 형태나 크기가 사전에 결정되어 있지 않은 놀잇감을 의미한다. 예를 들어 찰흙은 형태나 크기가 상황에 따라 다양하게 변할 수 있다. 즉, 찰흙을 가지고 노는 영유아의 의도에 따라 둥근 모양을 만들 수도 있고, 둥근 모양을 뱀처럼 길게 변형시킬 수도 있다.

③ 놀잇감의 차원(dimension)에 따른 분류

놀잇감은 평면적 또는 입체적이냐에 따라 2차원적 놀잇감과 3차원적 놀잇감으로 분류할 수 있다. 일반적으로 2차원의 세계에서는 모든 것이 표면적과 관련되며, 3차원의 세계에서는 2차원 이외에 공간, 부피, 질량 차원이 첨가된다. 또한 차원에 따라 사물의 표상이 달라져서 2차원적 놀잇감에서는 사물을 그림으로 표상하는 데 비해서(예 도미노 카드), 3차원적 놀잇감은 사물을 직접 놀잇감으로 사용하거나 사물을 그대로 복제하여 표상하게(예 빈 병, 인형) 된다.

④ 놀잇감의 복잡성에 따른 분류

영유아가 가지고 노는 놀잇감이 복잡한가 또는 단순한가에 따라 놀이가 달라진다. 놀잇감의 복잡성 정도는 다음의 여러 가지 조건에 따라 각기 다양하다. 즉, 놀잇감의 형태와 색깔의 불규칙성, 부품의 수, 크기 및 부품을 연결하는 순서나 연결 형태의 복잡성 등에 따라 차이가 생긴다. 일반적으로 놀잇감의 형태나 색깔이 불규칙적이고, 놀잇감이 여러 개의 조각으로 구성될수록 또한 부품 간의 연결이 복잡할수록 더 복잡한 놀잇감이라 할 수 있다. 예를 들어 퍼즐의 경우, 그림 조각이 한두 개의 단순한 형태로 나누어진 퍼즐보다 15~30조각의 복잡한 선으로 나누어진 퍼즐이 더 복잡한 놀잇감이다.

그러나 놀잇감의 복잡성을 평가하기 위해서는 앞서 지적한 일반적인 조건들 이외에 놀잇감을 가지고 노는 영유아의 연령과 능력을 고려해야 한다. 예컨대 하나의 퍼즐 맞추기가 어떤 영유아에게는 매우 복잡한 놀잇감으로 인식될 수도 있고 다른 영유아에게는 단순한 놀잇감으로 인식될 수 있다.

이제까지 놀잇감의 특성에 따라 놀잇감의 종류를 분류해 보았는데 영유아에게 다양한 놀이 경험을 제공하려면 이러한 특성을 고르게 갖춘 놀잇감을 준비해 주어야 한다.

(2) 영유아의 연령에 의한 분류

놀잇감과 영유아의 발달은 매우 밀접한 관계가 있어서 영유아가 어떤 놀잇감을 가지고 놀려면 그 놀잇감을 갖고 놀 수 있는 능력이 발달하여야 한다. 따라서 영유아의 발달 수준에 적합한 놀잇감을 제공해야 한다.

영유아의 연령에 따라 적합한 놀잇감 종류를 소개하면 다음과 같다(김정준·김정화·신유림, 1999; 보건복지부, 2013b, d; 이숙재, 2011; Isenberg & Jalongo, 2001).

1 출생~12개월

① 출생~6개월

- 감각 탐색 놀잇감(모빌, 딸랑이, 손목방울)
- 신체 놀잇감(헝겊 공, 오뚝이, 침대걸이 놀잇감)
- 언어 놀잇감(헝겊 책, 감각 인형)

② 7개월~12개월

- 감각 탐색 놀잇감(쌓기 컵, 작은북이나 실로폰, 헝겊이나 스펀지 블록)
- 신체 놀잇감(공, 안전그네, 고리 끼우기)
- 언어 놀잇감(소리 나는 그림책, 헝겊 인형, 전화기, 안전거울)

2 1세

- 감각 탐색 놀잇감(손잡이 달린 퍼즐, 스위치 작동 놀잇감, 물·모래 놀잇감)
- 신체 놀잇감(낮은 미끄럼틀, 끌고 다니는 놀잇감, 바퀴 달린 탈것)
- 언어 놀잇감(촉감 책, 전화기, 실로폰이나 탬버린 등 악기)
- 역할·쌓기 놀잇감(인형, 모형 과일 및 채소 세트, 스펀지 블록)

3 2세

- 감각 탐색 놀잇감(모양 맞추어 끼우는 놀잇감, 커다란 구슬과 끈, 퍼즐)
- 신체 놀잇감(고무공, 비치볼, 낮은 미끄럼틀, 흔들 목마, 끌고 다니는 놀잇감)
- 언어 놀잇감(다양한 그림책, 탬버린, 마라카스 등 악기)
- 역할 놀잇감(인형, 각종 그릇, 전화기, 화장대)
- 쌓기 놀잇감(우레탄 블록, 종이 벽돌 블록, 기본 모형 블록)
- 물·모래 놀잇감(플라스틱 통, 삽, 커다란 숟가락)

④ 3세

- 조작 놀잇감[줄꿰기 판, 촉감 및 소리 상자, 짝짓기 놀잇감, 퍼즐(10조각 내외)]
- 역할 놀잇감(인형, 인형 옷, 찬장, 그릇, 막대 인형, 손가락 인형, 손 인형과 인형극 틀)
- 쌓기 놀잇감(우레탄 블록, 종이벽돌 블록, 단위 블록, 레고 블록, 자동차, 사람모형 소품)
- 운동 놀잇감(그네, 미끄럼틀, 시소, 낮은 평균대, 세발자전거, 공, 매트 등)
- 언어 놀잇감(다양한 그림책, 동요·동시집)
- 물·모래 놀잇감(크기와 형태가 다양한 그릇, 깔때기, 체, 모양 틀 등)
- 미술 자료(크레파스와 커다란 종이, 손가락 그림물감, 밀가루 반죽, 가위 등)
- 악기(탬버린, 트라이앵글, 마라카스, 방울 등)

⑤ 4세

- 조작 놀잇감[자석, 스포이트, 프리즘, 망원경 및 열쇠와 자물쇠, 너트와 볼트, 비교·분류 카드, 순서 짓기 카드, 퍼즐(20조각 내외)]
- 역할 놀잇감(병원놀이, 가게놀이, 음식점 놀잇감 등)
- 쌓기 놀잇감(단위 블록, 속이 빈 블록, 각종 플라스틱 블록) 및 소품(각종 자동차와 교통표지판, 사람 모형, 운전대, 경찰 모자 등)
- 운동 놀잇감(자전거, 간이 농구대, 매트, 뜀틀, 팥주머니, 고리 던지기 등)
- 언어 놀잇감(화이트 보드와 펜, 글자 카드, 그림책)
- 물·모래 놀잇감(비누와 빨래판, 인형 옷, 계량컵, 물총, 깔때기, 삽, 트럭)
- 미술 자료(크레파스와 종이, 물감과 붓, 색종이, 가위, 풀, 테이프, 찰흙)
- 악기(탬버린, 트라이앵글, 큰북, 방울, 소고, 장고, 실로폰 등)
- 목공 놀잇감(나뭇조각, 스티로폼 조각, 모래 종이, 접착제, 망치, 못, 자)
- 규칙이 단순한 게임 자료(주사위 게임 등)
- 컴퓨터(모니터, 키보드, 마우스 등)

⑥ 5세

- 조작 놀잇감[숫자 카드, 글자카드, 퍼즐(30조각 내외) 및 바느질 자료(헝겊이나 부직포, 커다란 플라스틱 바늘, 털실)]
- 역할 놀잇감(우체국 놀잇감, 은행 놀잇감)
- 쌓기 놀잇감[다양한 블록 종류와 소품(레미콘, 나무토막, 도르래)]
- 운동 놀잇감(공과 농구골대, 축구골대, 팥주머니와 표적판, 철봉, 구름다리)
- 언어 놀잇감(화이트 보드와 펜, 각종 동화책, 언어카드)
- 물·모래 놀잇감(펌프, 물레방아, 찍기 모양틀, 게임 자료 등)
- 미술 자료(크레파스와 종이, 물감, 접착제, 구성 자료, 활동 순서 카드)
- 악기(리듬 악기와 가락 악기, 녹음기, 그림 악보)
- 목공 놀잇감(톱, 망치, 못, C-클램프나 바이스, 나사와 드라이버, 드릴 등)
- 측정 도구(자, 저울, 체중계, 시계 등)
- 컴퓨터(모니터, 키보드, 마우스, 프린터 등)

③ 실외 놀이장

영유아는 놀이하고 싶은 욕구가 생기면 실내외를 구별하지 않고 어느 곳에서나 놀이를 한다. 실외 환경은 공간적으로 실내와는 다른 특징이 있기 때문에 영유아에게 독특한 놀이 경험을 제공한다. 즉, 실내 공간은 사회적 보호와 정서적 지원이 제공되는 장소인 반면 실외 공간은 자연환경과 지역 사회, 문화와의 교류가 빈번하게 일어날 수 있는 개방적 장소이다(Moore & Young, 1978).

현대 사회에 들어서면서 영유아들은 실외에서 마음껏 놀이를 하고 심신을 단련할 기회를 잃어가고 있다. 어린 시기부터 가정이나 기관에서 교육, 안전, 위생을 강조함으로써 자연과 더불어 실외에서 놀이할 수 있는 여건이 점차 나빠지고 있는 것이다(이숙재·이봉선, 2007). 최근에는 컴퓨터, 게임기와 TV 등 전자 놀잇감을 가지고 많은 시간을 보내는 영유아가 증가하면서 실외에서 놀이하는 경험이 줄어들고 있다. 더욱이 주거 형태가 아파트로 바뀌면서 층간소음 문제로 영유아들이 집 안에서도 자유로운 신체 활동을 하지 못하도록 제한받는 실정이다. 앞으로 '공동주택 층간소음 기준에 관한 규칙'의 시행으로(동아일보, 2014. 4. 11) 실내에서 신체 활동을 하기가 더 어려워질 것으로 보인다.

다양한 실외 놀이 경험의 결핍 현상은 영유아 교육·보육기관에서도 심각하게 나타나고 있다. 기관의 실외 놀이 운영 실태를 조사한 연구에 의하면 실외 놀이를 일주일에 1~2회 정도만 실시하는 기관이 많았으며(신은수·김은정·유영의, 2012), 실외 놀이 공간과 시설이 다양하지 않고 획일적으로 구성된 보육기관이 많았다(전수경, 2008). 2015년 전국 보육실태조사 결과, 우리나라 어린이집의 51.4%가 인근에 있는 놀이터를 이용하고 있으며 가정 어린이집은 인근 놀이터를 이용하는 곳이 75.3%에 이르렀다(보건복지부·육아정책 연구소, 2016).

특히 2007년 안전관리법이 제정·시행되면서 유치원이나 어린이집 놀이기구의 안전문제에만 지나치게 집중하다 보니 획일적이고 단조로운 실외놀이장이 조성되어 오히려 다양한 창의적 실외놀이 경험을 제한하는 부작용이 나타난다는 우려도 있다(김명순·최지예·김지연, 2018).

실외 놀이는 실내 놀이와 마찬가지로 영유아의 삶에 매우 중요하다. 영유아의 실외 놀이를 적극적으로 지원해 주기 위해서 생동감 넘치고 건강한 실외 놀이 환경을 조성하는 일이 무엇보다 우선되어야 한다.

본 절에서는 유치원과 어린이집 실외 놀이장을 교육적이면서 영유아에게 기쁨을 제공하는 공간으로 조성하기 위하여 실외 놀이장의 기능 및 바람직한 실외 놀이장 구성 조건, 안전관리 등을 소개하고자 한다.

1) 실외 놀이장의 기능

일반적으로 실외 놀이장은 활발한 신체운동만 이루어지는 장소로 그 기능을 제한시켜 생각하는 경우가 많다. 그러나 교육·보육기관의 실외 놀이장은 영유아의 전인적 성장을 촉진시키는 복합적 기능을 하는 장소이다. 다음에 실외 놀이장의 기능을 세부적으로 살펴보겠다(이숙재, 2011; 이효원·조명숙, 2016; Theemes, 1999; Sluss, 2005).

(1) 신체놀이를 위한 도전적 장소

영유아가 실내에서 놀이를 할 때는 공간이나 소음 문제로 뛰고 달리는 대근육 활동을 하기가 어렵다. 그러나 실외 놀이장에서는 마음껏 떠들고 활발하게 뛰어놀 수가 있다. 넓고 개방된 공간, 신선한 공기, 햇빛, 자연과 더불어 여러 가지 놀이 기구에 기어오르고 매달리며, 뛰어다니거나 게임을 하면서 도전적인 경험을 하고 심신의 건강을 유지할 수 있는 터전이 바로 실외 놀이장이다.

(2) 다양하고 풍부한 감각 경험을 제공하는 장소

밖에서 놀면서 날씨의 춥고 따뜻함, 바람의 세기 및 습도의 높고 낮음 등을 감각적으로 느낄 수 있으며 주변의 여러 가지 자연을 통하여 다양한 감각 경험을 할 수 있다. 모래놀이나 물놀이를 하면서 모래와 물의 각기 다른 특성을 촉감으로 느껴볼 수 있으며 나뭇가지, 나뭇잎, 꽃잎 등이 촉감적으로 어떻게 다른지도 비교해 볼 수 있다. 그 밖에 실외에서 들리는 소리가 실내에서 들리는 소리와 다른 점도 느낄 수 있으며 다양한 소리도 들을 수 있다. 이와 같이 새롭고 다양한 감각 경험을 통하여 영유아의 발달이 촉진될 수 있다.

(3) 자연을 탐구하고 체험할 수 있는 장소

영유아는 실외 놀이장에서 자연을 직접 체험하고 즐기면서 생명존중 의식이 향상된다. 씨앗을 뿌리고 가꾸는 과정과 여러 종류의 나무와 꽃을 관찰하면서 식물에 대해 많은 것을 배운다. 또한 화단에 날아다니는 나비와 벌, 땅 위로 기어다니는 개미와 지렁이, 여러 가지 소리로 울어대는 매미와 새, 기관에서 사육하는 잉꼬새와 닭, 거위 등을 살펴보면서 곤충과 동물을 사랑하는 마음을 갖게 되고 직접 체험하면서 학습한다. 그 밖에 하늘, 해와 그림자, 구름과 비, 바람, 눈 등 자연현상을 관찰하고 이해할 수 있으며 거리와 속도의 관계, 양의 측정 등을 실험해 볼 수 있다.

(4) 정적 놀이를 할 수 있는 장소

영유아는 실외에서 쌓기놀이, 책보기, 그림 그리기 등의 정적인 놀이를 즐긴다. 속이 빈 블록이나 널빤지, 헌 상자를 쌓아서 자동차나 경찰본부 등을 만들고 모래를 쌓아서 모래성, 터널, 두꺼비집을 만들어 놀이한다. 또한 나무 그늘 아래나 의자에 앉아서 책보기를 한다. 그 밖에 날씨가 좋은 계절에는 밖에서 화판 그림, 손가락 그림, 찰흙 빚기 등의 미술 활동과 목공놀이를 자유롭게 창의적으로 할 수 있다.

(5) 다양한 사회관계를 맺는 장소

실외에서는 또래 간 사회적 상호작용이 활발하게 일어난다. 놀이 기구나 시설물을 함께 사용하기 위하여 차례를 지키며 그네, 정글짐, 미끄럼틀에서 서로 손을 잡아 주거나 밀어주는 등 협력적 놀이 경험을 한다. 영유아의 사회적 관계는 역할놀이, 게임들을 통해 더욱 확장된다. 나뭇잎과 열매로 반찬을 만들고 모래 밥을 함께 나눠먹는 놀이, 넓은 공간에서 쫓고 쫓기는 잡기놀이, 숨바꼭질 등 실내에서와는 다른 종류의 놀이를 하면서 다양한 사회관계를 맺는다.

(6) 휴식을 제공하는 장소

실외 놀이장의 조용한 나무 그늘이나 벤치, 돗자리 위에서 영유아는 휴식을 취하면서 일상의 긴장감을 완화하고 여유롭게 즐길 수 있다. 활발한 놀이를 한 후에 자연 속에서 취하는 휴식은 영유아의 정서나 신체 발달에 비타민과 같은 역할을 한다.

(7) 즐거움을 주는 장소

실외 놀이장의 중요한 기능 가운데 하나는 영유아들이 즐거움을 느끼게 하는 것이다. 실외 놀이장은 영유아가 자유를 누릴 수 있는 공간, 영유아의 희망, 상상에 따라 다양한 탐색과 도전을 시도해 볼 수 있는 공간, 발견의 기쁨을 누릴 수 있는 공간, 안전을 보장하는 공간이 되어야 그 속에서 영유아들이 진정한 기쁨을 누릴 수 있다.

이상에서 살펴본 바와 같이 실외 놀이장은 실내 놀이실의 연장일 뿐 아니라 영유아가 자연과 더불어 놀이 경험을 더욱 폭넓게 확장시켜 나갈 수 있는 공간이다.

2) 실외 놀이장의 구성

교육·보육기관의 실외 놀이장은 전체적인 구성이 잘 되어 있어야 함은 물론이고 위치와 면적, 지면, 통로, 공터, 영역 배치, 울타리와 보관창고 등 적절한 조건을 갖추어야 한다.

(1) 실외 놀이장의 구성 기준

실외 놀이장의 구성 기준 일곱 가지를 살펴보면 다음과 같다(김명순·최지예·김지연, 2018; 이숙재·이봉선, 2007; 최영식, 2018; Frost & Klein, 1979; Hurtwood, 1968; Moore, Goltsman, & Iacofano, 1997; Seefeldt & Barbour, 1986; Tai, Haque, McLellan, & Knight, 2006)

① 다양한 놀이가 가능한 공간

- 영유아의 다양한 요구, 호기심, 탐구심을 충족시킬 수 있도록 공간을 조성한다.
- 운동놀이, 역할놀이, 쌓기놀이, 조작놀이, 물·모래놀이, 전래놀이, 목공놀이, 게임 등 다양한 놀이를 할 수 있도록 구성한다.
- 영유아들이 개방된 실외공간에서 각자 자신의 능력에 맞는 도전을 함으로써 왕성한 에너지를 발산하고 성취감을 느끼도록 구성한다.
- 영유아와 환경, 또래, 성인과의 상호작용이 활발하게 이루어지도록 구성한다.
- 영유아가 다양한 자연환경을 직접 경험할 수 있도록 공간을 구성한다.

② 안전하고 위생적인 놀이 공간

- 안전을 위해 영유아의 신체발달에 적합한 놀이 환경을 조성한다.
- 공간을 효율적으로 배치하여 안전성을 높이고 법적 기준에 맞는 안전한 놀이

기구와 시설물을 설치한다.

- 대부분의 유치원이나 어린이집에서 여러 연령층의 영유아가 실외 놀이장을 함께 사용하므로 놀이 기구의 수준을 다양하게 구성하여 사고를 예방한다.
- 실외 놀이장에서 영유아의 건강을 위협하는 자외선, 황사 및 미세먼지를 차단하는 방안을 마련한다.
- 빗물 등의 배수가 잘 이루어지고 모래밭, 놀이 기구 및 시설물의 위생 관리가 원활하도록 구성한다.

③ 발달에 적합한 놀이 공간

- 영유아의 발달에 적합한 실외 놀이장을 구성한다. 실외 놀이장을 영아용, 유아용으로 구분하여 조성하면 안전하고 효율적이다.
- 영아를 위한 실외 놀이장은 다양한 동작과 감각 경험을 할 수 있도록 구성한다. 또한 영아가 심리적으로 편안함을 느낄 수 있도록 구성한다.
- 유아를 위한 실외 놀이장은 유아의 신체적, 지적, 사회정서적 요구를 만족시켜 줄 수 있으며 개방적이고 모험과 도전을 해볼 수 있도록 조성한다. 특히 유아들이 원하는 대로 재구성할 수 있는 창의적인 공간으로 구성한다.

④ 균형적 놀이 공간

- 실외 놀이장은 정적 놀이 공간과 동적 놀이 공간이 균형을 이루도록 조성한다. 즉, 실외 놀이장에는 뛰어다니거나 기어오르는 등의 동적인 활동을 위한 공간과 동화책 보기, 그림 그리기 등의 소근육을 활용하는 정적 놀이 공간이 적절히 배치되어야 한다.
- 그늘진 공간과 양지바른 공간을 균형 있게 조성하여 계절, 날씨의 영향을 받지 않고 원활하게 이용하도록 한다.
- 단단한 지면과 부드러운 지면의 균형을 맞추어 구성한다. 실외 놀이장에서 자전거 등을 탈 수 있도록 단단한 지면이 조성되어야 하며 고무매트, 잔디, 모래 같은 부드러운 지면도 조성되어야 한다.

- 높은 곳과 낮은 곳의 균형을 맞추어 조성한다. 영유아가 흥미를 느낄 수 있도록 평평한 바닥과 더불어 언덕과 같이 높은 장소를 다양하게 조성한다.

5 융통성 있는 놀이 공간

- 영유아는 끊임없이 성장하고 그들의 관심과 요구도 계속 변화한다. 이러한 변화에 맞출 수 있도록 실외 놀이 공간을 구성할 때는 현재와 미래를 함께 생각하여 융통성 있게 조절할 수 있게 한다.
- 고정시설 이외에 이동 가능한 놀이 기구를 제공하여 변화를 준다. 고정 놀이 시설물만으로는 풍부한 놀이경험을 제공하는 데 한계가 있다. 고정놀이 시설 이외에 널빤지, 안전 사다리, 받침대 등을 추가하여 영유아 스스로 놀이 시설을 새롭게 변형시켜 사용하도록 한다.
- 실외 놀이장에 공터를 조성하여 필요에 따라 다양한 용도로 활용한다.

6 미적·자연친화적 놀이 공간

- 실외 놀이장에 설치하는 모든 놀이 시설물의 디자인은 미적으로 아름답고 영유아의 감수성을 키울 수 있도록 설계되어야 한다.
- 실외 놀이장의 색채는 영유아가 정서적으로 친숙함과 안정감을 느끼고 미적 감각을 기를 수 있도록 선택한다. 놀이 공간의 색채는 영유아의 심리적, 생리적 반응에 중요한 영향을 끼치므로 색채를 무분별하게 사용해서는 안 된다. 실외 놀이장의 특성, 공간적 의미, 놀이 시설물의 기능이나 디자인, 전체 환경 및 주변과의 조화를 고려하여 색채를 사용한다(한국색채학회, 2002). 놀이 유형별 감성 요인에 따른 실외 놀이 시설의 색채를 분석한 연구에 의하면, 신체적 놀이에는 빨강, 노랑, 초록, 파랑 등 원색 계열의 색상이 적합하고, 사회적 놀이에는 파스텔톤, 난색 계열의 분홍, 노랑, 하늘 색상이 바람직하다. 또한 인지적 놀이에는 파랑, 보라, 초록, 무채색이 바람직하다(변영신·이재환·김유빈, 2010).
- 실외 놀이장에는 조경용으로 다양한 나무를 심어서 자연친화적 분위기를 조

성하고 그늘도 만들며 계절에 따른 나무의 변화를 영유아가 느끼도록 한다. 또한 화단과 텃밭을 만들어 화초를 직접 키우거나 채소를 재배하여 활용하도록 한다.

⑦ 접근성이 좋은 놀이 공간

- 실외 놀이장은 영유아가 쉽게 접근할 수 있도록 개방적이고 편리하게 구성하여 연령, 능력, 성별, 장애 유무에 상관없이 놀이할 수 있게 한다.
- 실내에서 실외 놀이장으로 자유롭게 이동할 수 있도록 구성한다.
- 통로를 배치하여 놀이 영역 간 이동 및 편의시설 이용이 편리하도록 조성한다.

(2) 위치와 면적

영유아 교육·보육기관의 실외 놀이장 위치는 안전성과 효율성을 고려하여 정한다. 안전성 측면에서 실외 놀이장은 영유아보육법, 유아교육법, 각급 학교별 설립·운영 규정, 어린이 놀이 시설 안전관리법, 품질경영 및 안전관리법, 환경보건법 등 국가에서 정한 법적 기준을 준수하여야 한다. 또한 실외 놀이장 주변에 축대, 소음, 매연, 교통사고 등의 위험 요소가 없는 장소가 적합하다. 효율성 측면에서 볼 때, 유치원이나 어린이집 건물을 대지의 중앙에 배치하면 실외 놀이 공간이 분산되어 공간 활용도가 낮아질 뿐 아니라 교사가 영유아를 보살피고 지도하는 데에도 어려움을 겪게 된다. 따라서 실외 놀이장 면적을 최대한 효율적으로 활용할 수 있도록 실외 놀이장을 배치해야 한다. 또한 실내와 연결이 잘 되는 곳에 배치하여 영유아가 이동하기 쉽도록 한다. 그 밖에 실외 놀이장을 남향으로 배치하면 햇볕이 골고루 들어 쾌적한 환경을 조성할 수 있다.

한편 실외 놀이장의 최적 면적은 영유아의 연령과 인원수, 교육 프로그램의 특성, 대지의 크기 및 주변 환경에 의하여 정해진다. 그러므로 실외 놀이장의 기준 면적을 일률적으로 지정하기는 어려우나 여러 학자들은(Frost, 1992; Frost, Wortham, & Reifel, 2005) 영유아 1인당 약 7.0~9.3㎡(75~100 ft^2)를 실외 놀이장의 최적 면적으로 제시하였다. 미국 NAEYC(2013)에서도 최소 실외 공간을 영유아 1인당 약 7㎡(75 ft^2)로 제시하였다. 일본의 유치원 설치·설비법규(2012)에서는 1학급(35명) 360㎡, 2학급 390㎡, 3학급 400㎡, 4학급 480㎡의 실외 놀이 공간을 제시하였다(최은영, 2013, 재인용). 김은영 등(2009)은 실외 놀이장의 최소 면적 기준을 영아 1인당 4㎡, 유아는 1인당 4.5㎡로 제안하였다.

우리나라 교육·보육기관의 실외 놀이장에 관련된 법적 근거는 다음과 같다.

유치원의 경우, 2013년에 개정된 고등학교 이하 각급 학교별 설립·운영규정 제5조 2항(별표 2)에 의하면 정원 40명 이하 유치원은 160㎡, 41명 이상인 경우는 120+N㎡(N : 정원수)를 설치하도록 명시되어 있다. 즉, 기준 면적은 160㎡이며 이를 초과하는 경우, 초과하는 1인당 1㎡씩을 가산한 면적으로 규정하고 있다(교육부, 2013).

어린이집의 경우, 영유아보육법에 따라 정원 50인 이상 규모일 때 영유아 1인당 3.5㎡ 이상의 실외 놀이장 설치를 원칙으로 하며 정원 규모별로 면적 기준을 다르게 적용하고 있다. 또한 기관의 특수성에 따라 옥내 놀이터, 옥상 놀이터를 설치하거나 인근놀이터 사용을 허용하고 있다(보건복지부, 2013d).

(3) 지면

실외 놀이장의 지면은 영유아의 놀이와 안전에 직접적인 영향을 미치는 중요한 조건이다. 실외 놀이장은 단일 지면으로 구성하기보다 부드러운 지면과 딱딱한 지면 등 다양하게 구성하는 것이 바람직하다. 즉, 실외 놀이장의 넓고 탁 트인 평지에는 잔디를 깔아서 영유아가 안전하게 뛰어놀거나 앉아서 하는 게임과 이야기 나누기 활동을 할 수 있도록 한다. 또한 영유아가 넘어지거나 놀이 기구에서 떨어져 다칠 위험이 있는 장소에는 고운 모래, 고무바닥재 등을 깔아서 안전을 도모한다. Frost와 Klein(1979)에 의하면, 사고 예방을 위하여 모래를 깔 때는 20~30cm 정도의 두께로 깔아야 탄력성을 유지하게 된다고 한다.

한편 실외 놀이장에는 잔디나 모래처럼 부드러운 지면 이외에 단단한 지면도 있어야 한다. 영유아가 자전거를 타거나 짐차를 끌고 다니는 길바닥은 바퀴가 잘 굴러가도록 시멘트나 보도블록을 설치하는 것이 좋다. 그 밖에 실외 놀이장 지면의 일부를 원래의 땅바닥 그대로 남겨 두어서 흙장난을 하거나 물놀이할 때 또는 화단을 가꿀 때 활용한다.

(4) 통로

실외 놀이장의 통로는 영유아가 한 장소에서 다른 장소로 이동하기 위하여 통과하는 바닥이나 땅 위의 공간을 뜻한다. 교육·보육기관에서는 여러 영유아가 함께 실외 놀이를 하므로 서로의 왕래를 원활하게 해 주는 통로가 필요하다.

Kritchevsky, Prescott와 Walling(1977)은 실외 놀이장에 통로가 만들어졌을 때의 이점을 다음 네 가지로 요약하였다.

- 시설물에서 놀고 있는 또래를 방해하지 않고 이동할 수 있다.
- 놀이 시설물이나 그 주변으로 이동하지 않고 통로로 안전하게 이동한다.
- 모든 놀이 시설물이 영유아와 교사의 시야에 잘 들어온다.
- 쓸모없는 공간이 생기지 않는다.

실외 놀이장의 통로는 영유아가 이동하는 길의 기능을 할 뿐 아니라 자전거 길로도 활용되므로 충분히 넓어야 한다. Decker와 Decker(2004)는 통로의 너비가 90~150cm 정도 되어야 하며, 커브 길로 만드는 것이 효과적이라고 제안하였다.

(5) 공터

Kritchevsky, Pressott와 Walling(1977)은 실외 놀이장의 공터, 즉 빈 공간을 잠재적 공간(potential units)이라 불렀다. 공터는 실외 놀이장에 아무런 시설물이 설치되어 있지 않아서 그 용도가 잠재적인 공간을 의미한다. 공터는 영유아의 요구나 의도에 따라 운동놀이나 집단 게임을 하는 공간 또는 휴식을 취하는 장소 등으로 언제든지 필요에 따라 융통성 있게 활용할 수 있다(이숙재, 1994; 김아연·조한별, 2014). 예를 들어 빈 공간에 나무 널빤지, 안전 사다리, 받침대 등을 여러 가지 형태로 배치하여 새로운 놀이 기구를 만들어 다양한 놀이를 즐길 수 있다. 유치원이나 어린이집 실외 놀이장에는 이와 같이 융통성 있게 활용할 수 있는 빈 공간을 꼭 마련해야 한다.

실외 놀이장 빈 공간의 넓이는 일반적으로 영유아 인원수나 실외 놀이장의 전체 면적을 고려하여 결정한다. Fowler(1980)는 약 40㎡ 정도의 빈 공간이 필요하다고 주장했으며 Kritchevsky, Prescott와 Walling(1977)은 전체 실외 놀이장 면적의 1/3~1/2을 공터로 구성하는 것이 바람직하다고 제안하였다.

(6) 영역 배치

실외 놀이장에도 실내 놀이실처럼 각 놀이 영역이 효율적으로 배치되어야 한다. 실외 놀이 영역의 종류나 배치 원칙은 실내 놀이실의 경우와 동일하지만 실외라는 특징과 연령을 고려해서 영아용, 유아용으로 나누어 놀이 영역을 배치할 수 있다.

1 영아를 위한 실외 놀이 영역 배치

영아를 위한 실외 놀이 영역은 영아의 연령, 어린이집의 특성 등에 따라 융통성 있게 배치한다. 출생~12개월 영아는 발달 특성상 1, 2세 영아에 비해 실외에서 활발하게 놀이하기 어려우므로 실외 놀이 영역을 명확하게 구분하여 배치하지 않아도 된다. 일반적으로 영아용 실외 놀이장에는 운동놀이 영역, 역할놀이 영역, 감각놀이 영역, 정적 놀이 영역 등 네 가지 영역을 배치할 수 있다(보건복지부, 2013b; Wellhousen, 2002).

① 운동놀이 영역

운동놀이 영역에는 경사가 완만한 낮은 미끄럼틀이나 계단 오르기, 다리 건너기, 핸들 돌리기, 다이얼 돌리기 등을 할 수 있는 복합놀이 시설물을 설치한다. 또한 손수레, 영아가 탈 수 있는 자동차, 큰 공, 훌라후프 등을 제공한다.

② 역할놀이 영역

영아는 주변의 성인 역할을 모방하는 놀이를 주로 하므로 작은 놀이 집을 설치하고 영아에게 친숙한 놀잇감, 예를 들어 유모차, 인형, 각종 그릇 등을 제공한다. 영아들은 놀잇감을 함께 나누어 사용하는 능력이 부족하므로 충분한 수량을 준비해 준다.

③ 감각놀이 영역

이 영역에서는 영아가 자유롭게 물, 모래, 물감과 종이, 밀가루 반죽 등을 가지고 놀거나 식물을 관찰하면서 다양한 감각 경험을 한다. 물·모래놀이 테이블, 모래밭, 플라스틱 컵, 작은 양동이, 삽, 모양 찍기틀, 체, 물감과 붓을 제공한다.

④ 정적 놀이 영역

영아들이 편안히 휴식을 취하거나 책보기, 퍼즐 맞추기 등의 정적인 놀이를 할 수 있는 영역이다. 조용한 장소에 테라스, 천막 등을 활용해서 햇빛을 가려주고 돗자리나 매트, 탁자와 의자를 준비하며 동화책, 퍼즐, 조용한 음악을 제공한다.

2 유아를 위한 실외 놀이 영역 배치

유아를 위한 실외 놀이장에는 운동놀이 영역, 역할놀이 영역, 정적 놀이 영역, 물·모래놀이 영역, 목공놀이 영역, 동·식물 기르기 영역 등을 배치할 수 있다(보건복지부, 2012; 보건복지부·교육과학기술부, 2013; 이숙재, 2011).

① 운동놀이 영역

운동놀이 영역은 정적인 놀이 영역과 떨어진 곳에 배치하며 유아가 기어오르기, 매달리기, 미끄럼타기 등 다양한 놀이를 할 수 있도록 그네, 미끄럼틀 등의 놀이 시설물을 설치한다. 또한 사다리, 널빤지 등의 이동놀이 기구도 함께 제공하여 다양한 운동놀이를 할 수 있도록 한다.

② 역할놀이 영역

실외 놀이장의 역할놀이 영역은 물·모래놀이 영역과 인접하게 배치하고 놀이 집이나 텐트를 설치하여 아늑한 공간을 만들어 준다. 또한 다양한 역할놀이가 이루어질 수 있도록 흔들 배, 흔들 목마, 운전대, 모형 자동차나 모형 동물 등을 제공한다.

③ 정적 놀이 영역

정적 놀이 영역은 쌓기놀이, 미술 활동, 책보기, 휴식 등을 하는 영역으로 활동적인 영역으로부터 떨어져 있으며 그늘진 장소에 배치한다.

④ 물·모래놀이 영역

물과 모래놀이를 함께하는 경우가 많으므로 수도시설이 가깝고 유아들의 통행이 적은 곳에 배치한다.

⑤ 목공놀이 영역

목공놀이는 소음이 많이 생길 뿐 아니라 주변이 지저분해지기 쉬우므로 다른 놀이 영역과 떨어진 장소에 배치하는 것이 좋다. 또한 안전을 위해 유아들의 통행이 빈번하지 않은 장소가 적절하다.

⑥ 동·식물 기르기 영역

동·식물을 기르는 영역은 유아들이 쉽게 접근할 수 있으며 바람이 잘 통하고 햇빛이 잘 들고 배수가 잘 되는 장소에 배치한다. 동물을 기르는 사육장은 동물의 성장 과정을 관찰하기 쉽고 물이나 사료를 공급하기 편리하며 청결, 안전 유지가 가능하도록 설치한다. 또한 식물을 재배하는 꽃밭이나 채소밭은 햇빛이 잘 비추고 땅이 비옥한 곳이 적합하다.

(7) 울타리와 창고

실외 놀이장 구성에서 필수적으로 고려해야 할 사항은 울타리와 보관 창고이다.

① 울타리

실외 놀이장 주변에는 울타리를 설치해야 한다. 울타리를 설치함으로써 위험한 외부 환경이나 시설로부터 영유아를 보호할 수 있으며 외부인의 무분별한 출입을 통제할 수 있다.

실외 놀이장에 울타리를 설치할 때에는 울타리의 높이와 형태를 고려한다. 울타리는 영유아에게 안전한 놀이 공간을 조성해 주는 기능 이외에 분위기 조성 및 외부와의 연결기능을 하기 때문이다. Frost와 Klein(1979)에 의하면, 울타리의 적절한 높이는 1.2m 정도이며 영유아가 실외 자유놀이시간에 밖으로 무단이탈하지 않도록 문에 잠금장치를 부착한다.

일반적으로 울타리는 목재를 이용하거나 키 작은 나무를 심어서 설치할 수 있다. 울타리의 재질, 형태, 색깔은 실외 놀이장 분위기에 잘 어울리도록 선택하며 영유아가 울타리에 기어올라가거나 머리, 손 등이 끼지 않도록 설치한다.

② 보관 창고

실외 놀이장에는 고정놀이 시설물 이외에 이동 가능한 놀이 기구가 많이 제공되기 때문에 이러한 놀이 기구를 정리, 보관할 수 있는 창고가 필요하다.

놀이 기구를 창고에 보관함으로써 얻을 수 있는 이점은 다음과 같다.

- 다양한 놀이 기구가 효과적으로 제공될 수 있다.
- 놀이 기구를 바람, 비, 눈, 햇빛, 먼지의 피해로부터 보호할 수 있기 때문에 수명을 연장시킬 수 있다.
- 영유아들이 놀이 기구를 적절한 장소에 정리 정돈하는 습관을 갖도록 지도하는 데 효과적이다.
- 잘 정돈되어 있는 놀이 기구는 시각적으로 영유아의 호기심을 자극하여 적극적으로 활용하는 계기가 된다.

창고는 놀이 기구를 운반하고 정돈하는 데 편리한 장소에 설치하며 창고의 크기는 실외 놀이장의 면적이나 놀이 기구의 양을 고려하여 정한다. 창고 내부에는 선반을 설치하거나 걸쇠(hooks)를 부착하여 놀이 기구를 효율적으로 보관할 수 있게 한다(Decker & Decker, 2004).

3) 실외 놀이장의 안전관리

실외 놀이장에서는 놀이 시설물과 관련된 안전사고가 자주 발생한다. 행안부의 2017년 안전사고 분석 결과에 따르면 사고 발생률이 가장 높은 놀이시설물은 조합놀이대, 건너는 기구, 오르는 기구, 그네의 순으로 밝혀졌다(행정안전부, 2018).

놀이 시설물 안전사고가 자주 발생하는 이유는 영유아의 발달 수준에 부적합한 놀이 시설물이 설치되었거나 시설물의 관리 소홀 또는 시설물이 단단한 바닥에 설치되어 다치는 경우 등을 들 수 있다. 따라서 실외 놀이장에서 영유아의 안전을 보호하기 위해서는 발달 수준에 적합한 시설물을 설치하고, 낙상을 해도 충격을 흡수할 수 있는 바닥재를 사용하며, 정기적으로 실외 놀이장을 관리하고 지속적인 감독과 체계적인 안전지도가 이루어져야 한다. 우리나라 기술표준원은 국가 차원에서 2013년에 안전인증대상공산품의 안전 기준(어린이 놀이 기구)을 개정 고시하였다. 이를 통해 그네, 미끄럼틀, 회전놀이 기구 등 놀이 기구의 안전 기준이 구체적으로 제시됨으로써 실외 놀이장 안전관리에 기초가 될 것으로 기대한다.

실외 놀이장의 안전관리방안에 관해 상세히 살펴보면 다음과 같다(교육부, 2015; 국민안전처, 2015; Henniger, Strickland, & Frost, 1985; Theemes, 1999; Wellhousen, 2002).

(1) 발달 수준에 적합한 놀이 시설물 설치

영유아가 사용하는 놀이 시설물은 연령 및 발달 수준에 맞아야 한다. 발달 수준에 부적합하게 디자인되거나 배치를 잘못하면 안전사고가 발생한다. 예를 들어 기어오름대(예 정글짐)의 가로대 지름은 3.5~4.5cm 정도여야 영유아가 손으로 잡기 편리하다. 만일 이보다 두꺼우면 잡기 불편해서 떨어질 위험이 크다.

또한 실외 놀이장은 여러 연령층의 영유아가 공동으로 이용하는 경우가 많은데 하나의 놀이 시설물을 발달 수준이 다른 영유아들이 함께 이용할 때 안전사고 발생 가능성이 커진다. 따라서 영아용 시설물과 유아용 시설물을 따로 설치하는 것이 효과적이다.

그 밖에 놀이 시설물의 특징, 활용 방법 등을 고려하여 적절한 위치에 배치해야 사고를 예방할 수 있다. 각 놀이 시설물 간에 적당한 간격을 두고 설치하여 영유아의 충돌을 피하도록 한다. 또한 움직임이 큰 그네나 미끄럼틀 주변에는 충분한 공간을 확보하고 설치하여 사고를 예방한다.

(2) 충격 흡수용 바닥재 설치

실외 놀이장에서 사고를 유발하는 중요한 요소 가운데 하나는 바닥재이다. 실제로 미국에서 발생하는 실외 놀이장 사고의 75%는 바닥으로 추락해서 일어났다고 한다(Wellhousen, 2002). 국민안전처 분석 자료(2017)에서도 추락사고가 실외 놀이 시설 안전사고의 가장 많은 비율을 차지하였다. 영유아가 그네, 미끄럼틀, 기어오름대에서 놀다가 단단한 땅바닥이나 콘크리트 바닥 위로 떨어지면 타박상, 골절, 뇌진탕과 같은 치명적인 사고를 당하게 된다. 따라서 영유아의 안전을 위해 놀이 시설물의 바닥과 주변에 충격 흡수용 바닥재를 설치하여야 한다. 충격을 완화시켜 주는 바닥재로는 모래(20~25cm 두께), 고무 매트(2.5cm 이상의 두께), 우레탄 무늬목, 우드칩, 콩자갈 등이 활용된다(Frost, 1992).

(3) 실외 놀이장의 안전 검사 및 점검

실외 놀이장의 안전을 위해서는 안전관리법, 어린이 놀이 시설 설치기준 및 기술기준에 따라 안전검사를 마친 놀이 시설물을 설치해야 한다. 또한 실외 놀이장은 2년에 1회 이상 정기검사, 월 2회 이상 안전점검을 하여 사고를 예방해야 한다. 실외 놀이장에 설치된 시설물은 햇빛, 비, 바람 등의 자연환경에 그대로 노출될 뿐 아니라 기관의 많은 영유아가 함께 사용하므로 망가지기 쉽다. 따라서 시설물의 안전점검을 정기적으로 하고 일일안전점검을 실시하여 위험 요소가 발견되면 신속하게 처리해야 한다. 실외 놀이장의 구체적인 안전 검사 및 점검 사항은 다음과 같다(교육부, 2015; 국민안전처, 2015; Frost, 1992; Wellhousen, 2002).

① 놀이 시설물의 돌출 부분, 뾰족한 끝이나 날카로운 모서리

시설물에 튀어나온 부분, 예리한 끝이나 모서리가 있으면(예 나사, 못), 옷이나 발이 걸려서 넘어지거나 찔려서 상처를 입을 수 있다.

② 시설물을 연결하는 죔쇠나 시설물 간의 틈새

시설물의 여러 부품을 연결하는 죔쇠가 풀려서 흔들거리면 영유아가 균형을 잃어 넘어질 수 있다. 또한 시설물의 틈새나 구멍 크기가 지름 9~30cm인 경우, 영유아의 손가락이나 손, 팔, 머리가 끼거나 다리가 빠져서 다칠 위험이 있다.

③ 금속 표면재

그네의 좌석판, 미끄럼판, 계단의 손잡이 등이 금속으로 제작된 경우, 여름에 금속온도가 높아져서 영유아가 가벼운 화상을 입을 수도 있다.

④ 나무 재료의 부서진 조각, 금속의 부식, 플라스틱 제품의 균열, 페인트 벗겨짐

나무로 제작된 시설물의 쪼개진 부분에 피부를 긁히거나 가시가 박힐 수 있으며 금속이 부식되어 녹이 생겨 비위생적일 수 있다. 그 밖에 플라스틱이 갈라진 틈에 긁힐 위험도 있으며 페인트칠이 벗겨져 녹이 슬면 부식되어 시설물 자체가 위험해질 수도 있다.

⑤ 망가지거나 떨어져 나간 부품

놀이시설물에 망가지거나 떨어져 나간 부품이 있으면 제 기능을 발휘할 수 없으므로 위험 요소가 된다.

⑥ 미끄럽거나 굴곡이 심한 바닥, 위험한 축대

실외 놀이장의 바닥이 미끄럽거나 울퉁불퉁한 경우, 영유아가 넘어질 위험이 크다. 또한 금이 간 축대도 대형 사고 요인이 될 수 있다.

⑦ 유해한 식물과 곤충

실외 놀이장에 조경용이나 재배용으로 가시가 있거나 독한 냄새가 나는 식물을 심거나 모기, 사람을 무는 개미 등이 많은 경우에 위험 요소가 된다.

⑧ 위험 시설물

에어컨 실외기, LPG 가스통 등은 영유아의 접근이 불가능한 장소에 설치하거나 안전 가림막을 설치해야 한다.

⑨ 유리 조각, 돌멩이, 휴지 등의 쓰레기

실외 놀이장에 각종 쓰레기가 있으면 위험하고 비위생적이다.

(4) 체계적 안전교육

실외 놀이장에서 일어나는 안전사고가 모두 놀이 시설물이나 자연환경에 의해서만 발생한다고 볼 수는 없다. 실외 놀이장을 이용하는 영유아들 스스로 안전을 지킬 능력이 부족하여 사고가 발생할 수 있기 때문이다. 실외 놀이 안전교육방안에 관해 살펴보면 다음과 같다(김영실·윤진주, 2010; Frost & Henninger, 1979; Moore, Goltsman, & Iacofano, 1997).

① 협동적 안전계획

이야기 나누기 시간에 영유아들이 실외 놀이장에서 지켜야 할 안전규칙에 대해 함께 토의하고 규칙 목록을 만드는 기회를 통해 스스로 안전의 필요성을 깨닫고 준수하게 한다.

② 놀이 시설물의 올바른 사용법 설명 및 시범

교사는 영유아와 자연스럽게 개별적인 상호작용을 하면서 놀이 시설물의 올바른 사용법을 설명해 주고 필요한 경우에는 직접 시범을 보임으로써 안전지도를 할 수 있다.

③ 위험 요소 및 자기 능력의 한계 인지

실외 놀이장에서 안전을 도모할 수 있는 또 다른 방법은 영유아가 실외 놀이장의 위험 요소와 자신의 능력 및 한계를 분명히 인지하도록 돕는 것이다. 영유아가 너무 겁을 내거나 무모한 행동을 하지 않고 단계적으로 새로운 시도를 해 보도록 지원하고 격려하면 위험 요소와 자신의 한계를 자연스럽게 받아들이게 된다.

④ 동화 및 놀이를 통한 안전교육

실외 놀이장의 안전에 관련된 동화를 보거나 역할놀이를 하면서 놀이 안전 지식, 태도, 기술을 자연스럽게 습득할 수 있다.

⑤ 직접 경험을 통한 안전교육

안전교육은 영유아의 경험과 관련하여 지속적이고 반복적으로 이루어져야 한다. 즉, 영유아가 실외 놀이장에서 직면한 어려운 상황을 토대로 지도하거나 주변에서 일어난 사고소식을 통해 안전교육을 실시한다.

4 실외 놀이 기구 및 시설물

실외 놀이장에는 다양한 놀이 기구와 시설물이 제공되어야 한다. 본 절에서 실외 놀이 기구란 실외에서 사용되는 이동 가능한 놀이 기구(예 이동식 골대, 물놀이 테이블)를 의미하며, 놀이 시설물은 실외 놀이장 바닥에 고정 설치된 것(예 그네, 미끄럼틀)을 뜻한다.

실외 놀이장에 '어떤' 놀이 기구와 시설물을 '얼마만큼' 제공할 것인가를 결정하는 것은 대단히 중요한 문제이다. 본 절에서는 실외 놀이 기구 및 시설물의 조건과 적정 수량을 살펴보고 구체적인 놀이 기구와 시설물의 종류를 소개하겠다.

1) 실외 놀이 기구 및 시설물의 조건

실외 놀이장에 제공되는 놀이 기구와 시설물은 다음과 같은 조건을 갖추어야 한다(이숙재, 2011; Moore, Goltsman, & Iacofano, 1997; Wellhousen, 2002).

① 견고하고 안전한 놀이기구 및 시설물

모든 놀이 기구와 시설물의 가장 기본적인 조건은 견고하고 튼튼하며 안전해야 한다는 점이다. 특히 실외 놀이 시설물을 바닥에 설치할 때 안전성에 유의해야 한다. 또한 실외 놀이 기구와 시설물은 비, 바람, 햇빛, 추위 등에도 부식, 변형, 파손되지 않도록 제작해야 안전성이 오래 지속될 수 있다.

② 영유아의 연령과 발달 수준에 적합한 놀이기구 및 시설물

실외 놀이 기구와 시설물은 사용하는 영유아의 신체 조건이나 지적, 정서, 사회적 발달 수준에 알맞아야 한다. 발달 수준에 못 미치는 놀이 기구와 시설물은 영유아의 흥미를 끌지 못하며 발달 수준보다 너무 앞선 놀이 기구와 시설물은 좌절감을 안겨 주거나 잘못 사용되어 영유아의 안전을 해칠 위험이 있다.

③ 다양한 놀이기구 및 시설물

실외 놀이용 기구 및 시설물은 다음과 같은 다양성을 갖추어야 한다.

- 종류의 다양성 : 놀이 기구와 시설물의 종류를 다양하게 제공한다.
- 재료의 다양성 : 놀이 기구와 시설물은 목재, 플라스틱 등 다양한 재료로 제작한다.
- 기능의 다양성 : 신체 발달 이외에 정서, 사회성 발달, 지적 발달을 촉진시키는 복합적 기능을 갖춘 놀이 기구와 시설물을 제공한다.
- 난이도 수준의 다양성 : 연령이나 능력이 각기 다른 영유아가 함께 놀이하므로 단순하고 쉬운 것에서부터 어려운 수준까지 다양하게 설치한다.

④ 미적이며 예술적인 놀이기구 및 시설물

놀이 기구 및 시설물의 형태나 색채가 미적인 조화를 이루도록 한다. 특히 색채는 환경의 쾌적성, 안정성, 피로감, 능률성 등에 영향을 미치기 때문에 색채 선정에 유의해야 한다. 영유아는 원색을 좋아한다는 고정관념 때문에 모든 기구 및 시설물을 원색으로 울긋불긋하게 색칠하는 것은 바람직하지 않다. 실외 놀이장 주변의 색채와 조화를 이루면서 영유아에게 안정감을 제공하는 색채를 선정해야 한다. 또한 형태면에 있어서도 영유아의 흥미를 유발하면서 안정감 있는 디자인의 놀이 기구와 시설물을 설치한다.

⑤ 복합적 기능의 놀이 기구와 시설물

단순한 놀이 기구나 고정 시설물만 제공하면 영유아가 다양한 놀이로 확장시키기 어렵다. 예를 들어 흔들 배는 타고 앉아서 흔들림을 즐기는 단순한 놀이 기구지만 망원경, 무전기 등의 이동기구를 제공하면 배 타기 놀이 이외에 해적선 놀이, 119구조대놀이 등을 여러 영유아가 함께할 수 있다. 따라서 실외 놀이장에 고정놀이 시설물과 이동놀이 기구를 복합적으로 제공하여 영유아가 필요에 따라 재구성하거나 변형시켜서 활용하도록 한다.

⑥ 실외 놀이 공간의 특성과 자연환경에 맞는 놀이 기구와 시설물

실외 놀이장의 면적이 좁은 경우에는 소규모 복합놀이 시설물을 설치하고, 실외 놀이장에 언덕이 있다면 언덕에 미끄럼틀을 설치할 수 있다. 이처럼 공간 특성과 자연환경에 적합한 놀이 기구를 설치함으로써 활용도를 높이고 전체 환경과의 조화를 도모할 수 있다.

2) 실외 놀이 기구 및 시설물의 적정 수량

놀이 기구와 시설물의 적정 수량 문제의 해결방안으로 Kritchevsky, Prescott와 Walling(1977)은 다음과 같은 방법을 제시하였다. 즉, 놀이 기구와 시설물을 복합성 수준에 따라 단순시설(simple unit), 복합시설(complex unit), 슈퍼시설(super unit)로 분류하고 이를 근거로 놀이 시설물의 적절한 수량을 산출하였다.

- 단순시설 : 놀이 시설물의 용도가 정해져 있는 시설물을 의미한다(예 그네).
- 복합시설 : 영유아가 다양하게 사용할 수 있도록 두 가지의 서로 다른 놀이 시설이나 놀잇감이 제공된 경우(예 모래밭과 흙 파는 도구 또는 놀이 집과 소꿉 그릇)가 여기에 속한다.
- 슈퍼시설 : 세 가지 이상의 놀잇감이 활용되는 경우를 의미한다(예 모래밭과 모래놀이용품과 물).

이러한 분류에 따라 Kritchevsky, Prescott와 Walling은 놀이 시설물의 활용도를 고려하여 각 시설에 수치를 부여하였다. 단순시설은 주로 영유아 1명이 사용하게 되므로 1점, 복합시설은 영유아 4명을 수용할 수 있으므로 4점, 슈퍼시설은 복합시설 두 배의 가치가 있으므로 8점을 배당하여 총 시설물의 합계를 구하고 이를 이용 인원수로 나누면 영유아당 놀이 시설물의 비율이 산출된다는 것이다. 영유아에게 놀이 기구와 시설물의 선택권을 여유 있게 제공하기 위해서는 영유아당 놀이 시설물 비율이 최소한 2.5는 되어야 한다(Wellhousen, 2002).

만일 어떤 유치원의 실외 놀이장에 다음 사례와 같이 놀이 시설물이 설치되었다면 총 시설물의 합계는 10점이다. 영유아당 놀이 시설물의 비율을 2.5로 계산하면 이 실외 놀이장에는 4명이 놀고 있을 때 자유로운 놀이 시설물의 선택이 이루어질 수 있다.

놀이시설물	복합성 수준	점수
그네 3개	단순시설	3
트램펄린 2개	단순시설	2
놀이집 1개	단순시설	1
정글짐과 널빤지	복합시설	4
		합계 10

그러나 이 실외 놀이장에 놀이 시설물의 복합성 수준을 높여서 다음과 같이 배치한다면 동일한 공간에서 더 많은 영유아가 원활하게 놀이를 할 수 있다. 즉, 총 시설물의 합계가 30점으로 증가하므로 12명의 영유아가 놀이 시설물을 자유롭게 사용하면서 놀이할 수 있다.

놀이 시설물	복합성 수준	점수
놀이 집, 탁자와 의자, 소꿉그릇, 인형	슈퍼시설	8
모래밭, 물, 깡통	슈퍼시설	8
풍선, 풍선채	복합시설	4
흔들 배, 망원경, 깃발	슈퍼시설	8
공 2개	단순시설	2
		합계 30

이상의 사례에서 알 수 있듯이 실외 놀이 기구와 시설물을 효율적으로 활용하려면 영유아당 놀이 시설물의 비율을 높여야 한다. 이를 위해서 실외 놀이 시설물의 종류를 단순시설보다 복합·슈퍼 시설 위주로 제공하는 방법과 실외 놀이장 이용 영유아의 인원수를 줄이는 방법(예 학급별 시차제로 실외 놀이 시간 실시)이 있다.

3) 실외 놀이 기구 및 시설물의 종류

실외 놀이장에 제공할 수 있는 놀이 기구 및 시설물의 종류를 Norén-Björn(1982)의 분류 기준에 따라서 소개하려고 한다. Norén-Björn은 놀이 기구와 시설물을 기능에 따라 고정놀이 시설물과 이동 놀이 기구로 구분하는데 이를 간략하게 제시하면 다음과 같다.

- 실외 놀이 기구 및 시설물
  - 고정놀이 시설물
    - 운동놀이용 시설물
      - 단순기능의 시설물 (예 기어오름대)
      - 움직이는 시설물 (예 그네, 시소)
      - 복합기능의 시설물 (예 복합놀이 시설)
    - 상상놀이용 시설물
      - 모형 시설물 (예 자동차 모형)
      - 공간 조성 시설물 (예 놀이 집)
      - 모래밭
  - 이동놀이 기구
    - 운동놀이용 놀이 기구(예 사다리, 트램펄린)
    - 상상놀이와 쌓기놀이용 놀이 기구(예 천막, 블록)

(1) 고정놀이 시설물

고정놀이 시설물이란 바닥에 고정되어서 이동이 불가능한 놀이 시설물을 의미하는데 한번 설치하면 재배치가 어려우므로 시설물의 특징, 활용도를 고려하여 배치하도록 한다. 또한 고정놀이 시설물은 대부분 규모가 크기 때문에 설치를 위해 넓은 공간을 할당해야 하므로 실외 놀이장 면적이 좁은 유치원이나 어린이집에서는 가능하면 고정놀이 시설물의 개수를 줄임으로써 공간 활용도를 높일 수 있다.

고정놀이 시설물의 종류를 구체적으로 살펴보고자 한다(국민안전처, 2015; 보건복지부·한국보육진흥원, 2017; Moore, Goltsman, & Iacofano, 1997).

① 기어오름대(정글짐)

영유아가 기어 오르내리는 놀이를 할 수 있는 단순기능의 놀이 시설물로 육면체, 둥근 지붕(dome) 또는 탑 모양 등 형태가 다양하다.

- 기어오름대의 칸과 단의 간격, 전체 크기와 높이는 놀이 시설물을 사용할 영유아의 발달 수준과 실외 놀이장 면적을 고려하여 결정한다.
- 기어오름대를 설치하는 장소는 영유아의 왕래가 잦지 않은 곳이 적절하며, 바닥에 모래를 깔아서 안전사고에 대비한다.
- 기어오름대의 최대 높이는 2.5m 이하로 한다.
- 손으로 잡고 오르는 가로대(rungs)의 지름은 3.5~4.5cm로 하여 잡기 편하게

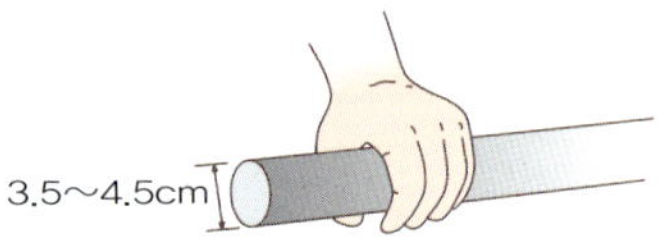

가로대의 굵기

한다(Esbensen, 1987).

- 기어오름대 단(段)의 간격은 35cm를 초과하지 않게 한다(Frost, 1992).
- 기어오름대를 설치할 때는 땅 밑에 콘크리트 구조물로 지주를 만들어, 그 위에 설치하면 튼튼하다.
- 기어오름대의 모서리는 뾰족하거나 날카롭지 않게 한다.

② 그네

그네는 앞뒤로 흔들기, 높이 올라가기 및 빙그르르 돌기 등 움직임을 즐기는 놀이 시설물이다.

- 그네는 영유아의 왕래가 잦지 않은 장소에 설치하며, 움직이는 시설물이기 때문에 그네의 앞, 뒤, 좌, 우로 충분한 간격을 두고 설치하도록 한다. 그네의 앞, 뒤로 3m쯤 떨어진 곳에 낮은 나무 울타리를 만들어 다른 영유아가 그네와 부딪치는 일이 없도록 배려한다(Esbensen, 1987).
- 영유아가 그네에서 떨어져 다치는 것을 예방하기 위하여 그네 밑에 부드러운 모래를 깐다.
- 그네가 서로 부딪치는 것을 방지하기 위하여 그네틀에 2개 이상의 그네를 매달지 않는다.
- 그네틀과 그네, 그네와 그네의 간격은 70cm 이상으로 한다(Frost, 1992).
- 어린 영아를 위해서는 등받이가 있거나 몸을 고정시켜 주는 안전벨트가 부착된 그네가 적합하다.

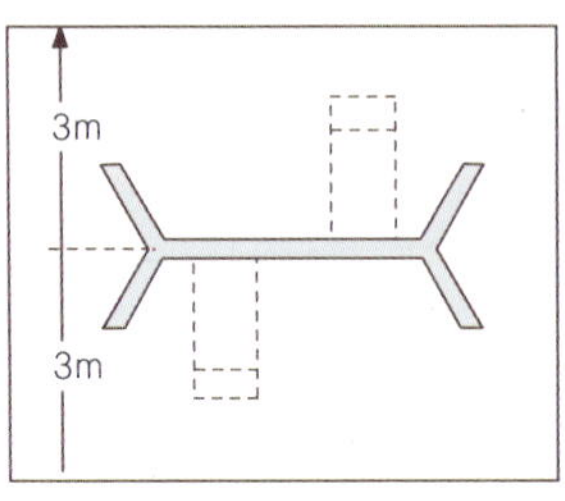

그네의 안전 영역

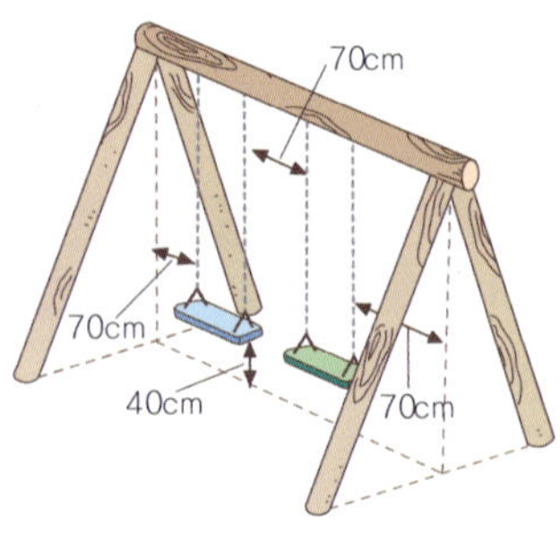

그네의 안전 치수

③ 미끄럼틀

미끄럼틀은 경사진 판을 미끄러져 내려오는 놀이를 할 수 있도록 제작된 고정놀이 시설물이다.

- 실외 놀이장에 미끄럼틀을 설치할 때는 미끄럼판이 실외 놀이장 통로와 마주치지 않도록 배치한다. 만일 미끄럼판이 통로와 마주치게 되면 미끄러져 내려오다가 지나가는 영유아와 충돌할 위험이 있다.
- 미끄럼판은 스테인리스나 목재, 플라스틱 등 여러 가지 재료로 만들 수 있다.
- 미끄럼틀은 재료뿐 아니라 크기나 형태를 다양하게 만들 수 있다. 놀이 공간이 넓은 경우에는 미끄럼판을 직선 형태 이외에 웨이브형, 나선형, 터널형 등으로 만들어서 영유아가 모험을 즐기도록 한다(기술표준원, 2013).
- 미끄럼틀을 제작하고 설치할 때는 높이와 경사를 고려해야 한다. 미끄럼틀의 높이는 영유아의 신체적 조건에 따라 다르나 보통 2.5m 이하로 설치하며, 경사는 30~40° 정도로 한다(국민안전처, 2015; 지혜련·김온기, 1990).
- 미끄럼틀의 꼭대기에는 연단(platform)을 만들어 계단을 올라온 영유아가 미끄럼을 타기 전에 안정된 자세를 취한 후 미끄럼을 타게 한다. 또한 연단에는 보호벽을 만들어서 영유아가 추락하는 것을 방지한다. 연단의 보호벽 높이는 1~3세 60cm, 3~6세 70~80cm가 안전하다.
- 영유아가 미끄러져 내려오는 도중에 밖으로 굴러 떨어지는 것을 방지하기 위해 미끄럼판에는 8~15cm 높이의 보호벽을 만든다(Esbensen, 1987).

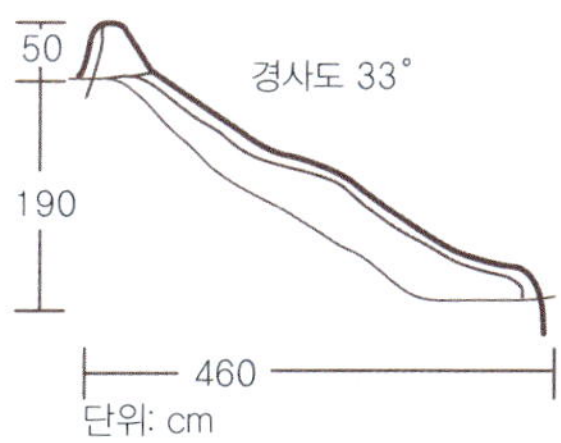

④ 시소

시소의 양쪽에 앉아서 올라가고 내려오는 움직임을 반복하는 운동놀이용 시설물이다.

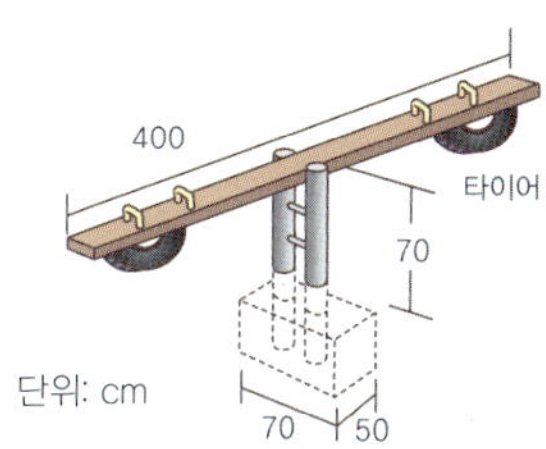

- 시소를 설치할 때는 시소가 땅에 닿을 때 영유아의 신체에 충격이 가지 않도록 배려한다.
- 손잡이를 부착하여 영유아가 붙잡고 안전하게 탈 수 있도록 한다.

• 시소의 기울기는 30° 이내로 한다(Frost, 1992).

5 흔들 목마

영유아가 타고 앉아서 스프링의 흔들림을 반복하는 운동 놀이용 시설물이다. 여러 가지 동물 형태, 즉 오리, 말, 개 또는 오토바이나 자동차 등 다양하게 제작한다.

- 흔들 목마는 위, 아래로 움직이는 시설물이므로 견고해야 하며 유연하고 튼튼한 스프링을 부착한다.

- 영유아의 연령이나 신체 조건을 고려하여 높이를 정하며 손잡이와 발받침대를 만들어 안전하게 탈 수 있도록 한다(Moore, Goltsman, & Iacofano, 1992).
- 흔들 목마 밑에는 모래나 고무 매트를 깔아 떨어져 다치는 것을 예방한다.

6 복합놀이 시설물

복합놀이 시설물은 영유아가 기어오르고 매달리고 미끄럼타기 등과 같이 여러 가지 운동을 할 수 있도록 제작된 복합기능을 갖춘 놀이 시설이다.

- 복합놀이 시설물의 규모는 실외 놀이장의 면적을 고려하여 결정한다. 실외 놀이장이 협소한 경우에는 두세 가지의 기능을 갖춘 소규모 복합놀이 시설물을 설치하는 것이 효과적이다.

- 복합놀이 시설물에 설치하는 놀이 기구는 특징이나 용도에 따라 적절한 위치에 배치하며, 영유아가 한 놀이기구에서 다른 놀이 기구로 안전하고 편리하게 이동할 수 있도록 효율적으로 연결한다.
- 복합놀이 시설물의 최대 높이는 2.5m가 넘지 않도록 한다.

7 놀이 집

영유아에게 집 모양 같이 밀폐된 공간을 제공함으로써 여러 가지 상상놀이, 연극놀이에 이용할 수 있는 시설물이다.

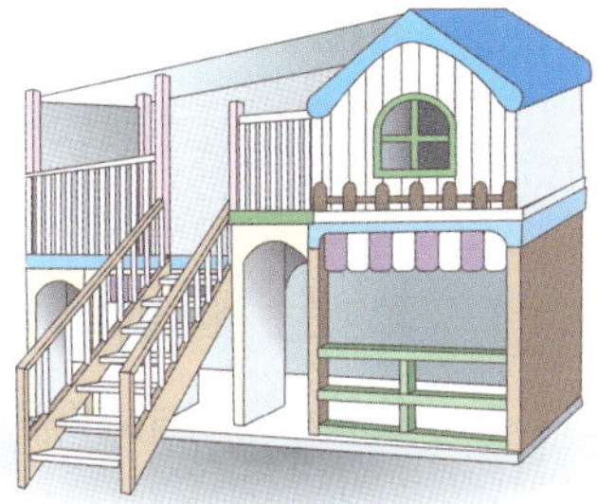

- 놀이 집 내부에는 간이 의자를 만들거나 비닐, 돗자리 등을 깔아서 영유아가 앉을 수 있는 공간을 제공한다.
- 영아용 놀이 집에는 다양한 감각·운동놀이를 할 수 있는 소품(예 핸들, 다이얼 등)을 부착한다.
- 놀이 집이 복합기능을 할 수 있도록 그물망, 수직사다리, 층계, 미끄럼판 등을 부착하고, 안전 사다리, 널빤지, 상자, 보자기, 소꿉그릇, 각종 장신구와 의상을 함께 제공하면 효과적이다.

⑧ 물놀이 시설

실외 놀이장에 수로의 높낮이가 다른 계단식 물놀이대, 펌프대 등 다양한 시설을 설치하며, 실외 공간이 넓은 경우에는 물이 뿜어 나오는 물보라 시설(spray)이나 간이 연못을 설치할 수 있다.

- 물놀이 시설은 배수가 잘 되는 모래밭 가까이에 배치한다.
- 간이 연못의 경우, 깊이는 35cm 이내로 하며 늘 깨끗한 물이 흐르도록 설치한다(Moore, Goltsman, & Iacofano, 1992).

⑨ 모래밭

실외 놀이장에 설치하는 모래밭은 직사각형, 정사각형, 타원형 등 다양한 형태로 제작하며 모래밭의 테두리도 통나무, 콘크리트 등 여러 재료로 만들 수 있다.

- 모래밭은 배수가 잘 되며 그늘이 적당히 생기고, 동적 놀이 영역과 조금 떨어진 위치에 설치하는 것이 바람직하다.
- 모래밭의 밑 부분은 자갈을 깔고 그 위에 벽돌을 놓고, 벽돌 위에 45~60cm 정도의 모래를 덮는다.

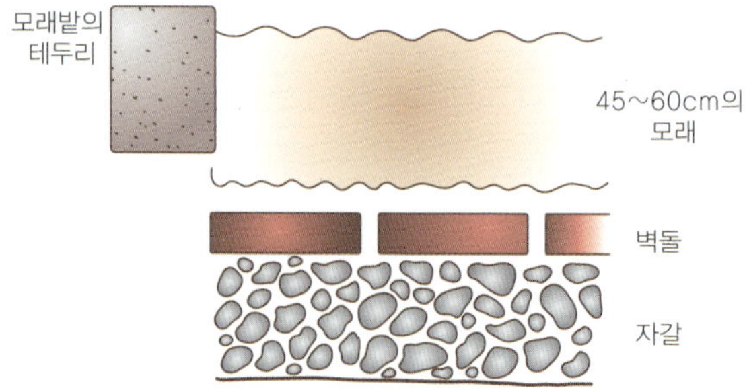

출처: 지혜련·김온기(1990: 52).

모래밭의 구조

⑩ 야외무대

실외에서 연극놀이를 하거나 이야기 나누기 활동을 하는 공간으로 활용하기 위해 테라스나 데크(deck), 계단식 원형 극장을 설치할 수 있다.

- 무대에 오르내릴 때 안전사고의 위험이 있으므로 무대 높이를 낮게 하거나 경사로(ramp)를 설치한다.
- 다양한 놀이를 할 수 있도록 적절한 무대 소품을 제공한다.

(2) 이동놀이 기구

실외 놀이용 이동기구란 일정한 장소에 고정적으로 부착된 것이 아니라 어느 장소로도 이동할 수 있는 놀이 기구를 뜻한다. 이동놀이 기구는 활용도 측면에서 많은 장점을 가지고 있는데 이를 구체적으로 살펴보면 다음과 같다.

- 이동 기구는 장소 이동이 가능하고 다목적용으로 활용할 수 있기 때문에 제한된 실외 놀이 공간의 효율성을 높일 수 있다. 예를 들어 시소를 고정 시설물로 설치하면, 영유아가 시소를 사용하지 않는 경우에도 일정한 공간을 차지하므로 공간 낭비가 된다. 그러나 널빤지와 받침대 등 이동 기구로 조합한 시소를 영유아가 원하는 때, 원하는 장소에 설치하면 더 효율적인 공간 활용이 될 수 있다.
- 이동 기구를 제공함으로써 고정놀이 시설물이 다양하게 활용될 수 있다. 고정놀이 시설물인 기어오름대에서는 주로 기어오르기, 매달리기 등과 같은 대근육 운동놀이가 이루어진다. 그런데 이 고정 시설물에 널빤지, 안전 사다리 등 이동기구를 첨가해 주면 더 다양한 운동놀이를 할 수 있을 뿐 아니라 가족놀이, 등산놀이 등 여러 역할놀이를 할 수 있다.
- 이동기구로 다양한 놀이 기구를 만드는 경험을 통하여 창의성, 자신감, 만족감 및 협동심이 증진될 수 있다. 놀이용 이동기구는 영유아에게 많은 조작 기회를 제공한다. 널빤지를 받침대에 결합하는 방법에 따라 시소도 되고 미끄럼판이 되며 널빤지가 걸터앉을 수 있는 마루가 되기도 한다. 이와 같이 한 가지 놀이 기구를 다양한 용도로 활용해 봄으로써 영유아의 사고력, 특히 문제해결력에 필수적인 확산적 사고력과 창의력이 증진되며 결과에 만족감을 느끼게 되므로 자신감을 갖게 된다. 그뿐만 아니라 다양한 놀이 기구를 만드는 과정에서 친구들과 협동하는 경험을 한다.

이동놀이 기구의 종류를 구체적으로 소개하면 다음과 같다(지혜련·김온기, 1990).

1 받침대

널빤지나 안전 사다리를 받쳐 주는 받침대로 활용되며 형태나 크기를 그림과 같이 다양하게 제작한다.

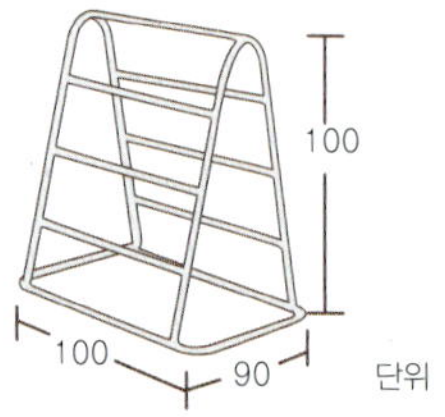

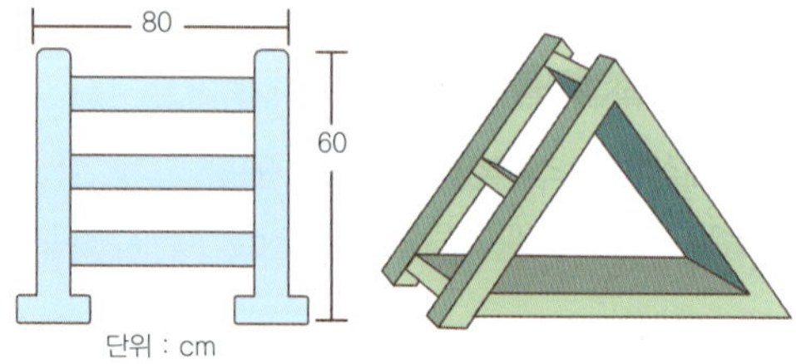

② 널빤지

받침대나 기어오름대 등에 걸쳐 놓거나 비스듬히 놓아서 미끄럼판, 시소, 놀이용 마루판으로 사용할 수 있다. 널빤지는 직사각형으로 다양한 크기로 만들 수 있다. 널빤지 뒷면의 양끝과 가운데에 작은 나뭇조각을 덧붙여서 안전 사다리나 기어오름대에 널빤지를 고정시키는 걸쇠의 역할을 하도록 한다.

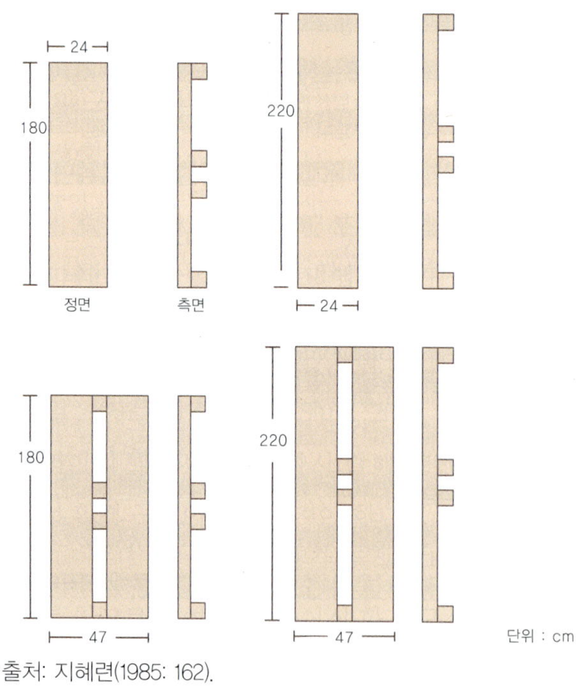

출처: 지혜련(1985: 162).

③ 안전 사다리

높은 곳에 오르내릴 때 사용하거나 받침대와 연결하여 사용한다.

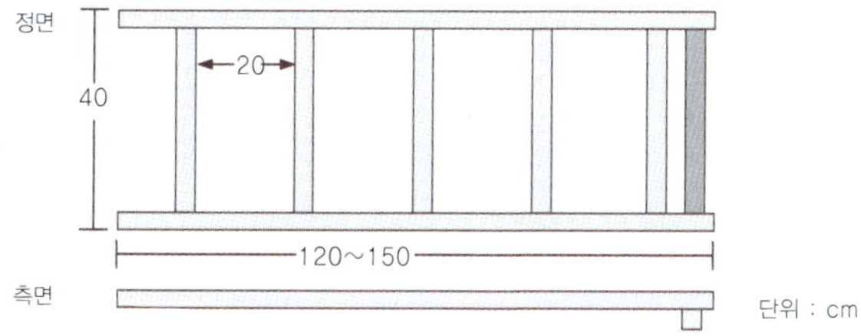

④ 흔들 배

영유아가 타고 앉아서 앞뒤로 흔들며 놀이를 하는 기구이다. 배의 바닥면에는 3~4단의 계단을 만들어 배를 뒤집어엎어 놓고 걸어서 오르내리는 놀이를 할 수도 있다.

⑤ 평균대

영유아가 올라서서 몸의 균형을 유지하면서 앞으로 걷기, 빨리 걷기, 뒤로 걷기 등을 할 수 있다. 높이 조절이 가능한 평균대, 직선이나 지그재그 등 형태를 변경시킬 수 있는 평균대 등이 있다.

⑥ 트램펄린

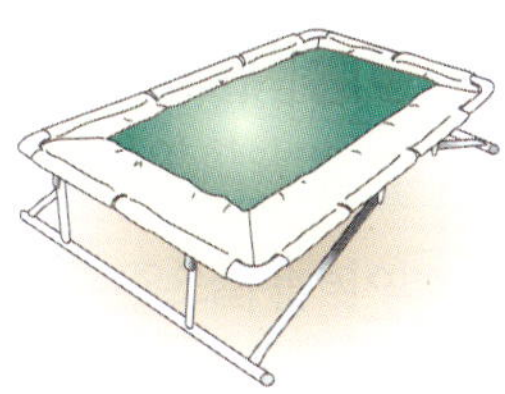

영유아가 올라서서 점프 동작을 할 수 있는 놀이 기구이다. 원형이나 직사각형이 있으며 1인용의 소규모 트램펄린

과 여러 명이 동시에 사용하는 대규모 트램펄린이 있다.

⑦ 물·모래놀이 테이블

물이나 모래, 곡식, 열매, 마카로니 등 모래대용품을 담아서 놀이하는 이동식 테이블이다. 용도와 형편에 따라 여러 가지 크기로 제작할 수 있다. 높이는 50~60cm(3세 : 50~55cm, 4·5세 : 55~60cm)이다.

⑧ 자전거 및 손수레

영유아가 타고 페달을 밟고 운전하며 달리는 세발자전거나 물건을 담아서 운반하는 손수레를 제공한다.

⑨ 이동식 운전대

운전놀이를 할 때 사용된다. 나무로 제작할 수 있다.

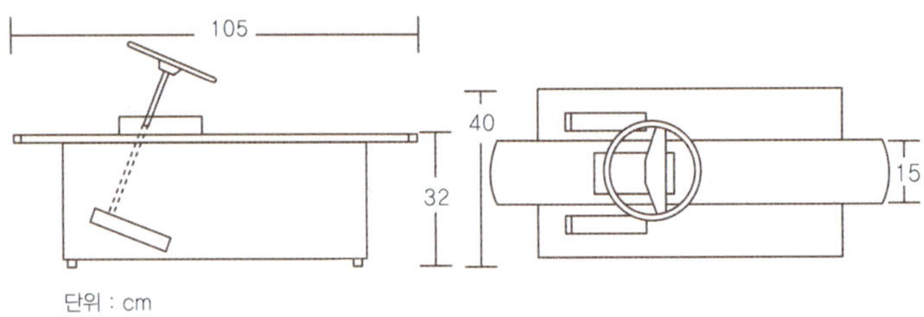

출처: 지혜련·김온기(1990: 58).

⑩ 블록

실외 놀이장에서 쌓기놀이를 위해 나무로 제작된 속이 빈 블록이나 대형 플라스틱 블록(예 대형 와플 블록), 헌 상자를 활용할 수 있다.

이상에서 소개한 실외 놀이 기구 및 시설물을 영유아의 연령별로 정리하면 다음 표와 같다.

〈표 7-3〉 영유아 연령에 적합한 실외 놀이 기구 및 시설물

연령	실외 놀이 기구 및 시설물
생후 6개월 ~12개월	매트, 기어오르는 낮은 연단(platforms), 대형 스펀지 블록
1세	낮은 미끄럼틀, 단순하고 낮은 기어오름대, 안전 그네, 탈 수 있는 바퀴 달린 자동차, 모래 놀잇감(모래삽, 갈퀴, 모래통 등)
2세	기어오름대, 미끄럼틀, 그네, 운전대, 손수레, 유모차, 흔들 배, 흔들말, 물·모래 놀잇감
3~5세	복합놀이 시설, 그네, 미끄럼틀, 시소, 놀이 집, 게임 도구(공, 골대, 고리 던지기), 트램펄린, 자전거, 평균대, 널빤지, 사다리, 물·모래놀이 테이블과 놀잇감, 속이 빈 블록이나 대형 플라스틱 블록

5 어린이 놀이터

영유아는 유치원이나 어린이집에서뿐 아니라 가정에서도 밖에 나가 놀 수 있는 공간이 필요하다. 집안에서 노는 것만으로는 영유아의 놀이 욕구가 충족되지 못하므로 마음껏 뛰어놀며 심신을 단련시킬 수 있는 실외 놀이 공간이 제공되어야 한다.

그러나 실외의 모든 장소가 놀이터이던 옛날에 비해서 산업화, 기계화, 도시화의 시대적 변화로 인해 영유아들이 자유롭고 안전하게 놀 수 있는 놀이터가 점차 사라지고 있다. 친구들과 어울려 땅뺏기, 자치기 놀이를 하던 마당이나 들판은 모두 시멘트, 아스팔트로 뒤덮였으며 풀잎으로 김치를 만들어 소꿉놀이를 하던 언덕에는 아파트가 건설되어 자동차가 쌩쌩 달리는 위험한 공간이 되었다.

실외 놀이 장소로 선심 쓰듯 제공된 동네 놀이터도 대부분 시설이 미흡하고 관리도 제대로 이루어지지 못하는 실정이다. 놀이터의 면적이나 지면, 공간 구성, 놀이 시설물의 종류, 수량 및 배치, 기타 자연환경이나 편의시설 등은 이용자와 지역 특성에 맞으며, 이용자가 다양한 놀이 경험을 안전하고 효율적으로 할 수 있도록

계획하는 것이 원칙이다. 그러나 우리나라 어린이 놀이터를 관찰한 연구에 의하면, 이러한 원칙이 거의 적용되지 않았다. 즉, 놀이터가 정형화되고 획일적이며 놀이 시설물의 색채가 파랑, 빨강, 녹색 등의 색상으로 획일화되어 있었다(이숙재, 1994; 진은정, 2008). 또한 놀이터 시설의 파손, 페인트 벗겨짐 등 안전관리가 매우 미흡한 수준으로 나타났으며(윤선화, 2012), 놀이 시설물의 안전인증 여부를 확인할 수 없는 놀이터가 많았다(김지선, 2013).

이러한 놀이터의 문제점을 개선할 수 있는 획기적인 조치로 서울시에서는 즐거운 놀이터 만들기 프로젝트의 일환으로 상상어린이공원을 조성하였다. 서울시는 상상력을 키우는 놀이터 만들기를 목표로 2008년부터 막대한 예산을 투입하여 2011년까지 서울시 전체 어린이 놀이터의 ¼에 해당하는 300여 개소를 상상어린이공원으로 정비하였다(서울특별시 보도자료, 2011. 5. 4). 놀이터를 동화, 자연, 우주 등 다양한 테마 중심으로 구성하고 놀이터 이용자와 주민의 요구를 적극적으로 반영하였으며 전문가 집단 등 많은 관계자가 협동하여 조성했다는 점에서 새롭고 발전적인 시도라 할 수 있다. 또한 최근에 서울시교육청(2018)에서는 놀이터 이용자들이 놀이터를 만드는 과정에 적극 참여한 '꿈을 담은 놀이터 1호'를 개장하고 앞으로 계속 확대시켜 나갈 방침이라고 한다.

영유아가 세상을 살아가기 위해서 영양가 많은 음식과 신선한 공기가 필요한 것과 마찬가지로 충분한 실외 놀이 경험이 필요하다. 본 절에서는 어린이 놀이터의 발전 과정과 종류 및 디자인에 관하여 살펴보고자 한다.

1) 어린이 놀이터의 발전 과정

어린이 놀이터 설치운동은 1800년대 말에 유럽과 미국을 중심으로 시작되었다. 최초의 놀이터는 1880년대 독일의 정치 지도자 Von Schenckendorff가 베를린에 설치했는데 이 놀이터는 모래밭으로 되어 있었으며 2~8세를 위한 시설물이 설치되었다고 한다.

한편 미국에서는 1886년 Boston에 놀이터가 최초로 설치된 이래 Chicago,

Philadelphia 등 10개 도시에 설치되었으며 1906년에는 놀이터 설치를 조정하기 위한 '미국 놀이터와 레크리에이션 연합회(The Playground and Recreation Association of America)'가 발족되었다(Frost, 1986). 이와 같은 놀이터 설치운동은 서구 사회의 산업화, 고등학력 인구와 부의 증가, 신체건강에 대한 욕구 증대에 의하여 발전 속도가 가속화되었다.

어린이 놀이터는 초기에는 콘크리트나 아스팔트로 뒤덮인 삭막한 형태였으나 1950, 60년대에 들어 획기적인 변화가 생겼다고 한다. 놀이 기구를 환상적이고 신기한 구조로 만들었으며 1957년 소련의 스푸트니크 위성 발사 이후에는 로켓모형의 놀이기구가 선보였다고 한다. 또한 거북이, 말, 자동차 형태의 놀이기구와 두 가지 이상의 놀이기구를 조합한 복합놀이 시설물이 설치되기 시작하였다. 1970, 80년대에 들어와서는 영유아의 안전에 관심을 갖게 되면서 나무, 금속 제품의 놀이기구가 많이 제작되었다(Frost, 1992).

최근 들어서는 놀이터 환경이나 놀이기구를 이용자가 직접 만들어 활용하는 모험놀이터, 영유아의 흥미와 의견을 충분히 반영하기 위해 이용자가 직접 참여 디자인해서 만드는 놀이터, 물, 모래, 언덕, 숲 등을 활용하는 자연 친화적 놀이터가 부각되고 있다.

2) 어린이 놀이터의 유형

Frost(1986)에 의하면 어린이 놀이터는 전통 놀이터(traditional playground), 현대식 놀이터(contemporary playground), 창조적 놀이터(creative playground), 모험 놀이터(adventure playground) 등 네 가지 유형으로 분류할 수 있다. 각 놀이터의 특징을 구체적으로 살펴보면 다음과 같다(Johnson, Christie, & Yawkey, 1999; Sluss, 2005).

(1) 전통놀이터

전통놀이터란 그네, 미끄럼틀, 시소, 기어오름대와 같은 철제 고정놀이 시설물이 질서 정연하게 설치된 놀이터를 말한다. 이러한 놀이터는 단조롭고 반복적인 운동놀이 경험만을 제공하고, 탐색적이거나 도전적인 놀이 경험을 충분히 제공하지 못하는 단점이 있다.

(2) 현대식 놀이터

전문 건축가나 디자이너가 나무, 값비싼 돌, 콘크리트나 기타 건축 자료를 사용해서 미적으로 조성해 놓은 놀이터를 뜻한다. 이 놀이터는 주로 도시공원에 다른 건축물과 조화를 이루도록 현대식으로 구성하여 어른들의 눈을 즐겁게 할 수 있으나 영유아의 놀이 욕구를 충족시키는 데 제한점이 있다.

(3) 창조적 놀이터

창조적 놀이터는 전통 놀이터와 모험 놀이터가 절충된 반형식적인 놀이 환경을 제공한다. 여러 가지 고정놀이 시설물 이외에 타이어, 목재, 전선 감개(cable spool), PVC 파이프 등을 제공하여 이용자 스스로 놀이 기구를 창조해 보도록 계획된 놀이터이다. 놀이 기구나 시설물의 형태를 필요에 따라 변경시킬 수 있으므로 영유아가 변화를 느끼고 흥미를 계속 유지할 수 있다는 것이 장점이다.

(4) 모험놀이터

모험놀이터는 완성된 놀이터가 아니라 이용자들이 창조하여 완성하는 놀이터이다. 이 놀이터에서는 건축자재로 집을 짓거나 웅덩이 파기, 모닥불놀이, 물·모래놀이, 동·식물 키우기 등의 다양한 놀이를 자유롭게 할 수 있다.

모험놀이터는 Sørensen에 의하여 1943년 Denmark의 Emdrup에 최초로 설립되었다. 조경 건축가인 Sørensen은 많은 놀이터를 건축하면서 이용자인 영유아나 초등학생들이 놀이터보다는 공사장에서 여러 건축자재를 가지고 창의적으로 구성하는 놀이를 더 선호하는 점에 착안하여 자유와 모험, 그리고 창조의 기회를 제공하는 모험놀이터를 만들게 되었다고 한다(Frost & Klein, 1979).

이 최초의 모험놀이터는 많은 사랑과 사회적 관심을 받게 되었고, 영국, 스웨덴,

독일, 미국 등으로 파급되었으며, 최근에는 플레이 파크(Play Park)라는 이름으로 대만, 일본 등에도 활발하게 보급되고 있다(신순호·박성현, 2011). 우리나라에서도 한국 야외교육원이 1980년에 서울시 영등포에 최초의 모험놀이터를 개설했다는 보도(조선일보, 1980. 10. 25)가 있었으나, 모험놀이터에 대한 인식이 미흡하여 널리 보급되지 못하였다. 그러나 최근 들어 서울시(2017)에서 최초로 운영하는 모험놀이터 '뚝딱뚝딱 놀이터'가 조성되어 앞으로 국내에서도 활발하게 보급될 가능성이 높아졌다.

모험놀이터는 무질서해 보이고 안전관리 등의 위험 요소가 있으나 기존의 놀이터에서는 금지되었던 다양한 놀이를 마음껏 할 수 있다는 점에서 영유아 및 아동에게 자주성과 창조성을 길러 주고 자연의 소중함을 깨닫게 하는 등의 의의를 갖는다.

3) 어린이 놀이터 디자인 및 관리

어린이 놀이터는 유치원이나 어린이집의 실외 놀이장과는 달리 영아부터 청소년까지 다양한 연령층의 이용자가 교육자의 지도와 감독을 거의 받지 않는 상황에서 이용하게 되므로 놀이터 디자인과 관리에 각별한 배려를 해야 한다.

(1) 어린이 놀이터 디자인

어린이 놀이터를 디자인할 때 고려해야 할 사항들을 살펴보도록 하겠다(김아연·조한별, 2014; 환경부, 2009).

- 이용자 중심: 놀이터를 디자인하기 전에 놀이터를 이용하는 주요 연령층, 이용 인원수, 놀이유형, 이용시간, 지역사회 특성 등을 파악하여 반영한다. 또한 놀이터 이용자를 디자인에 참여시켜 그들의 흥미, 요구, 의견을 반영하여 이용자 참여 디자인을 한다.
- 안전 및 편의성: 영유아의 안전을 위해 놀이터 주변도로, 출입구, 놀이기구의 배치 및 형태, 기타 유해환경 등을 고려하여 디자인한다. 그 밖에 놀이터 이용

자의 편의를 위해 화장실, 음수대를 설치한다.

- 다양성: 놀이터 이용자의 연령, 성별, 장애 유무 등에 관계없이 다양한 놀이 경험을 할 수 있도록 디자인한다.
- 도전성: 영유아가 자유롭게 탐색하고 광범위한 도전을 해 볼 수 있도록 놀이 환경을 디자인한다.
- 가변성: 어린이 놀이터는 공간, 시설물, 자연환경 등이 영유아의 흥미와 상상력, 요구, 계절에 따라 변화가 가능하도록 융통성이 있게 디자인되어야 한다.
- 친자연적인 환경: 아름다운 자연을 즐기면서 놀이할 수 있도록 주변 자연환경이나 지형을 최대한 활용하여 디자인한다. 또한 모래, 물, 나무, 꽃 등이 포함되도록 디자인하고 목재 등 자연 친화적 소재를 활용한다.
- 소통: 놀이터 이용자, 보호자, 지역주민 간에 상호작용이 활발하게 일어나는 소통의 장소가 될 수 있도록 디자인한다.

(2) 어린이 놀이터 관리

어린이 놀이터가 완성된 후에는 놀이터 관리 및 안전점검 등에 대한 계획을 세워야 한다. 효율적으로 관리되지 않는 놀이터는 아무리 디자인이 잘 되었다고 하더라도 곧 황폐해진다. 시설물을 돌보고 청결을 유지하는 등의 적절한 관리와 점검이 필요하다. 즉, 놀이 시설물의 파손 여부, 도료 및 마감재, 모래 등 바닥재의 유해요소(중금속, 방부제, 해충 등)를 정기적으로 점검하여 개·보수 작업 및 청소, 위생소독을 실시하도록 한다(환경부, 2009). 또한 놀이터 내에서 이용자의 안전을 지켜 주거나 필요한 경우에 적절히 도와줄 수 있는 놀이터 감독자가 있다면 더욱 효과적일 것이다.

참고문헌

권선영·정지현·김경은(2013). 유치원 실내 공간 구성의 관계론적 고찰: 자유선택활동에서의 유아 간 사회적 상호작용을 중심으로. 어린이문학교육연구. 14(2), 395-421.

교육부(2013). 고등학교 이하 각급 학교별 설립·운영규정 일부 개정령안. 교육부 공고 제2013-242호.

교육부(2015). 2015 유치원 시설 안전관리 매뉴얼.

기술표준원(2010). 어린이용 공산품에 대한 공통적용 유해물질의 안전기준. 기술표준원 고시 제2010-676호.

국민안전처(2015). 어린이 놀이시설의 시설기준 및 기술기준. 국민안전처 고시 2015-143호.

국민안전처(2017). 2016년 어린이 놀이시설 안전사고 분석 결과.

김명순·최지예·김지연(2018). 실외놀이터 질적 수준 평가척도 개발에 관한 연구. 유아교육연구. 38(3), 327-348.

김아연·조한별(2014). 공동주택단지 실외놀이 환경을 주제로 한 어린이 참여 디자인 프로그램의 개발과 적용. 한국도시설계학회지, 15(4), 121-139.

김영실·윤진주(2010). 영유아 안전교육의 내용 및 방법에 대한 유아 교사의 인식. 유아교육연구, 30(4), 49-78.

김은영·김진경·최경숙·조운주·조혜주·안진(2009). 유치원과 보육시설 시설·설비 기준 개발 연구. 육아정책연구소.

김정준·김정화·신유림(1999). 유아에게 적합한 125가지 놀잇감. 서울: 창지사.

김지선(2013). 아파트 단지 내 어린이 놀이터 현황 조사를 통한 개선방안 연구. 경기대학교 건축대학원 석사학위논문.

동아일보. 2014년 4월 11일 자.

박미경·엄정애(2010). 자유선택활동 시간에 유아들이 경험하는 놀잇감의 의미. 유아교육연구, 30(5), 325-349.

변영신·이재환·김유빈(2010). 유아교육기관 실외 놀이 시설 색채 연구: 놀이 유형에 따른 감성 요인 분석을 중심으로. 유아교육연구, 30(3), 49-70.

보건복지부(2012). 5세 누리과정에 기초한 어린이집 프로그램 1.

보건복지부(2013a). 제3차 어린이집 표준보육과정 고시. 보건복지부 고시 제2013-8호.

보건복지부(2013b). 어린이집 표준보육과정에 기초한 영아보육프로그램운영의 이해.

보건복지부(2013c). 어린이집 표준보육과정에 기초한 영아보육프로그램 0세(1).

보건복지부(2013d). 2013년도 보육사업안내.

보건복지부·교육과학기술부(2013). 3~5세 연령별 누리과정 교사용 지침서.

보건복지부. 육아정책연구소(2016). 2015년 전국보육실태조사: 어린이집 조사보고.

보건복지부. 한국보육진흥원(2017). 2017 어린이집 평가 인증 안내.

서울특별시 보도자료. 2011년 5월 4일 자.

서울특별시 보도자료. 2017년 5월 24일 자.

서울특별시교육청(2018). 학생들이 직접 디자인한 '꿈을 담은 놀이터' 1호 탄생. 서울교육소식.

손용희(2008). 유아용품에 의한 유아 안전사고 실태 조사 연구. 성균관대학교 교육대학원 석사학위논문.

신순호·박성현(2011). 도시의 모험놀이터 '플레이파크'에 관한 고찰: 일본 동경도「세타가야구 하네기 플레이파크」를 사례로. 도시행정학보, 24(1), 239-262.

신은수·김명순·신동주·이종희·최석란(2002). 놀이와 유아. 서울: 이화여자대학교 출판부.

신은수·김은정·유영의(2012). 유치원 실외 놀이의 구성 및 운영 실태에 관한 조사 연구. 순천향 인문과학논총, 31(2), 200-228.

연세대학교 어린이생활지도연구원 편(1988). 연세 개방주의 유아교육과정. 서울: 창지사.

윤선화(2012). 서울시 어린이공원 안전실태 : 상상어린이공원과 일반 어린이공원의 비교를 중심으로. 한국위기관리논집, 8(4), 103-124

이기숙·이은화·이영자·이숙재(1995). 유아 발달에 적합한 유치원 실내 교육 환경. 서울: 교육부.

이수민(2004). 유아용 놀이용품 디자인에 있어서 선호 색채 적용에 관한 연구. 국민대학교 디자인대학원 석사학위논문.

이숙재(1994). 어린이 놀이터와 놀이 행동에 관한 질적 연구. 유아교육연구, 14, 109-132.

이숙재(1997). 우리나라 놀잇감의 실태 및 어린이와 어머니의 인식 조사. 아동학회지, 18(2), 87-103

이숙재(2011). 영유아 놀이 활동. 서울: 창지사.

이숙재·이봉선(2007). 어린이집 실외 놀이 공간 구성에 대한 영아와 교사의 바램 : 2세 영아의 실외놀이 관찰과 교사의 디자인 참여를 통한 투사적 접근. 유아교육연구, 27(2), 77-98.

이영자·이기숙(1986). 유아를 위한 교수-학습 방법. 서울: 창지사.

이효원·조형숙(2016). 유아들이 경험하는 바깥놀이의 의의. 열린유아교육연구. 21(4), 373-400.

장영희(1995). 2세아를 위한 프로그램. 2·3세 영유아를 위한 종일제 프로그램. 한국유아교육학회 워크숍 자료집.

전수경(2008). 어린이집 영아반 실외 놀이 운영 실태와 교사의 인식. 이화여자대학교 대학원 석사학위논문.

조선일보(1980). 어린이 모험놀이터 ; 상상력. 창조성 맘껏 펼쳐 . 1980년 10월 25일 자.

지혜련(1985). 옥외 놀이. 개방주의 교육의 실제: 유아 교사를 위한 워크숍 자료집. 연세대학교 가정대학 생활과학연구소, 147-157.

지혜련·김온기(1990). 유아의 실외 놀이 이론과 실제. 서울: 교문사.

진은정(2008). 아파트 단지 내 어린이 놀이터 구조물 분석 및 개선방안에 관한 연구: 서울시 6개 구를 중심으로. 경희대학교 교육대학원 석사학위논문.

최영식(2018). 발달에 적합한 어린이집 놀이터 공간 환경에 대한 연구. 기초조형학연구, 19(1). 537-550.

최은영(2013). 유치원 설립·운영 기준 제안, 이슈페이퍼 2013-11, 육아정책연구소.

허민영(2012). 영유아 교구 안전 강화에 관한 연구. 정책연구 12-17, 한국소비자원.

한국색채학회(2002). 색이 만드는 미래. 서울: 도서출판 국제.

한국소비자원(2012). 어린이 안전사고 실태 조사.

행정안전부(2018). 2017년 어린이놀이시설 안전사고 분석결과.

환경부(2009). 친환경 안심놀이터 모델 개발.

Beckwith, J. (1985). Equipment selection criteria for modern playgrounds. In J. L. Frost and S. Sunderlin (Eds.), *When children play*(pp. 209-214). Wheaton, MD: ACEI.

Decker, C. A., & Decker, J. R. (2004). *Planning and administering early childhood programs.* Upper Saddle River, NJ: Prentice Hall

Esbensen, S. B. (1987). *The early childhood playground: An outdoor classroom.* Ypsilanti, MI: The High/Scope Press.

Esbensen, S. B. (1990). Play environment for young children: Design perspectives. In S. C. Wortham & J. L. Frost (Eds.), *Playgrounds for young children: National survey and perspectives*(pp. 49-68). Reston, VA: American Alliance for Health, Physical Education, Recreation and Dance.

Essa, E. L.(1981). An outdoor play area designed for learning. *Day Care and Early Education, 9*, 37-42.

Fowler, W.(1980). *Infant and child care: A guide to education in group settings*. Boston: Allyn & Bacon.

Frost, J. L.(1986). Children's playgrounds: Research and practice. In G. Fein & M. Rivkin (Eds.), *The young child at play*(pp. 195-211). Washington, DC: NAEYC.

Frost, J. L.(1992). *Play and playscapes*. Albany, NY: Delmar Publishers Inc.

Frost, J. L., & Henninger, M. L.(1979). Making playground safe for children and children safe for playground. *Young Children, July*, 23-30.

Frost, J. L., & Klein, B. L.(1979). *Children's play and playgrounds*. Boston: Allyn & Bacon.

Frost, J. L., Wortham, S. C., & Reifel, S.(2005). *Play and child development*. Upper Saddle River, NJ: Merrill Prentice-Hall, Inc..

Henninger, M. L.(1993). Enriching the outdoor play experience. *Young Children, 70*(2), 87-90.

Henniger, M., Strickland, E., & Frost, J. L.(1985). X - rated playgrounds: Issues and developments. In J. L. Frost and S. Sunderlin (Eds.), *When children play*(pp. 221-227). Wheaton, MD: ACEI.

Hurtwood, Lady Allen(1968). *Planning for play*. Cambridge, MA: M. I. T. Press.

Isenberg, J. P., & Jalongo, M. R.(2001). *Creative expression and play in early childhood*. Upper Saddle River, NJ: Prentice - Hall, Inc.

Johnson, J. E., Christie, J. F., & Wardle, F.(2005). *Play, development, and early education*. Boston, MA: Allyn and Bacon.

Johnson, J. E., Christie, J. F., & Yawkey, T. D.(1999). *Play and early childhood development*. New York: Addison Wesley Longman, Inc.

Jones, E., & Prescott, E.(1982). Planning the physical environment in day Care. *Day Care and Early Education, 9*, 18-25.

Kritchevsky, S., Prescott, E., & Walling, L.(1977). *Planning environment for young children*. Washington, DC: NAEYC.

Moore, R., & Young, D.(1978). Childhood outdoors: Toward a social ecology of the landscape. In I. Altman and J. F. Wohlwill (Eds.), *Children and the environment*(pp. 83-

130). New York: Plenum Press.

Moore, R. C., Goltsman, S. M., & Iacofano, D. S. (1992). *Play for all guidelines*. Berkeley, CA: MIG Communications.

NAEYC(2013). Early childhood promgram standards and accreditation criteria & guidance for assessment.

Naylor, H. (1985). Outdoor play and play equipment. *Early Child Development and Care, 19*, 109-129.

Norén-Björn, E. (1982). *The impossible playground*. New York: Leisure Press.

Pedersen, J. (1985). The adventure playgrounds of Denmark. In J. L. Frost and S. Sunderlin (Eds.), *When children play*(pp. 201-207). Wheaton, MD: ACEI.

Phelps, P. (1984). Creative playgrounds for the preschool children. *Early Child Development and Care, 17*, 23-36.

Phyfe-Perkins, E., & Shoemader, J. (1986). Indoor play environments: Research and design implication. In G. Fein and M. Rivkin (Eds.), *The young child at play*(pp. 177-193). Washington, DC: NAEYC.

Prescott, E. (1984). The physical setting in day care. In J. T. Greenman and R. W. Fuqua (Eds.), *Making day care better: Training, evolution, and the process of change*(pp. 44-65). New York: Teachers College Press.

Seefeldt, C., & Barbour, N. (1986). *Early childhood education: An introduction*. Columbus, OH: Charles E. Merrill.

Sluss, D. J. (2005). *Supporting play: Birth through age eight*. New York : Thomson Delmar Learning.

Sutton-Smith, B. (1986). *Toys as culture*. New York: Gardner Press, Inc.

Tai, L., Haque, M. T., McLellan, G. K., & Knight, E. J. (2006). *Designing outdoor environments for children*. New York: McGraw-Hill Companies.

Theemes, T. (1999). *Let's go outside! Designing the early childhood playground*. Ypsilanti, MI: High/Scope Press.

Wellhousen, K. (2002). *Outdoor play everyday: Innovative play concepts for early childhood*. Albany, NY: Delmar.

08 영아 놀이 활동

8장에서는 영아 놀이 활동의 실제를 소개하고자 한다. 놀이 활동이 영아기, 유아기로 엄밀하게 구분되는 것은 아니지만, 영아 놀이의 중요성을 고려하여 별도의 장으로 구성하였다. 영아기는 평생의 발달을 좌우할 정도로 개인의 능력과 개성의 기초가 형성되는 시기이다. 영아는 하루 대부분을 놀면서 지낸다. 주변에 있는 모든 물건이나 사람을 대상으로 탐색하고 놀이하면서 앎의 지평을 넓혀 간다.

8장에서는 영아 놀이를 신체놀이, 탐색놀이, 말놀이, 상징놀이, 표현놀이로 나누어서 각 놀이의 교육적 의의, 교사의 놀이 상호작용과 환경 구성, 실제 놀이 활동에 대해 살펴보고자 한다.

1 신체놀이

영아기는 신체 성장과 운동 능력이 매우 빠르게 발달하는 시기이다. 키와 몸무게가 증가할 뿐 아니라 대소근육의 운동 능력이 현저하게 향상된다. 생후 8, 9개월에는 기어다니고 물건을 붙잡고 일어서는 등 움직임이 활발해진다. 또 첫돌 즈음에는 걷기 시작하며 기어오르고, 밀거나 잡아끄는 놀이를 할 수 있다. 1, 2세에는 손근육이 발달하여 놀잇감을 쌓거나 끼워 넣는 놀이도 할 수 있다.

신체놀이의 의의, 놀이 상호작용 및 놀잇감, 신체놀이 실제에 대해 소개하고자 한다.

1) 신체놀이의 의의

신체놀이의 의의를 살펴보면 다음과 같다(보건복지부, 2013a; 이숙재, 2011; 정미라 외, 2013).

- 신체놀이를 하면서 시각, 청각, 촉각, 후각, 미각 등 감각기능이 발달한다.
- 대소근육의 운동 능력, 협응력, 균형 잡기 등 신체조절능력을 기른다.
- 신체 각 부분의 움직임을 탐색하고 명칭과 기능을 안다.
- 신체 움직임을 통해 영아의 뇌를 자극하여 뇌 발달이 촉진된다.
- 놀이 기구나 놀잇감을 안전하게 사용하는 능력을 기른다.
- 신체놀이를 통해 만족감을 느끼고 자존감이 형성된다.
- 교사나 또래와 함께 신체놀이를 하면서 긴장감을 해소하고 친밀감을 형성한다.

2) 놀이 상호작용 및 놀잇감

교사가 영아의 신체놀이를 일방적으로 가르치듯이 지도하는 것은 부적합하다.

영아가 하고 싶은 놀이를 주도적으로 할 수 있도록 지지하고 적절하게 상호작용해 주며 다양한 놀잇감을 제공해 주는 역할을 해야 한다(이숙재, 2011; 이영·김온기·우현경, 2006; 정미라 외, 2013; 채종옥·이경화·김소양·김연진, 2013).

- 교사는 영아가 자발적으로 신체놀이를 하도록 곁에서 지켜보며 웃거나 고개를 끄덕거려 관심을 표현하고 부드러운 목소리로 격려해 준다.
- 영아의 운동 발달 능력과 움직임의 요구는 개인별로 차이가 매우 크므로 각 영아의 발달 수준과 반응에 맞추어 점진적으로 상호작용한다.
- 영아 스스로 시도할 기회를 충분히 주기 위해 주의 깊게 살펴보면서 기다려 주어야 한다.
- 교사는 영아가 신체놀이에 흥미를 갖도록 시범을 보이거나(예 선생님처럼 이렇게 붙잡고 올라가세요), 놀이 친구로 함께 참여한다.
- 영아가 좋아하는 노래나 음악에 맞추어 신체를 움직이는 기회를 제공한다.
- 놀이 중에 영아가 무서워하거나 도움을 요청하면, 손을 잡아 주고 뒤에서 밀어 주는 등 민감하게 반응하여 영아가 자신감을 갖도록 지원해 준다.
- 신체놀이가 보육기관의 하루일과 속에서 자연스럽게 이루어지도록 한다. 영아는 간식이나 점심을 먹으면서 다양한 감각 경험을 하고 숟가락 사용을 통해 소근육 운동이 증진될 수 있다.
- 교사는 영아가 안전하게 놀이할 수 있도록 놀이 기구의 틈새, 모서리, 바닥재료 등 위험 요소를 정기적으로 점검한다.
- 영아 신체 놀잇감을 연령별로 소개하면 다음과 같다(보건복지부, 2013b, c; Frost, Wortham, & Reifel, 2005).
  - 출생~12개월 : 보행기, 헝겊 공, 딸랑이, 놀이 매트, 쿠션
  - 1세 : 공, 끌거나 밀고 다니는 놀잇감, 붕붕 차
  - 2세 : 흔들 말, 아기 그네, 공, 훌라후프, 콩 주머니, 물·모래 놀잇감, 악기류와 스카프

3) 신체놀이 실제

활동명 불빛 잡기

대 상 출생~12개월

목 표

- 주의 집중하는 경험을 한다.
- 신체조절능력을 기른다.
- 함께 놀이하며 친밀감을 느낀다.

놀잇감 손전등

놀이방법

① 손전등으로 불빛을 비춘다.

-○○야, 불빛 좀 봐.

-불빛이 움직이네.

② 영아가 기어가서 불빛을 잡아 보게 한다. 영아가 잡기 쉽게 바닥이나 낮은 벽에 빛을 비춘다.

-불빛이 어디에 있니?

-가서 잡아 볼까?

③ 영아가 불빛을 따라다니도록 손전등을 천천히 움직인다.

-○○가 잘 잡았네!

-불빛이 저기로 도망갔네.

④ 영아에게 손전등을 주고 불빛을 비춰 보게 한다.

-이번에는 ○○가 불빛을 비춰 봐.

참 고

- 영아가 다치지 않도록 책상 모서리나 위험한 곳에는 불빛을 비추지 않는다.
- 손전등에 셀로판지를 붙여서 다양한 색의 불빛이 나오게 할 수 있다.

활동명 페트병 굴리기

대 상 1세

목 표

- 대소근육의 조절 능력을 기른다.
- 놀이의 즐거움을 느껴 본다.
- 시각·청각으로 지각하는 경험을 한다.

놀 잇 감 작은 원형의 페트병(영아가 손으로 잡기 편한 크기), 콩이나 팥 등의 곡식, 색깔 물

놀이방법

① 곡식이나 색 물을 넣어 소리 나는 병을 만들어 제공한다.

- 이게 뭘까?
- 흔들어 보자.
- 찰랑찰랑~ 소리가 나네.
- 이번에는 다른 병을 흔들어 볼까?

② 페트병을 굴린다.

- 병을 굴려 보자.
- 와, 데굴데굴 굴러가네.
- 어디까지 갔니?

③ 페트병을 굴리고 쫓아가 잡는다.

- 영차, 힘차게 굴려 보자.
- 병을 따라가 볼까?
- ○○가 잘 잡았네.

참 고

- 방울을 넣어 다양한 소리가 나게 할 수도 있다.

활동명 수레로 블록 옮기기

대 상 2세

목 표

- 소근육 및 대근육 운동 능력이 발달한다.
- 공간 개념이 발달한다.
- 놀잇감을 도구로 활용하는 경험을 한다.

놀 잇 감 손수레나 짐차, 작은 스펀지 블록, 빈 바구니

놀이방법

① 블록과 손수레를 살펴본다.

- 수레를 끌어 보자. 잘 굴러가네.
- 빈 수레에 뭘 담을까?
- 블록을 수레에 담아 보자.
- 몇 개 담을까?

② 블록이 담긴 손수레를 끌고 역할놀이 영역으로 이동한다.

- 블록을 어디로 옮길까?
- 수레를 끌어 보자.
- 수레가 잘 움직이니?
- 영차영차~ ○○가 수레를 잘 끌고 가네.

③ 빈 바구니에 블록을 옮겨 담는다.

- 블록을 하나씩 꺼내서 여기 빈 바구니에 담아 보자.

참 고

- 블록 이외에 그릇이나 인형 등을 옮기며 이사 놀이를 할 수 있다.

2 탐색놀이

영아는 주변 환경에 대한 호기심이 왕성하여 직접 만져보고 냄새를 맡는 등 감각기관과 손으로 사물을 탐색하고 분류하거나 찾아 맞추는 놀이를 즐긴다. 탐색놀이의 의의, 놀이 상호작용 및 놀잇감, 탐색놀이 실제에 대해 살펴보면 다음과 같다.

1) 탐색놀이의 의의

영아기는 인지 발달의 매우 중요한 시기로 자유로운 탐색을 통해 성장이 촉진된다(보건복지부, 2013b, c; 이숙재, 2011; 정미라 외, 2013).

- 탐색놀이를 하면서 호기심이 왕성해지고 주변에 대한 이해력을 기른다.
- 새로운 사물이나 자연을 관찰하고 탐구하는 태도를 기른다.
- 직접적인 탐색 경험을 통해 크기, 수, 모양, 공간 등의 개념이 발달한다.
- 탐색 과정에서 시행착오를 겪고 문제를 해결하면서 재미를 느낀다.
- 놀잇감, 주변의 동·식물이나 사물, 눈, 비, 햇빛 등을 감각으로 느껴 본다.
- 대소근육 운동 능력, 눈과 손의 협응력을 키운다.
- 탐색 경험을 통해 만족감과 자신감을 갖게 된다.

2) 놀이 상호작용 및 놀잇감

영아의 탐색놀이를 격려하기 위한 교사의 상호작용과 놀잇감에 대해 살펴보면 다음과 같다(이숙재, 2011; 이영·김온기·우현경, 2006; 정미라 외, 2013).

- 영아가 주변의 다양한 사물이나 놀잇감, 자연현상을 자유롭게 탐색할 수 있도록 편안하고 허용적인 분위기를 조성해 준다.

- 교사는 영아가 관심을 가지고 주도적으로 탐색하도록 기다려 준다. 영아의 탐색놀이에 공감을 표시하거나 칭찬을 해 준다.
- 영아가 흥미를 유지하여 반복적으로 탐색할 수 있도록 영아의 질문이나 요구를 수용하고 적극적으로 상호작용해 준다.
- 탐색놀이를 격려하기 위해 교사가 함께 탐색하는 모델이 된다. 특히 영아가 탐색놀이에 무관심한 경우에 교사가 영아 곁에서 놀이하는 모습을 보여주면 영아의 흥미를 이끌어 낼 수 있다.
- 영아의 탐색 영역이나 대상이 점차 확대되면 위험한 탐색을 시도할 수 있으므로 안전에 유의해야 한다. 그러나 안전관리를 위해 영아의 탐색 활동을 불필요하게 통제하지 않도록 주의한다.
- 영아는 발달 특성 측면에서 볼 때 또래에게 놀잇감을 나누어 주거나 함께 사용하는 것이 어려우므로 놀잇감의 수량을 충분하게 제공한다.
- 영아가 호기심을 유지하며 계속 탐색하고 놀이할 수 있도록 새로운 놀잇감과 주변의 물건들을 다양하게 준비해 준다.
- 영아의 탐색을 자극할 수 있는 놀잇감을 소개하면 다음과 같다(보건복지부, 2013b, c; 이숙재, 2011; Frost, Wortham, & Reifel, 2005).
  - 출생~12개월 : 모빌, 물놀잇감(스펀지, 고무 오리), 안전거울, 헝겊 인형, 딸랑이 등 소리 나는 놀잇감, 까꿍 놀잇감, 영아 침대에 부착하는 잡아당기거나 돌리는 놀잇감, 소리 나는 그림책
  - 1세 : 손잡이 퍼즐, 촉감 상자, 밀가루 반죽, 물·모래놀이용 통과 그릇, 가볍고 부드러운 블록, 악기류, 스위치를 작동하면 불이 켜지거나 움직이는 놀잇감
  - 2세 : 퍼즐(5조각 내외), 모양 맞추기 상자, 나무못과 못 판, 큰 구슬 꿰기, 자연물, 가볍고 부드러운 블록 및 자동차, 사람 모형 등의 소품

3) 탐색놀이 실제

활동명 쏙~ 손수건 뽑기

대 상 출생~12개월

목 표

- 소근육 운동 능력을 기른다.
- 행동의 결과에 호기심을 나타내며 즐거워한다.
- 주변 사물을 감각으로 탐색한다.

놀잇감 화장지 빈 상자, 손수건이나 스카프 여러 장을 이어 붙인 것

놀이방법

① 화장지 상자 안에 손수건을 넣고 흔들어 본다.
- 이 안에 무엇이 있을까?
- 흔들어 볼까? 소리가 나니?

② 화장지 상자 안에 든 손수건을 조금 꺼내 보여 준다.
- 선생님이 조금 뽑아 볼까?
- 짠! 무엇일까?

③ 상자 안에 들어 있는 손수건을 잡아당긴다.
- 손수건을 뽑아 볼까?
- 어떻게 뽑을까?
- 쏙 뽑아 보자!
- 와, 손수건이 길게 나온다!
- 만져 보자. 어떤 느낌이니?

④ 다시 상자 안에 손수건을 집어넣고 뽑는다.

참 고

- 질감, 색깔, 무늬가 다양한 손수건이나 스카프를 선택한다.

활동명 블록놀이

대 상 1세

목 표

- 소근육 운동 능력과 눈과 손의 협응력을 기른다.
- 모양이나 높이의 차이를 지각한다.
- 관찰하는 경험을 한다.

놀잇감 다양한 종류의 가벼운 블록(종이 벽돌 블록, 우레탄 블록, 스펀지 블록 등)

놀이방법

① 여러 가지 블록을 살펴보며 탐색한다.
 – 블록을 만져 보자.
 – 어떤 블록이 있니?
 – 하나 골라보자.

② 영아가 선택한 블록을 옆으로 늘어놓는다.
 – 선생님이 여기 블록을 놓을게.
 – 이 블록 옆에 하나 더 놓아 볼까?
 – 이번에는 ○○가 놓을래?

③ 블록을 하나씩 위로 쌓는다.
 – 이 위에 하나 더 놓을까?
 – ○○가 높이 쌓았네.

④ 쌓은 블록을 무너뜨리는 놀이를 한다.
 – 손으로 살짝 쳐보자.
 – 와르르 무너졌네.

참 고

- 주변에서 쉽게 구할 수 있는 과자 상자, 플라스틱 통 등을 활용할 수 있다.
- 영아가 블록 쌓은 것을 무너뜨릴 때 너무 과격한 행동을 하지 않도록 지도한다.

활동명 냄비뚜껑 맞추기

대 상 2세

목 표

- 눈과 손의 협응력을 기른다.
- 소근육 운동 능력이 발달한다.
- 집중하여 탐색하는 능력을 기른다.

놀잇감 여러 크기의 냄비와 뚜껑

놀이방법

① 영아와 냄비, 뚜껑을 탐색한다.

– 이것이 무엇일까?

– 어디서 보았니?

– 뚜껑을 두드려 보자.

– 어떤 소리가 날까?

② 냄비의 뚜껑을 열어 놓는다.

– 뚜껑을 열어 보자.

– 이번엔 닫아 볼까?

③ 뚜껑을 냄비에 맞춰 놓는다.

– 이 뚜껑은 어떤 냄비에 맞을까?

– 뚜껑이 냄비 속으로 빠져버렸네. 왜 그럴까?

참 고

- 숟가락으로 냄비뚜껑을 두드리며 소리를 탐색한다.
- 냄비를 크기대로 포개놓는 놀이를 한다.
- 병과 병뚜껑 맞추기 놀이를 할 수 있다.

활동명 빨래하기

대 상 2세

목 표

- 대소근육 운동 능력이 발달한다.
- 물과 거품을 만지며 즐거움을 느낀다.
- 빨래에 필요한 여러 도구를 사용해 본다.

놀잇감 수건, 손수건, 양말, 인형 옷, 대야, 비누, 빨래판, 빨랫줄, 빨래집게

놀이방법

① 손수건이나 인형 옷을 물에 적신다.
  – 물에 적셔 보자. 빨래가 어떻게 되었니?

② 빨래판에 놓고 비누를 묻힌 후 잘 비벼 빤다.
  – 옷을 깨끗이 하려면 어떻게 할까?
  – 비누칠을 하니 무엇이 생겼니?

③ 물에 헹구어 짠다.
  – 물에 헹구어 보자.
  – 빨래를 어떻게 짤까?

④ 빨랫줄에 널어 말린다.
  – 탁탁 펴서 잘 널어 보자.

⑤ 다 마른빨래를 거둬서 촉감, 색깔, 냄새를 맡아 보고 분류하여 정리하도록 격려한다.
  – 네 손수건에서 어떤 냄새가 나니?

참 고

- 빨랫줄을 영아의 키 높이에 맞춰 걸거나 낮은 빨래 건조대를 이용한다.
- 빨래가 마르는 과정을 관찰하도록 한다.

3 말놀이

영아기는 언어 발달이 현저하게 촉진되는 시기이므로 다양하게 듣고 말하는 놀이를 즐긴다. 말놀이의 의의와 놀이 상호작용 및 놀잇감, 말놀이 실제에 대해 살펴보고자 한다(보건복지부, 2013a, b, c; 이숙재, 2011).

1) 말놀이의 의의

영아의 말놀이는 단순히 언어 발달만 촉진시키는 것이 아니라 다양한 상황에서 말놀이를 하면서 인지 발달, 정서·사회성 발달을 이룰 수 있다. 말놀이의 의의를 구체적으로 소개하면 다음과 같다(이숙재, 2011; 정미라 외, 2013).

- 다른 사람의 말이나 동화 내용을 주의 깊게 듣는 태도를 기른다.
- 다양한 말을 듣고 의미를 이해하는 능력을 기른다.
- 자신이 원하는 것을 표정, 몸짓, 말로 표현하는 능력을 기른다.
- 다른 사람과 말을 주고받으며 소통하는 능력이 발달한다.
- 교사나 주변 사람과의 대화를 통해 정서적 안정감, 신뢰감을 키우고 다양한 사회적 관계를 경험한다.
- 다른 사람과 말로 상호작용하면서 언어적 사고 능력을 기른다.
- 주변의 인쇄물이나 그림책의 그림과 내용에 관심을 가진다.
- 여러 가지 필기구에 관심을 갖고 끼적거리기를 즐긴다.

2) 놀이 상호작용 및 놀잇감

영아의 말놀이를 촉진시키기 위한 놀이 상호작용 및 놀잇감을 소개하면 다음과 같다(이영·김온기·우현경, 2006; 정미라 외, 2013).

- 어린 시기부터 영아에게 언어자극을 풍부하게 제공한다. 영아가 말을 잘 알아듣지 못하더라도 다양한 소리를 들려주거나 영아와 얼굴을 마주 보고 웃으며 부드러운 목소리로 언어적 상호작용을 한다.
- 영아의 언어적 표현뿐만 아니라 표정이나 몸짓 등의 비언어적 신호가 무엇을 의미하는지 민감하게 파악하여 적절하게 반응해 준다. 영아가 의도하는 것을 정확하게 말로 반복 표현해 주어서 영아가 자연스럽게 말을 배우게 한다. 이때 교사는 짧은 문장으로, 구체적으로 말해 주어야 한다. 예를 들어 영아가 손으로 공을 가리키면 교사가 "공을 주세요."라고 말로 표현해 준다.
- 교사는 적절한 질문(이건 뭐야?), 제안("여보세요."라고 해 볼까?), 칭찬(곰돌이를 잘 찾네.), 설명(여기 맛있는 음식도 있네.), 확장('붕' 하며 자동차를 굴리는 영아에게 "붕, 자동차가 달려갑니다."라고 말해 주기)을 해 주어서 영아의 언어 표현을 격려한다.
- 영아에게 그림책을 많이 읽어준다. 영아의 반응을 관찰하면서 읽어주는 속도, 목소리 크기 등을 조절한다. 영아용 그림책으로는 헝겊 책, 소리 나는 책, 촉감책, 글 없는 그림책 등 다양한 감각 경험을 제공하는 책이 적합하다.
- 영아가 그림책을 보거나 자신의 신체, 경험, 주변 사물, 자연에 대해 말하고 싶은 것을 편안하게 이야기하도록 쓰다듬어 주고 두드려 주는 등의 신체적 접촉을 한다.
- 영아의 연령별로 적합한 말놀잇감을 소개하면 다음과 같다(보건복지부, 2013b, c; 이숙재, 2011).
  - 출생~12개월 : 음악 상자, 헝겊 책, 촉감 책, 소리 나는 모빌이나 인형, 종, 딸랑이
  - 1세 : 손 인형, 동시나 동요 테이프, 전화기
  - 2세 : 다양한 그림책, 손 인형, 악기류, 녹음기

3) 말놀이 실제

활동명 동물 인형 찾기

대 상 출생~12개월

목 표

- 다양한 소리에 관심을 갖는다.
- 소리를 귀 기울여 듣는 경험을 한다.
- 숨기고 찾는 놀이를 즐긴다.

놀 잇 감 방석, 누르면 소리 나는 동물 인형

놀이방법

① 동물 인형을 영아에게 보여 준다.

- 꽥꽥! 안녕하세요?
- 오리가 놀러 왔어요.
- ○○야 안녕~

② 인형을 눌러서 소리를 내 보게 한다.

- 인형을 눌러 보세요.
- 어떤 소리가 나니?
- 오리는 꽥꽥~, 강아지는 멍멍~, 돼지는 꿀꿀~

③ 동물 인형을 방석 밑에 숨기고 눌러서 소리를 낸다.

- 오리가 어디로 갔나? 찾아보자.
- 어, 어디서 꽥꽥 소리가 났네.
- 오리야, 어디 있니?

④ 영아가 소리 나는 쪽을 보거나 손가락으로 가리키면 인형을 꺼내 보여 준다.

- 오리가 여기 있었네~ 반갑다.

활동명 전화놀이

대 상 1세

목 표

- 듣고 말하는 놀이 경험을 한다.
- 다양한 표정, 몸짓, 말소리로 의사 표현을 한다.
- 주변의 사람들과 친근감을 형성한다.

놀잇감 장난감 전화기 2대

놀이방법

① 전화기를 들고 전화 신호음을 낸다.
- 띠링띠링~ 전화받으세요.
- ○○야, 전화가 왔네.

② 영아가 전화를 받으면 전화를 하는 것처럼 이야기한다.
- 여보세요?
- 선생님이에요. 안녕하세요?
- 누구세요?
- ○○야, 반가워.
- 뭐 하고 있었니?

③ 영아가 응답하면 영아가 한 말을 반복해 주고 다른 질문을 한다.
- 그래, 인형 놀이를 하고 있구나.
- 이제 전화 끊자. 안녕.

참 고

- 목소리를 다르게 하여 이야기해 본다.
- 커다란 인형과 전화놀이를 하면서 영아가 이야기를 주도해 보도록 한다.

활동명 이 거리 저 거리 각 거리

대 상 2세

목 표

- 노랫말을 통해 리듬 감각을 익힌다.
- 놀이의 즐거움을 느낀다.
- 말소리를 듣고 의미를 이해하여 행동으로 표현한다.

놀이방법

① 영아와 다리를 엇갈리게 뻗고 앉는다.

 - 다리를 쭉 펴고 앉자.
 - 이건 누구 다리니?
 - 발을 움직여 보자.
 - 무엇을 하면 좋을까?

② 교사가 노래를 부르며 순서대로 다리를 가볍게 친다.

 이 거리 저 거리 각 거리
 다리 세기 합시다.
 한 다리 두 다리 세 다리 네 다리
 나가 주세요.

③ '나가 주세요'라는 노랫말에 맞추어 손으로 친 다리를 뺀다.

 - 누구 다리를 쳤니?
 - ○○ 다리 나가 주세요~, 다리를 빼 주세요.

④ 노래를 계속 부르며 놀이를 한다.

참 고

- 놀이에 익숙해지면 영아가 노래에 맞추어 다리를 치게 한다.
- 점차 여러 영아를 참여시켜 함께 놀이한다.

4 상징놀이

영아는 1세경부터 전화받기, 인형 우유 먹이기, 운전하기놀이 등과 같이 일상생활에서 경험한 단순한 내용의 상징놀이를 시작한다. 상징놀이의 의의, 놀이 상호작용 및 놀잇감, 상징놀이 실제를 소개하면 다음과 같다.

1) 상징놀이의 의의

영아기 상징놀이의 의의를 살펴보면 다음과 같다(보건복지부, 2013a,b; 이숙재, 2011; 정미라 외, 2013).

- 여러 역할을 모방하여 표현하는 능력을 기른다.
- 일상생활 경험을 기억하여 반복적으로 놀이하면서 뇌 발달이 이루어진다.
- 자신의 감정을 말과 행동으로 표현하는 경험을 한다.
- 다른 사람의 감정을 이해하고 반응하는 방법을 배운다.
- 상징놀이를 하면서 즐거움, 만족감, 자신감을 갖는다.
- 감각기능, 소근육 운동 능력, 눈과 손의 협응력이 발달한다.
- 다른 사람과 의사소통하는 법을 알게 된다.
- 상상하는 경험을 한다.

2) 놀이 상호작용 및 놀잇감

영아의 놀이 상호작용 및 놀잇감 준비를 위한 교사 역할은 다음과 같다(김윤숙·조희숙, 2012; 이숙재, 2011; 정미라 외, 2013).

- 영아가 원하는 상징놀이를 주도하도록 지켜봐 주고 격려해 준다. 놀이 시간이나 장소, 놀잇감에 얽매여서 상징놀이를 하게 제한하거나 통제해서는 안 된다. 영아의 안전을 보장하는 범위 안에서 자유롭게 놀이하게 한다.
- 교사는 영아가 자신의 일상적 경험을 상징놀이로 표현하도록 구체적인 경험을 풍부하게 제공한다. 또한 개인 경험을 좀 더 확장해서 병원놀이, 미장원 놀이로 발전시키거나 간단한 동화 내용을 상징놀이로 표현하도록 지도한다.
- 교사가 영아의 상징놀이에 자연스럽게 참여하거나 놀이상대가 되어 주면 다양한 상징놀이로 발전할 수 있다.
- 영아용 상징 놀잇감으로 실제 사람과 유사한 인형(예 머리카락과 깜빡이는 눈을 가진 인형)이나 봉제 동물 인형, 실물과 유사한 가구, 소꿉그릇, 전화기, 전신을 볼 수 있는 안전거울 등을 제공한다. 그밖에 영아가 놀잇감에 애착심을 가져서 친구들과 다툼이 발생할 가능성이 있으므로 수량을 충분히 제공한다.
- 영아가 자신의 경험을 떠올려서 상징놀이를 하도록 영아가 쓰던 물건, 예를 들어 영아가 입던 옷, 양말, 가방, 작은 담요, 목욕용 스펀지 등을 제공하면 효과적이다.
- 영아 연령에 적합한 상징 놀잇감은 다음과 같다(보건복지부, 2013b, c; 이숙재, 2011).
  - 출생~12개월 : 헝겊 인형, 전화기
  - 1세 : 다양한 촉감 인형, 우유병, 담요, 모형 음식, 전화기
  - 2세 : 인형, 전화기, 자동차 운전대, 물·모래 놀잇감, 동물 가면

3) 상징놀이 실제

활동명 인형 잠재우기

대 상 1세

목 표

- 다른 사람의 말이나 행동을 모방한다.
- 일상생활의 경험을 놀이로 표현한다.
- 자신이 좋아하는 대상에게 애정을 표현한다.

놀잇감 아기 인형이나 동물 인형, 이불과 요, 베개, 포대기

놀이방법

① 아기 인형 재울 준비를 한다.

–아기가 잘 시간이네.

–아기를 재워야 하는데 어떻게 재울까?

② 아기 인형을 안는다.

–안아서 재워 볼까?

–아기를 안고 살살~ 흔들어 주자.

③ 교사와 함께 자장가를 부르며 인형을 토닥거린다.

–아기 인형아, 잘 자.

–자장자장, 우리 아기 잘도 잔다.

④ 아기를 눕히고 두드려 준다.

–토닥토닥 두드려 줄까?

⑤ 아기에게 이불을 덮어 준다.

참 고

- 아기가 일어났을 때의 상황을 놀이한다(예 기저귀 갈아주기, 우유 먹이기).

활동명 음식놀이

대 상 1, 2세

목 표

- 준비하고 마무리하는 과정을 경험한다.
- 상대방에게 호의를 표현하는 경험을 한다.
- 놀이를 하면서 만족감을 느낀다.

놀잇감 낮은 테이블이나 소반, 소꿉그릇, 컵, 숟가락, 모형 과일과 음식

놀이방법

① 소꿉그릇, 숟가락을 상 위에 놓는다. 영아가 관심을 보이면 함께 살펴본다.

– 숟가락으로 냠냠~

– 그릇도 있네.

② 영아와 함께 모형 음식을 그릇에 담고 상을 차린다.

– 배가 고파요. 먹을 것 좀 주세요.

– 여기 맛있는 사과가 있네.

– 그릇에 사과를 담아 볼까?

– 바나나도 주세요.

– 컵은 어디에 놓을까?

③ 맛있게 먹는 시늉을 하며 놀이한다.

– ○○야, 컵을 들고 건배!

– 주스가 맛있어요.

– ○○도 먹어 보세요.

④ 다 먹고 난 후에 상을 치우고 정리한다.

– 어휴, 배가 불러요.

– 잘 먹었습니다. 감사합니다.

– 그릇을 깨끗하게 치우자.

활동명 두꺼비집 만들기

대 상 2세

목 표

- 관찰력을 기른다.
- 행동을 조절하는 경험을 한다.
- 모래의 특성을 감각적으로 경험한다.

놀잇감 젖은 모래

놀이방법

① 젖은 모래를 살펴본다.

- 모래를 만져볼까?
- 어떤 느낌이니?

② 젖은 모래에 손을 쓱 집어넣는다.

- 선생님 손이 어디로 갔나?

③ 두꺼비집 만들기를 한다.

- 모래로 두꺼비집을 만들어 보자.
- ○○야, 선생님 손 등에 모래를 한 줌 올려주세요.
- 살살 두드려 주세요.
- 선생님이 손을 살짝 빼 볼게.
- 와, 두꺼비집이 생겼네.
- 이번엔 ○○ 손등에 모래를 올려놓자.
- 어떻게 해야 두꺼비집이 무너지지 않을까?

④ 전래동요를 함께 부르며 놀이 한다.

- 두껍아 두껍아 헌 집 줄게 새집 다오.

참 고

- 두꺼비집 안에 작은 동물인형 숨기기 놀이를 한다.

5 표현놀이

영아는 음악이나 미술, 움직임을 통해 성인을 모방하거나 자신의 기분, 느낌을 표현하는 놀이를 좋아한다. 표현놀이의 의의, 놀이 상호작용 및 놀잇감, 표현놀이 실제를 소개하고자 한다.

1) 표현놀이의 의의

영아 표현놀이의 의의를 살펴보면 다음과 같다(보건복지부, 2013b, c; 이숙재, 2011; 이영·김온기·우현경, 2006; 정미라 외, 2013).

- 주변의 소리, 움직임, 색, 모양에 호기심을 가지고 탐색한다.
- 노래나 리듬에 맞춰 몸으로 표현하는 능력을 기른다.
- 자신의 생각과 느낌을 창의적으로 표현하는 능력을 기른다.
- 다양한 소리나 음악을 모방하는 행동을 즐긴다.
- 간단한 미술 자료를 가지고 그리기, 만들기를 할 수 있다.
- 대소근육의 운동 능력을 기른다.
- 일상생활에서 사물이나 자연의 아름다움을 경험한다.
- 표현놀이를 통해 만족감을 느낀다.
- 교사나 또래와 함께 표현놀이를 하면서 친밀감을 형성한다.

2) 놀이 상호작용 및 놀잇감

영아의 표현놀이를 지도하기 위한 놀이 상호작용 및 놀잇감에 대해 살펴보면 다음과 같다(보건복지부, 2013b, c; 이숙재, 2011; 이영·김온기·우현경, 2006; 정미라 외, 2013).

- 영아가 자율적으로 표현놀이를 하도록 영아의 관심과 요구를 존중해 준다. 교사가 영아의 흥미나 관심과는 무관하게 놀이를 주도해서는 안 된다.
- 상호작용을 할 때는 영아와 눈을 마주 보고 영아의 반응에 대한 교사의 관심을 말이나 행동으로 부드럽게 표현하여 격려해 준다.
- 영아가 자유롭게 표현할 수 있도록 허용적인 분위기를 조성해 준다. 또 영아의 표현을 적극 존중하고 지지해 주어서 영아가 즐거워하며 놀이에 몰입하도록 한다.
- 일상생활과 주변의 자연 속에서 아름다움을 느끼고 직접 보고, 만지고, 냄새 맡는 경험을 할 수 있도록 영아에게 기회를 제공한다. 최근에는 황사, 미세먼지 등으로 실외 활동의 어려움이 많으나, 가능하면 영아가 실외의 자연환경을 자주 접하게 해 준다.
- 영아가 관심을 갖도록 주변에 표현 놀잇감을 자연스럽게 놓아 주거나 새로운 놀잇감을 제공한다.
- 영아는 신체조절능력이나 눈과 손의 협응력이 충분히 발달하지 않았으므로 이러한 발달 특징을 고려해서 표현 놀잇감을 준비해 준다. 예를 들어 작은 종이보다 커다란 종이를 제공하면 영아가 마음껏 그림을 그릴 수 있다.
- 영아가 다양한 표현놀이를 자발적으로 하도록 도와주는 놀잇감을 영아의 연령별로 소개하면 다음과 같다(보건복지부, 2013 b, c, d; 이숙재, 2011; Frost, Wortham, & Reifel, 2005).
    - 출생~12개월 : 작은북, 실로폰, 음악테이프
    - 1세 : 큰 종이, 크레파스, 스카프, 음악테이프, 악기
    - 2세 : 붓, 물감, 지점토나 찰흙, 유성펜, 악기류와 스카프, 공, 음악테이프

3) 표현놀이 실제

활동명 북치기놀이

대 상 출생~12개월

목 표

- 다양한 소리에 관심을 가진다.
- 소리를 집중하여 듣는다.
- 다양한 소리를 내면서 즐거움을 느낀다.

놀잇감 작은북, 플라스틱 통, 종, 냄비 등 주변의 소리 나는 물건, 음악테이프

놀이방법

① 손으로 둥둥 북을 쳐 소리를 내 본다.

- 북을 쳐보자.
- 둥둥~ 소리가 나네.
- 이번에는 손바닥으로 두드려 볼까?
- 어떤 소리가 나니?

② 북 채나 나무주걱으로 북을 두드린다.

- 살살 두드려 볼까?
- 신나게 쾅쾅 ~~

③ 주변에 있는 물건을 두드려 소리를 낸다.

- 냄비를 두드려 볼까?
- ○○가 큰 소리를 냈네.
- 이번에는 소리가 작아졌네.

④ 교사가 불러 주는 노래에 맞추어 북을 친다.

- 노래에 맞추어 북을 치자.

활동명 물그림 그리기

대 상 1세

목 표

- 소근육 운동 능력이 발달한다.
- 새로운 자료에 관심을 갖는다.
- 붓으로 자유롭게 표현하면서 만족감을 느낀다.

놀 잇 감 물, 물통, 두꺼운 붓

놀이방법

① 물을 담은 통과 붓을 영아와 함께 살펴본다.
- 이게 무얼까?
- 물이 들어 있네.
- 이건 붓이야. 만져 보자.

② 붓을 물통에 넣고 휘저어본다.
- 붓을 통에 넣어 보자.
- 물을 휘휘 젓고 있네.

③ 다양한 표면에 붓으로 끼적거리기 놀이를 한다.
- 붓을 바닥 위에 쓱쓱 문질러 보자.
- 바닥이 어떻게 되었니?
- 선생님은 이렇게 쓱쓱 칠했어
- ○○는 돌 위에 물그림을 그리네.
- 이번에는 다른 곳에 칠해 보자.

참 고

- 날씨가 좋은 날 실외에서 진행한다.
- 영아 옷이 젖지 않도록 소매를 걷어주거나 비닐 앞치마를 입히면 마음껏 놀이할 수 있다.

활동13 밀가루 반죽놀이

대 상 1, 2세

목 표

- 밀가루 반죽의 촉감을 느껴 본다.
- 형태의 변화를 경험한다.
- 다양한 모양 찍기를 하면서 만족감을 느낀다.

놀 잇 감 밀가루 반죽, 플라스틱 통이나 그릇, 찍기 틀

놀이방법

① 밀가루에 물과 소금, 식용유를 넣고 반죽하여 밀가루 반죽을 만든다.
- 밀가루를 만져 볼까? 손이 어떻게 되었니?
- 물을 넣어 볼게.

② 밀가루 반죽을 만져 보게 한다.
- 반죽을 만져 보자.
- 손바닥으로 꾹꾹 눌러 보자.

③ 반죽을 다양하게 탐색한다. 교사가 옆에서 함께 다양한 모양을 만들며 상호작용한다.
- 반죽을 길게 잡아당겨 보자.
- 선생님이 손바닥으로 쓱쓱 미니까 길어졌네.
- 반죽을 잘라서 그릇에 담아 볼까?

④ 찍기 틀로 찍어 다양한 모양을 만든다.
- 예쁜 나비 모양이 생겼네.

참 고

- 반죽할 때 채소즙을 넣어 색 밀가루 반죽을 만들 수 있다.
- 밀가루 반죽에 작은 플라스틱 블록이나 빨대 등을 꽂는 놀이를 할 수 있다.

참고문헌

김윤숙·조희숙(2012). 만 2세반 영아의 역할놀이 특성에 관한 연구. **유아교육연구**, 32(5), 53-78.

보건복지부(2013a). 제3차 어린이집 표준보육과정 고시. 보건복지부 고시 제2013-8호.

보건복지부(2013b). 어린이집 표준보육과정에 기초한 영아보육프로그램 운영의 이해.

보건복지부(2013c). 어린이집 표준보육과정에 기초한 영아보육프로그램 0세 (1).

보건복지부(2013d). 어린이집 표준보육과정에 기초한 영아보육프로그램 1세 (2).

보건복지부(2013e). 어린이집 표준보육과정에 기초한 영아보육프로그램 2세 (2).

보건복지부·교육과학기술부(2013a). 3~5세 연령별 누리과정 교사용 지침서.

보건복지부·교육과학기술부(2013b). 3~5세 연령별 누리과정 해설서.

이숙재(2011). 영유아 놀이 활동. 서울: 창지사.

이영·김온기·우현경(2006). 부모·교사와 함께 하는 영아 놀이. 경기: 다섯수레.

정미라·권정윤·박수경·이방실·김경숙·문원선·유혜경·이민정(2013). 뇌가 즐거운 아기 놀이 120. 경기: 느림보.

채종옥·이경화·김소양·김연진(2013). 놀이 지도. 경기: 양서원.

최석란·서원경·이현옥·박선화·신지연(2008). 영아와 함께 하는 놀이. 서울: 교문사.

Ellison, S., & Gray, J. (1995). *365 days of creative play*. Naperville, IL: Sourcebooks, Inc.

Frost, J. L., Wortham, S. C., & Reifel, S. (2005). *Play and child development*. Upper Saddle River, NJ: Merrill Prentice Hall, Inc.

Herr, J., & Libby, Y. (1995). *Creative resources: For the early childhood classroom*. New York: Delmar Publishers.

Lindberg, L., & Swedlow, R. (1980). *Early childhood education*. Boston: Allyn & Bacon.

09

유아 놀이 활동

9장에서는 유아 놀이 활동을 유형별로 소개하고자 한다. 놀이 활동의 유형은 학자들의 기준이나 유아의 연령별 발달 특성에 따라 다양하게 분류된다. 본 장에서는 유아가 선호하며 기관이나 가정에서 활용 가치가 높은 놀이 활동을 중심으로 역할놀이, 연극놀이, 운동놀이, 쌓기놀이, 조작놀이, 물놀이, 모래놀이, 전래놀이, 목공놀이, 게임 등 총 열 가지로 나누었다. 각 놀이 활동별로 교육적 가치, 지도방안 및 환경 구성, 실제 활동에 대해 살펴보고자 한다.

1 역할놀이

영유아는 많은 역할놀이를 즐긴다. 자기가 '마치 엄마, 아빠인 것처럼' 가상하는 역할놀이로부터 우주 세계를 상상한 과학공상놀이, 전쟁놀이, 병원놀이 등 자신이 경험했거나 흥미롭게 느낀 다양한 사건이나 대상을 놀이 속에 재현한다. 역할놀이는 영유아의 인지적, 정서적, 사회적, 창의적 발달을 촉진함으로써 교육적 가치가 높이 평가되고 있다.

본 절에서는 가작화(마치 ~인 것처럼, as-if elements) 요소가 작용하는 역할놀이의 교육적 가치와 연령별 역할놀이 특징, 역할놀이 지도 및 환경 구성과 역할놀이 실제를 소개하겠다.

1) 역할놀이의 교육적 가치

역할놀이의 교육적 가치를 살펴보면 다음과 같다(곽승주, 2016; 이숙재, 2011; 이은영, 2010; 조숙영, 2011).

(1) 역할놀이는 영유아의 사회성 발달을 돕는다

영유아는 주변의 모든 대상을 마치 살아 있는 것 같이 인격화하는 경향이 있어서 인형이 다정한 친구가 되기도 하고 상상의 놀이 친구와 대화를 나누기도 한다. 또한 여러 친구들과 어울려 역할을 분담하여 놀이를 한다.

이러한 놀이 경험을 통하여 영유아는 친구 사귀는 방법을 배우며, 서로 타협하고 협조하면서 원만한 관계를 맺는 방법을 알게 된다. 그뿐만 아니라 놀이 중 자신이 맡은 역할에 동일시함으로써 사회적 역할을 학습하고 점차 자기 중심성에서 벗어나 공동체 의식을 발달시켜 사회적인 존재로 성장하게 된다.

(2) 역할놀이를 통해 영유아의 지적 발달이 촉진된다

역할놀이에는 현실적 요소와 상상적 요소가 포함된다. 현실적 요소란 영유아가 주변에서 실제로 경험한 사건이나 인물을 모방하여 놀이하는 것을 의미하는데 이러한 모방 경험을 통해 영유아의 개념 발달이나 사회적 지식 습득 등의 지적 발달이 증진된다. 또한 역할놀이에는 상상적 요소가 내포되기 때문에 여러 역할이나 상황을 다양하게 상상하여 놀이하는 경험을 통해 추상적 사고력, 확산적 사고력과 문제해결력이 발달한다.

(3) 역할놀이를 통해 영유아의 언어 발달이 증진된다

역할놀이에서 여러 가지 가작화된 상황이나 역할을 말이나 몸짓, 행동으로 표현하면서 영유아의 언어 능력이 향상된다. 즉, 자신이 맡은 역할을 수행하는 과정에서 의사소통능력, 어휘력 등 음싱언이 발달이 증진될 수 있다. 또한 음식점놀이, 병원놀이에서 메뉴판, 간판, 진료 카드를 만들거나 활용하면서 글자를 읽고 쓰는 문해 능력이 자연스럽게 발달한다.

(4) 역할놀이는 영유아의 정서 발달을 돕는다

영유아는 역할놀이를 통해 현실에서는 불가능한 자신의 모든 희망과 욕구를 충족시킬 수 있다. 자기가 원하는 대로 하늘을 나는 피터팬, 정의를 구현하는 사이버 전사, 왕자의 입맞춤에 소생하는 백설공주가 될 수 있다. 욕구가 충족됨으로써 기분이 유쾌해지고 만족감, 성취감을 느껴서 긍정적인 자아 개념을 형성하게 된다. 또한 다양한 역할을 수행하면서 다른 사람의 감정과 생각을 이해하고 공감하는 능력을 기르게 되며 자기가 맡은 역할에 적합한 언어, 동작으로 가작화를 하면서 자기 통제력을 기른다. 그 밖에 역할놀이를 하면서 불안, 질투, 분노 등의 부정적 감정을 발산시켜서 긴장이 완화되어 정서적 안정을 이룰 수 있다.

(5) 역할놀이를 하면서 영유아의 창의성 발달이 촉진된다

역할놀이는 사전에 계획된 내용에 따라 전개되는 놀이가 아니고, 영유아의 상상력, 경험 및 희망에 따라 자유롭게 표현하는 놀이이다. 영유아가 역할놀이의 주인공으로서 내용을 구성하고 역할을 분담하며 적절한 놀잇감을 선택하여 놀이를 한다. 이러한 놀이 과정에서 새롭게 창조해 보는 기회를 많이 갖게 되므로 창의력이 증진된다.

2) 연령별 역할놀이 특징

영유아의 역할놀이는 연령에 따라 각기 다른 특징을 보이는데 1세에서 5세까지 연령별 역할놀이 특징을 살펴보면 다음과 같다(우성희, 2004; 이숙재, 2011; 하정희·성은영·이혜경, 2005; Segal & Adcok, 1981).

(1) 1세 영아

생후 12개월 정도가 되면 가장 초보적 수준의 역할놀이를 하기 시작한다. 주로 먹고 입고 자는 등과 같이 자신이 일상에서 했던 행동이나 양육자의 행동을 모방하는 놀이를 한다. 예를 들어 빗을 머리에 갖다 대거나 전화기를 귀에 대는 단순한 가작화 행동을 한다.

(2) 2세 영아

이 시기의 영아들은 아기 인형에게 우유 먹이기, 운전놀이, 전화놀이 등과 같이 일상생활의 경험을 놀이로 표현한다. 행동을 가작화할 때 이전에는 자기 자신이 행동의 주체자가 되어 우유를 먹는 행동으로 표현했으나 점차 인형에게 우유를 먹이고 잠을 재우는 등의 타인을 향한 행동으로 발달하게 된다. 또한 역할놀이에서 단순한 언어나 효과음을 사용하기도 하지만 대부분 행동으로 내용을 전달하는 편이며 동일한 놀이를 반복하는 경우가 많다.

그 밖에 2세 영아는 역할놀이 주제나 내용을 사전에 계획하는 것이 아니라 그때

그때의 흥미나 놀잇감에 관련된 놀이를 즉흥적으로 하는 특징을 보인다. 예를 들어 이 시기 영아는 장난감 컵과 주전자를 보고 커피 따르는 놀이를 하며, 운전대를 보면 운전놀이를 한다. 또한 역할놀이에 진지하게 참여하는 편이지만 놀이 지속 시간은 비교적 짧으며 함께 놀이하는 상대자도 엄마, 아빠, 교사 등 성인이거나 혼자서 노는 경우가 많다.

(3) 3세 유아

3세 유아는 주로 가정생활에 관련되는 역할놀이를 하는데 때로 생일잔치, 소풍과 같이 자신에게 특별히 의미 있는 내용을 재현하기도 한다. 그러나 2세 때에 비해서, 어떤 놀잇감으로 어떤 놀이를 할 것인지 사전에 결정을 하고 역할을 분담해서 놀이하는 등 질적 수준에서 변화가 나타난다. 이제 즉흥적인 놀이가 아니고 사전에 계획을 세워 놀이를 하며 놀이가 여러 내용으로 연결된다. 그러나 중간에 놀이 내용이나 역할이 갑자기 바뀌어서 계획대로 이루어지지 못하는 경우가 많다.

또한 이 시기 유아의 대부분은 역할놀이에서 엄마나 선생님처럼 영향력 있는 역할을 맡고 싶어 한다. 3세 유아는 역할놀이를 할 때 언어 표현을 많이 하고, 친구들과 어울리기 시작하지만 놀이 내용과 관련 없는 행동이나 언어 표현을 하는 경우가 많아서 집단 역할놀이를 오래 지속하지는 못한다. 그 밖에 놀잇감을 제한된 용도로만 사용하는 경직성을 보이기도 한다.

(4) 4세 유아

이 시기에는 역할놀이가 양적·질적으로 발전한다. 역할놀이의 내용은 가정생활에 관련된 놀이 이외에 유아가 가정 밖에서 경험한 내용을 놀이하기도 한다. 자신이 맡은 역할이나 상황을 구체적으로 표현하며 타인의 역할도 인식하여 적절하게 반응할 수 있다.

또한 이 시기 유아의 역할놀이는 여아는 여아끼리, 남아는 남아끼리 집단놀이로 이루어진다. 역할 분담에서도 3세 때처럼 영향력을 행사하는 인물을 맡겠다고 고집하는 것이 아니라 공격자, 구원자 등과 같이 자신의 희망에 따라 폭넓은 선택을 하게 된다.

그 밖에 4세 유아의 역할놀이에는 성별 차이가 나타나기 시작하여 여아는 엄마놀이, 간호사놀이 등을 언어 표현 중심으로 진행하는 경향을 보인다. 한편 남아는 전쟁놀이, 경찰놀이, 귀신놀이 등과 같이 활동적인 놀이를 시끄럽고 공격적이며 빠른 템포로 진행하는 경우가 많다.

(5) 5세 유아

5세가 되면 역할놀이 내용이 매우 다양해진다. 3, 4세 때 즐기던 일상생활의 내용보다 TV나 책, 게임에서 본 영웅적 인물이나 우주전쟁과 같은 가상적 상황을 놀이에 재현한다. 특히 이 시기의 유아는 지적 발달이 향상되어 모방에 의한 놀이뿐 아니라 유아 스스로 놀이 내용을 창조하는 능력을 발휘한다. 또한 놀잇감이나 의상 활용에 있어서도 창의력을 발휘하여 한 가지 놀잇감을 다양한 용도로 활용하거나 실물과 유사하지 않은 형태의 놀잇감을 사용한다. 예를 들어 둥근 바구니를 운전대로 활용하거나 농구 골대를 미장원의 헤어드라이 기구로 사용하는 재치를 보이기도 한다. 놀이 방법도 사전에 계획한 내용에 따라 역할을 분담하며 친구들과 타협하고 협동하여 진행되므로 한 가지 주제의 역할놀이가 오래 지속된다.

3) 역할놀이 지도

역할놀이를 지도하기 위하여 교사는 관찰자, 계획자, 안내자의 역할을 담당해야 한다(Segal & Adcok, 1981).

(1) 관찰자

교사가 역할놀이를 효율적으로 지도하기 위해서는 먼저 학급에서 일어나는 역할놀이 상황을 정확하게 파악하고 있어야 한다. 영유아들이 많이 참여하는 역할놀이의 주제, 놀이에서 주로 담당하는 역할, 역할놀이가 많이 일어나는 영역, 역할놀이에서 가장 빈번히 사용되는 놀잇감 그리고 역할놀이 집단 구성(연령, 인원수, 성별, 또래 상호작용, 집단의 고정성) 등에 관련된 자료를 관찰을 통해 수집하여야 한다.

그 밖에 역할놀이를 관찰할 때, 교사는 영유아의 개별적인 놀이스타일에도 주목하여야 한다. Segal과 Adcock(1981)은 유아의 역할놀이 스타일을 배우 타입(actor-type)과 연출가 타입(producer-type)으로 분류했다. 배우 타입이란 놀이에서 한 가지 역할을 직접 맡아서 역할에 맞는 행동이나 언어 표현을 하는 영유아를 의미한다. 연출가 타입의 영유아는 역할놀이에 직접 참여하기보다는 놀이를 지도, 감독하고 환경을 적절하게 구성하는 일을 담당한다. 한편 Black(1992)은 놀이스타일을 주도적 스타일(leading style)과 추종적 스타일(following style)로 구분하였다. 주도적 스타일은 놀이에 적극적으로 참여하는 영유아를 뜻하고 추종적 스타일은 소극적으로 놀이에 참여하는 영유아를 뜻한다. 교사는 영유아의 개별적인 역할놀이 특성을 지속적으로 관찰하여 연출가 스타일이나 주도적 스타일의 영유아가 역할놀이를 지배하지 않고 서로 다양한 역할을 바꾸어 해볼 수 있도록 배려한다.

(2) 계획자

교사는 관찰한 내용을 토대로 사전에 계획을 세워야 한다. 이때 교사 독단으로 계획해서는 안 되며 영유아와 함께 의논하여 그들의 의견을 적극적으로 반영하여야 한다. 계획 내용을 소개하면 다음과 같다.

첫째, 여러 가지 내용의 역할놀이 가운데 어떤 역할놀이를 할 것인지 정한다. 역할놀이의 주제는 영유아의 능력이나 경험, 흥미, 생활주제 등을 고려하여 결정하는 것이 효과적인데, 특히 영유아에게 의미가 있으면서 반복해도 싫증이 나지 않는 주제를 선정하는 것이 좋다. 영유아에게 적절한 역할놀이 주제는 엄마·아빠놀이, 가게놀이, 병원놀이, 방송국놀이 등과 같이 일상생활에서 경험한 일들이나 현장 견학에서 관찰한 것, 또는 TV나 책에서 본 사건들이다. 역할놀이 주제를 정할 때 영유아와 함께 의논하여 결정하면 영유아의 능동적인 참여를 유도하는 데 더 효과적이다. 또한 교사는 역할놀이에 참여하는 영유아의 즉흥성(improvisation)에 따라 놀이 주제나 내용이 자주 바뀌기도 하고 전혀 다른 놀이로 재탄생할 수도 있음을 늘 인식하고 허용해야 한다(Sawyer, 1997).

둘째, 역할놀이 주제가 결정되면 역할놀이를 가장 효율적으로 지도하는 방법을 계획한다. 즉, 역할놀이 주제에 대한 흥미를 유발시키기 위하여 어떤 사전 활동을 할 것인지(예 가게놀이를 하기 위한 사전 활동으로 슈퍼마켓 견학 또는 관련 동화 들려주기 등), 역할놀이에 필요한 놀잇감과 환경 구성은 어떻게 할 것인지, 역할놀이에 관련되는 연계 활동을 어떻게 제공할 것인지 등을 사전에 계획한다.

(3) 안내자

교사는 영유아가 역할놀이 과정에서 모든 의사결정이나 행동을 주도하도록 도와주는 안내자 역할을 해야 한다. 유능한 안내자는 상대방을 심리적으로 편안하게 해 주는 정서적 지원자가 되는 것이다. 따라서 교사는 영유아가 편안한 분위기에서 자신의 생각, 느낌 및 감정을 솔직하게 놀이에 표현할 수 있도록 허용적 분위기를 조성해 주어야 한다.

또한 필요한 경우에 교사는 역할놀이에 직접·간접으로 참여해야 한다. 직접 참여는 교사가 역할놀이에서 역할을 맡아서 함께 놀이하는 것을 의미한다. 가령 병원놀이나 경찰놀이에서 환자나 범인 역할을 맡을 영유아가 없다면 교사가 환자나 범인이 되어 함께 놀이를 진행한다. 반면에 간접 참여는 교사가 영유아에게 적절한 질문을 하거나 의견을 제시하여 역할놀이가 원만하게 진행되고 확장되도록 도와주는 것을 뜻한다. 교사의 이러한 놀이참여가 영유아의 자유로운 놀이를 방해해서는 안 된다. 교사가 참여할 때 유의해야 할 점은 적절한 시기에 알맞은 방법으로 참여를 하여야 효과적이라는 것이다.

4) 역할놀이 환경 구성

역할놀이는 유치원이나 어린이집의 역할놀이 영역에서 가장 많이 일어나지만, 꼭 역할놀이 영역에만 국한해서 생각할 필요는 없다. 다른 놀이 영역에서도 역할놀이가 얼마든지 이루어질 수 있기 때문이다. 예를 들어 쌓기놀이 영역에서 여러 가지 블록을 가지고 우주선을 만들어 우주인 놀이를 하거나 경찰 본부를 짓고 경찰놀이를 할 수도 있다. 그 밖에 실외 놀이장도 역할놀이를 하기에 적절한 장소이다. 이리저리 뛰어다닐 수 있는 넓은 실외에서 동물사냥놀이, 괴물놀이를 하거나 모래밭에서 도로공사놀이, 빵가게놀이 등을 할 수 있다.

역할놀이 영역을 구성할 때 고려해야 할 사항은 다음과 같다(보건복지부·교육과학기술부, 2013a; 이숙재, 2011).

첫째, 역할놀이 영역은 동적인 영역에 배치하며 쌓기놀이 영역 가까이에 조성하여 놀이가 확장되도록 한다. 또한 영유아가 또래나 교사를 의식하지 않고 자유롭게 참여할 수 있도록 커튼이나 칸막이를 활용하여 조용하고 아늑한 공간을 만들어 주는 것도 효과적이다.

둘째, 역할놀이 영역을 유치원이나 어린이집에서 진행하는 생활주제와 연관되게 조성해 줌으로써 영유아들이 다양한 내용의 역할놀이를 할 수 있게 한다. 만일 생활주제가 교통기관인 경우에는 세차장놀이, 공항놀이 등을 할 수 있도록 영역을 구성해 준다.

셋째, 역할놀이 영역을 필요에 따라 여러 곳으로 나누어 배치하면 영유아들의 상호작용을 촉진하고 놀이를 연계하여 발전시키는 데 도움이 된다. 예를 들어 큰 집과 작은집, 채소가게놀이와 음식점놀이 등과 같이 두 가지 역할놀이 영역을 제공할 수 있다.

넷째, 영유아가 역할놀이를 확장시킬 수 있도록 실제 생활에서 자주 경험하는 익숙한 내용(예 가게놀이, 병원놀이)뿐만 아니라 덜 익숙한 내용(예 이삿짐센터 놀이)에 관련된 놀잇감을 영유아의 연령이나 놀이 경험에 따라 다양하게 제공해 준다. 또한 영유아가 다문화, 양성 평등의 경험을 할 수 있도록 관련 놀잇감이나 소품을 제공한다.

다섯째, 역할놀이 내용에 관련된 놀잇감을 종합적으로 제공하기 위해 소품 상자(prop box)를 적극적으로 활용한다. 크고 단단한 상자나 뚜껑이 있는 플라스틱 상자를 이용해서 소품 상자를 만든다. 소품 상자 안에는 역할 내용이나 생활주제와 관련된 실물(1인용 프라이팬, 가발, 혈압계 등), 실물과 유사한 놀잇감(놀이용 자동차, 인형, 소형 가구 등), 교사나 영유아가 제작한 놀잇감, 관련 책자, 배경 음악 테이프 등 역할놀이를 하는 데 도움이 될 모든 자료를 넣어서 제공한다(Isenberg & Jalongo, 2001). 상자 겉면에는 교사나 영유아가 내용물을 쉽게 확인할 수 있도록 놀이 제목을 써서 붙이거나 그림 또는 사진을 붙이고 내용물의 목록을 붙인다. 소품 상자의 예를 역할놀이 주제에 따라 소개하면 다음 <표 9-1>과 같다(이숙재·이봉선·김종선·이방실, 2006).

〈표 9-1〉 역할놀이 내용별 소품 상자

역할놀이 내용	소품 상자 내용물
음식점 놀이	모형 음식, 음식 사진 안내판, 메뉴판, 고무찰흙, 그릇, 컵, 수저, 포크, 쟁반, 요리사 모자, 앞치마, 놀이용 돈, 신용 카드, 카드 판독기, 음식 배달통, 전화기
슈퍼마켓 놀이	모형 채소와 과일, 과자 상자, 안내판, 가격표, 영수증, 놀이용 돈, 광고 전단지, 신용 카드, 계산대, 비닐봉투, 쇼핑백, 미니 손수레, 저울
은행 놀이	놀이용 돈, 신용 카드, 통장, 필기 도구, 입출금 신청용지, 대기 번호표, 전광판, 봉투, 현금인출기
캠핑 놀이	작은 텐트, 지도, 물통, 의자용 블록, 손전등, 담요, 모형 음식, 취사도구, 배낭, 카메라, 잠자리채
병원 놀이	의사 가운, 청진기, 체온계, 혈압계, 압설자, 반창고, 약병, 처방전, X-ray 사진, 놀이용 돈, 진찰실 표지판, 영수증
커피전문점 놀이	커피 추출기, 컵, 가격 안내판, 모형 케이크와 과자, 쟁반, 앞치마, 놀이용 돈, 신용 카드, 계산기

여섯째, 영유아의 연령에 따라 역할놀이 환경을 구성할 때 유의할 점을 소개하면 <표 9-2>와 같다(보건복지부·교육과학기술부, 2013a; 이기숙·이은화·이영자·이숙재, 1995; 정미라 외, 2013).

〈표 9-2〉 연령별 역할놀이 환경 구성

연령	역할 놀이 환경 구성 시 유의사항
1·2세 학급	• 실물이나 실물과 유사한 놀잇감, 예를 들어 모형 음식, 실물처럼 눈과 팔, 다리 등이 부분적으로 움직이는 인형을 제공한다. 또한 컵, 전화기 등을 제공한다. • 고무 인형, 헝겊 인형 등 다양한 질감의 인형과 인형 침대, 담요를 준비한다. • 1, 2세 때는 놀이감을 친구들과 나누어 사용하지 않는 경향이 있으므로 수량을 넉넉히 준비한다.
3세 학급	• 가정 생활에 연관된 역할놀이를 주로 하므로 가족놀이에 필요한 놀잇감을 제공한다. • 적정량의 놀잇감을 제공해 주는 것이 바람직하다 • 가정과 같이 아늑한 분위기를 조성하는 데 필요한 가리개, 커튼 등을 준비한다.
4세 학급	• 유아들이 일상 생활에서 쉽게 접할 수 있는 다양한 역할을 놀이로 표현해 볼 수 있도록 역할놀이용품(예 병원놀이, 가게놀이, 음식점놀이, 선생님놀이 등)을 제공한다. • 기존의 놀잇감을 다양한 용도로 창의적으로 활용하도록 격려한다(예 농구 골대를 미장원 머리 말리는 기구로 활용). • 정리 정돈에 도움이 되도록 놀잇감의 위치를 그림이나 글자로 표시해 놓는다.
5세 학급	• 인형과 인형 옷, 가구 등을 제공한다. • 다양한 직업과 사회 구성원의 역할뿐 아니라 상상적 놀이 내용에 적합한 놀잇감을 준비해 놓는다. • 여아와 남아가 함께 참여할 수 있는 놀잇감을 준비한다. • 역할놀이에 필요한 소품을 유아 스스로 만들어 사용할 수 있도록 다양한 자료를 제공한다(예 종이 생선, 과일, 돈). • 역할놀이에 필요한 규칙을 기록한 규칙판이나 사진, 그림 자료 등을 벽에 붙여 놓는다.

5) 역할놀이 실제

활동명 세차장놀이

대 상 3세

목 표

- 상상력을 기른다.
- 놀이를 통해 사회적 역할을 이해한다.
- 협동심을 기른다.

놀잇감 고무호스, 자전거나 자동차, 수세미, 솔, 마른걸레

놀이방법

① 실외에서 더러워진 자동차나 자전거를 보며 세차장놀이를 제안한다.
- 자전거나 자동차를 닦으려면 어떻게 할까?
- 세차장에 가본 적이 있니?
- 세차장은 무엇을 하는 곳이니?

② 세차장놀이에 대해 함께 의논한다.
- 세차장을 어디에 꾸밀까?
- 자동차를 세차하려면 무엇이 필요하니?
- 누가 있어야 할까?

③ 세차장을 꾸미고 역할을 분담한다.
- 무슨 세차장이라고 할까?
- 누가 세차하는 사람을 맡겠니?

④ 세차장놀이를 한다.

참 고

- 주유소놀이와 함께할 수 있다.

활동명 동물병원놀이

대 상 3, 4세

목 표

- 동물을 사랑하는 마음을 갖는다.
- 동물병원에서 하는 일에 대해 안다.
- 친구들과 협력하여 놀이에 적극적으로 참여한다.

놀잇감 다양한 동물 인형, 의료용품(붕대, 반창고, 면봉, 빈 약병, 청진기, 의사 가운, 압설자, 주사기, 체온계), 진료 침대, 전화기

놀이방법

① 놀잇감을 보면서 어떤 놀이를 할 수 있는지 생각한다.
 – 이것을 본 적이 있니?
 – 어떤 놀이를 할 수 있을까?
 – 동물병원에 가본 적이 있니?

② 동물병원놀이를 준비한다.
 – 병원을 어디에 만들까?
 – 동물병원놀이를 하려면 무엇이 필요하니?
 – 병원 이름을 무엇이라고 할까?

③ 역할을 정해서 동물병원놀이를 한다.
 – 동물병원에서는 어떤 일을 할까?
 – 누가 동물병원의 의사 역할을 할까?

참 고

- 블록을 이용하여 진료침대를 만들거나 동물 입원실 등을 만든다.
- 역할을 정할 때 의사는 남자, 간호사는 여자 등 고정적인 성 역할에 얽매이지 않도록 지도한다.

활동명 결혼식놀이

대 상 4, 5세

목 표

- 상상력 및 창의적 표현력을 기른다.
- 친구 의견을 존중하는 태도를 기른다.
- 계획하고 실천하는 능력을 기른다.

놀잇감 면사포, 신부 드레스, 부케, 양복, 구두, 나비 넥타이, 한복, 족두리, 고무신, 병풍, 탁자, 초와 촛대, 마이크, 카세트와 테이프, 모형 음식(케이크, 떡, 음료), 사진기, 전통혼례와 서양식 결혼예식 사진

사전활동 『쥐의 결혼식』 동화를 들려준다.

놀이방법

① 결혼식 사진과 면사포, 족두리 등을 보면서 어떤 놀이를 하면 좋을지 생각한다.
  - 무엇을 하는 사진이니?
  - 어떤 옷을 입고 있니?

② 결혼식놀이를 계획한다. 먼저 전통혼례와 서양식 결혼예식 중에서 한 가지를 선택하고 필요한 역할과 준비물에 대해 계획한다.
  - 어떤 결혼식을 하기로 할까?
  - 결혼식을 하려면 어떤 사람이 있어야 할까?

③ 역할을 정하여 분장하고 결혼식장을 꾸민다.
  - 주례는 누가 할까?
  - 신부는 어떻게 꾸밀까?
  - 결혼 잔치 음식은 어느 곳에 마련할까?

④ 결혼식놀이를 한다.

참 고

- 결혼식놀이 장면을 사진으로 찍어 전시해 줄 수 있다.

활동명 119 구조대놀이

대 상 4, 5세

목 표

- 119구조대 역할에 대해 관심을 갖는다.
- 놀이를 하면서 위험에 대처하는 방법을 배운다.
- 친구들과 의견을 나누는 경험을 한다.

놀잇감 자전거, 수레, 119구조대 복장(조끼, 모자), 구조 도구 상자, 병원놀이 세트, 들 것, 사이렌, 호스, 호루라기, 소화기, 확성기, 밧줄, 전화기, 인형, 119구조대 화보

사전활동 119구조대원을 초청하여 구조대원의 역할, 장비 등에 대해 알아본다.

놀이방법

① 119구조대가 출동해야 할 상황에 대해 생각해 본다.
- 어떤 사고가 났다고 할까?
- 어디에 전화해야 할까?

② 사고 상황에 대해 이야기를 나눈 후 역할을 정한다.
- 빌딩 짓는 공사장에서 사고가 났어요.
- 어떤 사람들이 있어야 할까?
- 누가 구조대원을 할까?

③ 놀이에 필요한 소품을 만들거나 준비한다.
- 구조대원은 어떤 옷을 입을까?
- 응급차는 무엇으로 만들까?
- 부상당한 사람을 응급처치하려면 무엇이 필요할까?

④ 119구조대놀이를 한다.

참 고

- 병원응급실놀이로 확장할 수 있다.

활동명 캠핑놀이

대 상 5세

목 표

- 자연에 관심을 갖는다.
- 상상력과 창의적 표현력을 기른다.
- 놀이를 통해 공간 개념과 입체 구성력을 기른다.

놀잇감 텐트, 점퍼, 운동화, 작은 배낭, 접이식 의자, 손전등, 망원경, 잠자리채, 장갑, 요리 도구, 카메라

사전활동 캠핑에 관한 동영상을 시청하고 이야기를 나눈다.

놀이방법

① 준비된 놀잇감을 보면서 캠핑놀이를 계획한다.
- 캠핑놀이를 해 볼까?
- 캠핑을 하려면 무엇을 준비해야 할까?
- 어디로 캠핑을 갈까?
- 캠핑놀이를 하려면 어떤 옷을 입어야 할까?

② 텐트와 의자 등을 준비하여 캠핑 장소를 꾸민다.
- 텐트는 어디에 설치할까?
- 의자는 어디에 놓을까?

③ 역할을 정하고 분장을 한다.
- 누가 요리할까?
- 캠핑하기에 적합한 옷, 신발, 배낭을 준비해 볼까?

④ 캠핑놀이를 한다.
- 캠핑 가서 어떤 놀이를 하고 싶으니? 잠자리를 잡아 볼까?

2 연극놀이

연극놀이(creative drama)는 영유아가 다양한 놀이 주제에 적합한 대사나 동작을 창작하여 표현하는 과정 중심이고 참여자 위주의 놀이를 의미한다. 미국의 Winifred Ward 에 의해 처음 사용된 용어로 교육연극(DIE : drama-in-education), 창의적 극놀이(creative dramatic play)로도 불린다. 원래 연극놀이에는 무언극놀이, 즉흥극놀이, 인형극놀이, 이야기극(story drama) 등이 포함되며(McCaslin, 2000), 영유아 이외에 초등학생에서 중·고등학생까지 광범위하게 적용할 수 있다.

본 절에서는 영유아를 위한 연극놀이의 특징과 교육적 가치를 살펴보고, 연극놀이 유형을 무언극, 즉흥극, 인형극, 주제극놀이로 나누어 유형별 지도 및 환경 구성, 연극놀이 실제에 대해 소개하고자 한다.

1) 연극놀이의 특징

일반적으로 연극놀이라고 하면 유치원이나 어린이집에서 흔히 실시하는 동극이나 역할놀이를 연상하게 된다. 동극(children's theatre)은 출연자들이 각자 맡은 역할에 따라 대사를 암기하여 연기하는 구조화된 활동이다. 연극놀이와 동극은 영유아가 다양한 역할을 맡아서 가작화함으로써 가상체험을 한다는 점에서 유사하다. 그러나 동극은 보여 주기 위한 공연에 초점을 맞추는 교사주도의 결과 중심적 활동인 반면에 연극놀이는 참여하는 영유아의 자발성과 놀이다움에 근거하며 창의적 과정을 중시한다는 점이 다르다.

한편 역할놀이는 영유아의 개별적인 욕구에 따라 다양한 역할을 모방하거나 상상하여 재미 위주로 영유아가 중심이 되어 자유롭게 이루어지는 놀이다(2절 참조). 연극놀이도 영유아가 자발적으로 적극 참여하여 상상, 창조, 가상체험을 할 수 있다는 점에서 역할놀이와 유사하다. 그러나 연극놀이는 참여자들이 함께 다양한 주제를 즉흥적으로 해석하고 연출하여 창조적으로 표현한다는 측면에서 역할놀이보다 더 의도적인 활동이 포함되는 창작놀이라 할 수 있다(이숙재, 2003; 이숙재·이봉선·김종선·이방실, 2006).

최영애(2000), Isenberg 와 Jalongo(2001)는 이 세 가지 놀이를 서로 분리하지 말고 연속적 개념으로 받아들여야 한다고 주장한다. 즉, 가장 비형식적인 역할놀이부터 가장 형식적인 동극에 이르기까지 연속선에서 상황이나 필요에 따라 서로의 영역을 자유롭게 넘나드는 개념으로 해석해야 한다는 것이다. 이들의 견해를 토대로 역할놀이, 연극놀이, 동극을 비교해 보면 다음 <표 9-3>과 같다.

〈표 9-3〉 역할놀이, 연극놀이, 동극의 비교

	비형식적 ↔		형식적
	역할놀이	연극놀이	동극
특징	자발적, 비형식적 놀이	즉흥성, 해석, 창작놀이	각본에 따라 연기하는 극 활동
준비 시간	최소	중간	최대 (대사암기, 동작연습)
참여자 역할	능동적	능동적	수동적
소품	단순	단순	의상 및 배경, 소품
교사 역할	안내자	안내자	지휘자

이상에서 살펴본 내용을 종합하여 연극놀이의 특징을 살펴보면 다음과 같다(이선영·우민정, 2017; 이숙재·이봉선·김종선·이방실, 2006).

첫째, 연극놀이는 남에게 보여 주는 것이 목적이 아니라 참여자가 주체적으로 가상하여 생각이나 느낌을 즉흥적으로 표현하는 놀이이다.

둘째, 또래와 함께 능동적으로 참여하여 창의적으로 함께 만들어 가는 참여자 중심, 과정 중심의 활동이다.

셋째, 영유아의 개인적 경험이나 동화, TV, 사물 등 다양한 소재를 줄거리로 표현할 수 있는 창의적 놀이이다.

넷째, 영유아가 해석하고 창조한 내용을 연극적 요소(등장인물, 줄거리, 배경 구성, 분장, 음악 등)에 맞추어 자유롭게 표현하는 놀이 활동이다.

2) 연극놀이의 교육적 가치

연극놀이의 교육적 가치를 구체적으로 설명하면 다음과 같다(김미정, 2006; 이숙재·이봉선·김종선·이방실, 2006; 최영애, 2000; Isenberg & Jalongo, 2001).

(1) 연극놀이는 영유아의 상상력, 창의력 발달을 돕는다

영유아는 가작화 요소가 내포된 연극놀이의 줄거리, 등장인물이나 사건, 대사, 소품 등을 창의적으로 각색하고 구성하여 언어나 동작으로 표현하면서 상상력과 창의력이 촉진된다.

(2) 연극놀이를 하면서 영유아의 언어 발달이 증진된다

다양한 연극놀이를 하면서 이야기 구조를 알게 되고 그 결과로 이야기 이해 능력과 구성 능력, 회상 능력이 향상된다. 또한 표현 능력과 발표력, 의사소통능력이 증진될 뿐 아니라 읽기, 쓰기에 관심을 갖게 되는 등 문해 능력이 발달한다.

(3) 연극놀이는 영유아의 사회성 발달을 돕는다

연극놀이를 친구들과 함께함으로써 영유아의 자기 인식 능력이 촉진될 뿐 아니라 다른 사람에게 감정 이입을 잘하게 되고 타인의 생각이나 표현이 서로 다른 점을 이해하게 된다. 또한 친구와 공동 참여하는 기회를 통해 참여의식과 협동심, 의사결정능력, 리더십 등의 사회성이 발달한다.

(4) 연극놀이를 통해 영유아의 지적 발달이 촉진된다

다양한 이야기 주제에 맞추어 연극놀이를 하면서 영유아의 추상적 사고력, 분산적 사고력이 발달하고 적절한 해결방안을 모색하는 문제해결력이 발달한다. 또 즉흥적인 연출 경험을 하면서 순발력을 기른다. 그 밖에 연극놀이를 통해 경제 개념 등 특정 개념의 학습(이숙재·이방실, 2002)을 촉진시킬 수 있다.

(5) 연극놀이를 하면서 영유아의 정서 발달이 증진된다

연극놀이에서 여러 역할을 맡아 자유롭게 표현하면서 긴장감을 해소하고 만족감, 자신감, 즐거움을 느껴서 정서 발달이 증진된다.

3) 연극놀이 유형별 지도 및 환경 구성

연극놀이 유형에 따라 지도 방법과 환경 구성을 소개하고자 한다(이숙재, 2003; 이숙재·이봉선·김종선·이방실, 2006; 정효진, 2009; 최영애, 2000; Isenberg & Jalongo, 2001).

(1) 무언극놀이

무언극놀이, 즉 팬터마임(pantomime)은 생각이나 느낌, 동화 내용을 말없이 몸짓으로만 표현하는 연극놀이를 말한다. 무언극놀이는 언어 표현이 미숙한 어린 영아나 연극놀이 초보자에게 적합하다. 몸짓으로만 표현하기 때문에 영유아에게 부담감을 주지 않으며, 특히 말하기, 듣기에 문제가 있거나 부끄럼을 많이 타는 영유아에게 효과적이다(McCasline, 2000).

무언극놀이 지도 및 환경 구성을 살펴보면 다음과 같다.

① 다양한 무언극놀이 소재

영유아의 몸짓을 통한 창의적 표현을 자극하고 격려할 수 있는 다양한 소재를 활용할 수 있다. 무언극놀이에 적합한 소재는 다음과 같다.

〈표 9-4〉 무언극놀이의 소재

단어나 물건에 대한 연상	시장바구니, 밀가루 반죽, 의사 가운 등의 단어를 듣거나 물건을 직접 보고 연상되는 느낌을 몸짓으로 표현
동화 내용	아기돼지 삼형제, 커다란 무, 원숭이와 모자장수 아저씨 등의 동화 내용을 무언극으로 표현
동·식물의 특징	강아지, 돼지, 코끼리 등의 움직임을 몸짓으로 표현하거나 채소의 성장 과정을 몸짓으로 표현
감각 경험	쓴 약을 먹었을 때, 햇빛이 너무 강할 때, 이상한 냄새를 맡았을 때, 넘어졌을 때의 느낌을 몸짓으로 표현
과학적 공상 내용	로봇, 로켓, 우주인 등의 움직임을 몸짓으로 표현
일상적 생활 경험	음식 만들기, 운전하기, 컴퓨터 하기 등을 몸짓으로 표현

출처: 이숙재·이봉선·김종선·이방실(2006: 52).

② 창의적 표현 격려

교사는 영유아가 표현하려는 내용을 각자의 독특한 방법으로 표현하게 격려한다. 무언극놀이 줄거리 이외에 소품이나 배경도 창의적인 몸짓으로 표현하도록 지도한다.

③ 배경음악과 효과음 사용

배경음악이나 효과음을 활용함으로써 영유아의 상상력을 자극하고 창의적 표현을 격려할 수 있다. 다양한 종류의 악기나 배경 음악을 제공한다.

④ 무언극놀이 환경 구성

영유아가 자유롭게 표현할 수 있도록 넓은 공간을 제공하고 역할놀이 영역이나 쌓기놀이 영역에 이동식 커튼이나 칸막이로 무언극 무대를 조성해 주면 더욱 효과적이다.

(2) 인형극놀이

인형극놀이는 손 인형, 손가락 인형 등 여러 종류의 인형을 가지고 다양한 내용을 표현하는 놀이이다. 인형을 통해 표현이 이루어지므로 영유아의 호기심을 자극하여 자발적인 참여를 유도할 수 있다. 특히 인형극놀이는 여러 사람 앞에 나서기를 싫어하는 영유아나 소극적인 영유아에게 적합하다.

인형극놀이 지도 및 환경 구성을 소개하면 다음과 같다.

① 인형 탐색

여러 종류의 인형을 움직여 보면서 탐색하는 기회를 갖게 한다. 고개를 끄덕이는 모습, 놀라는 모습, 울거나 웃는 모습 등을 표현해 본다. 이때 거울을 제공하여 인형의 움직임을 살펴보게 한다.

② 줄거리 구성

인형극놀이의 줄거리는 여러 방법으로 구성할 수 있다. 즉, 등장시킬 인형을 미리 정하고 인형에 맞추어 내용을 구성하는 방법과 줄거리를 먼저 구성하고 내용에 맞는 인형을 선정하여 놀이할 수 있다. 그 밖에 동화 내용에 따라 인형극놀이를 할 수도 있으며 동화 내용에 새로운 등장인물을 추가하거나 내용을 변경할 수 있다.

③ 인형 조작

영아의 경우 인형을 조작하면서 동시에 대사를 표현하는 것이 힘들 수 있으므로 처음에는 교사가 들려주는 동화 내용에 따라 인형만 조작하기, 동물 소리 표현하기 등의 활동을 한다. 익숙해지면 대사를 직접 말하면서 인형을 조작한다.

④ 다양한 미적 표현과 감상 격려

인형극놀이를 통해 영유아가 음악, 미술, 신체 표현 등 다양한 미적 표현에 관심을 가지고 체험하며 감상할 수 있도록 격려한다.

⑤ 인형극놀이 환경 구성

역할놀이 영역이나 언어 영역에서 인형극놀이를 할 수 있다. 인형극 틀, 동화책과 막대 인형, 손가락 인형, 손 인형, 테이블 인형, 그림자 인형, 줄 인형(마리오네트) 등 다양한 인형을 제공한다.

(3) 즉흥극놀이

즉흥극놀이는 즉흥적으로 이야기를 만들어 표현하는 놀이이다. 영유아에게 문제 상황을 제시하고 해결 과정을 이야기로 꾸미게 하거나 특정 사물을 보고 연상되는 이야기를 즉흥적으로 꾸며 표현하게 한다. 또한 동화 속 주인공의 입장에서 내용을 재구성하거나 종결을 바꾸어 새로운 줄거리를 만들 수 있다(이숙재, 2003).

즉흥극놀이 지도 및 환경 구성을 소개하면 다음과 같다.

① 다양한 즉흥극놀이 소재

즉흥극놀이 소재가 될 수 있는 주변의 물건, 여러 종류의 의상 및 도구, 다양한 동화책을 제공한다. 영유아들이 원하는 즉흥극놀이 소재를 직접 선택하여 놀이하면 더욱 효과적이다(이숙재, 2003; Isenberg & Jalongo, 2001).

② 개방적 지도

모든 영유아가 창의적 잠재력을 갖고 있음을 인정하고 존중하며 영유아의 요구나 상황에 맞게 변형하여 적용한다. 교사는 늘 열린 마음과 자세를 가지고 영유아 중심으로 융통성 있게 지도한다.

③ 이야기 구성

먼저 이야기를 꾸미고 내용에 따라 표현하도록 지도한다. 참여하는 영유아가 서로 도와서 이야기를 구성하는 데 익숙해지면 여러 영유아가 한 장면씩 릴레이로 이야기를 꾸미며 즉흥극을 하도록 단계적으로 지도한다.

④ 적절한 참여

교사는 즉흥극놀이를 원활하게 진행하기 위해 해설자나 등장인물로 참여한다. 교사가 해설을 맡아서 놀이 시작을 알리거나 장면의 연결, 마무리를 효과적으로 지도할 수 있다. 또는 극 중 역할을 맡아서 참여함으로써 놀이의 진행을 돕는다.

⑤ 충분한 시간 제공

즉흥극놀이의 내용을 구성하고 각 역할에 맞게 표현하는 방법을 생각해 내려면 시간이 필요하다. 주어진 소품이나 소재에 대해 충분히 생각하고 친구들과 의견을 나눌 수 있도록 충분한 시간을 제공해야 한다.

⑥ 즉흥극놀이 환경 구성

영유아가 자연스럽게 이야기를 꾸밀 수 있도록 전화기, 가방, 안경, 등산복, 안전요원 조끼 등 일상용품을 제공한다. 실외 놀이장에서 즉흥극놀이를 할 때에는 나무그늘 밑이나 파고라, 공터에 야외무대를 꾸며 준다.

(4) 주제극놀이

주제극놀이(thematic fantasy play)라는 용어를 최초로 사용한 학자는 Saltz와 Johnson(1974)이다. 주제극놀이는 영유아가 동화 속의 등장인물이 되어서 이야기 내용을 창의적으로 가작화하는 과정 중심의 놀이이다. 예를 들어『곰 세 마리』동화의 엄마 곰, 아빠 곰, 애기 곰 이야기를 테마로 하는 놀이이다. 주제극놀이는 다른 연극놀이에 비해 동화를 놀이 소재로 한다는 점, 동화를 감상하고 역할 분장, 소품, 무대 배경 등을 준비하는 과정에서 연계된 놀이를 다각적으로 할 수 있다는 점이 특징이라 하겠다.

주제극놀이 지도 및 환경 구성을 소개하면 다음과 같다.

① 주제극놀이 지도

주제극놀이 내용에 따라 다양한 방법으로 지도할 수 있으나 대체로 동화 선정 및 소개, 이야기 나누기, 연계 활동, 주제극놀이하기, 평가의 과정으로 지도한다(김미정, 2006; 이숙재·이봉선·김종선·이방실, 2006).

① 동화 선정 및 소개

주제극놀이를 위한 동화를 선정하여 대집단이나 소집단으로 영유아에게 소개한다. 주제극놀이에 적합한 동화의 조건은 다음과 같다.

- 영유아의 발달 수준에 적합한 동화
- 이야기 구조가 간결하게 구성된 동화
- 등장인물이 많고 내용이 반복적인 동화
- 대사가 짧고 전체 내용이 길지 않은 동화

주제극놀이에 적합한 동화를 살펴보면 <표 9-5>와 같다(김미정, 2006; 이숙재·이봉선·김종선·이방실, 2006; Johnson, Christie, & Yawkey, 1999).

〈표 9-5〉 주제극놀이에 적합한 동화

세 마리 염소, 커다란 무, 곰 세 마리, 아기돼지 삼형제, 쥐의 결혼식, 헨젤과 그레텔, 빨간 모자, 원숭이와 모자 파는 아가씨, 사이좋게 그네 타요, 잃어버린 장난감, 개구리 나라, 혹부리 영감, 해님 달님, 검둥이 삼보, 조그만 찍찍이, 생강 빵

영유아에게 동화를 들려줄 때는 융판, 그림자 인형, 구연 등의 다양한 방법을 활용할 수 있다. 영유아가 동화 줄거리, 배경, 등장인물의 성격이나 특징 등을 쉽게 이해할 수 있도록 소개한다.

② 이야기 나누기

영유아들과 동화 내용에 대해 이야기를 나눈다. 동화의 등장인물, 특징(목소리

나 몸짓 등), 이야기 줄거리, 주제극놀이에 필요한 소품이나 분장에 관하여 이야기를 나누면서 동화 내용을 회상하고 이해하며 익숙해지게 한다.

③ 준비 및 연계놀이 활동

주제극놀이 준비를 위해 영유아가 서로 토의를 하면서 동화 줄거리를 각색하고 역할을 정하며 배경, 분장, 음향효과 및 조명에 대해 의논한다. 배역을 정할 때 가능하면 교사가 개입하지 말고 영유아가 원만히 타협하여 해결하도록 한다. 소품은 자유놀이시간에 연계 활동으로 영유아가 직접 만들거나 교실에 있는 놀잇감이나 비품을 이용하도록 한다. 교사가 준비한 소품 상자가 있으면 제공한다. 또한 주제극놀이와 관련되는 놀이 활동을 교실의 각 놀이 영역별로 제공하여 영유아가 동화에 관련된 통합적 경험을 하도록 한다.

다음은『빨간 모자』주제극놀이를 위한 연계놀이 사례이다.

〈표 9-6〉『빨간 모자』주제극놀이의 연계 활동

영역	활동명	활동 내용
미술	지점토 만들기	지점토로 놀이에 사용할 케이크와 과자를 만든다.
언어	막대 인형놀이	등장인물의 배역을 정하고 막대 인형으로 놀이한다.
	주제극놀이 책 만들기	놀이 장면을 사진으로 찍어 종이에 붙인다. 사진 장면에 대한 설명은 교사가 글로 써 준다. 순서대로 묶어 책으로 만든다.
수 및 조작	'할머니집에 가요' 게임	게임판(할머니 집까지 가는 길)과 주사위(이야기 순서)를 이용하여 놀이한다.
음률	마녀 걸음 걷기	음악에 따라 마녀처럼 걷는다.

④ 주제극놀이하기

분장과 배경 꾸미기 등 준비가 끝나면 주제극놀이를 시작한다. 교사는 영유아의 놀이 과정을 관찰하면서 도움이 필요한 경우에는 적절하게 참여하여 도와준다. 영유아의 주제극놀이 경험이 축적되면 영유아가 서로 도와주고 상호작용하며 계획·준비하여 진행하도록 격려한다.

⑤ 평가하기

주제극놀이가 끝나면 역할을 맡은 영유아, 소품을 준비한 영유아, 관람한 영유아들이 함께 평가를 한다. 느낀 점, 재미있었던 점, 고쳐야 할 점 등에 대해 서로 이야기하거나 각자 맡은 역할을 동작이나 말로 표현하면 누군지 알아맞히는 게임 등의 방법으로 평가를 할 수 있다(성구진·남인우, 2002). 그 밖에 주제극놀이 장면을 비디오로 촬영하여 영유아들이 함께 보면서 평가하는 방법도 있다(김미정, 2006).

2 주제극놀이 환경 구성

주제극놀이 환경 구성에서 고려해야 할 사항은 다음과 같다(이숙재, 2003).

첫째, 실내 놀이실의 역할놀이 영역, 언어 영역이나 실외에 설치된 놀이 집, 야외무대, 잔디밭 등에서 주제극놀이를 할 수 있다.

둘째, 주제극놀이에 참여하는 영유아, 관람하는 영유아가 방해받지 않고 몰두할 수 있도록 칸막이나 커튼으로 아늑한 공간을 만들어 주면 효과적이다.

셋째, 장소의 제한을 받지 않고 자유롭게 표현할 수 있도록 넓은 공간을 조성해 준다.

넷째, 등장인물의 분장용 소품, 무대 배경용 소품 등을 각 동화별로 소품 상자에 담아서 제공하면 효과적이다.

다섯째, 영유아의 연령에 적합하게 놀이 환경을 구성한다.

여섯째, 주제극 놀이 용품을 소개하면 다음과 같다.

- 일상용품: 의상, 스카프, 안경테, 가발, 모자
- 인형류: 손인형, 손가락인형, 막대인형, 그림자인형
- 악기류: 소고, 북, 탬버린
- 무대배경: 손전등, 커다란 보자기, 블록

4) 연극놀이 실제

활동명 『커다란 무』 무언극놀이

대 상 3세

목 표

- 동화 내용에 주의 집중하는 기회를 갖는다.
- 반복되는 단어나 소리의 리듬감을 즐긴다.
- 듣고 이해한 내용을 동작으로 표현한다.

놀잇감 『커다란 무』 동화책, 녹음기

놀이방법

① 『커다란 무』 동화책을 소집단이나 개별적으로 여러 번 들려준다.

–무슨 그림책인지 함께 볼까?

–제목이 『커다란 무』라는 그림책이네.

–다음에는 누가 나올까?

② 반복되거나 재미있는 단어는 영유아와 함께 소리를 내거나 동작으로 표현해 본다.

–커다란 무를 뽑으려면 어떤 소리를 낼까?

–영차, 영차 해 보자.

–무를 뽑는 것처럼 해 볼까?

–커다란 무 뽑기가 힘드네.

③ 배역을 정하고 무언극놀이를 한다. 녹음된 동화 내용을 들으며 동작만으로 표현하도록 한다.

–누가 할머니 역할을 해 볼까?

–할머니가 무를 뽑는 것처럼 움직여 보세요.

–멍멍이 다음에 누가 나와야 하니?

활동명 『아기돼지 삼형제』 인형극놀이

대 상 3세

목 표

- 이야기 이해 능력 및 회상 능력이 발달한다.
- 언어로 표현하는 놀이를 즐긴다.
- 상상력 및 창의성을 기른다.

놀 잇 감 『아기돼지 삼 형제』 동화책, 손 인형(돼지, 늑대), 종이 벽돌 블록, 스펀지 블록

놀이방법

① 『아기돼지 삼형제』 동화를 들려준 후 동화 내용에 대해 이야기를 나눈다.
 – 누가 나왔니?
 – 늑대가 어떻게 했니?

② 손 인형을 보여 주고 탐색하게 한다.
 – 어떤 인형이니?
 – 안녕? 난 늑대야.

③ 무대를 꾸미고 역할을 정한다.
 – 돼지 집은 어떻게 꾸밀까?
 – 첫째 돼지는 누가 할래?

④ 교사가 동화책 내용을 들려주면 영유아가 손 인형을 움직인다.
 – 아기돼지 삼 형제가 살았어요.
 – 늑대가 돼지 집을 어떻게 했니?

⑤ 인형을 움직이면서 대사까지 말해 보게 한다.
 – 첫째 돼지처럼 말해 볼까?

⑥ 동화 내용, 대사를 창의적으로 만들어 표현하도록 격려한다.

활동명 상품광고 즉흥극놀이

대 상 3, 4세

목 표

- 상상력과 창의력을 기른다.
- 광고의 기능을 이해한다.
- 놀이를 통해 성취감을 느낀다.

놀잇감 상품광고 사진, 광고할 물건, 카메라, 헤드폰, 마이크, 분장도구(가발, 안경, 모자 등), 손전등이나 조명, 녹음기, 종이, 필기도구

놀이방법

① 상품광고 사진을 살펴본다.
 – 무엇을 광고하는 사진일까?
 – 왜 광고를 할까?
 – 아이스크림 광고를 보고 어떤 생각이 들었니?

② 상품광고 놀이를 하기로 하고 광고하고 싶은 물건을 정한다.
 – 어떤 물건을 광고하고 싶으니?

③ 상품광고놀이 방법을 의논한다.
 – 어떻게 광고하면 좋을까?
 – 이 물건의 좋은 점을 무엇이라고 말할까?

④ 역할을 정하고 광고 즉흥극놀이를 한다. 놀이 과정을 촬영한다.
 – 광고에 등장하는 사람은 어떻게 분장을 할까?
 – ○○야, 어떻게 몸을 움직이면 보기가 좋을까?
 – 사진은 누가 찍을까?

⑤ 촬영한 광고를 보면서 이야기를 나눈다.
 – 친구들이 만든 광고를 함께 볼까?.
 – 우리 친구들이 만든 광고를 보니 어떤 느낌이 나니?

활동명 『헨젤과 그레텔』 주제극놀이

대 상 5세

목 표

- 이야기의 내용과 흐름을 파악하는 능력을 기른다.
- 주제극놀이의 줄거리, 소품 등을 준비하면서 창의성이 발달한다.
- 친구들의 의견을 잘 들어주고 이끌어가는 리더십을 기른다.

놀잇감 『헨젤과 그레텔』 동화책, 종이, 필기도구, 분장 및 소품 제작을 위한 자료(예 부직포, 지점토, 색 빨대, 색 솜, 앞치마, 블록 등), 카메라

놀이방법

① 『헨젤과 그레텔』 동화를 들려준다.

② 동화를 듣고 난 후 동화 내용을 회상해 본다.

– 이야기 속에는 누가 나왔니?

③ 주제극놀이를 하기 위한 소품, 분장, 배경 등을 의논하여 종이에 기록한다.

– 과자로 만든 집은 어떻게 만들면 좋을까?

– 어려운 글자 쓰기는 선생님이 도와줄게.

④ 기록 용지를 벽면에 게시하여 유아들이 언제든지 추가로 기록하게 한다.

– 더 필요하거나 생각난 것이 있으면 더 기록할 수 있단다.

⑤ 배역을 정하고 각자 역할에 맞는 분장이나 소품을 직접 준비한다.

– 새의 부리는 무엇으로 만들까?

– 나무는 어떻게 꾸밀까?

⑥ 주제극놀이를 시작한다. 놀이 과정을 카메라로 촬영한다.

⑦ 주제극놀이가 끝나면 촬영된 영상을 함께 보면서 평가를 한다.

– 놀이 장면을 비디오로 보니 느낌이 어떠니?

3 운동놀이

인간은 평생 동안 신체를 움직이며 살아간다. 특히 영유아들에게 있어서 신체 운동은 생존을 위한 필수적인 활동일 뿐 아니라 신체 발육이나 안전 능력, 인지 발달 및 사회, 정서 발달에도 막대한 영향을 미치는 중요한 활동이다. 영유아의 운동놀이는 생후 12개월부터 활발해지기 시작하여 4, 5세경에 최고로 왕성해진다(Pellegrini & Smith, 1998). 그러나 현대사회에서 영유아들은 조기 학습의 강요, 놀이 공간의 부족, 안전 문제, TV와 컴퓨터 등의 영향으로 운동놀이를 할 기회가 점차 줄어들고 있으며 이런 현상으로 인하여 체력 저하, 비만, 고혈압 등 여러 가지 건강 문제가 심각하게 야기되고 있다. 따라서 그 어느 때보다 영유아의 운동놀이에 관심을 가지고 효율적으로 지도할 필요가 있다.

본 절에서는 운동놀이의 교육적 가치와 연령별 운동 능력 발달을 살펴보고 영유아에게 적절한 운동놀이의 지도 및 환경 구성, 운동놀이 실제에 대해 소개하고자 한다.

1) 운동놀이의 교육적 가치

운동놀이의 교육적 가치를 살펴보면 다음과 같다(김원준, 2010; 이숙재, 2011; Wellhousen, 2002).

(1) 운동놀이를 하면서 영유아의 신체 발달이 촉진된다

대소근육을 움직여 운동놀이를 하면서 골격, 근육의 발달 및 신체 각 부분의 조화로운 발달이 촉진되며 소화, 혈액순환, 배설, 호흡 등의 기능이 향상된다. 또한 운동놀이를 통해 감각기능이 발달하고 영유아의 기초 체력과 기본 운동 능력이 계발된다. 즉, 균형, 협응력, 민첩성, 유연성이 발달하고 걷기, 뛰기, 점프하기, 비틀기 등의 운동 능력이 증진된다.

(2) 운동놀이를 통해 영유아의 안전 능력이 향상된다

영유아가 안전사고나 재해에서 자신을 지키기 위해서는 안전 능력을 키워야 한다. 안전 능력이란 위험을 조기에 발견하여 예방하거나 사고가 발생해도 재해를 피하거나 최소화할 수 있는 능력을 의미한다. 영유아는 지적으로나 정서적으로 또한 신체운동적 측면에서 안전 능력이 미숙하다. 즉, 위험 상황을 적절하게 판단할 수 있는 지적 능력이 부족하고 정서가 강렬하게 표현되고 자주 바뀌는 등 침착성이 결여되어서 민첩한 행동 반응을 못 하는 경향이 있다. 이와 같은 특성을 지닌 영유아들이 사다리를 오르내리고, 자전거를 타고 달리는 등 운동놀이를 하면서 자신을 위험에서 지킬 수 있는 능력이 자연스럽게 발달한다.

(3) 운동놀이를 통해 영유아의 사회성 발달이 촉진된다

영유아는 운동놀이를 하면서 여러 가지 사회적 상호작용을 경험한다. 놀이 친구들과 협동적인 관계를 맺거나 서로 경쟁하고, 남의 의견을 존중하고 순서를 지키며, 서로 도와주는 경험을 하면서 사회성이 발달한다. 또한 또래와 함께 잡고 뒹구는 등의 거친 신체놀이를 하면서 친구 간에 신체 접촉을 통해 친밀감을 형성하고 우정을 발전시킬 수 있다.

(4) 운동놀이를 하면서 영유아의 인지 발달이 촉진된다

영유아는 다양한 운동놀이 기구와 시설물에서 놀이를 하면서 자연스럽게 학습의 기회를 갖게 된다. 기어오름대에 올라가면서 높이, 거리, 방향에 대해 학습하고 터널 속을 기어 지나는 놀이를 하면서 공간 개념을 습득하게 되는 등 운동놀이는 인지 발달과 매우 밀접한 관계에 있다.

(5) 운동놀이는 영유아의 정서 발달을 돕는다

운동놀이는 영유아의 건전한 자아 개념 형성에 도움이 된다. 땀을 뻘뻘 흘리며 운동놀이에 몰두하는 과정을 통하여 질투, 미움, 불안 등 부정적 감정을 발산할 수 있다. 또한 자신의 능력과 힘을 잘 조절하여 움직이면서 자신감과 성취감을 느끼며 목표 달성을 통해 기쁨, 재미, 행복감을 느낀다.

2) 연령별 운동 능력 발달

영유아기는 기본운동능력이 발달하는 결정적 시기이며, 이때 이루어진 발달이 이후의 신체 및 운동 발달에 많은 영향을 미친다. 출생~5세 영유아의 운동 능력 발달 특징을 살펴보면 다음 <표 9-7>과 같다(김정준·김정화·신유림, 1999; 박대근, 2005; Rivkin, 2006; Sheridan, 1999).

〈표 9-7〉 연령별 운동 능력 발달

연령	운동 능력 특징
출생~6개월	• 고개를 자유롭게 돌리며 몸을 뒤집을 수 있다. • 등을 받쳐주면 앉을 수 있다. • 발가락을 입에 넣어 빤다. • 우유병이나 딸랑이를 잡는다. • 물체를 잡기 위해 팔을 뻗친다.
7~12개월	• 가구나 침대를 붙잡고 이동한다. • 계단을 기어서 올라간다. • 양손으로 물건을 잡고 두드린다. • 손가락으로 물건을 잡을 수 있다.
1세	• 기어올라가는 것을 좋아한다. • 난간을 잡고 혼자서 계단을 오르내릴 수 있다. • 공을 바구니 안에 던져 넣을 수 있다. • 스위치를 돌리거나 책장을 넘길 수 있다. • 물건을 잡아당기거나 끌고 다닌다.
2세	• 안정된 자세로 걷는다. • 깡충 뛰기를 한다. • 달리기를 한다. • 발끝이나 발꿈치로 걸을 수 있다. • 발로 공차기를 한다. • 간단한 물체를 끼워 맞출 수 있다. • 블록으로 탑을 쌓거나 길게 늘어놓는다. • 크레파스로 끼적거리기를 한다.

연령	운동 능력 특징
3세	• 직선 위를 걸을 수 있다. • 한 발로 뛸 수 있다. • 세발자전거를 탄다. • 두 발을 바꾸어 가면서 계단을 오른다. • 공 던지기를 한다. • 가위질을 할 수 있다. • 단순한 종이 접기를 한다.
4세	• 앵금질을 한다. • 남이 던진 공을 받을 수 있다. • 가위로 선 따라 오리기를 할 수 있다. • 크레파스로 그림을 그린다. • 작은 조각을 조립하여 형태를 구성한다. • 조각 그림 맞추기를 할 수 있다.
5세	• 나무에 기어오르기, 그네나 미끄럼틀 엎드려 타기 등 자신의 운동 능력을 시험해 보는 놀이를 즐긴다 • 스케이트, 롤러스케이트를 탄다. • 낮은 장애물을 뛰어넘을 수 있다. • 안정된 자세로 달리기, 점프하기, 균형 잡기를 할 수 있다. • 찰흙 빚기, 색종이 접기, 복잡한 선 오리기 등을 한다. • 목공 연장을 사용해서 작품을 만들 수 있다. • 여러 종류의 블록으로 복잡한 구조물을 만든다.

3) 운동놀이 지도

교사는 영유아의 운동놀이를 지도하기 위해서 다음과 같은 역할을 해야 한다(김수옥, 2011; 이만수, 2006; 이숙재, 2011).

첫째, 영유아는 신체 발달과 운동 능력 수준이 각기 다르므로 개인차를 정확하게 파악하여 이를 토대로 적합한 운동놀이 지도계획을 세운다.

둘째, 안전하게 운동놀이를 하도록 영유아의 발달 수준과 놀이 경험을 근거하여 단계적으로 지도한다. 예를 들어 높은 곳에 오르는 놀이를 할 때 영유아가 공포심을 갖지 않도록 낮은 높이부터 시작하고 필요한 경우에는 손을 잡아 도와주면서 점차로 높은 곳까지 오르도록 지도한다.

셋째, 영유아의 연령, 발달 수준, 흥미를 고려하여 다양한 운동놀이용품을 제공한다. 어린 영아는 시신경이 충분히 발달하지 않아서 사물을 추적하는 능력이 떨어지므로 밝은 색깔의 공을 제공하는 것이 효과적이다. 또한 실외에 고정적으로 설치된 놀이시설물 이외에 이동이 간편한 공, 훌라후프, 리본 막대 등을 제공하면 효율성을 높일 수 있다.

넷째, 교사는 운동놀이를 하는 영유아를 세밀히 관찰하여 적절한 시기에 질문, 제안을 하거나 도움을 주어서 운동놀이 경험을 더욱 확장시킨다. 또한 영유아가 자신감을 가지고 자발적으로 운동놀이에 참여하도록 격려와 칭찬을 해 준다.

다섯째, 필요한 경우에 교사는 적절한 시범을 보여야 한다. 공 잡는 법을 가르칠 때 말로만 설명하는 것보다는 시범을 보여 주는 것이 더욱 효과적이다. 시범을 보일 때는 구체적으로 알려 주고, 시범을 보여 준 후에는 영유아가 직접 연습해 볼 기회를 준다.

여섯째, 영유아가 운동놀이를 통해 경쟁보다 서로 협동하는 경험을 하도록 지도한다. 운동 게임에서도 결과보다는 규칙을 잘 지키도록 지도한다.

일곱째, 영유아는 운동놀이 가운데에서 몸을 거칠게 움직이는 신체놀이(rough-and-tumble play)를 선호한다. 거친 신체놀이는 영유아가 많이 하는 놀이임에도 불구하고 공격적인 행동으로 오인하여 제지하는 경우가 많다. 교사는 거친 신체놀이의 정서·사회적, 신체적 가치를 고려하여 무조건 금지해서는 안 되며 긍정적으로 상호작용해 주는 역할을 하여야 한다(고여훈, 2013).

여덟째, 영유아의 안전을 위하여 놀이 규칙을 지키도록 지도한다. 기어오름대에 올라갔을 때 친구를 잡아당기지 말 것, 높은 곳에서 함부로 뛰어내리지 말 것 등을 지키도록 한다.

4) 운동놀이 환경 구성

운동놀이는 실외 놀이장에서 주로 이루어지는데, 종일반이나 움직임의 욕구가 강한 2, 3세 학급의 경우에는 실내에도 운동놀이 환경을 구성해 주어야 한다. 실내 교실에 운동놀이 영역을 설치할 때는 동적 영역에 배치하며 개방된 넓은 공간을 조성하여 영유아가 방해받지 않고 자유롭게 놀이할 수 있게 한다. 만일 실내 교실이 협소한 경우에는 음률 영역과 통합하여 구성할 수도 있다.

교사는 운동놀이 환경에 변화를 주어 영유아가 다양한 경험을 할 수 있도록 계절, 생활주제 등을 고려하여 이동 가능한 운동놀이용품을 준비한다.

영유아의 연령에 적합한 운동놀이 환경을 조성할 때 유의해야 할 사항을 소개하면 다음 〈표 9-8〉과 같다(보건복지부·교육과학기술부, 2013a; 이기숙·이은화·이영자·이숙재, 1995; 이숙재, 2011; 정미라 외, 2013).

〈표 9-8〉 연령별 운동놀이 환경 구성

연령	운동놀이 환경 구성시 유의사항
1, 2세 학급	• 영아가 자유롭게 움직일 수 있도록 넓은 공간을 제공한다. • 큰 공, 스펀지 터널, 부드러운 타월 등을 준비한다. • 스카프, 후프, 콩주머니, 아기 그네, 놀이 매트 등을 제공한다.
3세 학급	• 유아가 뛰어 내리고, 밀고, 끌고, 기어오를 수 있는 놀이 시설물을 제공한다. • 유아가 안전하게 대근육 활동을 할 수 있도록 놀이 기구 및 시설물의 복잡성이나 높이를 조절한다. • 공간이 넓을 경우, 발로 밀고 다닐 수 있는 소형 탈 것이나 흔들배, 흔들 목마 등과 같이 흔들림을 즐길 수 있는 놀이 기구를 제공한다. • 낙하산, 후프 등을 제공한다.
4세 학급	• 체육실이 있는 경우에는 유아들이 페달을 밟으며 운전할 수 있는 세발자전거나 자동차를 준비한다. • 4세 유아는 놀이 기구를 모험적으로 활용해 보려는 욕구가 강하므로 난이도 수준을 조정할 수 있는 기구(예 높낮이를 조정할 수 있는 평균대)를 준비한다. • 다양한 이동기구(예 받침대, 안전 사다리)를 제공한다.
5세 학급	• 게임도구(예 공과 농구 골대, 팥주머니와 표적)와 게임규칙이 쓰여 있는 활동 카드를 제공한다. • 5세 유아는 신체를 다양하게 움직여 보려는 욕구가 강하므로 매트, 뜀틀, 공 등 다양한 놀이 기구를 준비한다.

5) 운동놀이 실제

활동명 리본 로켓

대 상 3세

목 표

- 대근육 운동능력이 발달한다.
- 신체조절능력이 발달한다.
- 놀이를 하면서 몸의 균형감을 기른다.

놀잇감 리본 막대(나무젓가락에 리본을 묶음)

놀이방법

① 리본 막대를 보면서 이야기를 나눈다.
  – 막대 끝에 무엇이 달렸니?
  – 이것을 무엇이라 하면 좋을까?
  – 막대를 흔들면 리본이 어떻게 될까?

② 리본 막대를 흔들어 본다.
  – 리본이 어떻게 움직이니?
  – 리본 막대로 무엇을 할 수 있을까?

③ 리본 끝을 잡고 로켓을 발사하듯 멀리 날려 본다.
  – 얼마만큼 높이 날아갔니?
  – 누구의 로켓이 가장 멀리 나갔니?

참 고

- 리본 막대를 던질 때 다른 유아에게 던지지 않도록 지도한다.
- 선을 그어 놓고 리본 로켓을 던지는 놀이를 한다.
- 바람이 불지 않는 날, 실외에서 하는 것이 좋다.
- 적절한 음악에 맞추어 리본 막대를 파도치는 것처럼 빠르게 흔들거나 원을 그리며 천천히 돌리기, 위로 높이 흔들기 등의 다양한 놀이를 해 본다.

활동명 낙하산놀이

대 상 3, 4세

목 표

- 협동심을 기른다.
- 방향 감각이 발달한다.
- 리듬감을 익힌다.

놀잇감 커다란 낙하산

놀이방법

① 5~6명의 유아가 낙하산을 잡고 음악에 맞추어 빠르게, 느리게 돈다.

- 친구들과 함께 낙하산을 어떻게 잡아야 할까?
- 낙하산 모양이 왜 이상할까?
- 낙하산을 흔들어 보자.
- 낙하산이 어떻게 되었니?

② 신호에 따라 방향 바꾸기 등 다양한 놀이를 한다.

- 이번에는 반대 방향으로 돌아보자.

참 고

- 낙하산놀이는 서로 협조해야 하는 놀이임을 강조하여 지도한다.
- 낙하산 위에 신문지 공이나 팥주머니를 올려놓고 튕기는 놀이를 할 수 있다.
- 낙하산을 잡고 서로 흔들어서 파도치는 모양 만드는 놀이를 한다.

활동명 후프 굴리기

대 상 4, 5세

목 표

- 신체 각 부분의 운동기능이 발달한다.
- 힘을 조절하는 능력을 기른다.
- 민첩성을 기른다.

놀잇감 후프

놀이방법

① 후프를 굴려서 멀리 가게 한다.
 – 후프를 어떻게 굴려야 잘 굴러갈까?
 – 멀리까지 굴려보자.

② 후프를 굴리고 빨리 쫓아가서 붙잡는 놀이를 한다.
 – 후프가 어느 방향으로 굴러가니?
 – 어디까지 갔니?

③ 선을 그어 놓고 후프를 멀리까지 굴리는 게임을 할 수도 있다.
 – 어디를 출발선으로 할까?
 – 누구의 후프가 더 멀리 갔니?

참 고

- 후프 멀리 던지기, 후프 주고받기 등을 할 수도 있다.
- 투명 비닐 호스 속에 색 구슬을 넣어서 예쁜 원형 고리를 만들어 사용한다.

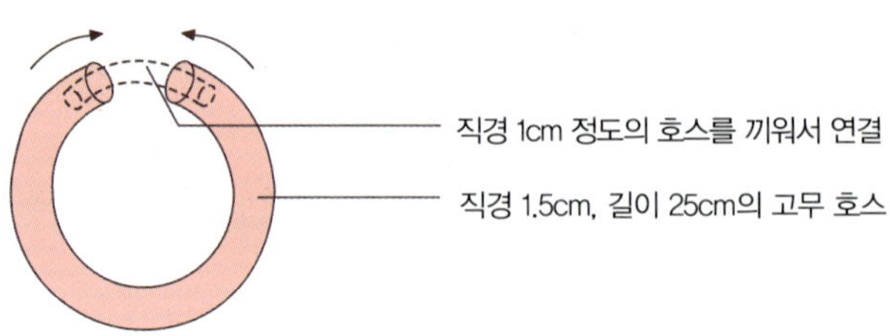

작은 원형 고리

활동명 공 운반하기

대 상 5세

목 표

- 신체 협응력을 기른다.
- 협동심을 기른다.
- 주의집중하는 태도를 기른다.

놀잇감 공, 보자기, 목표물

놀이방법

① 네 명의 유아가 보자기를 잡고 공을 올려놓는다.
 – 보자기로 공을 운반할 수 있을까?
 – 공을 어디에 놓을까?
 – 목표물을 무엇으로 할까?

② 공을 떨어뜨리지 않고 목표물을 돌아오는 놀이를 한다.
 – 공을 떨어뜨리지 않으려면 어떻게 해야 하니?
 – 어떻게 빨리 목표물을 돌아올 수 있을까?

③ 유아들이 서로 협동하여 놀이하게 한다. 공을 운반하다가 떨어뜨리면 다시 공을 올려놓고 시작한다.

참 고

- 공이 너무 작으면 다루기 어려우므로 가볍고 큰 공을 선택한다.
- 공을 머리에 이고 공 나르는 놀이를 할 수 있다.
- 막대를 이용하여 운반하는 놀이를 한다.

4 쌓기놀이

쌓기놀이는 여러 가지 나무토막이나 플라스틱 조각을 쌓거나 끼우면서 구조물을 창조하는 활동으로 구성놀이, 적목놀이, 블록놀이라고도 한다(김진영, 2002). 쌓기놀이 과정에서 정서, 사회성, 신체, 인지, 언어, 창의성 등 전인적 발달이 촉진될 수 있다.

본 절에서는 쌓기놀이의 교육적 가치, 발달 단계, 쌓기놀이 지도, 환경 구성 및 실제에 대하여 살펴보도록 하겠다.

1) 쌓기놀이의 교육적 가치

쌓기놀이의 교육적 가치는 많은 연구 결과와 교육현장에서 밝혀져 왔다. 이를 구체적으로 살펴보면 다음과 같다(김보현, 2008; 백은영, 2013; Moffitt, 1974; Wellhousen & Kieff, 2001).

(1) 쌓기놀이를 통해 영유아의 정서 발달이 촉진된다

블록은 정해진 용도로만 사용하는 놀잇감이 아니라 영유아의 의도에 따라 자유롭게 활용할 수 있는 개방적인 놀잇감이다. 영유아가 블록 몇 조각을 늘어놓으면 기차가 되고, 고속도로가 만들어진다. 이와 같이 자유자재로 결과물을 완성함으로써 성취감을 느끼고 스스로 상황을 통제한다는 정서적 만족감을 얻는다. 또한 자신감을 갖게 되며 긍정적인 자아 개념이 형성된다.

(2) 쌓기놀이를 하면서 영유아의 사회성 발달이 증진된다

쌓기놀이를 하면서 영유아는 많은 사회적 행동을 습득하게 된다. 쌓기놀이를 할 때는 남의 구조물을 쓰러뜨리지 않도록 조심스럽게 행동해야 하며 필요한 블록을 서로 나눠 써야 하는 것을 배운다. 또한 이러한 경험을 통하여 남의 입장을 생각해 주고 참고 기다리며 서로 양보하고 배려하며 협동하는 것을 학습한다.

(3) 쌓기놀이를 통해 영유아의 신체 발달이 촉진된다

영유아가 다양한 형태와 크기의 블록을 가지고 쌓기놀이를 하는 가운데 눈과 손의 협응력, 양손의 협응력이 증진되며 손과 손가락의 조작 능력이 발달한다. 또한 블록 중에는 무게가 무거운 블록 종류(예 속이 빈 블록)도 있는데 이러한 블록을 운반하고, 높이 올려놓는 활동을 통해 대근육 운동 능력도 촉진된다.

(4) 쌓기놀이를 통해 영유아의 인지 발달이 촉진된다

영유아는 쌓기놀이를 하면서 수학적 개념을 자연스럽게 학습할 수 있다. 즉, 블록의 유사점과 차이점을 비교하고 분류하고 서열화할 수 있으며, 수학적 학습의 기초가 되는 형태, 크기, 길이, 높이, 넓이, 부피의 개념을 습득한다. 또한 블록 조각을 가지고 구조물을 만드는 과정에서 부분과 전체의 관계, 분수 개념, 수의 많고 적음을 이해하고 공간 능력과 공간표상 능력, 문제해결력이 발달한다.

또한 쌓기놀이를 통해 관찰, 예측, 측정, 해석하기 등 과학적 탐구 과정을 자연스럽게 경험한다. 예를 들어 블록을 가지고 탑 쌓기놀이를 하는 경우, 탑을 쌓으려면 먼저 각 블록의 특성을 잘 관찰하고 비교하여 적합한 블록을 골라야 한다. 또한 블록을 가지고 어떤 형태의 탑을 만들 것인지 미리 생각해 보고 균형, 안정성을 고려하면서 탑 쌓기를 할 것이다. 탑을 쌓는 과정 중에 자신의 예측이 잘못되었다는 것을 체험할 수도 있으며 새로운 사실을 발견하는 기쁨도 맛보게 된다.

그 밖에 쌓기놀이는 영유아의 사회 학습을 돕는다. 쌓기놀이는 대부분 역할놀이와 연결된다. 직사각형 블록을 쌓아서 차고 놀이를 하거나 작은 동물 인형을 가지고 동물원놀이를 한다. 이와 같이 쌓기놀이를 하면서 차고의 기능, 동물원의 구성원 등 다양한 사회적 지식을 자연스럽게 배운다.

(5) 쌓기놀이를 통해 영유아의 언어 발달이 촉진된다

영유아는 쌓기놀이를 하면서 듣기, 말하기 능력을 향상시킬 수 있다. 블록을 어떤 형태로 쌓을 것인지 의논하거나 구조물에 대한 계획을 발표하는 경험, 완성된 구조물을 설명하는 기회를 통해 듣고 말하는 능력과 의사소통능력이 증진된다. 또한 쌓기놀이는 읽기, 쓰기를 위한 기초 능력과 깊은 관계가 있다. 여러 가지 형태의 블록을 수직 또는 수평으로 쌓아가는 과정에서 형태 인지 능력과 형태 변별력이 발달하여 쓰기, 읽기 학습에 도움이 된다.

(6) 쌓기놀이를 하면서 영유아의 조형 능력 및 창의성이 발달된다

용도가 정해져 있지 않은 블록을 가지고 마음껏 상상력을 발휘하여 자기만의 구조물을 만드는 과정은 바로 창조의 과정이다. 따라서 영유아가 단순한 형태, 복잡한 형태 등 다양한 구조물을 만들면서 대칭과 균형, 조화의 아름다움을 지각하게 되며 입체 구성력, 심미감, 독창성이 증진된다.

이제까지 설명한 쌓기놀이의 교육적 가치를 간략하게 정리하면 [그림 9-1]과 같다.

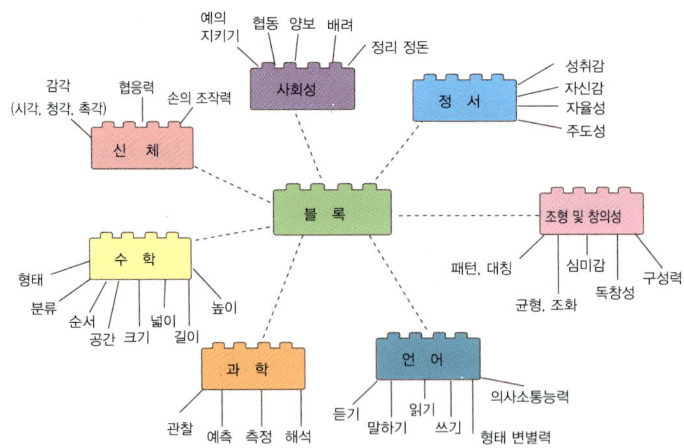

[그림 9-1] 유아교육과정에서 쌓기놀이의 교육적 가치

2) 쌓기놀이의 발달 단계

영유아는 처음부터 다양한 블록의 특성을 살려서 구조물을 만들지는 못한다. 영유아의 블록 사용 능력은 점진적으로 발달하는데 Johnson(1974)은 영유아의 쌓기놀이 발달 과정을 다음과 같이 7단계로 설명하였다.

① 1단계 : 블록을 이리저리 옮기는 단계

영아에게 블록을 제공하면, 처음에는 블록을 이리저리 옮기기만 하고 무엇을 만드는 놀이는 거의 하지 않는다. 이처럼 1단계에서는 주로 감각을 이용하여 블록을 탐색하는 활동을 한다.

② 2단계 : 줄 만들기와 탑 씽기 딘계

줄 만들기와 탑 쌓기는 2단계에서 흔히 나타나는 구조물로, 영유아는 블록을 수평으로 늘어놓아서 줄을 만들거나 수직으로 쌓아서 탑을 만든다. 가끔 줄과 탑을 합친 구조물을 만들기도 한다. 이와 같이 단순한 형태의 블록 구조물을 반복하여 만드는 가운데 블록의 특성을 이해하게 되고 쌓기에 필요한 기술을 점차 익히게 된다.

③ 3단계 : 다리(bridge) 만들기 단계

3단계의 대표적인 구조물은 다리 만들기이다. 즉, 두 개의 블록을 서로 간격을 두고 세운 후, 다른 블록을 위에 얹어서 다리를 만든다. 다리를 만드는 동안 균형, 안정, 블록의 길이 등에 대해 새로운 인식을 하게 되며 블록 쌓기 능력도 증진된다.

④ 4단계 : 폐쇄 공간 만들기 단계

이 단계가 되면 블록을 가지고 폐쇄 공간을 만들 수 있다. 블록을 놓아 사각형 모양의 폐쇄된 공간을 만든다. 때로는 하나의 폐쇄 공간 옆에 다른 폐쇄 공간을 덧붙여 만드는 경우도 있다.

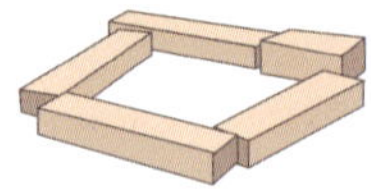

⑤ 5단계 : 패턴과 균형 단계

블록을 다루는 능력이 발달함에 따라 구조물을 더욱 정교하게 구성하며, 균형을 맞추고 장식적인 패턴을 덧붙이게 된다.

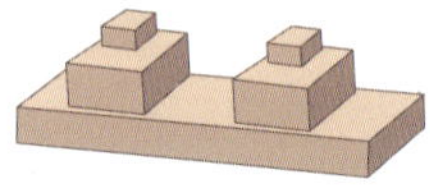

⑥ 6단계 : 초기표상(representation) 단계

6단계에서는 이전 단계에서 학습한 모든 쌓기 기술을 활용하여 구조물을 만든다. 또한 만든 구조물에 이름을 붙이는데 구조물의 형태나 기능이 명칭에 적합하지 못한 경우도 있다.

⑦ 7단계 : 표상이 활발한 단계

블록으로 실물과 유사한 구조물을 정교하게 표현할 수 있는 단계이다. 이 단계의 구조물에는 풍부한 디자인 요소와 상징적 요소가 나타나기도 하고 때로는 비율의 개념이 적용되기도 한다. 대부분의 블록 구조물은 역할놀이에 사용된다.

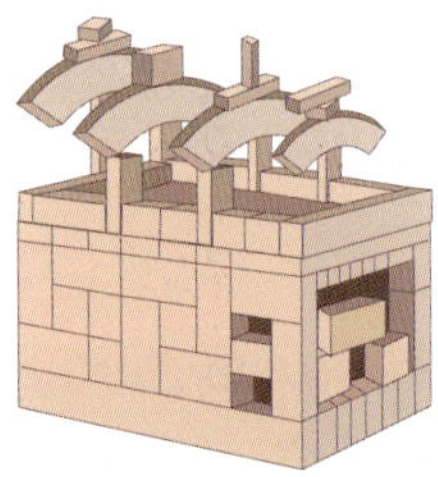

한편 쌓기놀이의 발달 특징을 1~5세 영유아의 연령별로 소개하면 다음과 같다(Church & Miller, 1990).

- 1세 영아
  - 블록을 시각, 촉각, 청각, 미각 등 모든 감각을 이용해서 탐색한다.
  - 블록을 바구니나 상자에 담거나 쏟는 놀이를 좋아한다

◦ 2세 영아

- 블록을 이리저리로 옮기면서 블록이 얼마나 무거우며, 어떻게 들어야 하는지 또 서로 부딪치거나 떨어뜨리면 어떤 소리가 나는지 등을 탐색한다.
- 블록을 길게 늘어놓아 줄을 만든다.
- 블록을 높게 쌓아서 탑을 만들고 허물기를 좋아한다.

◦ 3세 유아

- 블록을 가지고 폐쇄된 공간을 만든다.
- 2개의 블록을 놓고 그 위에 블록을 얹어서 다리를 만든다.
- 자신이 만든 구조물에 이름을 붙이기 시작한다.
- 쌓기놀이를 혼자서 하거나 친구 곁에서 한다.

◦ 4세 유아

- 폐쇄 공간과 다리를 혼합한 구조물을 만든다.
- 자신이 만든 구조물을 역할놀이에 사용한다.
- 구조물의 균형과 패턴을 인식하기 시작한다.
- 친구들과 의견을 나누고 협동하면서 쌓기놀이를 한다.

◦ 5세 유아

- 구조물을 만들기 전에 무엇을 만들 것인지 계획을 세운다.
- 구조물의 균형, 패턴 등을 고려하여 만들 뿐 아니라 문, 지붕 등 정교한 부분까지 표현한다.
- 친구들과 협동하여 쌓기놀이를 한다.
- 자신이 만든 구조물을 보관하는 것을 좋아하며 때로는 수정을 한다.
- 크레파스, 찰흙, 색종이 등으로 구조물의 세부 장식을 표현한다.

3) 쌓기놀이 지도

영유아가 쌓기놀이를 하기 위해서는 시간, 공간, 생각, 놀잇감, 놀이주제의 자유가 기본적으로 보장되어야 한다(김보현, 2014; 백은영, 2013). 쌓기놀이를 지도하기 위해 교사는 다음과 같은 역할을 해야 한다.

첫째, 쌓기놀이를 지도하는 교사의 가장 기본적인 역할은 영유아의 놀이를 지켜보는 것이다. Hirsch(1974)는 교사 존재 자체가 쌓기놀이 지도의 한 가지 요건이 된다고 지적하였다. 즉, 교사가 쌓기놀이 영역에서 영유아의 놀이를 관심 있게 지켜보는 무언의 지원을 해 준다면 쌓기놀이 참여가 증가하고 활성화된다는 것이다. 특히 어린 영아들은 쌓기놀이를 하면서 교사에게 매우 의지하고 관심과 인정을 받고 싶어 한다(김주혜·이종희, 2013). 따라서 교사는 가까이에서 잘 지켜보면서 영아의 흥미와 욕구를 존중하며 자유롭게 놀이할 기회를 제공한다. 또한 영아 곁에서 함께 쌓기놀이를 하며 지원하는 놀이 파트너 역할을 한다(Wellhousen & Kieff, 2001).

둘째, 영유아가 만족스럽고 즐겁게 쌓기놀이를 할 수 있도록 충분한 시간과 놀이환경을 제공한다. 영유아가 개별적인 능력에 따라 쌓기놀이를 할 수 있도록 충분한 시간을 제공한다. 쌓기놀이를 처음 하는 어린 영아나 복잡한 구조물을 만드는 유아들에게는 1시간 정도의 쌓기놀이 시간이 필요하다(김진영, 2002). 또한 다른 친구의 방해를 받지 않고 구조물을 쌓을 수 있도록 넓은 공간이 조성되어야 하며 다양한 블록 종류가 충분히 제공되어야 한다.

셋째, 쌓기놀이 지도에서 교사는 적절히 도와주는 역할을 해야 한다. 개방적 질문을 하거나 문제해결을 도와주는 조언 또는 칭찬을 해줌으로써 영유아의 사고력과 구성 능력을 자극한다.

넷째, 교사는 영유아가 쌓기놀이에 흥미를 갖도록 여러 가지 방법으로 유도하며, 특히 영유아가 성별 차이 없이 고루 참여하도록 지도한다. 영유아가 등원하기 전에 쌓기놀이 영역에 단순한 구조물을 만들어 놓아 흥미를 유발하거나 블록 구조물 만드는 방법을 소개하는 활동 카드와 소품을 제공하여 블록에 대한 관심을 고취시킨다.

특히 쌓기놀이는 남아의 놀이로 인식될 정도로 남아 중심으로 이루어지는 경우가 많다. 교사는 여아의 적극적인 참여를 유도하기 위해 다양한 지도법을 활용해야 한다. 예를 들어 여아가 많이 참여하는 역할놀이 영역에 블록을 제공하거나 여아들이 좋아하는 인형이나 소꿉놀잇감을 쌓기놀이 영역에 제공하여 여아의 참여를 유도할 수 있다. 또한 교사의 쌓기놀이 모델되어 주기, 세심한 관심과 적절한 개입, 남아와 여아가 함께 쌓기 놀이하는 사진 제공하기 등도 여아의 참여를 격려하는 효과적인 방법이다(이경순, 2007a; 이은하, 2000; Wellhousen & Kieff, 2001).

다섯째, 교사는 사진, 동영상 등의 매체를 이용하여 영유아가 쌓기 구조물을 감상하고 공유하도록 지도한다. 즉, 영유아가 만든 블록 구조물을 사진 찍어 벽에 붙이거나 포트폴리오를 만들어 주면 영유아의 아이디어를 자극할 수 있다. 또한 학급 친구들이 만든 구조물 사진을 가정에 보냄으로써 부모들의 관심을 이끌어 낼 수 있다(김진영, 2002).

여섯째, 쌓기놀이 경험이 많은 4, 5세 유아를 지도할 때 설계 그림(pre-drawing) 교수법을 활용할 수 있다. 설계 그림이란 유아가 쌓기놀이를 시작하기 전에 자신이 만들고 싶은 구조물을 그림으로 그린 후에 구조물을 만들도록 지도하는 방법이다. 이런 과정을 통해 유아들은 막연하게 블록을 구성하는 것이 아니라 스스로 계획하고 놀이에 참여함으로써 수준 높은 쌓기놀이를 할 수 있다(변자영·이정욱, 2010; 안경숙·김소향, 2012). 그러나 사전 계획에 너무 치중하여 유아의 자유의지, 흥미, 요구를 침해해서는 안 된다. 유아와 교사의 의견 교류가 활발한 분위기에서 사전설계를 활용한 쌓기놀이가 이루어지도록 배려한다.

일곱째, 쌓기놀이를 지도할 때 교사는 영유아의 안전관리를 철저히 해야 한다. 가능한 예방 조처를 모두 강구하고 안전을 위해 규칙을 지키도록 지도한다. 블록을 친구나 물건을 향해 던지지 않도록 지도하며 다른 친구가 만든 구조물을 함부로 부수지 않도록 지도한다. 또한 블록 쌓기를 교구장으로부터 약 30cm 이상 떨어진 장소에서 함으로써 친구들이 블록을 꺼내는 데 지장을 주지 않도록 한다. 그 밖에 블록 구조물을 너무 높이 쌓지 않도록 지도한다. 특히 속이 빈 블록과 같이 무거운 블록을 사용할 때는 구조물의 높이 조절에 유의하여 영유아가 다치는 일이 없도록 한다. 때로 부수는 재미로 블록 쌓기를 하는 영유아도 있다. 부수기 활동은 위험할 수 있으나 이런 행동을 통해 영유아의 감각적 자극과 긴장감이 완화되는 긍정적 효과도 있다. 그러므로 부수기 활동이 단순히 파괴적인 목적보다 자기표현의 재미있는 놀이가 되도록 지도하는 것이 바람직하다(이경순, 2007b).

여덟째, 쌓기놀이에서 교사는 정리 정돈 지도를 해야 한다. 블록을 정돈하는 데는 많은 시간이 소요되므로 서두르지 말고, 충분한 시간을 할애하여 지도한다. 또한 사전에 정돈 시간을 예고하여 마음의 준비를 하게 하면 정돈에 잘 참여하게 된다. 블록 구조물을 치울 때는 한 번에 부수는 것보다 위에 있는 블록부터 하나씩 치우게 한다. 블록을 릴레이식으로 옮기거나 수레에 담아서 운반하는 등 재미있는 놀이처럼 지도하면 효과적이다.

4) 쌓기놀이 환경 구성

유치원과 어린이집의 쌓기놀이 환경을 영역 구성과 쌓기 놀잇감 종류로 나누어서 살펴보면 다음과 같다.

(1) 쌓기놀이 영역 구성

유치원이나 어린이집의 쌓기놀이는 주로 실내의 쌓기놀이 영역에서 이루어진다. 쌓기놀이를 하기 위해서는 넓은 공간이 필요한데 Hirsch(1974)는 교실 바닥 공간의 약 1/3이 쌓기놀이 영역이 되어야 한다고 주장하였다. 또한 쌓기놀이 영역은 교실에서 영유아의 왕래가 잦지 않은 장소에 배치하는 것이 효과적이다. 쌓기놀이 영역의 바닥은 영유아가 구조물을 안정감 있게 쌓을 수 있도록 편평하며 블록이 떨어져서 발생하는 소음을 줄이기 위하여 부분 카펫을 깔기도 한다.

그 밖에 블록은 많은 수량이 필요하므로 어떤 방법으로 제공할 것인지 결정해야 한다. 블록 교구장의 크기는 블록의 종류와 양, 교실 면적 및 영유아 인원수 등을 고려하여 결정한다. 블록 교구장은 영유아의 키 높이에 알맞아야 할 뿐 아니라 많은 블록의 무게를 지탱할 수 있도록 견고해야 한다. 또한 교구장은 여러 칸으로 나누어져 있어야 블록의 크기에 따라 적절한 칸에 보관할 수가 있다.

쌓기놀이 영역을 조성하고 블록을 교구장에 보관할 때는 다음 사항에 유의해야 한다(김보현, 2014; 박희숙·유지선, 2010; Provenzo & Brett, 1983).

- 영유아의 발달 수준, 흥미, 생활주제, 교실 공간, 인원수 등을 고려하여 다양한 블록 종류를 변화를 주어 제공한다.
- 블록 교구장 앞에 색 테이프로 구역 표시를 하여 영유아가 방해받지 않고 교구장으로 오갈 수 있도록 통로를 확보해 준다.
- 영유아가 각 블록의 형태와 크기를 한눈에 알아볼 수 있도록 보관한다. 만일 블록의 한쪽 면만 보도록 쌓아 두면 그 블록을 꺼내 보지 않고는 형태를 알 수 없다. 따라서 블록의 전체 모양을 볼 수 있도록 보관한다.
- 블록의 형태 그림을 블록이 보관된 교구장 칸에 붙여 두면 정리 정돈을 손쉽게 할 수 있다.
- 커다랗고 무거운 블록은 꺼내고 넣기 편리하도록 교구장의 아래 칸에 보관한다.
- 블록 종류 가운데 가장 많은 수량이 제공되는 기본 단위 블록이나 2배 단위 블록은 별도의 교구장에 분리하여 보관하면 효율적이다.
- 조각이 작은 플라스틱 블록은 상자나 바구니에 담아서 보관한다.
- 전시 공간도 마련하여 영유아가 만든 구조물을 전시하거나 미완성 구조물을 보관하는 장소로 활용한다.

영유아의 연령에 적합한 쌓기놀이 환경을 구성할 때 유의할 점을 소개하면 <표 9-9>와 같다(보건복지부·교육과학기술부, 2013a; 이기숙·이은화·이영자·이숙재, 1995; 정미라 외 2013; Wellhousen & Kieff, 2001).

〈표 9-9〉 연령별 쌓기놀이 환경 구성

연령	쌓기놀이 환경 구성 시 유의사항
1, 2세 학급	• 1, 2세 영아가 다루기 쉽고 흥미를 느낄 수 있도록 가볍고 색상이 아름다우며 부드러운 우레탄 블록을 제공한다. • 손쉽게 쌓을 수 있는 종이 벽돌 블록을 제공한다. • 블록을 이곳저곳으로 이동하는 데 필요한 손수레, 덤프 트럭 등을 제공한다.
3세 학급	• 3세 유아는 블록을 가지고 길게 늘어놓거나 탑 쌓기, 다리 만들기 등의 단순한 구조물을 만들므로 정사각형, 직사각형, 삼각형 등 기본 형태의 블록이나 종이 벽돌 블록을 제공한다. • 블록이 무너질 것을 예견하는 능력이 덜 발달하였으므로 가벼운 스펀지 또는 우레탄 블록을 제공하는 것이 안전하다. • 블록 몇 개만 가지고도 건물이나 도로, 다리 등의 구조물을 손쉽게 만들 수 있도록 가볍고 커다란 블록을 제공하는 것이 바람직하다. • 손쉽게 끼우고 뺄 수 있는 플라스틱 블록을 제공한다. • 블록의 양을 충분하게 준비한다. • 실제 형태와 유사한 자동차, 손수레, 인형, 소품을 제공한다.
4세 학급	• 4세 유아는 좀 더 복합적인 입체 구조물을 만든다. 따라서 기본 형태 이외에 널빤지, 원기둥과 같은 다양한 형태의 블록을 제공한다. • 조각을 끼워서 구조물을 만드는 다양한 플라스틱 블록을 준비한다. • 생활주제별로 소품(예 동물 모형, 자동차와 교통표지판)을 제공한다. • 주변 인물을 모방하고 동일시하는 역할놀이에 관련된 소품(예 운전대, 경찰 모자)을 준비한다.
5세 학급	• 5세 유아는 쌓기놀이를 통하여 경험하지 않은 세계를 표상하므로 보다 다양한 소품(예 레미콘, 잠수함, 실패, 도르래 등)을 제공한다. • 문제해결능력과 창의적인 구성 능력을 발달시키기 위해 교사가 제작한 다양한 블록(예 깡통 블록, 우유갑 블록 등)을 제공한다. • 건축물 사진이나 쌓기를 위한 활동 카드를 제공한다. • 유아가 사용하는 블록의 양도 증가하므로 충분한 양의 블록을 제공해 준다.

(2) 쌓기 놀잇감의 종류

쌓기 놀잇감은 구조물을 만드는 데 사용되는 모든 블록이나 적목 종류를 포함한다. 쌓기 놀잇감의 종류를 살펴보면 다음과 같다(Provenzo & Brett, 1983; Wellhousen & Kieff, 2001).

1 단위 블록(unit blocks)

단위 블록은 20세기 초에 미국의 유아교육자 Pratt가 고안하였다. 단위 블록은 높이 3.5cm, 너비 7cm, 길이 14cm인 직사각형 블록을 기본 단위로 한다. 다른 블록은 이 기본 단위의 배수와 분수로 확대 또는 축소되어, 반(1/2) 단위, 2배 단위, 4배 단위의 사각형 블록들과 그 외에 원기둥, 사각기둥, 경사로, 곡면 기둥 등의 블록으로 구성된다. 단위 블록의 크기 및 형태는 〈표 9-10〉, [그림 9-2]에 제시되어 있다.

〈표 9-10〉 단위 블록의 크기

블록 형태	크기	블록 형태	크기
반 단위 블록	3.5×7×7cm	큰 곡면 기둥	3.5×21×28cm
기본 단위 블록	3.5×7×14cm	작은 삼각 기둥	3.5×7×7cm
2배 단위 블록	3.5×7×28cm	큰 삼각 기둥	3.5×7×14cm
4배 단위 블록	3.5×7×56cm	긴 나무판(대)	1×7×28cm
사각 기둥	3.5×3.5×7cm	긴 나무판(소)	1×7×56cm
작은 원기둥	3.5(지름)×14cm	경사로	3.5×7×14cm
큰 원기둥	7(지름)×14cm	人자 블록	3.5×14×21cm
작은 곡면 기둥	3.5×7×20cm	Y자 블록	3.5×14×28cm

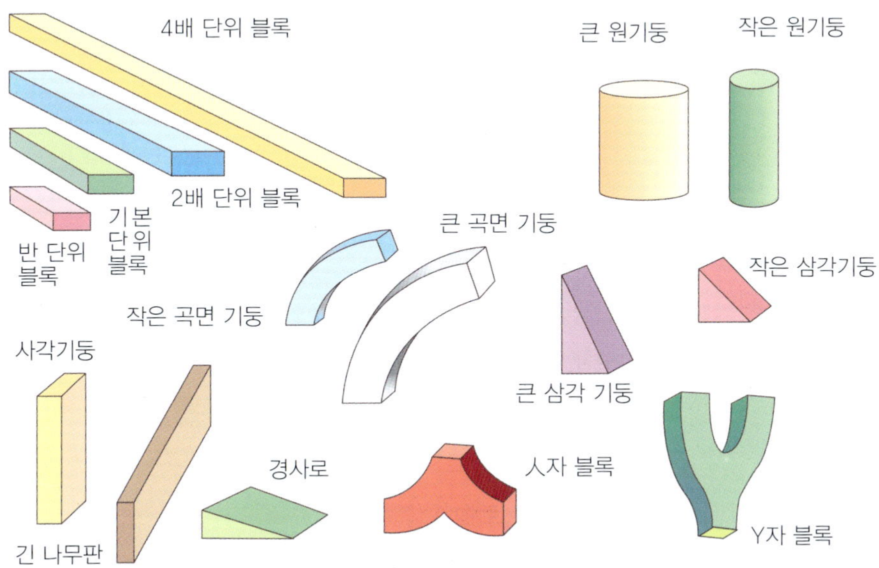

출처: Hirsch(1974: 105).

[그림 9-2] 단위 블록의 여러 형태

단위 블록은 단단하면서도 가볍고 부드러운 단풍나무, 자작나무로 만든 것이 좋으며 나무색 그대로 사용하는 것이 싫증도 덜 나고 영유아의 상상력을 자극할 수 있다. 또한 단위 블록은 모서리가 직각이며 크기의 비율이 정확해야 한다.

단위 블록은 이상에서 소개한 여러 조건을 갖추어야 할 뿐 아니라 적절한 수량이 제공되어야 한다. 블록의 수량이 너무 적으면, 영유아가 단조로운 형태의 구조물을 만들며, 반대로 수량이 너무 많으면 블록을 효율적으로 사용하지 못한다. 따라서 영유아의 연령이나 블록놀이 경험 정도 등을 고려하여 적절한 수량으로 제공한다. 3~5세 유아의 연령에 따라 필요한 단위 블록의 양을 소개하면 다음 표와 같다(Wellhousen & Kieff, 2001).

〈표 9-11〉 3, 4, 5세 유아에게 필요한 단위 블록의 수(7~10명 기준)

( ) : %

블록의 형태	연령		
	3세	4세	5세
반 단위 블록	48(11.4)	48(7.1)	60(6.7)
기본 단위 블록	108(25.6)	192(28.2)	220(24.3)
2배 블록	96(22.7)	140(20.6)	190(21.0)
4배 블록	48(11.4)	48(7.1)	72(8.0)
사각 기둥	24(5.7)	48(7.1)	72(8.0)
작은 원기둥	20(4.8)	32(4.7)	40(4.4)
큰 원기둥	20(4.8)	24(3.5)	32(3.5)
작은 곡면 기둥	12(2.8)	16(2.3)	20(2.2)
큰 곡면 기둥	8(1.9)	16(2.3)	20(2.2)
작은 삼각 기둥	8(1.9)	16(2.3)	18(2.0)
큰 삼각 기둥	4(0.9)	8(1.2)	12(1.3)
긴 나무판(소)	12(2.8)	30(4.4)	60(6.7)
경 사 로	12(2.8)	32(4.7)	40(4.4)
人자 블록	0	4(0.6)	8(0.9)
Y자 블록	2(0.5)	2(0.3)	4(0.4)
긴 나무판(대)	0	12(1.8)	20(2.2)
반 사각 기둥	0	12(1.8)	16(1.8)
계	422(100)	680(100)	904(100)

출처: Wellhousen & Kieff(2001: 102).

한편 지혜련(1987)은 단위 블록을 제공할 때 각 블록 형태에 따라 구성 비율을 맞출 것을 권장하고 있다. 즉, 단위 블록 전체 수량의 60% 정도는 기본형(반 단위, 기본 단위, 2배 단위, 4배 단위 블록)으로 나머지 40%는 기타형(사각기둥, 원기둥, 곡면 기둥, 경사로 등)으로 제공해야 한다는 것이다.

② 속이 빈 블록(hollow blocks)

속이 빈 블록(공간 블록)은 속이 비어 있거나 상, 하가 트여 있는 블록이다.

속이 빈 블록의 종류 및 크기는 반 단위 블록 14×28×14cm, 기본 단위 블록 14×28×28cm, 2배 단위 블록 14×28×56cm, 널빤지 2×14×112cm이다.

속이 빈 블록은 단위 블록에 비해 크기가 커서 구조물을 단시간에 완성시킬 수 있으며 실내뿐 아니라 실외에서도 사용이 가능한 특징이 있다. 또한 속이 빈 블록으로 만든 구조물은 거의 실물 크기(full-scale)이기 때문에 영유아가 직접 들어가 앉거나 올라설 수가 있어서 더 흥미를 끌며 역할놀이 소품으로 활용될 수 있다.

③ 종이 벽돌 블록(cardboard blocks)

종이 벽돌 블록은 판지와 같이 두꺼운 종이를 사용하여 벽돌 형태로 만든 블록이다. 이 블록은 종이로 만들었기 때문에 가볍고 안전하며 소음이 생기지 않는 것이 장점이다. 특히 단위 블록보다 가볍고 크기 때문에 영유아가 편리하게 사용할

수 있으며, 벽돌 형태(대 : 30×15×7cm, 소 : 20×10×5cm)로만 되어 있어서 쌓기 놀이 경험이 적은 어린 영아들이 단순한 구조물을 만들 때 효과적이다.

④ 프뢰벨식 블록(Froebelian blocks)

프뢰벨식 블록이란 프뢰벨의 은물(gifts) 가운데 제3, 4, 5, 6 은물을 응용하여 정육면체, 직육면체, 삼각주 모양 등으로 제작한 나무 블록을 의미한다. 색깔이나 형태, 크기를 다양하게 제작한 것도 있다.

⑤ 플라스틱 블록

여러 형태의 플라스틱 조각을 서로 끼워 맞추어 구조물을 만드는 블록 종류(예 레고 블록)를 의미한다. 바퀴 모양, 아치형, 꽃 모양, 직사각형 등 블록 조각의 형태가 다양할 뿐 아니라 크기, 색깔, 기능 등이 다양하여 영유아가 원하는 형태를 쉽게 만들 수 있어서 흥미를 자극할 수 있다.

⑥ 우레탄이나 스펀지 블록

탄력성 있는 우레탄이나 스펀지로 제작한 블록으로 대부분 영아용으로 활용된다. 가볍고 부드러워서 안전하게 놀이를 할 수 있는 장점이 있다. 형태는 정육면체, 직육면체, 삼각기둥, 원기둥 등이 있다.

⑦ 쌓기놀이용 소품

쌓기놀이가 활발하게 진행되기 위해서는 쌓기놀이의 재미를 더해 줄 각종 소품이 필요하다. 실물을 형상화한 작은 크기의 소품이 제공됨으로써 쌓기놀이에 대한 흥미가 유발되어 오랜 시간 동안 놀이에 참여하면서 다양한 놀이로 확장, 발전시킬 수 있다(이경화·배지현, 2008).

쌓기놀이에 유용한 소품은 다음과 같다.

- 나무, 플라스틱 또는 고무로 만든 사람이나 동물 모형
- 가족 모형(할아버지, 할머니, 아버지, 어머니, 오빠, 동생, 아기 등)
- 지역 사회 인물 모형(의사, 경찰관, 요리사, 소방관 등)
- 가축 모형(소, 말, 개, 고양이, 돼지, 닭 등)
- 야생동물 모형(호랑이, 공룡, 사자, 코끼리, 원숭이 등)
- 다양한 자동차 종류(택시, 버스, 트럭, 배, 비행기, 기차, 레미콘, 트랙터, 덤프트럭, 경찰차, 소방차, 병원차, 경주용 자동차, 오토바이 등)
- 소형 교통표지판과 신호등
- 작은 상자, 돌멩이나 조개껍데기, 줄, 끈
- 나뭇조각, 손수레, 손전등, 소방 모자
- 소형 가구(의자, 책상, 침대, 식탁, 화장대 등)
- 각종 잡지나 사진

5) 쌓기놀이 실제

활동명 꼬불꼬불 미로 만들기

대 상 3세

목 표

- 공간 지각 능력이 발달한다.
- 놀이를 통해 협동심을 기른다.
- 입체 구성력이 발달한다.

놀 잇 감 단위 블록이나 종이 벽돌 블록, 작은 고무공, 소형 자동차

놀이방법

① 블록으로 미로를 만든다.

 - 꼬불꼬불한 길을 어떻게 만들까?
 - 어떤 블록으로 만들까?
 - 길을 얼마나 길게 만들까?

② 친구들과 의논하면서 길 모양을 만든다.

 - ○○야, 너는 이 길을 어떤 모양으로 만들고 싶어?

③ 작은 공이나 자동차를 이용하여 미로 빠져나가기 놀이를 한다.

 - 자동차로 길을 지나가 볼까?
 - 공을 굴려 보자.

④ 터널이나 새로운 길을 추가하면서 미로를 더 복잡하게 만든다. 화살표 표지판을 붙여도 재미있다.

 - 터널은 어떻게 만들까?
 - 표지판은 어디에 붙일까?

활동명 번쩍이는 빌딩 짓기

대 상 3, 4세

목 표

- 눈과 손의 협응력을 기른다.
- 빛과 그림자의 관계를 이해한다.
- 재료를 창의적으로 활용하는 기회를 갖는다.

놀잇감 단위 블록, 은박지, 손전등

놀이방법

① 단위 블록을 은박지로 싼다.
  – 이것을 본 적이 있니?
  – 블록을 은박지로 싸니까 어떤 느낌이 드니?
  – 무엇 같으니?

② 은박지 블록으로 빌딩을 짓는다.
  – 어떤 건물을 지을까?
  – 얼마나 높게 쌓을까?
  – 지붕은 어떻게 만들까?

③ 커튼을 쳐서 실내를 어둡게 하고 손전등으로 건물을 비추어 본다.
  – 빛을 비추니까 건물이 어떻게 보이니?
  – 어떤 그림자가 생겼니?
  – 손전등을 움직이니까 그림자가 어떻게 변하니?

참 고

- 손전등에 셀로판지를 붙여서 색깔 불빛을 비춘다. 여러 개의 색 손전등으로 다른 빛을 혼합해 봄으로써 색의 변화를 경험할 수 있다.
- 생활주제에 따라 여러 종류의 그림이나 사진(예 가게 그림, 동물 사진)을 단위 블록에 붙여서 소품으로 활용할 수 있다.

활동13 자전거 길 만들기

대 상 4, 5세 유아

목 표

- 놀이하면서 성취감을 느낀다.
- 입체 구성 능력을 기른다.
- 대근육 운동 능력이 발달한다.

놀잇감 속이 빈 블록, 자전거

놀이방법

① 실외 놀이장에서 속이 빈 블록으로 자전거 길 만들기를 계획한다.
 – 자전거를 타고 달리는 길을 만들어 볼까?
 – 무엇으로 만들까?
 – 어떤 모양의 길을 만들까?

② 긴 네모, 경사로 모양의 속이 빈 블록을 놓아서 길을 만든다.
 – 어떤 블록으로 올라가는 언덕길을 만들까?
 – 자전거가 다니려면 길이 얼마나 넓어야 할까?
 – 길을 넓게 만들려면 어떻게 해야 할까?
 – 누가 이 블록 놓는 걸 도와줄까?

③ 자전거를 타고 길 위를 달려 본다.
 – 따르릉 따르릉 자전거가 나갑니다.
 – 우리가 만든 길 위에서 자전거를 타니 기분이 어떠니?

참 고

- 여러 명이 공동으로 길 만들기에 참여하도록 격려한다.

활동명 설계 그림에 맞추어 쌓기

대 상 5세

목 표

- 사전에 계획하는 경험을 한다.
- 자신이 한 일을 기록하는 경험을 한다.
- 읽기와 쓰기에 관심을 갖는다.

놀잇감 단위 블록, 종이, 사인펜이나 색연필, 사진기, 기록 용지 또는 앨범

놀이방법

① 단위 블록을 쌓아서 구조물 만드는 놀이를 제안한다.
 – 어떤 것을 만들까?
 – 이번에는 자기가 만들고 싶은 모양을 먼저 그림으로 그린 후에 쌓기놀이를 하자.

② 계획한 내용을 그림으로 그린다.
 – 어떤 모양으로 쌓기를 해 볼까?
 – 만들고 싶은 모양을 그림으로 그려 볼까?

③ 설계 그림을 보면서 블록을 쌓는다.
 – 내가 그린 그림을 보면서 만들어 볼까?
 – 그림처럼 되려면 여기에 어떤 블록을 쌓아야 할까?

④ 완성된 구조물과 설계 그림을 비교해 본다.
 – 그림과 어떤 점이 같으니?
 – 어떤 점이 다르니?

⑤ 구조물을 사진 찍어서 설계 그림과 함께 기록 용지에 붙이고 구조물의 이름, 특징, 사용한 블록의 형태 및 개수 등을 기록하여 보관한다.
 – 이 구조물의 이름은 무엇이니?
 – 긴 네모 블록을 몇 개나 사용했나 세어 보자.

5 조작놀이

본 절에서는 조작놀이(manipulative play)를 영유아가 퍼즐이나 구슬꿰기, 도미노 카드와 같은 놀잇감을 손과 손가락의 소근육을 사용해서 맞추고, 끼우고, 재배열하는 등 여러 가지 방법으로 다루는 놀이로 정의한다. 조작놀이는 다른 놀이에 비하여 정적이고 탐색적, 목적지향적인 특징을 지니며, 특히 수·과학 등 특정 개념 및 지식의 학습에 효과적이다.

1) 조작놀이의 교육적 가치

조작놀이의 교육적 가치를 구체적으로 살펴보면 다음과 같다(김은선, 2001; Eisenhauer & Feikes, 2009)

(1) 조작놀이를 하면서 영유아의 신체 발달이 증진된다

조작놀이는 주로 작은 조각의 놀잇감을 섬세한 손동작으로 끼워 맞추고 조작하는 놀이이므로 이런 놀이를 통하여 영유아의 손목, 손가락의 소근육 운동 능력과 눈과 손의 협응력이 증진된다. 또한 다양한 조작놀이를 하면서 시각, 촉각 등의 감각 능력이 발달한다.

(2) 조작놀이를 통해 영유아의 인지 발달이 촉진된다

놀잇감을 탐색하고 조작하면서 분류, 순서 짓기, 수세기, 수의 크기, 일대일 대응, 부분과 전체, 형태, 공간 등의 수학적 개념을 자연스럽게 학습한다. 또한 퍼즐 조각이나 그림 카드를 다양한 방법으로 조작하며 실패도 경험하고 또다시 새로운 접근을 시도하면서 탐구력, 관찰력, 집중력, 문제해결능력이 증진된다.

(3) 조작놀이는 영유아의 언어 발달을 촉진시킨다

다양한 종류의 조작 놀잇감을 가지고 놀면서 어휘력이 풍부해지며 친구와 함께 놀이에 참여하거나 함께 문제를 해결하면서 의사소통능력을 기른다. 또한 조작놀이 경험은 문해 능력 발달과도 밀접하게 연관된다. 즉, 퍼즐 맞추기나 그림 카드 짝짓기, 끈 꿰기 등을 하면서 형태 변별력이 발달하여 글자를 읽는 기초 능력이 발달될 뿐 아니라 손과 손목의 운동 능력이 증진되어 쓰기 도구를 바르게 사용할 수 있게 된다.

(4) 조작놀이를 통해 영유아의 정서 발달이 증진된다

조작놀이를 하면서 다양한 문제 상황을 탐색하고 해결하는 과정을 통하여 자신감을 갖게 되고 성취감을 느끼게 된다. 또한 목표를 달성하기 위해 계획을 세우고 집중하여 시도하면서 자기조절능력이 증진된다.

(5) 조작놀이는 영유아의 사회성 발달을 증진시킨다

조작놀이를 통해 다른 친구와 어울릴 기회가 많다. 놀이를 함께하면서 다른 친구의 감정을 존중하고 이해하는 태도를 기르며 어려움을 함께 해결하면서 서로 배려하고 도와주는 협력관계를 형성할 수 있다.

2) 조작놀이 지도

조작놀이는 결과지향적인 특성이 있어서 영유아가 놀이과정에서 흥미를 잃거나 좌절감을 느낄 수 있다. 교사는 이런 점에 유의하여 조작놀이 지도를 해야 한다(이숙재, 2011; 전우용, 2017).

첫째, 교사는 먼저 영유아의 발달 정도에 적합한 조작놀이를 선정해야 한다. 조작놀이를 하려면 영유아의 인지 능력과 소근육 운동조절능력, 집중력 등이 발달하여야 한다. 예를 들어 손가락 운동 능력이 발달하지 않은 어린 영아에게 리본 묶기와 같은 조작놀이를 제공하는 것은 영아의 성장에 도움이 되지 않는다.

둘째, 단순한 조작놀이 활동에서 복잡한 조작놀이 활동으로 놀이 기회를 단계적으로 제공한다.

다음은 구슬 끼우기 놀이를 단순한 놀이에서 복잡한 놀이로 단계적으로 지도하는 실례이다.

단순한 활동 ↓ 복잡한 활동

- 구슬 1, 2개를 끈에 꿰기
- 목걸이 만들기
- 같은 색깔의 구슬(예 빨간색 구슬) 끈에 꿰기
- 같은 모양의 구슬(예 네모 구슬) 끈에 꿰기
- 같은 색깔, 같은 모양의 구슬(예 빨간색 네모 구슬) 끈에 꿰기
- 두 가지 색깔의 구슬을 번갈아 가면서 끈에 꿰기
- 두 가지 색깔, 두 가지 모양의 구슬을 일정한 순서에 따라 끈에 꿰기 (예 빨 파 빨 파 또는 빨 빨 파 파)

셋째, 교사는 영유아가 조작놀이를 하면서 다양한 탐색을 할 수 있도록 편안하고 안락하며 다른 친구들의 방해를 받지 않는 놀이 공간을 조성해 주고 놀이 시간도 충분히 제공한다.

넷째, 교사는 놀이상황을 세심히 관찰한다. 만일 영유아가 조작놀이에 참여하지 않거나 참여해도 늘 같은 수준의 조작놀이를 한다면 영유아가 새롭고 더 발전된 조작놀이를 하도록 상호작용을 하면서 도와주는 역할을 한다. 이와 같은 교사 참여는 적절한 시기에 영유아의 조작놀이를 격려하고 안내해 주는 수준으로 이루어져야 한다. 또한 영유아의 놀이 행동을 언어로 표현해 줌으로써(예 너는 지금 빨간색 구슬만 끈에 끼우고 있구나) 개념 학습을 도울 수 있다.

다섯째, 조작 놀잇감은 지정된 놀이 영역에서 가지고 놀도록 하며 다 사용한 후에는 제자리에 정돈하는 습관을 갖도록 지도한다.

3) 조작놀이 환경 구성

조작놀이 환경 구성을 영역 구성과 놀잇감 종류로 나누어 살펴보겠다.

(1) 조작놀이 영역 구성

조작놀이 영역은 수놀이 영역이나 쌓기놀이 영역과 통합하여 구성할 수 있다. 조작놀이 영역 구성에서 유의할 점은 다음과 같다(보건복지부·교육과학기술부, 2013a; 이숙재, 2011; Whiren, 1975).

- 조작놀이 영역에서는 정적 활동을 주로 하므로 조용하고 영유아들의 왕래가 잦지 않은 장소에 배치한다.
- 영유아의 발달 수준과 흥미에 적합한 조작 놀잇감을 단계적으로 제공한다.
- 조작 놀잇감은 영유아의 눈높이에 맞추어 진열한다. 진열대가 혼란스럽지 않도록 적당량을 진열한다.
- 영유아가 조작 놀잇감에 흥미를 보이지 않으면, 등원하기 전에 책상 위에 한두 개의 조작 놀잇감을 꺼내 놓아 호기심을 유발한다.
- 조작 놀잇감을 플라스틱 바구니나 상자, 쟁반에 담아서 제공하여 작은 조각이 분실되지 않게 한다.
- 영유아가 조작놀이에 계속 흥미를 갖도록 놀잇감을 일정 시간이 지나면 교체한다. 기관에서 보유한 조작 놀잇감 종류를 한 번에 모두 제공하기보다는 영유아의 발달 수준, 시기, 생활주제 등을 고려하여 조작 놀잇감 종류를 선별하여 제공한다.
- 영유아가 조작놀이에 몰두할 수 있도록 편안한 좌석과 적절한 조명을 마련해 준다.
- 퍼즐과 같은 작은 조각이 서로 섞여도 쉽게 분류할 수 있도록 조각의 뒷면에 같은 색깔 칠을 하거나 일정한 표시를 해 놓는 것이 효과적이다.
- 조작 놀잇감은 관리를 잘해야 한다. 정기적으로 점검하여 분실된 조각이나 파손된 부분이 없도록 하고 항상 위생적으로 관리한다.

영유아의 연령별 조작놀이 영역을 구성할 때 유의할 점을 소개하면 다음과 같다(이기숙·이은화·이영자·이숙재, 1995).

〈표 9-12〉 연령별 조작놀이 영역 구성

연령	조작놀이 환경 구성시 유의사항
1, 2세 학급	• 손잡이가 달린 퍼즐을 제공한다. • 크기대로 포개 놓거나 쌓아 올리는 놀잇감을 제공한다. • 고리 끼우기, 촉감판을 제공한다.
3세 학급	• 퍼즐 맞추기는 10조각 내외가 적절하며 손잡이가 있거나 배경판에 그림의 윤곽이 그려져 있어서 맞추기 쉬운 퍼즐이 적합하다. • 끼우기 구슬은 모양이나 크기가 손으로 잡기 쉽고 구멍이 커야 한다. 끈의 끝부분이 빳빳해야 끼우기가 좋다. • 작은 물건 옮겨 담기도 처음에는 손으로 옮겨 담게 하여 물건의 다양한 감촉을 느껴 보게 하고 그다음에 숟가락으로 옮겨 담기를 한다. • 옷을 입고 벗을 수 있는 자립 능력을 발달시키기 위해 찍찍이 붙이기, 지퍼 올리기 등의 일상 생활 훈련틀을 제공한다.
4세 학급	• 퍼즐 맞추기는 20조각 내외가 적절하지만 개인차에 따라 그 이상도 가능하다. 또한 도형 퍼즐, 숫자 퍼즐을 제공한다. • 숫자와 개수 맞추기, 동물 그림자 맞추기 등 다양한 짝 맞추기 카드를 준비한다. • 놀이 활동의 난이도 수준이 3세보다는 높은 놀잇감을 제공한다.
5세 학급	• 퍼즐 맞추기는 30조각 내외가 가능하나 개인에 따라 그 이상도 가능하다. • 끈 끼우기 자료 이외에 간단한 바느질을 할 수 있도록 플라스틱 바늘과 실, 두꺼운 종이, 부직포, 헝겊 등을 제공한다. • 리본 묶기와 벨트 채우기 등의 일상 생활 훈련이 가능하므로 이에 연관된 놀잇감을 준비한다. • 다양한 조작 활동을 할 수 있는 게임 자료(예 주사위 게임)를 비치한다. • 각 놀잇감의 사용법이나 놀이 과정을 제시한 활동 카드를 준비한다.

(2) 조작 놀잇감의 종류

조작 놀잇감의 종류는 자연물이나 주변의 생활용품, 상품화된 놀잇감, 제작된 놀잇감 등 다양하다. 조작 놀잇감의 종류를 살펴보면 다음과 같다.

① 퍼즐

퍼즐은 여러 조각으로 분절된 그림 조각을 적절히 맞추어서 본래의 그림을 완성하는 놀잇감이다. 퍼즐은 18세기 영국의 저명한 지도 제작자 Wallis가 최초로 제작하였는데, 그는 색칠한 여러 나라의 지도를 퍼즐로 만들어서 지리교육에 사용했다

고 한다. 영유아용 퍼즐은 1920년대 말기에 Playskool 회사가 목재 퍼즐을 상품화하면서 보급되었다(Hewitt & Roomet, 1979).

현재 사용되고 있는 퍼즐은 재료나 형태, 난이도에 따라 종류가 다양하다. 퍼즐의 재료로 나무, 고무, 판지(cardboard), 폴리우레탄 등 여러 가지가 사용된다. 형태도 그림 조각에 손잡이가 달린 것, 뒷면에 자석을 붙인 것, 전체 그림을 맞춘 후 세울 수 있는 것, 퍼즐 조각을 꺼내면 밑면에 그림이 보이는 것 등 다양하다. 또한 난이도에 있어서 그림 조각이 한두 개로 나누어진 단순한 퍼즐에서 15~50조각으로 나누어진 복잡한 퍼즐까지 있다. 영유아의 발달 정도에 따라 처음에는 단순한 퍼즐을 경험하게 하고 점차 어려운 퍼즐을 제공한다.

② 끈 끼우기 놀잇감

여러 형태, 크기, 색깔의 구슬이나 단추, 빨대 자른 것, 모양 종이 등을 끈에 끼우는 놀잇감이다.

구슬 종류는 나무나 플라스틱으로 만든 것이 적절하며 크기는 영유아 손으로 잡고 끼우기에 적절해야 한다. 또한 구슬의 구멍이 작으면 끈에 꿰기가 어려우므로 이를 고려한다. 끈은 구멍에 잘 들어가도록 양끝이 빳빳해야 한다. 그 밖에 구슬 끼우는 순서에 관한 활동 카드를 함께 제시하여 구슬을 다양한 방법으로 꿰도록 유도할 수 있다.

또한 나무판이나 플라스틱판에 구멍을 뚫은 끈 끼우기 판을 준비하여 끈으로 꿰기를 한다. 끈 대신 여러 색깔의 리본을 사용할 수 있다.

③ 포개거나 쌓는 놀잇감

플라스틱이나 나무로 만든 크기가 다른 상자나 그릇을 크기 순서에 따라 포개거나 쌓을 수 있도록 제작된 놀잇감이다. 쌓거나 포개는 순서가 틀릴 경우, 영유아 스스로 이를 발견하고 교정할 수 있는 자기 교정적 놀잇감이다.

④ 도형 만들기 놀잇감

놀잇감을 늘어놓거나 구멍에 꽂아서 다양한 패턴을 만드는 놀잇감이다. 예를 들어 삼각형, 사각형, 평행사변형 등의 나뭇조각 7개를 가지고 다양한 형태를 만드는 우리나라 전통의 칠교 놀잇감, 작은 구멍에 나무못을 꽂아서 여러 도형을 디자인하는 나무못 판 놀잇감(peg board) 등이 있다.

⑤ 일상생활 훈련 놀잇감

Montessori 교구의 한 종류로 영유아가 스스로 옷을 입고 벗으며 신발을 신을 수 있도록 기본 조작 활동을 연습시키는 놀잇감이다. 벨트 채우기, 단추 끼우기, 리본이나 끈 묶기, 지퍼 올리고 내리기 등을 해볼 수 있다.

⑥ 짝 맞추기 놀잇감

서로 짝을 찾아서 맞추는 놀잇감으로 색깔, 모양, 개수, 용도 등을 기준으로 짝 맞추기를 할 수 있다. 이 놀잇감은 주로 개념 학습용으로 제작된다. 짝 맞추기 놀잇감의 예로 같은 그림 찾기판과 카드(lotto), 그림 연결 카드(domino), 같은 용도의 카드 맞추기(예 열쇠와 자물쇠, 연필과 지우개 등) 등이 있다.

⑦ 바느질용품

간단한 바느질을 할 수 있도록 구멍 뚫린 하드보드지, 플라스틱 바늘, 털실, 스티로폼 접시나 부직포, 헝겊 등을 제공한다. 5세 학급에게만 제공한다.

⑧ 일상용품

여러 가지 형태와 크기의 주방용품(다양한 크기의 병과 뚜껑, 냄비와 뚜껑, 뚜껑 있는 그릇 종류 등), 기계용품(열쇠와 자물쇠, 너트와 볼트)을 맞추거나 열고 닫고 조이는 조작놀잇감으로 활용할 수 있다.

⑨ 자연물

곡식, 열매, 조개껍데기, 돌멩이 등의 다양한 자연물을 분류하기, 짝짓기, 순서대로 놓기, 옮겨 담기와 같은 조작놀이에 활용할 수 있다.

4) 조작놀이 실제

활동명 양말 파티

대 상 3세

목 표

- 분류 개념이 발달한다.
- 소근육 운동 능력이 발달한다.
- 문제해결능력을 기른다.

놀잇감 다양한 재질과 무늬의 영유아용 양말

놀이방법

① 유아를 맨발로 양말 파티에 초대한다.
 – 양말을 벗어 보자.
 – 맨발로 있으니까 기분이 어떠니?

② 양말을 섞어 놓고 그 가운데서 마음에 드는 양말을 찾아서 신게 한다.
 – 어떤 색깔의 양말이 있니?
 – 어떤 양말이 마음에 드니?
 – 이것과 같은 짝은 어디에 있을까?

③ 계절이나 용도에 따라 양말을 찾아 신는 놀이를 한다.
 – 추운 겨울에는 어떤 양말을 신으면 좋을까?

참 고

- 양말 이외에 장갑이나 신발의 짝을 찾는 놀이를 할 수 있다.
- 어울리는 양말을 짝짝이로 신어도 재미있다.

활동명 규칙대로 구슬 끼우기

대 상 3, 4세

목 표

- 손과 눈의 협응력, 손의 조작 능력이 발달한다.
- 색깔, 모양, 크기, 수 개념이 발달한다.
- 집중력을 기른다.

놀잇감 활동 카드(예 원－네모－네모－원 등), 다양한 색·형태·크기의 구슬, 끈

놀이방법

① 활동 카드를 선택한다.

－활동 카드 1장을 골라보자.

② 카드에 그려진 구슬 모양을 골라 놓는다.

－이 그림 모양과 같은 구슬을 찾아보자.

③ 활동 카드에 따라 구슬을 끼운다.

－이 구슬 다음에 어떤 구슬을 끼워야 할까?

－이 그림과 똑같은 구슬은 어느 것이니?

－모두 몇 개의 구슬을 끼웠니?

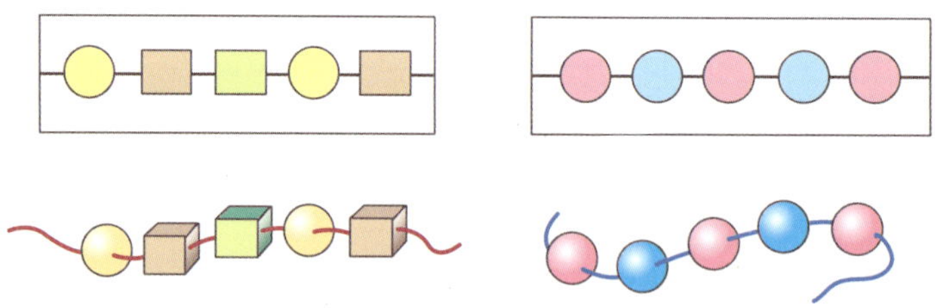

참 고

- 활동 카드의 난이도 수준을 다양하게 준비한다.

활동명 기구에 풍선 달기

대 상 4, 5세

목 표

- 수의 크기와 차례를 이해한다.
- 눈과 손의 협응력과 소근육 운동 능력이 발달한다.
- 성취감을 느낀다.

놀잇감 숫자가 쓰인 바구니 그림 카드, 클립이 끼워져 있는 풍선 그림

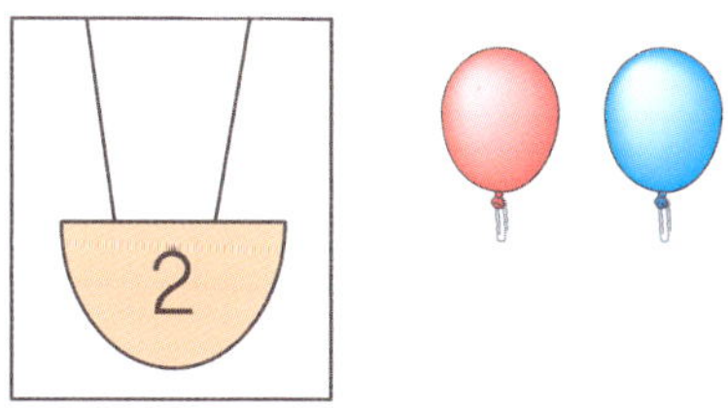

놀이방법

① 바구니에 쓰인 숫자를 살펴본다.
 –이 바구니에 뭐라고 쓰여 있니?

② 숫자에 따라 풍선 그림을 끼운다.
 –이 바구니에는 풍선을 몇 개 끼울까?

③ 숫자 순서에 따라 나란히 놓아 본다.
 –순서대로 놓아 보자.

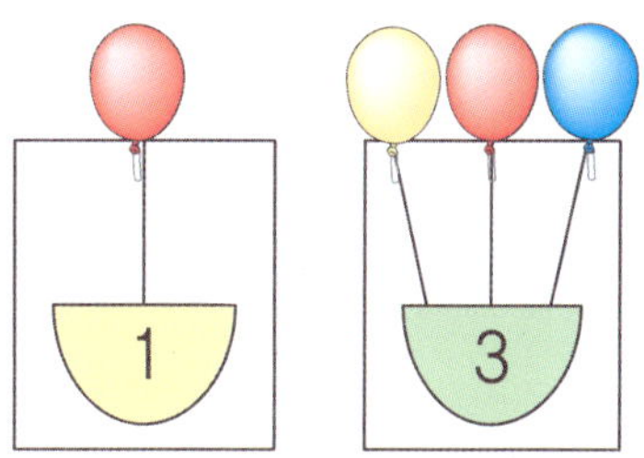

참 고

- 풍선을 색깔별로 끼울 수도 있다.
- 유아의 발달 수준에 따라 다양한 방법으로 놀이할 수 있다. 예를 들어 풍선 그림을 여러 개 끼워 놓고, 숫자에 맞도록 풍선 그림을 더 끼우는 놀이를 한다.

활동1경 이름 도미노

대 상 5세

목 표

- 친구의 얼굴과 이름을 맞추며 글자에 관심을 갖는다.
- 손과 눈의 협응력이 발달한다.
- 방향 감각을 기른다.

놀 잇 감 학급의 유아 사진과 이름이 있는 도미노 카드

놀이방법

① 도미노 카드에 있는 친구 얼굴과 이름을 살펴본다. 누구의 사진인지, 누구의 이름인지 이야기한다.

- 이 사진은 어떤 친구니?
- 이 친구 이름은 무엇이니?
- 네 사진은 어디 있니?
- 여기에서 ○○○ 이름을 찾아보자.

② 도미노 카드의 이름과 얼굴을 맞춰 놓는다.

- 친구 사진 옆에 이름을 맞추어 놓아 보자.
- ○○○ 이름 옆에는 어떤 사진을 놓을까?
- 다음에는 어떤 카드를 놓아야 할까?

참 고

- 학급 친구들의 얼굴과 이름에 익숙해졌을 때 도미노 카드를 내 준다.
- 도미노 카드를 다양한 형태로 늘어놓도록 유도한다.
- 동·식물의 사진과 이름으로 다양한 도미노 카드를 만들 수 있다.

6 물놀이

물은 형태가 정해져 있지 않으며 투명하고 독특한 감촉을 느낄 수 있는 매력적인 자연물이다. 또한 물놀이는 특별한 놀잇감이나 놀이 기술이 필요하지 않기 때문에 언제, 어디서나 다양한 연령층의 영유아가 참여할 수 있는 놀이이다. 본 절에서는 물놀이의 교육적·치료적 가치, 지도 및 환경 구성, 실제에 대해 설명하고자 한다.

1) 물놀이의 교육·치료적 가치

영유아는 태내의 양수 속에서 성장하였고 출생 후에도 일상생활이나 놀이에서 물과 매우 밀접한 관계를 맺으며 살아간다. 물놀이의 가치를 교육적 가치와 치료적 가치로 나누어서 구체적으로 살펴보면 다음과 같다.

(1) 물놀이의 교육적 가치

물놀이의 교육적 가치를 인지, 언어, 정서, 사회성, 신체 발달 측면에서 살펴보고자 한다(이숙재, 2011; Hill, 1977).

① 물놀이를 통해 영유아의 인지 발달이 촉진된다

영유아는 물놀이를 하면서 여러 가지 개념과 지식을 자연스럽게 학습하고 탐구심을 기를 수 있다. 즉, 물의 투명함, 흡수와 빠짐, 흐름, 증발 및 수압 등 물의 특성을 학습하고 보존 개념, 분류, 측정 개념이 발달한다. 또한 물을 가지고 실험하고 관찰하는 과정을 통하여 호기심과 탐구력이 향상되고 문제해결력이 촉진된다.

② 물놀이는 영유아의 언어 발달을 돕는다

물놀이를 하면서 영유아는 자유롭고 편안하게 다양한 어휘를 학습한다. 또한 물놀이 중에 친구들과 나누는 대화를 통해 남의 말을 주의 깊게 듣고 바르게 말하는 등 일상생활에 필요한 언어 능력과 의사소통 능력이 발달한다.

③ 물놀이를 하면서 영유아의 정서 발달이 증진된다

물은 저항이 거의 없는 매끈한 감촉을 주기 때문에 물을 가지고 놀면서 영유아의 불안이나 불만, 긴장 및 공격적 성향 등이 발산되고 해소되어 정서적으로 안정된다. 특히 자신감이 없거나 소극적인 영유아, 긴장을 잘하는 영유아는 물놀이를 함으로써 마음이 안정되는 효과를 얻을 수 있다. 또한 영유아가 물을 자유롭게 가지고 노는 가운데 성취감과 만족감을 느끼게 된다.

④ 물놀이는 영유아의 사회성 발달을 돕는다

영유아는 자연물인 물을 가지고 자유롭게 노는 가운데 개방된 마음을 갖게 된다. 따라서 평상시보다 또래들과 사회적인 접촉을 더 잘한다. 물놀이를 하면서 또래와 기쁨을 서로 나누고, 놀잇감을 함께 사용하며, 협동하는 경험을 통하여 사회적 적응력이 촉진된다.

⑤ 물놀이는 영유아의 신체 발달을 돕는다

영유아는 물놀이를 하면서 물을 휘젓고, 퍼 올리고, 붓고, 운반하는 등 대근육 운동을 하게 된다. 또한 물을 병이나 통에 붓고, 다른 그릇에 옮기는 활동을 하면서 손목과 손가락 운동 및 눈과 손의 협응력이 발달한다. 그 밖에 물놀이는 영유아가 감각기능을 발달시킬 좋은 기회가 된다. 즉, 물을 만지고 튀기면서 다른 물질과는 다른 촉감을 감지하고 물이 흐를 때 나는 소리, 용기에 넣고 흔들 때 생기는 소리 등을 들으며 청각 변별력도 발달한다.

(2) 물놀이의 치료적 가치

물놀이는 장애영유아의 재활 및 치료를 돕는다. 물은 치료적 가치가 있어 수중놀이가 장애 영유아의 재활에 광범위하게 활용된다. 장애 영유아는 물속에 들어가서 부력, 수압, 수온, 저항 등 물의 특성을 이용하여 부담 없이 놀이를 할 수 있다. 또한 수중놀이를 통해 심리적으로 안정 상태를 유지하며 즐거움을 느끼고 전신을 이완시켜서 수중 활동을 반복하는 가운데 정서적, 신체적, 사회적 기능을 회복할 수 있다. 우리나라에서도 시립서울장애인종합복지관의 수중재활센터 등에서 다양한 수중운동 놀이 기법을 보급하고 있다(시립서울장애인종합복지관, 2013). 수중 활동의 치료 효과에 대한 연구자들의 관심도 꾸준히 이어지고 있다. 뇌성마비 유아의 물놀이 효과를 분석한 한영숙(2000)의 연구에 의하면, 물의 부력이 대소근육 운동에 크게 기여함으로써 수중놀이를 통해 뇌성마비아가 스스로 옷을 입는 등 자립생활에 필요한 자조 기술이 증진되었다고 한다. 또한 수중 활동이 뇌성마비아의 조음 능력을 개선시켜 언어치료에도 효과적이라는 연구 결과도 있다(김봉균, 2010). 그 밖에 홍양자, 이은경(2007)은 수중 활동을 통해 자폐아의 사회적 능력이 향상되었다고 밝혔다.

2) 물놀이 지도

영유아의 물놀이를 효율적으로 지도하기 위한 방안을 살펴보면 다음과 같다(Hill, 1977; Moore, Goltsman, & Iacofano, 1992).

- 교사는 물놀이를 시작하기 전에 사전 준비를 한다. 영유아에게 앞치마를 입히고 옷소매를 걷어 주어 편안하게 물놀이에 참여하도록 한다. 또한 물놀이용 풀(pool)에 물을 담아 놀이를 하는 경우에는 일상복을 수영복으로 갈아입힌다.
- 허용적인 분위기를 조성해 줌으로써 영유아가 자유롭게 물놀이를 하게 한다. 교사가 물놀이를 주도하고 지시해서는 안 되며 영유아의 흥미와 관심에 따라 놀이하도록 배려한다.
- 영유아의 물놀이 활동을 주의 깊게 관찰하여 필요한 경우에는 적절히 참여하여 상호작용하면서 지도한다.
- 날씨가 더운 계절에는 실외에서 물놀이를 하고, 추울 때에는 실내에서 한다. 실내에서 물놀이를 하는 경우, 교실 바닥이 젖거나 미끄럽지 않게 관리한다.
- 안전관리를 철저히 한다. 영유아들이 미끄러운 바닥에서 넘어지지 않도록 물기를 제거하고 영유아들이 뛰어다니지 않도록 지도한다.
- 물놀이를 할 때 친구에게 물을 뿌려서는 안 되며, 지정된 장소에서만 물놀이를

해야 하고, 더러운 물이나 비눗물을 입에 넣어서는 안 되는 등의 놀이 규칙을 지키도록 지도한다.

- 물놀이를 하면서 물을 아껴 쓰는 습관을 갖도록 지도한다. 예를 들어 수돗물을 너무 세게 틀거나 물을 흘려버려서 낭비되지 않도록 지도한다.

3) 물놀이 환경 구성

물놀이 환경 구성에 대해 구체적으로 살펴보면 다음과 같다(보건복지부·교육과학기술부, 2013a; Moore, Goltsman, & Iacofano, 1992).

(1) 장소

물놀이는 실내외 어느 곳에서나 할 수 있다. 실내나 실외의 물놀이 장소로는 물을 사용하기 편리한 수도 가까운 곳이 적절하다. 특히 실외에서는 물놀이가 모래놀이와 함께 이루어지는 경우가 많기 때문에 모래밭과 인접한 곳이면 더욱 바람직하다. 또한 실외의 물놀이 장소 바닥은 콘크리트나 잔디밭으로 조성하여 물기가 빨리 마르고 배수가 잘 되도록 한다.

(2) 물놀이용품

물놀이용품을 제공할 때에는 영유아의 발달 정도, 물놀이 경험, 활동 종류에 따라 놀잇감의 종류, 수량을 적절히 제공한다. 또한 플라스틱 바구니나 교구장을 준비해서 물놀이용품을 보관, 정리한다. 때로는 물놀이용품을 전혀 사용하지 않고 손으로만 물놀이를 하여 물을 충분히 탐색해 보는 기회를 주는 것도 효과적이다.

물놀이용품의 종류를 구체적으로 소개하면 다음과 같다.

- 물놀이 테이블 : 실내외에서 사용할 수 있는 이동식 물놀이 테이블
- 물 담는 통 : 플라스틱 통, 아기 목욕통, 물놀이용 비닐 풀
- 놀잇감 : 플라스틱 세제 통, 샴푸 통, 케첩 통, 플라스틱 주전자, 깔때기, 투명 비닐 호스, 고무호스, 인형, 비누, 수건, 스펀지, 분무기, 물뿌리개, 달걀 거품

기, 빨대, 식용 색소, 페인트, 붓, 스포이트, 물총, 헌 우유갑, 기타 주방용품(숟가락, 소독저, 국자, 은박지 접시), 게임 도구

- 기타 : 비닐 앞치마, 청소 도구

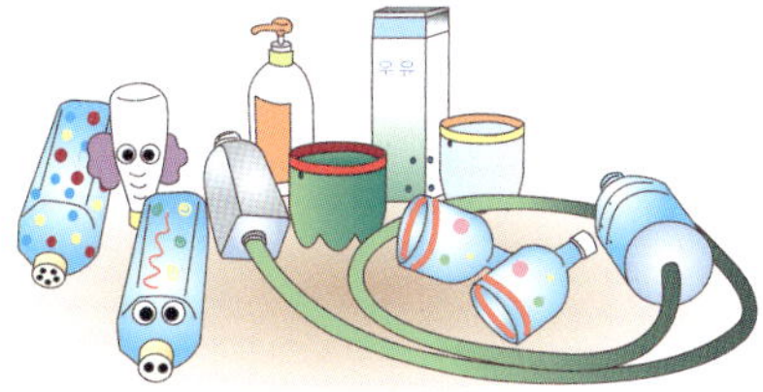

그 밖에 영유아의 연령별 물놀이 환경을 구성할 때 유의할 점을 소개하면 다음 〈표 9-13〉과 같다(보건복지부·교육과학기술부, 2013a; 이기숙·이은화·이영자·이숙재, 1995).

〈표 9-13〉 연령별 물놀이 환경 구성

연령	물놀이 환경 구성시 유의사항
1, 2세 학급	• 다른 영아와 함께 놀잇감을 가지고 놀기 어려운 시기이므로 개인용 물놀이 테이블이나 물통을 제공한다. • 물을 많이 튀기거나 흘리므로 물놀이 테이블 밑에 커다란 수건을 깔아 놓는다.
3세 학급	• 물놀이 테이블의 높이는 50~55cm로 한다. • 물을 담고 쏟을 수 있는 다양한 그릇 종류(예 각종 플라스틱병, 깔때기)를 제공한다. • 물감을 넣어 색깔 물을 제공하면 흥미를 더욱 끌 수 있다. • 고무 인형, 비치볼 등 다양한 놀잇감을 준비한다.
4세 학급	• 물놀이 테이블의 높이는 55~60cm로 한다. • 물의 양을 측정할 수 있는 계량 도구를 비치한다. • 구멍이 여러 위치에 뚫린 통을 준비하여 물줄기의 변화를 관찰하도록 한다. • 비누와 거품기를 제공한다. • 물에 뜨는 물건, 가라앉는 물건을 실험할 수 있도록 준비한다.
5세 학급	• 물놀이 테이블의 높이는 55~60cm로 한다. • 물을 이용한 여러 가지 실험을 할 수 있도록 준비한다. 예를 들어 모래나 설탕, 소금을 제공한다. • 펌프나 물레방아를 제공하여 물의 힘을 실험해 보도록 한다. • 물을 이용한 역할놀이(예 음료수 가게놀이)가 이루어질 수 있도록 놀잇감을 비치한다. • 물놀이 영역에서 가능한 게임(예 물컵 전달하기)을 준비한다.

4) 물놀이 실제

활동명 거품 내기

대 상 3세

목 표

- 관찰력을 기른다.
- 세제의 특성을 이해한다.
- 즐거운 놀이 경험을 통해 만족감을 얻는다.

놀잇감 주방용 세제, 식용 색소, 계란 거품기, 나무젓가락, 큰 그릇

놀이방법

① 준비된 세제와 거품기를 살펴본다.
　– 이것을 본 적이 있니 ?

② 그릇에 물과 세제를 넣어 비눗물을 만든다.
　– 물에 비눗물을 넣으니 어떻게 되었니?

③ 비눗물을 나무젓가락으로 휘저어본다.
　– 무엇이 생기니?
　– 이번엔 좀 세게 저어 볼까?
　– 거품이 어떻게 되었니 ?

④ 식용 색소를 넣어 색 비누거품을 만든다.
　– 거품이 무슨 색이니?

⑤ 계란 거품기를 돌려서 거품을 만든다.
　– 커다란 거품이 생겼네.

참 고

- 종이를 준비해서 거품 그림 찍기를 할 수 있다.

활동명 얼음 조각 물에 띄우기

대 상 3, 4세

목 표

- 얼음의 특성을 이해한다.
- 놀이를 통해 긴장 해소의 기회를 갖는다.
- 관찰력을 기른다.

놀잇감 다양한 크기와 형태의 얼음 조각, 조리나 체, 양동이

놀이방법

① 다양한 크기와 형태의 얼음 조각을 살펴본다.
  – 얼음이 어떤 모양이니?
  – 얼음을 만지니까 어떤 느낌이 드니?
  – 시간이 지나니까 얼음이 점점 어떻게 되니?

② 얼음 조각을 물속에 넣는다.
  – 얼음 조각을 몇 개 넣을까?
  – 얼음을 물에 넣으니까 어떻게 되니?

③ 물에 떠다니는 얼음 조각의 변화를 관찰한다.
  – 얼음 조각의 크기가 어떻게 되었니?
  – 왜 점점 작아질까?

④ 조리나 체로 얼음 조각을 건지는 놀이를 한다.
  – 무엇으로 얼음 조각을 건져 볼까?
  – 체로 건지니까 어떻게 되니?
  – 건져 놓은 얼음은 어떻게 될까?

참 고

- 얼음을 얼릴 때 식용 색소를 넣어 색 얼음을 제공할 수 있다.

활동명 물총 쏘기

대 상 4, 5세

목 표

- 물의 분사 현상을 관찰한다.
- 손의 조작 능력이 발달한다.
- 긴장감을 해소하는 기회가 된다.

놀잇감 물총, 케첩 통이나 샴푸 통, 식용 색소

놀이방법

① 물에 식용 색소를 넣는다.
  – 예쁜 색깔의 물을 만들어 보자.
  – 어떤 색 물을 만들까?

② 물총이나 케첩 통에 물을 담는다.
  – 케첩 통 안에 물을 어떤 방법으로 넣을 수 있을까?
  – 물을 얼마나 넣을까?

③ 물을 뿜으면서 바닥에 그림을 그리거나 멀리까지 쏘기, 목표물 맞히기를 할 수 있다.
  – 세게 누르니까 물이 어떻게 나오니?
  – 살살 눌러 보자.
  – 어떻게 해야 물이 멀리 나갈까?
  – 바닥에 어떤 무늬가 만들어졌니?

참 고

- 친구들에게 물을 쏘지 않도록 주의시킨다.
- 1.5ℓ 음료수 통을 이용해서 물뿌리개를 만들 수 있다.
- 다양한 용기를 이용하여 물을 뿌려 본 후 어떤 것이 더 잘 뿌려지는지 이야기한다.

7 모래놀이

모래는 물과 같이 용도가 정해져 있지 않은 비구조화된 놀잇감으로 꺼칠꺼칠한 알갱이로 되어 있어 영유아의 촉감을 자극하는 특성이 있다. 본 절에서는 모래놀이의 가치, 놀이 지도 및 환경 구성, 모래놀이 활동에 대해 살펴보겠다.

1) 모래놀이의 교육·치료적 가치

모래놀이의 가치는 크게 교육적 가치와 치료적 가치로 나누어 생각할 수 있다.

(1) 교육적 가치

모래놀이의 교육적 가치는 다음과 같다(곽향림, 2004; 봉진영, 2006, 오현경, 2012; 조연경, 2005; 2012; Hill, 1977; Moore, Goltsman, & Iacofano, 1992).

① 영유아는 모래놀이를 함으로써 여러 가지 수학적 개념과 과학적 지식을 습득한다

영유아는 젖은 모래를 통에 담아 여러 가지 형태로 찍어 보며 모양과 크기의 차이를 비교하고 분류, 서열화하는 기회를 갖는다. 또한 찍어 낸 모래 떡을 일렬로 배열하거나 접시에 1개씩 담아 일대일 대응, 수세기 및 수의 많고 적음을 알게 된다. 그리고 마른 모래와 젖은 모래의 특징, 즉 마른 모래가 젖은 모래보다 가벼워서 마른 모래는 바람에 잘 날리지만 젖은 모래는 날리지 않으며, 모래가 물에 젖으면 색깔이 진하게 보인다는 과학적 지식을 인지하게 된다.

② 모래놀이는 영유아의 창의력과 문제해결력을 촉진시킨다

모래는 용도가 무한하기 때문에 영유아는 흥미와 호기심을 가지고 탐색을 하며 쌓고 만드는 다양한 창조 활동을 통하여 상상력, 창의력, 문제해결력이 자연스럽게 발달한다.

③ 모래놀이를 함으로써 언어 발달이 증진된다

모래놀이를 하면서 영유아는 많은 언어 표현을 한다. 옆에 있는 친구와 대화를 나누기도 하고 놀이 상황을 설명하면서 말로 표현하는 능력이 발달한다. 뿐만 아니라 모래 위에 그림을 그리거나 글자를 쓰면서 읽기, 쓰기 학습의 기초 능력을 기를 수 있다.

④ 모래놀이는 영유아의 정서 발달에 도움이 된다

모래는 사용법이 고정되어 있지 않아서 모래놀이를 하는 영유아들에게 전혀 부담을 주지 않는다. 편안한 마음으로 모래를 파고, 쌓고, 옮기는 활동에 몰두하면서 마음의 안정을 얻으며, 기쁨과 성취감을 느끼게 되어 건전한 정서가 발달한다.

⑤ 모래놀이를 통해 사회성 발달이 촉진된다

모래밭에서는 집단놀이가 많이 이루어지는데 이런 놀이 경험을 통해 영유아는 사회 구성원으로 함께 어울리는 능력을 기르게 된다. 즉, 2~3명의 영유아가 함께 모래놀이를 하면서 다른 친구의 의견을 존중하고 서로 협동하는 마음을 가지며 규칙을 지킴으로써 남과 더불어 즐겁게 생활하는 능력이 증진된다.

⑥ 모래놀이는 영유아의 신체 발달을 촉진시킨다

모래놀이를 함으로써 영유아의 대근육과 소근육 발달이 증진되고 눈과 손의 협응력 및 신체 각 부분 간의 협응력이 향상되어 신체조절능력이 발달된다. 또한 모래를 손에 쥐고 두드리고 뿌리거나 젖은 모래를 주무르면서 영유아의 감각기능이 촉진된다.

(2) 치료적 가치

모래놀이는 영유아의 전인적 발달을 촉진시키는 가치 이외에 정서장애아의 치료에도 효과가 있는 것으로 널리 알려져 왔다. Lowenfeld는 1929년에 심리치료 요법의 하나로 모래상자 놀이치료법을 처음으로 고안하였다(Bradwany, et al., 1981,

재인용).

Lowenfeld는 영유아의 생각, 감정, 감각 및 기억이 서로 복잡하게 연결되어 있으며 이런 것들을 충분히 표현하기 위해서는 시각뿐 아니라 촉감과 같은 감각적 요소를 자극하는 치료기법이 필요하다고 주장하였다(河合, 1983, 재인용). 모래놀이 요법은 모래가 들어 있는 상자(57×72×7cm)와 놀잇감을 제공하여 장애아가 놀이를 통해 자신의 내면을 표현해 보게 하는 것이다. 놀잇감으로는 사람, 군인, 동물, 집, 나무, 자동차, 다리, 울타리, 돌 등이 준비되며 모래와 이러한 놀잇감을 매체로 정서장애아의 심상을 자연스럽게 표현하게 하여 장애아 스스로 치유될 수 있다고 본다. 모래놀이에서 표현되는 상징은 장애아가 의식하지 못하는 무의식의 내용을 의식의 세계로 전달함으로써 의식과 무의식을 매개하는 역할을 한다(김신옥, 2006). 이 치료법은 Lowenfeld 이후 Kalff와 河合 등에 의하여 더욱 발전되었으며 국내에도 소개되어 활발히 적용, 연구되고 있다. 모래놀이의 치료 효과를 분석한 연구로 장현숙(2007)은 비사회적이고 물어뜯기를 잘하는 유아에게 모래놀이 치료를 하였더니 물어뜯는 행동이 사라지고 사회성이 발달하였다고 밝혔다. 김신옥(2006)의 연구에서도 모래상자 놀이가 유아의 자의식을 성장시키고 주의력결핍, 충동성, 과잉행동 수준을 낮추는 치료 효과가 있는 것으로 나타났다.

2) 모래놀이 지도

영유아의 모래놀이 지도를 위한 교사 역할에 대해 살펴보고자 한다(박찬옥·정남미·임경애, 2004; Hill, 1977; Moore, Goltsman, & Iacofano, 1992).

- 모래놀이를 할 때 규칙을 지키도록 일관성 있게 지도한다. 즉, 모래를 뿌려서 친구의 눈이나 머리에 들어가게 해서는 안 되고 모래를 입에 넣어서도 안 된다. 또한 교사의 허락 없이 모래를 다른 장소로 옮기거나 다른 이물질을 섞으면 안 된다.
- 교사는 날씨와 상황에 적합한 모래놀이 환경을 조성해 준다. 날씨가 더울 때

는 물을 제공하여 시원하고 다양한 놀이를 하도록 하며 그늘막도 설치한다. 모래가 너무 건조한 경우에는 물을 뿌려서 적당한 습기를 유지하도록 해 준다.

- 준비된 모래놀이용품을 한 번에 모두 제시하기보다 생활주제나 영유아의 요구에 따라 종류와 수량에 변화를 주어 제공한다.
- 교사는 모래놀이를 잘 관찰하여 영유아의 발달 수준이나 놀이 참여 정도에 알맞은 개별 지도를 한다.
- 모래놀이 후에는 놀잇감을 정돈하고 옷과 신발에 묻은 모래를 잘 털어내고 손을 깨끗이 닦도록 지도한다.

3) 모래놀이 환경 구성

모래놀이 환경 구성은 다음과 같다(보건복지부·교육과학기술부, 2013a; Moore, Goltsman, & Iacofano, 1992).

(1) 모래밭

- 형태 : 모래밭은 사각형, 타원형 등 여러 가지 형태로 만들 수 있는데 외관뿐 아니라 활용도를 고려하여 결정한다. Matterson(1986)에 의하면 모래밭은 정사각형이나 둥근형보다 직사각형이 더 적절한데, 직사각형의 모래밭에서 영유아들이 서로 방해를 덜 받고 행동할 수 있어 활용도가 크다고 한다.
- 크기 : 모래밭의 크기는 영유아의 인원수와 실외 놀이장 면적에 따라 결정한다.
- 테두리 : 모래밭의 테두리는 콘크리트, 나무 등 다양한 재료로 만들 수 있다. 콘크리트 테두리는 견고한 장점은 있으나 차갑고 딱딱한 감촉을 주며, 나무 테두리는 부드러운 감촉을 준다. 테두리를 모래 높이보다 약 15cm 높게 만들면 모래가 밖으로 나가지 않는다. 또한 테두리의 폭을 20~25cm 정도로 하면 간이 의자나 테이블로 활용할 수 있어서 효과적이다(Matterson, 1986).

(2) 모래놀이 테이블

이동식으로 실내외에서 사용할 수 있는 모래놀이 테이블을 준비한다. 영유아의 연령에 따라 모래놀이 테이블의 높이를 적절히 조절하며(표 9-14 참조), 모래 대신에 콩이나 팥, 도토리 등의 곡식이나 열매, 마카로니, 인공모래 등을 제공하여 다양한 감각을 경험하게 한다.

(3) 모래

모래는 곱고 이물질이 섞여 있지 않은 깨끗한 모래가 적합하다. 모래의 양은 모래밭에는 30~45cm 높이, 이동식 모래놀이 테이블에는 5~30cm 높이로 넣어 주는 것이 좋다(Cherry, 1976). 모래는 유실되는 양이 많으므로 1년에 1, 2회 보충해 주어야 한다. 또한 영유아의 건강과 위생을 위해 모래를 사용하지 않을 때는 뚜껑을 덮어 두고 정기적으로 깨끗하게 관리한다.

(4) 모래놀이용품

- 다양한 크기와 형태의 통이나 그릇
- 모래 파는 도구 : 삽, 주걱, 커다란 숟가락, 장난감 포클레인
- 다양한 교통기관 종류 : 배, 트럭, 자동차, 불도저, 비행기, 불자동차, 탱크

- 측정도구 : 계량컵과 숟가락, 저울, 양팔 저울
- 여러 가지 주방용품 : 깔때기, 모양 찍기 틀, 체, 조리, 국자, 플라스틱 바구니, 소독저, 양동이, 플라스틱 칼, 알루미늄 접시, 종이컵, 병뚜껑
- 기타 : 고무호스, 확대경, 자석, 작은 돌멩이나 조개껍데기, 갈퀴, 굵기와 형태가 다양한 PVC 파이프, 인형, 동물이나 군인 모형, 그물망, 블록과 널빤지, 나뭇가지, 열매, 비닐 앞치마, 청소도구

그 밖에 영유아의 연령별 모래놀이 환경을 구성할 때 유의할 점을 소개하면 다음과 같다(보건복지부·교육과학기술부, 2013a; 이기숙·이은화·이영자·이숙재, 1995).

〈표 9-14〉 연령별 모래놀이 환경 구성

연령	모래놀이 환경 구성 시 유의사항
1, 2세 학급	• 1세 학급에는 안전과 위생을 위해 모래를 제공하기 보다 모래대용물을 제공한다. • 모래 이외에 다양한 감각 경험을 위해 곡식 등을 제공할 수 있다. • 1인용 모래놀이 테이블을 제공하면 효과적이다.
3세 학급	• 모래놀이 테이블의 높이는 50~55cm가 적합하다. • 3세 유아는 모래를 그릇에 담고 쏟기, 모양 찍기 등의 모래를 탐색하는 놀이를 많이 하므로 모래와 물을 함께 제공한다. 또한 다양한 탐색이 가능하도록 여러 형태의 그릇, 체, 국자, 플라스틱 삽, 모양틀 등을 준비한다.
4세 학급	• 모래놀이 테이블 높이는 55~60cm가 적합하다. • 4세 유아는 모래로 여러 역할놀이를 하므로 나무 인형, 소꿉놀이 그릇, 자동차, 플라스틱 블록 등을 제공한다.
5세 학급	• 모래놀이 테이블의 높이는 55~60cm가 적합하다. • 계량컵, 계량스푼, 저울이나 자석 등의 측정도구와 실험도구를 비치해 놓는다. • 글자에 관심을 갖는 시기이므로 모래에 찍어 볼 수 있는 글자 모양 틀 등을 제공한다.

4) 모래놀이 실제

활동명 보물찾기

대 상 3세

목 표

- 촉감으로 식별하는 능력을 기른다.
- 발견하는 즐거움을 느낀다.
- 집중하는 능력을 기른다.

놀잇감 모래 속에 감출 수 있는 물건들(구슬, 병뚜껑, 단추, 나뭇조각, 클립, 돌멩이 등), 삽, 갈퀴

놀이방법

① 모래 속에 작은 물건들을 감추어 둔다.
 – 어떤 물건을 숨길까?
 – 숨긴 물건을 어떻게 찾을까?

② 삽이나 손으로 모래를 파서 숨긴 물건을 찾는다.
 – 무엇을 찾았니?

③ 찾은 물건을 바구니나 비닐봉지에 담았다 꺼내어 세어 본다.
 – 몇 개나 찾았니? 세어 보자.
 – 누가 많이 찾았니?

참 고

- 4, 5세 유아들은 열쇠와 같은 쇠붙이를 모래 속에 숨겨 놓고 자석으로 찾는 놀이를 할 수도 있다.
- 끝이 뾰족하거나 날카로운 물건을 숨기면 찾다가 다칠 위험이 있으므로 주의한다.

활동명 모래동산 만들기

대 상 3, 4세

목 표

- 모래의 특성을 이해한다.
- 입체 구성 능력이 발달한다.
- 친구와 협동하는 경험을 한다.

놀잇감 모종삽, 나뭇가지, 작은 돌멩이나 조개껍데기, 비닐

놀이방법

① 마른 모래에 물을 섞어 적신 후 동산같이 높게 쌓는다.

- 모래동산은 어떻게 만들까?
- 모래를 쌓아서 모래동산을 만들어 보자.
- 높은 동산을 만들려면 어떻게 해야 할까?

② 나뭇가지를 꽂거나 돌멩이, 조개껍데기 등으로 동산을 꾸민다.

- 수풀이 우거진 동산을 어떻게 만들까?
- 조개껍데기를 어디에 놓을까?

③ 연못이나 개울을 만든 후 비닐을 깔고 그 위에 물을 붓는다.

- 비닐을 깔고 물을 넣으면 어떻게 될까?
- 왜 물이 그대로 있을까?

참 고

- 마른 모래와 젖은 모래의 차이점에 대해 이야기한다.
- 놀이가 끝난 후에 놀잇감을 잘 정리하고 이물질(조개껍데기, 돌멩이 등)을 제거한다.

활동명 수로 만들기

대 상 4, 5세

목 표

- 물의 성질을 이해한다.
- 문제해결능력이 발달한다.
- 협동심을 기른다.

놀잇감 모종삽, PVC 파이프, 고무호스, 덤프 트럭

놀이방법

① 수로를 만들기 위해 모종삽으로 모래를 판다. 퍼낸 모래는 장난감 덤프 트럭에 실어 운반한다.
 – 모래밭에 물이 흐르는 길을 만들어 보자.
 – 물이 흐르는 길을 어떻게 만들까?
 – 무엇으로 물길을 만들까?
 – 모래를 파서 그냥 물을 흐르게 하면 어떻게 될까?

② 여러 가지 형태의 PVC 파이프를 연결하여 수로를 만든다.
 – 이 파이프에 물을 흘려보내면 어떻게 될까?
 – 물이 여러 군데로 흘러가게 하려면 파이프를 어떻게 연결할까?

③ 고무호스를 수로에 대고 물을 튼다.
 – 물이 어떻게 흘러가니?

④ 수로를 이용해서 댐 공사, 지하터널 파기 등 다양한 놀이를 한다.

참 고

- 물의 흐름을 관찰하도록 지도한다.
- PVC 파이프 대신 우유갑을 연결하여 사용할 수 있다.

활동명 우리 동네 꾸미기

대 상 4, 5세

목 표

- 입체 구성력이 발달한다.
- 우리 동네에 관심을 갖는다.
- 협동심을 기른다.

놀잇감 나무토막, 단위 블록, 우유갑, 나뭇가지, 소형 자동차, 신호등, 교통신호 표지판, 나무·사람 모형

사전활동 동네 견학을 한다.

놀이방법

① 우리 동네에 무엇이 있는지, 길은 어떻게 생겼는지 생각해 본다.
 – 우리 동네에 무엇이 있니?
 – 어떤 건물이 생각나니?
 – 길은 어디에 있을까?

② 나무토막으로 모래를 밀어서 길을 만든다.
 나뭇가지를 나란히 꽂아 가로수를 만든다.
 – 길을 어떻게 만들까?
 – 길가의 가로수는 무엇으로 만들까?

③ 단위 블록이나 우유갑으로 건물을 세운다.
 – 어떤 건물을 만들까?
 – 이 건물을 어디에 세우면 좋을까?

④ 길에 신호등과 교통신호 표지판을 세우고 소형 자동차를 놓는다.
 – 신호등은 어디에 세울까?
 – 자동차가 다니는 길은 어느 길이니?

⑤ 나무·사람 모형과 소형 자동차를 움직여 가며 놀이를 한다.

8 전래놀이

전래놀이 또는 전통놀이란 옛날부터 민간에 의해 전승되는 놀이를 말한다. 전래놀이를 후세에 전승시켜 보전하고 이어가는 것은 그 사회집단의 독특한 문화를 계승하고 발전시키는 데 있어 매우 중요하다(이은화·홍용희·조경자·엄정애, 2001).

본 절에서는 전래놀이의 교육적 가치, 특징 및 종류, 지도 및 환경 구성, 전래놀이 실제에 관해 살펴보겠다.

1) 전래놀이의 교육적 가치

우리나라 전래놀이의 교육적 가치를 살펴보면 다음과 같다(김갑순·류혜숙, 2007; 유안진, 1981; 이은화, 2000).

(1) 전래놀이는 영유아의 신체 발달과 운동 능력을 증진시킨다

전래놀이는 주로 신체를 많이 움직이면서 이루어진다. 전신을 움직여 땀 흘리고 즐겁게 놀이를 함으로써 근력, 민첩성, 유연성 등 기초체력을 기르며, 던지기, 달리기, 균형 잡기 등 운동 능력이 발달한다.

(2) 전래놀이를 하면서 영유아의 정서 발달이 증진된다

영유아는 전래놀이를 하면서 기쁨, 즐거움을 느끼며 긴장과 갈등을 해소한다. 전래놀이를 통해 어머니, 할머니, 형제, 또래들과 긴밀한 상호작용을 맺으며 성인이나 또래와 긍정적인 유대감을 형성하고 자신이 사랑받는 존재임을 인식하여 자신감, 만족감을 느껴서 자아 존중감이 발달한다.

(3) 전래놀이를 통해 영유아의 공동체 의식과 사회성 발달이 촉진된다

대부분의 전래놀이는 2명 이상이 집단으로 참여한다. 여러 사람이 함께 놀면서 다양한 사회적 관계를 맺으며, 집단놀이 경험을 통해 가족이나 사회 구성원으로서의 정체성, 공동체 의식을 갖게 된다. 또한 윷놀이 등과 같이 게임 형식의 전래놀이를 통해 친구들과 협동하고 예의를 지키며 자신의 감정을 조절하고 규칙을 지키는 등의 사회성 발달이 증진된다.

(4) 전래놀이는 영유아의 언어 발달을 촉진한다

전래놀이에는 노래가 수반되는 경우가 많다. 노래를 부르고 놀이를 하면서 다양한 어휘를 자연스럽게 습득하고 주의 깊게 듣는 태도와 이해하는 능력, 자신의 의견을 적절히 표현하는 능력과 태도 및 의사소통능력이 발달한다.

(5) 전래놀이를 통해 영유아의 인지 발달이 촉진된다

다양한 전래놀이를 하면서 자발적인 학습이 이루어져서 영유아의 인지 발달이 증진된다. 즉, 수, 형태, 공간, 시간, 거리, 높이, 분류, 서열, 측정, 보존 개념을 이해하게 되고 문제해결력이 발달한다. 또한 모래, 나뭇가지, 돌멩이 등의 자연물을 가지고 전래놀이를 하면서 자연환경을 탐색하고 활용하는 능력이 발달한다.

(6) 전래놀이를 통해 우리나라의 전통문화에 관심을 가지고 친숙해질 수 있다

우리나라 고유의 전래놀이를 하면서 우리 민족의 전통문화를 이해하고 소중히 여기며 자긍심을 느끼게 되어 이를 계승하고 발전시키는 데 기여할 수 있다.

2) 전래놀이의 특징 및 종류

영유아기 전래놀이의 특징 및 종류를 살펴보면 다음과 같다(유안진, 1981; 이기숙·정미라·엄정애, 2010; 이은화·홍용희·조경자·엄정애, 2001).

- 전래놀이는 영유아의 전인적 발달을 촉진시킨다.
- 영유아의 연령 및 발달 단계에 따라 각기 다른 전래놀이가 활용된다. 출생~2

세에는 성인과 함께 하는 놀이, 3~5세에는 또래와 함께하는 전래놀이를 한다.

- 전래놀이는 대부분 2인 이상의 집단놀이로 이루어진다. 영아기 전래놀이에는 어머니, 할머니가 놀이상대로 참여하고, 유아기 전래놀이는 또래가 집단으로 참여한다.
- 전래놀이에는 흥을 돋워 주는 노래가 수반되는 경우가 많다. 재미있는 내용의 노래를 부르며 놀이를 하여서 흥을 더해 준다.
- 전래놀이에는 흙, 나무, 돌, 풀과 같은 자연물이 놀잇감으로 활용되는 경우가 많으며 대부분 넓은 실외에서 놀이가 이루어진다.

이상에서 소개한 전래놀이의 특징을 영유아의 연령에 따라 정리해 보면 다음 표와 같다(유안진, 1981).

〈표 9-15〉 연령별 전래놀이

연령	전래놀이	놀이 특징
출생~2세	도리도리, 짝짜꿍, 곤지곤지, 잼잼, 따로따로, 단지팔기	• 놀이 명칭이 단순하고 발음이 쉬우며 반복적이다(예 잼잼). • 이 시기의 전래놀이는 영아의 근육 운동을 촉진한다. • 성인이 놀이 시범을 보이고 영아가 따라 하는 전래놀이가 대부분이다. 이런 놀이를 통해 영아의 시각을 통한 변별 능력이 발달하고 시각적 기억력이 증진된다. • 부모나 할머니, 형제 등 여러 사람과 함께 놀이를 함으로써 대인관계의 폭을 넓힌다.
3~4세	세상 달강, 이 거리 저 거리 각 거리, 두껍아 두껍아, 깨끔뛰기, 목말타기	• 놀이의 흥을 돋우는 노래가 수반된다. • 동생이 생기면서 느끼게 되는 불만, 질투심을 건전하게 승화시켜 주는 노래놀이가 많다. • 언어 중심의 놀이가 대부분이어서 언어 발달을 촉진한다.
5~7세	술래잡기, 공기받기, 윷놀이, 자치기, 팽이치기, 과녁 맞추기, 연날리기, 그네타기, 널뛰기	• 놀이와 노래가 분리되기 시작한다. • 대부분 규칙 있는 게임의 형식으로 진행된다. • 운동 능력과 인지 능력의 발달을 촉진하는 놀이가 많다. • 집단놀이로 이루어진다. • 성별 차이가 나타난다. • 대부분 놀이 도구를 사용하며 또래와 함께 한다.

3) 전래놀이 지도 및 환경 구성

전래놀이의 지도 및 환경 구성에 대해 살펴보고자 한다.

(1) 교사의 역할

전래놀이 지도를 위한 교사 역할은 다음과 같다(이숙재, 2011).

- 전래놀이 방법이나 규칙, 놀이 도구를 영유아의 연령이나 발달 수준, 흥미에 적합하도록 개선하여 활용한다. 또한 영유아가 흥미를 가지고 활발하게 전래놀이에 참여하도록 현대의 생활 문화에 맞게 전래놀이를 발전시켜야 한다. 놀이 규칙은 영유아와 의논하여 다양하게 변형시킴으로써 놀이 흥미도와 참여도를 높일 수 있다.
- 전래놀이를 특정 생활주제나 행사에만 집중해서 실시하기보다는 모든 생활주제와 관련해서 지속적으로 경험할 수 있도록 배려한다. 우리나라 유치원과 어린이집에서는 전래놀이를 명절 등에만 실시하는 비율이 높았으며 특별활동시간에 많이 실시하는 것으로 밝혀졌다(김순자·김희태, 2010). 영유아가 전래놀이에 관심과 친밀감을 가지고 적극적으로 참여할 수 있도록 지속적으로 실시해야 한다.
- 전래놀이를 역할놀이, 수·과학놀이, 운동놀이, 모래놀이 등과 통합하여 실시한다. 전래놀이를 여러 놀이와 통합하여 실시함으로써 전래놀이에 대한 이해를 넓히고 친숙해지며 자긍심을 갖게 할 수 있다.
- 전래놀이의 활성화를 위해 가정과 연계하여 지도한다. 영유아가 일상생활에서 자연스럽게 전래놀이를 하도록 지도하기 위해서는 가정에서도 전래놀이를 할 수 있어야 한다. 부모에게 전래놀이의 가치를 인식시키고 가족이 함께 즐길 수 있는 다양한 전래놀이를 소개해 주어야 한다.

(2) 환경 구성

- 전래놀이 영역을 실외에 고정적으로 배치해서 영유아가 원할 때 언제나 전래놀이를 할 수 있게 하거나 운동놀이 영역, 개방된 공간 등에서 전래놀이를 할 수 있게 한다.
- 대부분의 전래놀이가 집단놀이나 게임의 형식으로 이루어지므로 여러 영유아가 마음껏 놀이할 수 있도록 넓은 공간을 제공한다.
- 전래놀이에서 사용되는 도구나 놀잇감이 영유아의 발달 수준에 적합하도록 난이도를 조절해서 제공한다. 또한 전래놀잇감 이외에 최첨단 기기인 로봇 등 영유아의 관심 대상을 활용할 수도 있다. 이민정, 이해정(2015)이 유치원 5세 학급에 아이로비와 제니보 로봇을 제공하여 전래놀이를 실시한 결과, 유아들은 로봇을 새로운 놀이 상대로 받아들여서 전래놀이를 변형하고 확장시켜 나가는 데 적극 활용하는 반응을 보였다고 한다.
- 연령별 환경 구성에서 유의해야 할 사항은 다음과 같다(이숙재, 2011).

〈표 9-16〉 연령별 전래놀이 환경 구성

연령	전래놀이 환경 구성시 유의사항
1, 2세 학급	• 대부분 성인 협력자와 함께 전래놀이를 하므로 편안한 분위기를 조성해 주고 전래놀이파트너로 적극 참여한다.
3세 학급	• 3세 유아에게 적합한 전래놀이는 놀이 방법이나 규칙이 단순하고 노래를 부르며 주로 몸을 이용하는 신체놀이가 대부분이므로 유아가 안전하게 활동할 수 있는 넓은 공간을 조성한다.
4, 5세 학급	• 규칙 있는 게임 형식의 전래놀이를 많이 하므로 유아의 신체적, 인지적 발달 수준에 적합하고 흥미를 자극하는 놀이 도구를 제공한다.

4) 전래놀이 실제

활동명 대문놀이

대 상 3세

목 표

- 행동의 민첩성을 기른다.
- 놀면서 친구들과 긴밀한 상호작용을 한다.
- 다양한 어휘를 습득한다.

놀이방법

① 2명이 손을 마주 잡고 올려서 대문을 만든다.
   – 대문 모양처럼 하려면 손을 어떻게 해야 할까?

② 다른 친구들은 한 줄로 서서 앞 사람의 허리를 잡고 '동대문놀이' 노래를 부르면서 대문을 지나간다.

> 동동 동대문을 열어라.
> 남남 남대문을 열어라.
> 열두 시가 되면 문을 닫는다.

③ '문을 닫는다.'에서 대문 역할을 맡은 영유아가 손을 내려 문을 닫는다. 문에 갇힌 영유아가 술래가 된다.
   – 대문에 갇히지 않으려면 어떻게 할까?
   – 누가 술래가 되었니?

참 고

- 놀이에 참여하는 영유아가 많을 경우, 대문을 여러 개 만들 수 있다.

활동명 팔씨름

대 상 3세

목 표

- 팔의 근력을 기른다.
- 놀이를 하면서 지구력을 기른다.
- 주의 집중하는 능력을 키운다.

놀잇감 책상, 의자

놀이방법

① 팔씨름 방법에 대해 이야기한다.

–누가 팔 힘이 센지 알아볼까?

–팔씨름을 해본 적이 있니?

–어떻게 하는 놀이이니?

–누가 해 볼까?

② 책상에 두 명의 유아가 마주 보고 앉아 팔씨름을 한다.

–팔꿈치를 책상에 대고 친구의 손을 잡아 보자.

–'시작' 신호가 나면 친구의 손등이 책상에 닿도록 손에 힘을 주어 보자.

–누구의 손등이 책상에 닿았니?

참 고

- 팔씨름 결과보다는 열심히 참여하는 자세를 격려해 준다.

활동1 구슬치기

대 상 4, 5세

목 표

- 눈과 손의 협응력을 기른다.
- 수 개념이 발달한다.
- 집중력을 기른다.

놀 잇 감 작은 구슬 20~30개, 큰 구슬(유아 수만큼), 구슬놀이판(지름 20~30cm의 원형 마분지)

놀이방법

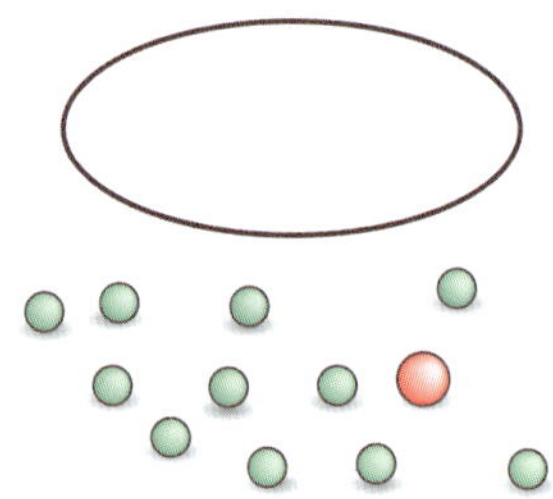

① 구슬을 굴려 보며 탐색한다.
 – 어떻게 생겼니?
 – 구슬로 무엇을 할 수 있을까?

② 구슬놀이판 위에 작은 구슬 20~30개를 올려놓는다.

③ 유아들이 큰 구슬을 1개씩 가지고 놀이 순서를 정한다.

④ 큰 구슬을 굴려서 작은 구슬을 원 밖으로 밀어낸다. 원 밖으로 나간 구슬을 갖는다.
 – 어떻게 해야 큰 구슬로 작은 구슬을 잘 맞출 수 있을까?
 – 작은 구슬이 몇 개나 남았니?

⑤ 구슬을 가장 많이 갖고 있는 유아가 이긴다.
 – 구슬을 몇 개나 가졌니?

참 고

- 구슬놀이판을 크게 만들거나 구슬 굴리는 거리를 멀리 할 수 있다.
- 실외에서는 구슬놀이판 대신 땅 위에 원, 세모 등의 그림을 그려서 놀이할 수 있다.

활동명 어디까지 갈래

대 상 4, 5세

목 표

- 대근육 운동 능력이 발달한다.
- 우리나라 여러 지역의 이름을 안다.
- 글자 읽고 쓰기에 관심을 갖는다.

놀 잇 감 자전거, 표지판(서울, 남산, 부산)

놀이방법

① '어디까지 갈래.' 노래를 부른다.

어디까지 갈래.　　서울까지 갈래.
남산까지 갈래.　　부산까지 갈래.

② 지역 명칭을 유아들과 함께 의논하여 정한다.
 – 어디까지 가고 싶으니?
 – ○○는 제주도까지 가고 싶어?

③ 지역 표지판을 실외 놀이장 여기저기 세워 놓는다.
 – 서울 표지판은 어디에 세워 놓을까?
 – 부산 표지판은 어디쯤 둘까?

④ 자전거를 타면서 노래를 함께 부른다. 노랫말에 나오는 지역을 자전거를 타고 거쳐 간다.
 – 남산 다음에는 어디로 갈까?

참 고

- 지역 표지판을 유아들이 만들어 사용한다.
- 서울, 남산, 부산 이외에 유아들이 알고 있는 다양한 지역명을 넣어 노래 부른다.
- 사전에 노래를 녹음해 두었다가 활용할 수도 있다.

활동명 딱지치기

대 상 5세

목 표

- 눈과 손의 협응력 및 신체조절능력을 기른다.
- 문제해결력을 기른다.
- 성취감을 느껴 본다.

놀잇감 딱지

〈준비물〉 헌 달력
그림의 순서대로 딱지를 접는다.

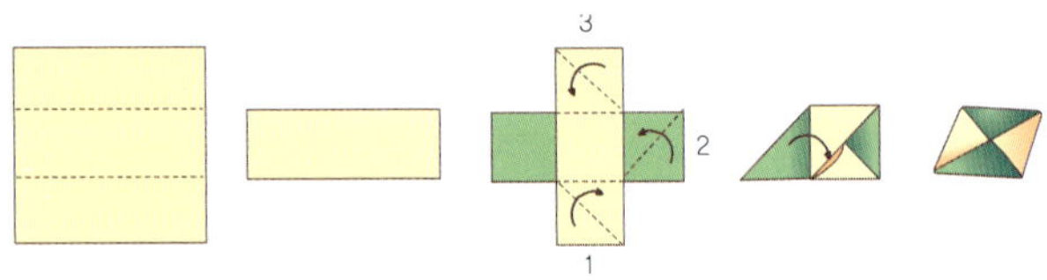

놀이방법

① 딱지를 보면서 딱지치기에 대해 이야기한다.

- 이것은 무엇이니?
- 딱지치기를 해본 적이 있니?
- 딱지는 무엇으로 만들었을까?
- 딱지치기는 어떻게 하는 것이니?

② 딱지 치는 순서를 정하고 딱지를 나누어 갖는다.

- 어떻게 순서를 정할까?
- 딱지를 몇 개씩 나누어 가질까?

③ 가위바위보에서 진 유아가 딱지를 바닥에 놓으면 이긴 유아가 딱지로 친구의 딱지를 쳐 넘긴다.

- 어떻게 쳐야 친구의 딱지가 넘어갈까?
- 옆으로 비스듬히 쳐 보자.

④ 딱지를 많이 딴 유아가 이긴다.

- 딱지를 몇 개씩 땄니?

9 목공놀이

유아가 3, 4세가 되어 신체적으로나 인지, 사회적으로 성장하면 실제 망치나 톱 등의 도구를 사용하여 목공놀이를 할 수 있다. 유아는 목공놀이를 좋아하는데, Brandhofer(1971)는 그 이유를 다음과 같이 설명하였다. 즉, 유아는 톱과 망치를 사용할 때의 율동적인 움직임을 좋아하며 온몸의 근육을 사용하여 마음껏 두드리고 잘라 내는 과정 중에 만족감을 느낀다. 또한 나무의 부드러운 질감을 느껴 보고 나무 냄새를 맡으며 완성하는 성취의 기쁨이 있기 때문에 목공놀이를 좋아한다는 것이다.

우리나라 유아를 대상으로 목공놀이에 대한 인식을 조사한 연구(변영만·강호양·한규성, 2012)에 의하면, 목공놀이를 해본 경험이 없는 유아가 62.8%에 달했으나, 일단 목공놀이를 체험한 후에는 95% 이상의 유아들이 재미있으며 또 해 보고 싶다는 긍정적인 반응을 보였다. 이런 결과를 통해 유아들이 목공놀이에 흥미와 관심을 보이지만 놀이할 기회가 많지 않음을 알 수 있다.

목공놀이의 교육적 가치나 유아의 흥미를 고려하여 앞으로 교육현장에서 목공놀이가 확산되고 활성화될 수 있도록 안전관리 문제나 목공놀이를 위한 물리적 환경구성, 지도법 등이 시급히 개선되어야 하겠다.

본 절에서는 목공놀이가 발달 특성상 부적합한 2세 이하 영아는 제외하고, 3~5세 유아 중심으로 목공놀이의 교육적 가치, 발달 단계, 지도, 환경 구성 및 실제에 관하여 살펴보겠다.

1) 목공놀이의 교육적 가치

목공놀이를 함으로써 다음과 같은 여러 측면의 발달이 촉진된다(원은실, 2008; Skeen, Garner, & Cartwright, 1984).

(1) 목공놀이는 유아의 인지 발달을 촉진시킨다

유아는 목공놀이를 하면서 나무의 무게, 질감, 부피, 길이, 넓이 등을 인지하게 되며 수세기, 일대일 대응, 크기 비교 및 길이 측정 등을 경험하여 수 개념이 발달한다. 또한 목공놀이를 계획하고 실행하는 과정에서 사고력과 문제해결력이 증진되고 망치, 톱 등의 목공도구를 사용하면서 주의 집중하는 능력이 길러진다. 아울러 친환경 재료인 나무를 다루면서 자연환경에 대한 지식을 습득할 수 있다.

(2) 목공놀이를 통해 유아의 언어 발달이 증진된다

목공놀이용 도구, 나무 종류, 결과물 등에 대해 친구들과 이야기를 하면서 어휘력과 의사소통능력이 증진된다. 또한 목공놀이를 통해 읽기와 쓰기 학습의 기초 능력이 발달된다. 즉, 나무를 붙이고 자르는 놀이를 하면서 소근육 운동 능력과 협응력이 발달하여 쓰기도구를 사용할 수 있는 능력이 증진되고 읽기에 필요한 형태 변별력을 키울 수 있다.

(3) 목공놀이는 유아의 신체 발달을 촉진시킨다

목공놀이를 하면서 영유아의 대소근육의 발달과 눈과 손의 협응력이 발달하며 나무, 쇠, 모래 종이 등 여러 자료의 촉감과 소리를 경험하여 감각기능이 촉진된다. 그 밖에 목공놀이 도구를 용도에 맞게 사용하면서 안전에 관련된 기초 지식과 방법을 익힐 수 있다.

(4) 목공놀이는 유아의 정서 발달을 돕는다

목공놀이를 하면서 스트레스나 불만 같은 부정적 감정을 해소하고 정서적인 안정을 얻는다. 또한 결과물을 완성하는 과정에서 성취의 기쁨, 만족감, 자신감을 느끼게 되어 긍정적인 자아 개념을 갖게 된다. 목공놀이 도구를 사용하면서 충동적 행동을 자제하고 자신의 감정과 행동을 상황에 맞게 조절할 수 있는 신중한 태도를 기를 수 있다.

(5) 목공놀이는 유아의 사회성 발달을 증진시킨다

목공놀이용 도구와 재료를 나누어 사용하고 서로 도움을 주고받으며 친구들과 협동하는 것을 배운다. 또한 집단의 일원으로 함께 책임지고 질서를 지킬 수 있게 되며 다른 친구의 작품을 존중하고 개성을 이해하는 친사회적 태도를 기른다.

(6) 목공놀이를 하면서 유아의 창의성 발달이 증진된다

목공놀이에서 나뭇조각을 가지고 입체적으로 구성하는 능력을 기른다. 이런 과정에서 단순한 나뭇조각의 용도를 다각적으로 탐색하고 조작하여 다양한 결과물을 만들면서 창의성을 기를 수 있다.

2) 목공놀이의 발달 단계

목공놀이를 할 수 있는 능력은 단계별로 발달한다. 목공놀이 발달 단계를 연령별로 살펴보면 다음과 같다(정문자·지혜련·이숙재, 1987; Brandhofer, 1971).

① 1단계 : 3세

첫 단계에서 유아는 주로 목공놀이 도구와 과정에 관심을 보인다. 완성품의 제작에는 관심이 없으며 모든 감각기관을 사용하여 목공놀이 도구나 재료를 탐색한다. 3세 유아는 플라스틱으로 제작된 놀이용 연장으로 스티로폼 판, 코르크판에 못을 박는 경험을 해볼 수 있다.

② 2단계 : 4세

이 단계의 유아는 접착제와 못을 사용하여 목공놀이 재료를 붙이는 활동을 좋아한다. 또한 자신이 만든 결과물에 이름을 붙이기도 한다.

③ 3단계 : 5세

일명 생산 단계(product stage)로, 이 단계의 유아는 특정한 사물(예 배, 비행기)

을 만들고 싶어 하며 처음부터 무엇을 만들겠다는 의도를 가지고 목공놀이를 시작한다. 그러나 결과보다는 목공놀이 과정에 흥미와 관심을 가져 간혹 그 의도가 중간에 변경되거나 의도대로 만들어지지 않을 수도 있다.

3) 목공놀이 지도

교사는 유아가 목공놀이를 안전하고 즐겁게 할 수 있도록 계획·지도해야 한다.

(1) 사전 경험

교사는 유아들이 목공놀이에 흥미를 갖고, 목공에 대한 기본 지식을 얻도록 사전 활동을 실시한다.

- 목공놀이 도구, 목수, 건축물 등에 관해 이야기를 나누거나 관련 책자를 제공한다.
- 가구점, 목공작업실 등을 견학하여 목공에 관련된 경험을 갖게 한다. 교사는 견학 장소를 사전에 방문해서 장소의 적절성, 유아의 안전관리 및 견학 내용 등을 점검하고 이를 토대로 계획을 세워 실천한다.
- 목공과 연관되는 자원인사, 예를 들어 목수, 조각가, 공예가, 가구디자이너 등을 초청하여 유아의 목공에 대한 흥미와 이해를 높이도록 한다.

(2) 올바른 도구 사용법 지도

목공놀이용 도구를 올바르게 사용하는 방법을 소개하면 다음과 같다(Skeen, Garner, & Cartwright, 1984).

- 못질하기 : 한 손으로는 못을 잡고 다른 쪽 손으로 망치를 들고 못질을 한다. 망치는 손잡이의 끝 부분을 잡아야 한다. 못질을 할 때는 못이 나무 밖으로 나오지 않게 한다. 못질을 처음 하는 유아에게는 못이 박힐 구멍을 송곳으로 조금

뚫어서 못을 고정한 후 망치로 두드리게 하거나 나무 대신 스티로폼을 사용할 수 있다. 또한 골판지에 못을 고정한 후 골판지를 붙잡고 못질을 하면 안전하다.

- 접착제 사용 : 접착제는 면봉을 이용하여 나무표면에 골고루 적당량을 바른 후 잠시 기다렸다가 접착시키고자 하는 물체를 붙인다. 물체가 완전히 접착될 때까지 끈이나 종이테이프로 단단히 고정하면 효과적이다.
- 톱질하기 : C-클램프나 바이스로 나무를 고정한 후, 톱질을 한다. 처음에는 천천히 규칙적으로 톱질하다가 점차 속도를 빨리한다. 톱질 경험이 처음인 유아에게는 나무보다 스티로폼 자르기를 먼저 시키는 것이 효과적이다.

(3) 유아의 반응 관찰 및 격려

- 교사는 유아의 행동을 잘 관찰하며 필요한 경우에는 도와주어 유아가 성취감, 자신감을 느낄 수 있도록 한다. 특히 유아의 개인차를 고려하여 지도한다.
- 유아가 목공놀이 과정 중에 다양한 탐색을 하도록 결과보다 과정에 초점을 맞추어 지도한다.
- 유아가 만든 작품이 원래의 의도와 전혀 다른 경우도 있는데 교사는 이를 그대로 수용해야 한다.
- 작품의 제작 순서 카드(task cards)를 그림이나 글자로 만들어 제시하면 효과적이다.

(4) 안전지도

- 목공놀이는 교사나 성인이 감독할 수 있을 때에만 하도록 한다.
- 제공된 도구는 목공놀이 영역에서만 사용하도록 지도한다. 유아가 다른 교구나 놀잇감에 함부로 못질이나 톱질을 하지 않도록 주의시킨다.
- 목공놀이에 참여할 수 있는 적정 인원수(4~6명 정도)를 유아에게 설명해 주고 안전을 위해 이를 지키게 한다.
- 유아가 서두르지 않고 차분하게 못 박기나 톱질을 할 수 있도록 놀이 시간을

충분히 제공한다.

- 유아가 목공놀이 중 상처를 입었을 경우에 대비하여 구급상자를 준비하고 적절한 응급조치를 취한다. 가시가 박혔을 때에는 핀셋이나 바늘로 가시를 뺀 후 비누로 깨끗하게 씻어 주며, 긁히거나 작은 상처가 났을 때는 소독을 한 후 일회용 반창고를 붙여 준다. 또한 멍이 들었을 때에는 얼음찜질로 통증을 덜어 준다.

4) 목공놀이 환경 구성

목공놀이에는 실제 연장이 사용되므로 놀이 환경을 구성하고 관리하는 데 세심한 주의를 기울여야 한다. 목공놀이 영역, 도구, 보관 및 관리에 관해 살펴보고자 한다(서울여자대학교 부속유치원, 2008; 이영환·이수재·황신해, 2017; 정문자·지혜련·이숙재, 1987).

(1) 목공놀이 영역

목공놀이는 실내외에서 할 수 있다. 실내에 목공놀이 영역을 설치하는 경우, 소음이 많이 나므로 다른 영역에 방해되지 않는 장소나 별도의 공간에 배치하는 것이 바람직하다. 실외에서 목공놀이를 할 때에도 유아들의 왕래가 잦지 않으면서 다른 놀이 영역과 거리가 조금 떨어진 장소를 택하는 것이 좋다. 그 밖에 유아는 목공놀이 도구를 사용할 때 대근육을 사용하여 몸을 많이 움직이므로 안전을 위해 충분한 놀이 공간을 확보해야 한다.

(2) 목공놀이용 도구

목공놀이를 위해 유아의 신체 조건에 알맞은 도구를 선정하고, 관리를 잘해야 한다. 목공놀이용 도구의 종류에 대해 살펴보면 다음과 같다(Skeen, Garner, & Cartwright, 1984).

- 목공놀이용 테이블 : 견고하고 유아가 사용하기에 적절한 높이(약 55~60cm)로 제작한다. 테이블의 크기는 목공놀이에 참여할 유아의 수를 기준으로 결정하며 테이블의 윗면은 못질이나 톱질을 해도 쉽게 손상되지 않는 재료를 사용한다. 또한 테이블의 한쪽 면에는 C-클램프나 바이스를 부착할 수 있도록 한다. 테이블의 밑면이나 서랍을 도구보관 공간으로 활용할 수도 있다.
- 망치 : 망치는 무게가 가볍고(약 310~370g) 망치 머리가 넓적한 것이 좋다. 또한 망치 손잡이는 나무로 된 것이 적절하며 유아가 사용하기 편리하도록 손잡이의 길이와 두께가 적절해야 한다.
- 톱 : 실톱(coping saw)과 동가리톱(cross-cut saw)이 사용된다. 실톱은 복잡한 형태의 선을 자를 때 사용되며 동가리톱은 나무를 직선으로 자를 때 사용된다. 톱의 길이는 약 40~50cm가 적당하다.
- C–클램프(C–clamp) 또는 바이스(vise) : 톱질이나 망치질을 할 때 나무토막을 고정하기 위하여 사용된다.
- 못 : 못은 머리가 둥글고 넓적한 것이 좋으며 끝이 예리해야 한다. 두께나 길이가 다양한 못을 준비한다.
- 나사 : 다양한 크기의 나사못을 준비하고 나사를 박을 때 필요한 나사돌리개(screw driver)를 구비한다.
- 자 : 길이를 잴 수 있는 다양한 종류의 자를 준비한다. 즉, 줄자, 막대자, 접자(folding rule), 사각자(T-square) 등을 제공한다.
- 드릴(drill) : 나무에 구멍을 뚫을 때 사용하는 도구로 크기, 무게가 유아에게 적절해야 한다.
- 나뭇조각 : 백송, 포플러 나무, 참피나무와 같이 부드러운 종류가 적절하다. 그 밖에 원목(통나무를 절단한 목재), 집성재(여러 개의 판재나 각재를 열을 가하고 압축시킨 목재), 파티클보드(톱밥을 접착제로 압축한 목재) 등을 사용할 수

있다(서울여자대학교 부속유치원, 2008). 나뭇조각의 크기는 유아가 다루기 쉽고 또 보관하기 쉽도록 다양한 크기로 잘라서 제공한다.

- 모래 종이 : 모래 종이(사포지)는 나뭇결을 곱게 다듬을 때 사용되는데 고운 것부터 거친 모래 종이까지 다양한 종류를 준비해 둔다. 모래 종이를 작은 나무 조각에 붙여서 제공하면 나뭇결도 잘 다듬어지고 모래 종이도 절약된다.
- 접착제 : 목공놀이에는 무독성 접착제를 사용하여야 하며 접착시킬 재료와 안전성을 고려하여 선택한다.
- 보안경 : 눈의 안전을 위해 착용하도록 한다.
- 기타 : 연필, 가위, 면장갑, 끈, 철사, 스티로폼 조각, 가죽 조각, 압핀, 경첩, 걸쇠, 작은 바퀴, 병마개, 페인트, 붓, 자석 등

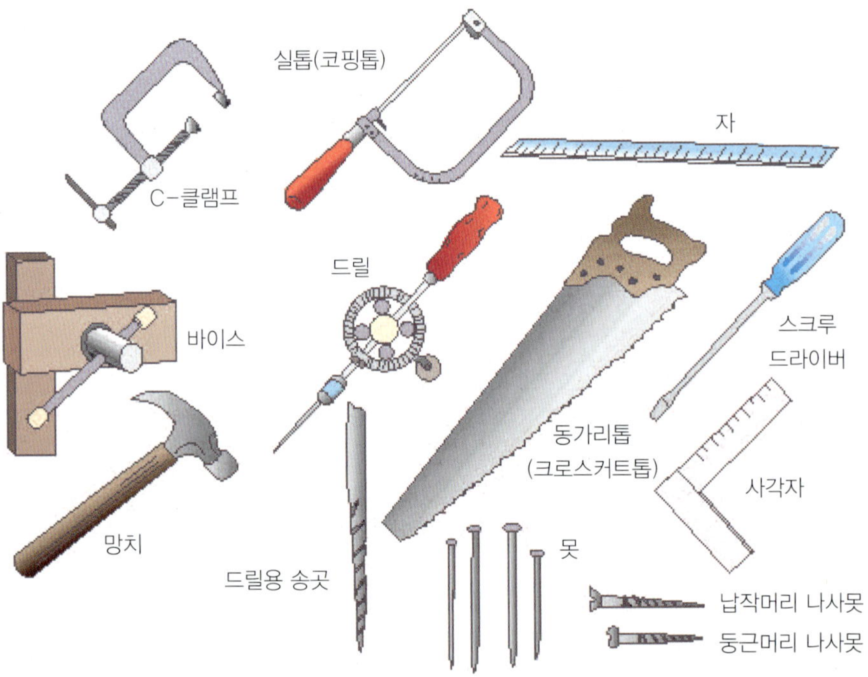

출처: 정문자·지혜련·이숙재(1987: 160).

[그림 9-3] 목공놀이용 도구

(3) 목공놀이용 도구의 보관 및 관리

- 목공놀이용 도구는 꺼내기 좋고 정돈하기 편리하도록 보관해야 한다. 도구장 [그림 9-4]를 만들어 사용하거나 벽에 나무판이나 합판을 붙여서 도구를 걸어 두면 효과적이다. 도구장의 벽판에는 도구의 윤곽을 그려 놓거나 이름을 붙여 놓으면 정리 정돈하기 쉽고 분실된 도구를 빨리 파악할 수 있다.
- 목공놀이용 도구 중에 나뭇조각이나 못, 나사와 같이 크기가 작은 부품들은 별도로 보관한다. 나무는 크기나 용도에 따라 분류하여 상자나 바구니에 보관한다. 또한 못, 나사, 경첩 등은 습기가 차지 않도록 투명한 플라스틱 통에 크기나 종류별로 담은 후 명칭을 써 붙이거나 모양을 그려 붙이면 편리하게 찾을 수 있고 정돈할 수 있다.

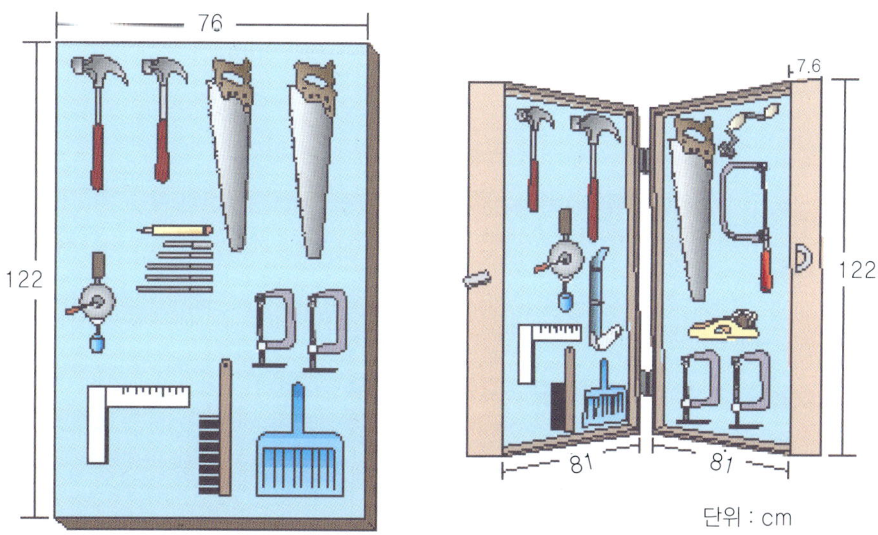

출처: Skeen, Garner, & Cartwright(1984: 52).

[그림 9-4] 도구보관장

- 바니시나 래커 등 가연성 물질이나 페인트 등은 완전히 밀폐된 용기에 넣어서 시원하고 바람이 잘 통하는 안전한 장소에 보관한다.

- 목공놀이용 도구는 수시로 점검하여 필요하면 수리하거나 교체해 주어야 한다. 도구가 제대로 기능을 하지 못하면 유아들이 실패 경험을 하여 좌절감을 느끼게 될 뿐 아니라 잘못 사용하여 사고를 낼 위험이 커진다.
- 도구관리에 유아가 참여하도록 한다. 예를 들어 목공놀이 도구 정리 당번을 정해서 차례로 도구를 관리한다. 이때 도구장에 점검표를 붙여 놓고 관리 결과를 기록(점검 날짜, 점검 유아, 점검 결과 등)하면 더욱 효과적이다.

그 밖에 목공놀이 환경은 유아의 연령에 맞게 구성한다. 1, 2세 영아에게는 발달 특성상 부적합하므로 3, 4, 5세 학급의 목공놀이 환경을 구성할 때 유의해야 할 점을 소개하면 다음과 같다(서울여자대학교 부속유치원, 2008; 이기숙·이은화·이영자·이숙재, 1995; 이숙재, 2011).

〈표 9-17〉 연령별 목공놀이 환경 구성

연령	목공놀이 환경 구성 시 유의사항
3세 학급	• 3세 유아들이 다루기 쉽고 안전한 놀이용 목공도구를 제공한다. 플라스틱이나 고무로 제작된 작은 망치, 나무 못, 스티로폼 판을 제공하여 나무 못 박기를 할 수 있다. • 나무토막을 탐색하고 분류해 볼 수 있도록 다양한 크기와 나무결의 나무토막을 준비한다.
4세 학급	• 나무결을 다듬는 데 필요한 모래 종이를 제공한다. • 못질을 처음 해 보는 유아에게는 나무토막보다 스티로폼이나 두꺼운 골판지를 제공한다. • 나무토막을 붙여서 구성물을 만들 수 있도록 접착제를 비치한다.
5세 학급	• 톱질을 처음하는 유아를 위해 스티로폼을 제공한다. • 목공놀이용 도구 이외에 작품 제작 과정을 설명해 주는 순서 카드를 만들어 제시하면 효과적이다. • 목공작품의 세부 표현을 위해 종이와 크레파스, 사인펜을 제공한다. • 측정에 필요한 연필과 자 등을 준비해 놓는다.

5) 목공놀이 실제

활동명 나뭇결 다듬기

대 상 3, 4세

목 표

- 눈과 손의 협응 능력이 발달한다.
- 신체 활동을 통하여 즐거움을 느낄 수 있다.
- 목공놀이를 하면서 자신감을 갖는다.

놀잇감 다양한 종류와 크기의 나뭇조각, 고운 모래 종이, 거친 모래 종이, 식용 기름, 마른 수건

놀이방법

① 결이 거친 나뭇조각과 고운 나뭇조각을 서로 비교하며 탐색한다.
 - 이 나뭇조각을 만져 보니 어떤 느낌이 드니?

② 거친 나뭇조각을 다듬는 방법에 대해 생각한다.
 - 나무표면을 부드럽게 하려면 어떻게 해야 할까?

③ 다양한 굵기의 모래 종이로 나무를 문지른다.
 - 모래 종이를 만지니 어떤 느낌이 나니?
 - 모래 종이로 문지르니 나무 표면이 어떻게 되었니?

④ 나무를 마른 수건으로 닦은 후 식용 기름을 수건에 묻혀서 닦는다. 나뭇결이 선명하게 나타나는 것에 대해 이야기한다.

참 고

- 유아가 목공놀이를 하다가 상처를 입었을 경우, 간단하게 치료할 수 있도록 소독약, 핀셋, 솜, 얼음찜질 팩, 연고, 일회용 밴드 등을 준비한다.

활동명 솟대 만들기

대 상 4, 5세

목 표

- 나무의 특성을 이해한다.
- 대소근육의 발달 및 눈과 손의 협응력을 기른다.
- 집중하는 능력을 기른다.

놀 잇 감 나뭇가지, 다양한 크기와 형태의 나뭇조각, 다양한 길이로 잘라 놓은 나무젓가락, 접착제, 테이프, 솟대 사진

놀이방법

① 사진을 보면서 솟대의 형태, 의미에 대해 이야기를 나눈다.
 - 이것이 무엇이니?

② 만들고 싶은 솟대 모양을 계획한다.
 - 솟대를 어떤 모양으로 만들고 싶으니?

③ 준비된 자료 중에서 솟대 만들기에 적합한 나뭇조각을 고른다.
 - 어떤 자료로 솟대를 만들까?
 - 왜 그 나뭇조각을 선택했니?

④ 긴 나뭇가지 위에 자료를 붙여 솟대를 만든다.
 - 이 작은 조각은 어디에 붙일까?
 - 무엇으로 붙일까?
 - 테이프로 붙일까?

⑤ 화분에 흙을 담고 유아들이 만든 솟대를 함께 꽂아 놓는다.
 - 솟대를 어디에 세우는 것이 좋을까?

참 고

- 나뭇조각 이외에 스티로폼 조각이나 코르크 조각을 제공한다.
- 나뭇가지는 유아들이 견학이나 산책을 하면서 수집하여 사용한다.

활동명 주걱 악기 만들기

대 상 5세

목 표

- 도구를 안전하게 사용하는 능력을 기른다.
- 소근육 운동 능력을 기른다.
- 성취감을 느낀다.

놀잇감 나무 주걱, 방울 3~4개, 끈, 드릴, 유성 매직펜

놀이방법

① 주걱으로 방울 악기 만드는 법을 생각해 본다.
 – 주걱과 방울로 악기를 만들 수 있을까?
 – 방울을 어떻게 달 수 있을까?
 – 구멍을 무엇으로 뚫을까?

② 주걱의 둥근 부분에 구멍을 뚫을 자리를 표시한다.
 – 어느 정도 간격으로 구멍을 뚫을까?
 – 구멍을 몇 개 뚫을까?

③ 표시된 부분에 드릴로 구멍을 뚫는다.
 – 드릴을 본 적이 있니?
 – 어떻게 사용해야 할까?

④ 주걱에 유성 매직펜으로 그림을 그려 꾸민다.
 – 무엇으로 그림을 그리면 잘 그려질까?
 – 어떤 그림을 그릴까?

⑤ 방울을 구멍에 매달고 흔들어서 연주한다.
 – 방울 소리가 어떠니?

참 고

- 드릴을 사용할 때는 교사가 도와준다.

활동명 비행기 만들기

대 상 5세

목 표

- 눈과 손의 협응력이 발달한다.
- 목공놀이를 하면서 성취감, 자신감을 느낀다.
- 입체 구성 능력이 발달한다.

놀잇감 길이가 각기 다른 긴 나뭇조각, 못, 망치, 사인펜, 색종이, 가위, 종이,

놀이방법

① 준비된 자료를 보면서 어떤 비행기를 만들지 이야기한다.
- 어떤 모양의 비행기를 만들고 싶으니?
- 비행기를 만들려면 제일 먼저 무엇을 해야 하니?

② 이야기한 내용을 토대로 설계 그림을 그린다.
- 만들고 싶은 비행기 모양을 그림으로 그려 볼까?
- ○○는 비행기 날개를 크게 그렸구나!
- 비행기 이름도 붙여 볼까?

③ 설계 그림을 보면서 비행기를 만든다.
- 비행기 날개는 어떤 나무토막으로 만들까?
- 날개를 붙이려면 어떻게 할까?
- 망치는 어떻게 사용할까?

④ 사인펜이나 색종이, 다양한 만들기 재료(빨대, 반짝이, 은박지, 단추 등)를 이용하여 비행기를 장식한다.
- 비행기 날개에 무엇을 붙일까?

⑤ 유아들이 만든 비행기를 전시하여 감상한다.

참 고

- 비행기 만드는 활동 카드를 제공할 수 있다.

⑩ 게임

게임은 일련의 규칙에 따라 이루어지는 가장 발전된 형태의 놀이이다. Piaget(1962)에 의하면, 규칙 있는 게임은 인지 발달이 전조작기에서 구체적 조작기로 전환되는 수준에서 많이 한다. 따라서 영유아의 발달 수준을 고려할 때, 2세 이하의 영아는 게임 참여가 어렵고, 3~5세 유아들도 규칙이 복잡하거나 오랜 시간 참여하는 게임은 부적절하다.

본 절에서는 3~5세 유아에게 적합한 게임의 교육적 가치, 종류 및 지도 등에 관하여 살펴보고자 한다.

1) 게임의 교육적 가치

게임은 두 명 이상의 놀이참여자가 사전에 규칙(게임 방법, 승패, 편 가르기, 반칙에 대한 벌칙 등)을 정하여 서로 이기려고 경쟁하면서 진행하는 놀이 형태로 두 가지 핵심적인 요소가 포함된다. 첫째로, 두 명 이상의 놀이자 간에 이루어지는 경쟁적 요소, 둘째, 사전에 놀이자 간에 합의된 일련의 규칙에 따라 운용된다는 점이다(Isenberg & Jalongo, 2001). 게임이 유아의 경쟁심을 자극하여 승리에만 집착하게 하여 상대편에게 반감을 갖게 하거나 반칙을 하도록 유도하는 등의 부정적 측면이 있다고 지적하는 학자(김진영, 1998; 최기영, 2000)도 있다. 그러나 경쟁심리를 지나치게 강조하기보다 게임을 하면서 공정성을 유지하고 또래와 협동하여 목표 달성을 하도록 지도한다면 오히려 건전한 경쟁을 통해 개인의 발달을 이루어 나갈 수 있을 것이다.

게임의 교육적 가치를 살펴보면 다음과 같다(최기영, 2000; Devries, 1998).

(1) 게임을 통해 유아의 신체 발달이 향상된다

게임을 하면서 다양한 신체 활동을 통해 감각 능력을 기르고 신체조절능력을 키우며 균형감, 민첩성, 근력, 지구력, 유연성이 향상된다. 또한 대소근육 운동 능력 등 기본운동능력이 향상되고 건강하며 안전한 생활습관을 기르게 된다.

(2) 유아의 사회성 발달이 촉진된다

게임은 2명 이상의 놀이자가 함께 참여하므로 집단 경험을 통해 공동체 의식과 협동하기, 자율적인 규칙 지키기, 다른 사람을 이해하고 존중하기, 문제해결을 위한 협상하기 등의 사회적 능력을 기를 수 있다.

(3) 게임을 하면서 유아의 정서 발달이 증진된다

게임에 적극적으로 참여하여 몰두하면서 자신의 감정을 적절하게 표현하고 조절하는 능력을 기르며 심리적인 스트레스나 갈등을 해소한다. 또한 게임에서 승리하는 경험을 통해 자신감, 성취감을 느끼게 되어 정서 발달이 촉진된다.

(4) 유아의 언어 발달이 향상된다

여러 명의 유아들이 승리하려는 목표를 가지고 게임을 하면서 서로 의견을 주고받는 의사소통능력이 발달한다. 특히 언어 게임, 예를 들어 끝말잇기, 듣고 알아맞히기 게임, 카드 게임 등을 하면서 다양한 어휘를 습득하고 바르게 발음하여 말하기, 다른 사람의 말을 주의 깊게 듣고 이해하기, 글자에 관심 가지기 등의 언어 발달을 이룬다.

(5) 유아의 인지 발달이 촉진된다

판 게임, 카드 게임 등 다양한 게임에 자발적으로 참여하면서 분류, 서열, 수, 높이, 길이, 방향, 시간, 공간, 도형 등의 기본 개념을 이해하게 되고 사고력, 문제해결력이 증진된다.

2) 게임의 종류

게임은 술래잡기, 공놀이, 공기놀이 등의 감각 운동 게임, 카드놀이, 판 게임처럼 인지적인 게임 등 종류가 다양하며 분류 기준에 따라 각기 다르게 나눌 수 있다. 본서에서는 게임의 유형을 문화적 맥락에서 분류한 Roberts와 Sutton-Smith(1962), Piaget 이론에 근거하여 그룹 게임을 분류한 Kamii와 DeVries(1980), 게임을 운영하는 집단 형태에 따라 분류한 정진, 성원경(2004)의 견해를 소개하고자 한다.

(1) 문화적 맥락에 의한 분류

Roberts와 Sutton-Smith는 문화적 환경에 따라 유아가 하는 게임에 차이가 있다고 주장하면서 게임의 유형을 신체적 기술 게임(games of physical skill), 찬스 게임(games of chance), 선략 게임(games of strategy)으로 분류하였다.

① 신체적 기술 게임

게임의 승부가 놀이자의 신체적 기술에 의해 결정되는 게임으로 달리기 게임을 예로 들 수 있다. 과학기술이 덜 발달한 문화권의 유아들이 이런 유형의 게임을 주로 한다.

② 찬스 게임

게임의 결과가 운에 의해 결정되는 게임으로 운명이 인간사를 좌지우지한다고 믿는 사회에서 흔히 볼 수 있다. 주사위 던지기 게임이 이에 속한다.

③ 전략 게임

게임의 결과가 놀이자의 이성적인 판단, 다시 말해 고도의 지적 능력에 의해 결정되는 게임이다. 윷과 윷판, 카드 게임 등이 이에 속하며 과학기술이 잘 발달한 문화권에서 많이 한다.

(2) 그룹 게임의 분류

Kamii와 DeVries(1980)는 그룹 게임의 종류를 목표물 맞추기(aiming games), 경주 게임(races), 추적 게임(chasing games), 숨기기 게임(hiding games), 알아맞히기 게임(guessing games), 언어적 지시 게임(games involving verbal commands), 카드 게임(card games), 판 게임(board games) 등 여덟 가지로 나누었다.

① 목표물 맞히기 게임

표적으로 정한 물체를 맞추는 게임으로 구슬치기, 팥주머니 던지기 등이 이에 속한다.

② 경주 게임

놀이자가 동시에 출발하여 빨리 달려서 목표 지점에 먼저 도착하는 사람이 이기는 게임이다. 풍선 운반하기, 릴레이 달리기 등이 이에 속한다.

③ 추적 게임

술래가 된 유아가 다른 유아들을 잡으려 하면 잡히지 않으려고 피해 다니는 게임으로 수건 돌리기, 고양이와 쥐 게임이 이에 속한다.

④ 숨기기 게임

찾기 어려운 곳에 숨은 사람이나 물건을 찾아내는 게임으로 술래잡기, 보물찾기 등이 대표적인 예다.

⑤ 알아맞히기 게임

한정된 단서를 통해 문제의 답을 알아맞히는 게임으로 오리 찾기놀이가 이에 속한다.

⑥ 언어적 지시 게임

술래의 지시에 따라 진행하는 게임으로 따라 하기 등이 이에 속한다.

⑦ 카드 게임

카드에 있는 여러 가지 그림이나 숫자, 글자를 통해 비교하기, 분류하기, 순서 짓기, 짝짓기 등을 하는 게임이다. 도미노 게임, 로또(lotto) 카드 등이 대표적이다.

⑧ 판 게임

게임용 판을 사용하는 게임으로 윷놀이, 빙고 게임 등이 이에 속한다.

(3) 게임의 집단 형태에 의한 분류

정진, 성원경(2004)은 게임을 진행하는 집단 형태에 따라 원 게임, 자유대형 게임, 편 게임으로 분류하였다.

① 원 게임

유아들이 원형으로 둥글게 앉거나 서서 하는 게임이다. 원 게임의 예로 의자 앉기, 공굴리기 등이 있다. 다른 게임에 비해 이기고 지는 결과가 뚜렷하게 부각되지 않아서 게임 참여자 모두가 자신감과 성취감을 느낄 수 있다.

② 자유대형 게임

자유롭게 서서 하는 게임으로, 짝짓기, 얼음·땡 게임, 꼬리 따기 등이 이에 속한다. 유아들이 자유롭게 공간 이동을 하면서 자신의 신체를 최대한 활용할 수 있다는 특징이 있다.

③ 편 게임

게임 참여자를 두 편으로 나누어서 진행하는 게임이다. 편 게임은 참여자 개인의 승패보다 자기편을 위해 노력하고 협동함으로써 성취감을 느낄 수 있는 것이 특징이다. 따라서 유아가 편 게임에 참여하려면 자기편과 상대편에 대해 인식을 하고 게임에 필요한 지시와 규칙을 이해하고 지킬 수 있어야 한다. 편 게임의 예로 풍선 운반하기, 장애물 통과하기 등을 들 수 있다.

3) 게임 지도 및 환경 구성

게임 지도와 환경 구성을 위해 교사는 다음 사항에 유의해야 한다(교육부, 2000; 김희정, 2006; 이숙재, 2011; 정진·성원경, 2004; 최기영·신선희, 2003; Isenberg & Jalongo, 2001; Kamii & DeVries, 1980).

- 유아의 발달 수준, 흥미에 적합한 게임을 선정한다. 유아의 연령에 적합한 게임을 소개하면 다음 표와 같다.

〈표 9-18〉 유아의 연령에 적합한 게임

연령	게임
3세	규칙이 단순하고 이기고 지는 것이 강조되지 않으며 유아들이 자유롭게 활동하면서 즐겁게 참여할 수 있는 게임이 적합하다(예 원형으로 앉아서 공 굴리고 받기).
4세	게임 방법이나 규칙이 복잡한 게임도 할 수 있다. 또한 유아 개인별로 승부가 결정되는 게임 이외에 편을 나누어 하는 게임도 좋아한다(예 볼링하기).
5세	참여자가 전략을 세워 서로 협동해야 하거나 세련된 운동기술을 요하는 다양한 종류의 게임, 예를 들어 편 게임, 릴레이 게임, 2인 1조 게임을 할 수 있다. 또한 5세 유아들은 게임 규칙을 변형시키거나 새로운 게임 방법을 고안하는 것을 좋아한다

- 유아가 게임을 하면서 성공적인 경험을 많이 하도록 처음에는 단순하고 쉽게 게임을 진행하고 점차 복잡하고 어렵게 단계적으로 실시한다. 예를 들어 의자 차지하기 게임을 하는 경우, 처음에는 의자 개수를 유아 인원수와 같게 하다가 점차 의자 수를 하나씩 줄여서 난이도 수준을 높여 나간다.

- 게임 진행 방법, 규칙, 편 이름 짓기, 승부 결정 방법, 벌칙 등을 교사가 일방적으로 정하여 지시하기보다 유아의 의견을 수용하여 함께 결정하고 또 원하는 경우에는 수정할 수 있도록 허용한다. 이러한 유아 중심의 게임 지도 사례를 구체적으로 소개하면 다음과 같다.

사례 풍선 운반하기

*대상 : 5세

① 준비물(풍선과 막대기, 목표물)을 유아들에게 보여 주면서 게임 방법을 생각해 보게 한다. 교사는 적절한 질문을 하여 유아 스스로 게임 방법, 규칙, 편 이름 등을 결정하도록 도와준다. 유아의 의견을 종이에 기록해 줄 수도 있다.

② 게임을 하기 위해 유아들을 두 편으로 나누어 앉게 한다. 양쪽 편의 유아 수가 같은지 확인한다. 수세기 노래인 '열 꼬마 인디언'을 부르거나 상대편 유아가 한 명씩 만나서 인사하는 방법으로 인원수를 확인할 수 있다.

③ 게임을 하면서 규칙을 지키지 않거나 승패에 지나치게 집착하는 경우, 교사가 개입하여 지도한다. 교사의 개입으로 유아가 게임에 흥미를 잃지 않도록 주의한다.

④ 평가는 규칙을 잘 지켰는지에 초점을 맞추어 점수판에 꽃 그림을 붙여 표시한다. 어느 편이 이겼는지 유아들이 직접 평가하여 꽃을 붙이게 한다. 이때 승패를 부각시키지 않도록 주의한다. 또 게임을 하면서 느낀 점, 게임 방법, 규칙, 벌칙 등의 수정이나 변경에 대해 이야기를 나눈다.

⑤ 수정되거나 변경된 게임 방법, 규칙에 따라 다시 게임을 한다.

⑥ 게임 도구와 장소를 정돈하도록 지도한다.

- 유아가 게임의 승패에 지나치게 집착하거나 경쟁을 하지 않도록 지도한다. 이를 위해 교사는 유아의 협동심을 자극하는 게임을 많이 제공하여 유아들이 게임에서 경쟁보다는 협동의 기회를 갖도록 한다. 또한 이긴 편을 너무 부추기거나 특권을 주는 것은 피해야 하며 유아가 게임 진행 과정에서 규칙을 지키며

최선을 다하도록 지도한다.

- 게임이 끝난 후에는 평가 시간을 갖는다. 평가를 할 때는 결과를 강조하기보다 과정 중심으로 평가한다. 즉, 어느 팀이 규칙을 잘 지켰으며 응원을 열심히 했는지, 왜 졌는지, 게임을 마친 후의 느낌 등에 관해 이야기를 나눈다. 5세 유아의 경우에는 점수판에 점수를 표시하는 평가 방법을 적용할 수 있다. 점수판은 유아의 이해를 돕고 흥미를 끌 수 있도록 작은 게시판이나 자석판에 그림 붙이기, 그래프로 표시하기, 블록을 쌓아서 표시하기 등 재미있게 만들 수 있다. 이와 같이 점수판을 활용하는 경우에도 결과 중심의 평가가 아니라 규칙을 잘 지키면서 게임을 했는지에 주목하는 과정 중심의 평가를 하여 점수를 부여해야 한다.
- 유아의 흥미를 끌 수 있는 다양한 게임도구를 준비하고 게임에 적합한 공간을 구성해 준다. 유아의 연령별로 게임 환경을 구성할 때 유의할 점은 다음과 같다(이숙재, 2011).

〈표 9-19〉 연령별 게임 환경 구성

연령	게임 환경 구성 시 유의사항
3세 학급	• 공간 이동이 많지 않으며 운동 능력, 인지 능력이 발달되지 않아서 단순한 게임을 주로 하므로 커다란 공과 바구니 등을 제공한다.
4세 학급	• 원 게임이나 자유대형 게임을 주로 하므로 이에 적합한 공간을 구성하고 공, 오뚝이, 팥주머니 등을 제공한다.
5세 학급	• 여러 명의 유아가 장소 이동을 많이 하는 집단 게임을 하므로 넓은 공간을 조성한다. • 게임도구로 축구공, 훌라후프, 고무줄 등 다양하게 제공한다. • 게임 방법이나 규칙을 기록할 수 있도록 종이와 필기도구를 준비한다.

4) 게임 실제

활동명 주사위 게임

대 상 3, 4세

목 표

- 게임의 규칙을 이해한다.
- 수 개념이 형성된다.
- 눈과 손의 협응력이 발달한다.

놀잇감 게임판, 말 2개, 주사위

놀이방법

① 두 명의 유아가 순서를 정하고 각각 말을 하나씩 갖는다.

－말을 하나씩 나눠 갖자.

－순서는 어떻게 정할까?

② 주사위를 던져서 나온 수만큼 앞으로 간다.

－주사위에 점이 몇 개 나왔니?

－점이 5개 나왔으면 몇 칸 가야 할까?

③ 말이 멈추는 칸에 원숭이 그림이 있으면 한 칸 더 앞으로 가고, 두더지 그림이 있으면 한 칸 뒤로 물러난다.

－말이 원숭이 칸에 가면 어떻게 할까?

④ 먼저 도착하는 유아가 이긴다.

참 고

- 유아의 발달 수준을 고려하여 칸의 수나 주사위의 숫자를 정한다.

활동13 꼬리 따기 게임

대 상 4, 5세

목 표

- 신체의 민첩성을 기른다.
- 규칙에 따라 게임을 할 수 있다.
- 대근육 운동 능력이 증진된다.

놀 잇 감 종이 리본 테이프, 고무줄

놀이방법

① 종이 리본 테이프를 고무줄에 붙여서 유아의 발목에 끼운다.

- 어떤 놀이를 하면 좋을까?
- 발목에 무엇을 끼웠니?

② 자기 발의 리본을 다른 친구가 밟아서 끊어 버리지 않도록 피해 다니는 게임을 한다.

- 어떻게 해야 친구의 꼬리를 딸 수 있을까?
- 꼬리를 떼이지 않으려면 어떻게 해야 할까?

③ 제일 마지막까지 리본 테이프를 발에 달고 있는 유아가 이기는 게임이다.

- 누가 꼬리를 달고 있니?

참 고

- 종이 리본 테이프가 너무 길면 밟아서 넘어질 염려가 있으므로 유아의 발달 정도에 따라 점차 리본의 길이를 길게 해 준다.
- 지나친 경쟁심보다는 게임을 하면서 규칙을 잘 지키는 공정한 놀이자가 되도록 지도한다.
- 게임 방법이나 규칙을 정할 때 유아의 의견을 적극적으로 수용한다.

활동명 눈 가리고 콩 줍기

대 상 4, 5세

목 표

- 소근육 운동 능력이 발달한다.
- 예측 능력을 기른다.
- 수 개념이 발달한다.

놀잇감 콩이나 마카로니, 도토리 열매, 그릇, 눈가리개

놀이방법

① 손으로 콩, 마카로니, 도토리 열매를 만지면서 촉감을 비교한다.
- 이 열매의 이름은 무엇일까?
- 모양은 어떻게 다르니?
- 손으로 만져 보니까 어떤 느낌이 드니?
- 눈을 감고 손으로 만져 보면 어떤 것인지 알 수 있겠니?

② 유아의 눈을 가리고 교사나 술래가 지적하는 숫자만큼 콩이나 마카로니를 집는다.
- 콩을 5개만 집어 볼래?
- 마카로니를 6개 집어 보자.

③ 숫자만큼 정확하게 집는 유아가 이긴다.
- 눈가리개를 벗고 몇 개씩 집었나 세어 보자.
- 누가 맞게 집었니?

참 고

- 유아가 게임에 익숙해지면 양손으로 집어서 수를 더해 보도록 한다.
- 교사가 콩을 집어 주고 눈을 가린 채 몇 개인지 세어 보게 할 수도 있다.

활동명 여행 가기 게임

대 상 5세

목 표

- 여행에 필요한 물품에 대해 안다.
- 청각적 기억 능력을 기른다.
- 언어표현력을 기른다.

놀잇감 여행 갈 때 필요한 물건 그림, 비닐 가방

놀이방법

① 그림을 보면서 여행 갈 때 가지고 가야 할 물건에 대해 이야기한다.
  – 여행 갈 때 무엇을 가지고 가겠니?
  – 왜 그 물건이 필요할까?

② 여행 갈 때 가지고 가고 싶은 물건 그림을 찾는 게임을 소개한다.
  – 여행 갈 때 가지고 갈 물건 그림을 찾아 가방에 넣으면서 "나는 여행 갈 때 ○○를 가지고 가겠어요."라고 말해 보자.
  – 그다음 친구는 자기에게 필요한 물건 한 가지를 덧붙여 말하며 물건 그림을 가방에 넣어 보자.

③ 게임 방법에 따라 여행 가기 게임을 한다.
  – 나는 여행 갈 때 ○○를 가지고 가겠어요.
  – 나는 여행 갈 때 ○○와 △△를 가지고 가겠어요.
  – 나는 여행 갈 때 ○○와 △△와 ××를 가지고 가겠어요.

④ 준비한 물건 그림을 가방에 다 넣을 때까지 계속한다.

참 고

- 유아들의 기억력을 고려하여 물건의 종류는 4~5가지가 넘지 않도록 한다.

참고문헌

고여훈(2013). 하늘반 유아들의 거친 신체놀이 특징과 교사의 상호작용. 이화여자대학교 대학원 박사학위논문.

곽승주(2016). 역할놀이 영역에서 나타나는 유아의 또래 간 정서적 경험 탐구. 유아교육연구, 36(1), 79-109.

곽향림(2004). 구성주의 교실에서 물과 모래의 물리적 현상을 이용한 과학하기 : 과학의 과정과 개념변화를 중심으로. 유아교육학논집, 8(3), 269-295.

교육부(2000). 유치원 교육 활동 지도자료 1. 총론.

구현아·이종희(1998). 3, 4, 5세 아동의 구성놀이 발달에 관한 연구: 놀이의 질에 대한 분석. 아동학회지, 19(1), 155-167.

김갑순·류혜숙(2007). 전통놀이에서 유아가 갖는 수학적 경험의 교육적 의미. 유아교육학논집, 11(3), 333-361.

김미정(2006). 그림책을 활용한 작가적 전략과 주제환상극놀이 교수방법이 유아의 이야기 이해도와 사회적 능력에 미치는 효과. 조선대학교 대학원 박사학위논문.

김보현(2008). 블록놀이에서 나타나는 유아의 또래 관계 탐색. 성신여자대학교 대학원 박사학위논문.

김보현(2014). 유아 연령에 따른 블록놀이 운영 실태 차이 연구. 유아교육연구, 34(6), 79-107.

김봉균(2010). 수중 활동 프로그램이 경직형 뇌성마비 아동의 조음능력 개선에 미치는 효과. 대구대학교 재활과학대학원 석사학위논문.

김수옥(2011). 기본운동능력을 고려한 신체 활동이 만 4세 유아의 기초체력에 미치는 영향. 이화여자대학교 교육대학원 석사학위논문.

김순자·김희태(2010). 전통놀이 교육에 대한 유아교사의 인식에 관한 연구. 한국유아교육·보육행정연구, 14(4), 377-400.

김신옥(2006). 모래상자놀이를 통한 주의력결핍 과잉행동 유아의 치료 사례연구. 놀이치료연구, 10(2), 37-56.

김원준(2010). 유아 실외 신체 활동 프로그램의 개발 및 효과. 조선대학교 대학원 박사학위논문.

김은선(2001). 예지유치원 유아들의 수·조작놀이에 관한 문화 기술적 연구. 이화여자대학교 대학원 석사학위논문.

김정준·김정화·신유림(1999). 유아에게 적합한 125가지 놀잇감. 서울: 창지사.

김주혜·이종희(2013). 영아 블록놀이의 내용적·상호작용적 특징: 영아 블록놀이의 가치. 미래유아교육학회지, 20(1), 97-124.

김진영(2002). 유치원 블록놀이에 대한 질적 연구. 유아교육연구, 22(4), 147-172.

김희정(2006). 유아를 위한 자율적 규칙 조절 집단게임 개발 및 효과, 전남대학교 대학원 박사학위논문.

박대근(2005). 유아기 대·소근육 운동 발달의 과정적 특성. 중앙대학교 대학원 박사학위논문.

박진옥(1985). 모래놀이, 물놀이가 유아의 인지 발달에 미치는 영향. 이화여자대학교 교육대학원 석사학위논문.

박찬옥·정남미·임경애(2004). 유아놀이 지도. 서울: 학문사.

박희숙·유지선(2010). 놀이를 위한 교육 환경. 한국육아지원학회 추계학술대회. 놀이와 학습: 미래를 위한 반성과 도전. 발표자료집, 101-120.

백은영(2013). 만4세 유아 구성놀이의 가능성과 한계: '세다'의 의미를 중심으로. 숙명여자대학교 대학원 박사학위논문.

변영만·강호양·한규성(2012). 유아 목공놀이에 대한 성인 및 유아의 인식도 조사. 농업과학연구, 39(2), 189-194.

변자영·이정욱(2010). 사전설계에 기초한 쌓기놀이에 대한 탐색적 연구, 유아교육연구, 30(2), 261-281.

보건복지부·교육과학기술부(2013a). 3~5세 연령별 누리과정 교사용 지침서.

보건복지부·교육과학기술부(2013b). 3~5세 연령별 누리과정 해설서.

봉진영(2006). 유치원 만 4세 유아의 모래놀이에 관한 문화 기술적 연구. 성신여자대학교 대학원 석사학위논문.

서울시립장애인종합복지관(2013). 성지. Vol. 320, 8-9.

서울여자대학교 부속유치원(2008). 어린이를 위한 뚝딱뚝딱 목공놀이. 서울: 교문사.

성구진·남인우(2002). 소리와 몸짓이 함께하는 유아 문학. 한국어린이육영회연수원 2002년 교원워크숍 자료집.

성은주·홍용희(2001). 만 5세 유아의 쌓기놀이에 관한 문화기술적 연구. 교과교육학연구, 5(2), 125-143.

안경숙·김소향(2012). 사전설계, 사진, 포트폴리오를 활용한 블록구성놀이에 대한 교육적 의미 탐

색: '집 만들기'를 중심으로. 유아교육연구, 31(1), 83-106.

오현경(2012). 혼합연령 종일반 유아들의 실외모래놀이에 대한 문화기술적 연구. 이화여자대학교 대학원 석사학위논문.

우성희(2004). 만 1, 2세반 영아의 상징놀이에서 가작화 요소에 관한 연구. 덕성여자대학교 대학원 석사학위논문.

원은실(2008). 유아를 위한 단계별 목공 활동 교수·학습모형 개발과 그 효과. 전북대학교 대학원 박사학위논문.

유안진(1981). 한국 고유의 아동놀이. 서울: 정민사.

윤향미·조윤경(1996). 유아를 위한 주제환상극놀이의 적용 방안. 어린이 교육, 14, 31-45.

이경순(2004). 유아들의 쌓기놀이에 관한 질적 연구. 서울여자대학교 대학원 박사학위논문.

이경순(2007a). 쌓기놀이에 대한 여아들의 인식과 여아들의 선호도 증가를 위한 교사의 전략. 아동학회지, 28(1), 95-113.

이경순(2007b). 유아들의 쌓기놀이에 나타나는 부수기 활동의 중층적인 의미에 관한 연구. 열린유아교육연구, 12(1), 123-143.

이경화·배지현(2008). 유아 쌓기놀이에서 실물소품의 역할에 관한 질적 연구. 열린유아교육연구, 13(5), 175-195.

이기숙·이은화·이영자·이숙재(1995). 유아 발달에 적합한 유치원 실내 교육 환경. 서울: 교육부.

이기숙·정미라·엄정애(2010). 전통유아놀이의 연구와 실제. 서울: 창지사.

이만수(2006). 생활주제와 통합한 유아 동작교육 프로그램 구성 및 효과. 중앙대학교 대학원 박사학위논문.

이민정·이해정(2015). R-러닝 로봇을 활용한 전통놀이 실행과정에서 나타난 유아 경험의 의미. 유아교육연구, 35(1), 425-439.

이선영·우민정(2017). 유아교사의 연극놀이에 대한 인식 및 실태, 유아교육학논집, 21(1), 89-111

이숙재(2003). 창의적 극놀이의 교육적 활용 방안. 대한어린이교육협회 2003년도 하계교사연수 자료집, 3-17.

이숙재(2011). 영유아놀이활동. 서울: 창지사.

이숙재· 이방실(2002). 유아경제교육을 위한 극놀이 활용방안 연구: 유아의 경제개념 및 소비자 행동에 기초하여. 한국어린이육영회 2002년도 연구논문 보고서.

이숙재· 이봉선·김종선·이방실(2006). 연극놀이를 통한 유아경제교육. 서울: 창지사.

이영환·이수재·황신해(2017). 재미있는 목공활동. 전주: 소리내.

이은영(2010). 역할놀이를 활용한 유아수학교육 프로그램 구성 및 적용효과. 중앙대학교 대학원 박사학위논문.

이은하(2000). 여아선호 놀잇감 제공이 쌓기놀이 참여도에 미치는 영향. 부산대학교 대학원 석사학위논문.

이은화(2000). 한국의 전통아동놀이. 삼성복지재단 제8회 국제학술대회 자료집. 189-225.

이은화·홍용희·조경자·엄정애(2001). 한국의 전통 아동놀이 고찰. 유아교육연구, 21(1), 117-140.

전우용(2017). 활동이론에 따른 만5세 유아들의 수·조작 활동에 관한 사례연구. 이화여자대학교 대학원 박사학위논문.

장현숙(2007). 비사회성 불안정애착 유아의 모래놀이치료사례. 놀이치료연구, 11(1), 53-75.

정문자·지혜련·이숙재(1987). 창작공예의 이론과 실제. 서울: 신광출판사.

정진·성원경(2004). 유아놀이와 게임. 서울: 학지사.

정효진(2009). 연극놀이 기법을 적용한 토의활동이 유아의 친사회적 행동에 미치는 영향. 성신여자대학교 교육대학원 석사학위논문.

조숙영(2011). 장애 관련 동화책에 기초한 토의와 역할놀이 활동이 통합교실 내 유아의 가장놀이와 사회적 상호작용에 미치는 영향. 덕성여자대학교 대학원 박사학위논문.

지혜련(1987). 자유놀이시간의 적목 활동. 소꿉, 적목 영역에서의 자유놀이 운영. 제2회 회원을 위한 워크숍 자료집. 새세대육영회 부설 연수원.

최기영(2000). 유치원 판게임 활동에 나타난 아동의 참여 특성. 유아교육연구, 20(2), 5-26.

최기영·신선희(2003). 협동적 집단게임을 통한 유아의 사회화 과정에 대한 문화기술적 연구. 유아교육연구, 23(2), 197-221.

최영애(2000). 연극놀이의 개념과 실제. 연극의 이론과 비평. 1. 101-111.

하정희·성은영·이혜경(2005). 역할놀이의 연령별 특성 탐색. 영유아교육연구, 8, 219-240.

한영숙(2000). 뇌성마비 유아의 자조기술에 미치는 물놀이 프로그램의 효과. 공주대학교 교육대학원 석사학위논문.

홍양자·이은경(2007). 수중 활동이 자폐아동의 사회적 능력에 미치는 효과. 한국여성체육학회지, 21(5), 31-41.

Babour, N., Webster, T. D., & Drosdeck, S(1987). Sand: A resource for the language arts.

Young Children, January, 20-25.

Bender, J. (1978). Large hollow blocks: Relationship of quntity of block building behaviors. *Young Children, September*, 17-23.

Black, B. (1992). Negotiation social pretending play: Communication differences related to social status and sex, *Merrill - Palmer Quarterly, 36*, 212-232.

Bradwany, K., Signell, K. A., Spare, G. H., Stewart, C. T., Stewart, L. H., & Thompson, C. (1981). *Sand play studies: Origins, theory and practice*. Boston: Sigo Press.

Brandhofer, M. (1971). Carpentry for young children. *Young Children, October*, 17-23.

Brody, C. (1974). Social studies and self awareness, In E. S. Hirsch (Ed.), *The block book* (pp. 59-68). Washington, DC: NAEYC.

Burton, E. C. (1980). *Physical activities for the developing child*. Springfield: Charles C. Thomas.

Cherry, C. (1976). *Creative play for the developing child*. Belmont, CA: Fearon Pitman.

Church, E. B., & Miller, K. (1990). *Learning through play: Blocks, A practical guide for teaching young children*. New York: Scholastic Inc.

Crosser, S. (1994). Making the most of water play. *Young Children, July*, 28-32.

DeVries, R. (1998). Games with rules. In D. P. Fromberg & D. Bergen (Eds.), *Play from birth to twelve and beyond: Contexts, perspectives, and meanings*(pp. 409-415). New York: Garland Publishing, Inc.

Eisenhauer, M. J., & Feikes, D. (2009). Dolls, blocks, and puzzles : Playing with mathematical understandings. *Young children, 64*(3), 18-24.

Forman, G. (1998). Constructive play. In D. P. Fromberg & Berger (Eds.), *Play from birth to twelve and beyond*(pp. 392-400). New York: Garland Publishing, Inc.

Hensel, N. (1977). Back to basics with blockplay. *Day Care and Early Eduction, Fall*, 36-38.

Hewitt, K., & Roomet, L. (1979). *Educational toys in america: 1800 to the present*. Burlington, Vermont: The Robert Hull Fleming Museum.

Hilderbrand, V. (1980). *Guiding young children*. New York: Macmillan Publishing.

Hill, D. M. (1977). *Mud, sand, and water*. Washington, DC: NAEYC.

Hirsch, E. S. (1974). Block building: Practical considerations for the classroom teacher. In E. S. Hirsch (Ed.), *The block book*(pp. 88-100). Washington, DC: NAEYC.

Hohmann, M., Banet, B., & Weikart, D. P. (1979). *Young children in action*. Ypsilanti, MI: The High/Scope Press.

Isenberg, J., & Jalongo, M. R. (2001). *Creative expression and play in the early childhood curriculum*. Englewood Cliffs, NJ: Prentice-Hall, Inc.

Johnson, H. M. (1974). The art of block building. In E. S. Hirsch (Ed.), *The block book*(pp. 9-24). Washington, DC: NAEYC.

Johnson, J. E., Christie, J. F., & Yawkey, T. D. (1999). *Play and early childhood development*. New York: Addison Wesley Longman, Inc.

Kamii, C., & DeVries, R. (1980). *Group games in early education: Implications of Piaget's theory*. Washington, DC: NAEYC.

Matterson, E. M. (1986). *Play and playthings for the preschool child*. Baltimore, ML: Penguin Books.

McCaslin, N. (2000). *Creative drama in the classroom and beyond* (7th ed.). New York: Addison Wesley Longman, Inc.

Miller, K. (1989). *The outside play and learning book*. Maryland: Gryphon House, Inc.

Moffitt, M. W. (1974). Children learn about science through block building, In E. S. Hirsch (Ed.), *The block book*(pp. 25-32). Washington, DC: NAEYC.

Moore, R. C., Goltsman, S. H., & Iacofano, D. S. (1992). *Play for all guidelines*. Berkeley, CA: MIG Communications.

Pellegrini, A. D., & Smith, P. K. (1998). Physical activity play: The nature and function of a neglected aspect of play. *Child Development, 69*(3), 577-598.

Piaget, J. (1962). *Play, dreams and imitation in childhood*. New York: W. W. Norton.

Provenzo, E. F., & Brett, A. (1983). *The complete block book*. Syracuse, NY: Syracuse University Press.

Riley, C. (1964). Carpentry in the nursery school. *Young Children, October*, 25-27.

Rivkin, M. S. (2006). Moving and learning together. *Early Childhood Today, 20*(6), 32-38.

Roberts, J. M., & Sutton-Smith, B. (1962). Child training and game involvement. *Ethology, 1*, 166-185.

Rudolph, M., & Cohen, D. H(1964). The many purposes of blockbuilding and woodwork. *Young Children, October*, 41-46.

Saltz E., & Johnson, J. (1974). Training for thematic-fantasy play in culturally disadvantaged children: Preliminary results. *Journal of Educational Psychology, 66*, 623-630.

Sawyer, R. K. (1997). *Pretend play as improvisation: conversation in the preschool classroom*. Mahwah, NJ: Lawrence Erlbaum Associates, Publishers.

Segal, M., & Adcock, D. (1981). *Just pretending: Ways to help children grow through imaginative play*. Englewood Cliffs, NJ: Prentice-Hall.

Sheridan, M. D. (1999). *Play in early childhood: From birth to six years*. London: Routledge.

Skeen, P., Garner, A. P., & Cartwright, S. (1984). *Woodworking for young children*. Washington, DC: NAEYC.

Sluss, D. J. (2005). *Supporting play: Birth through age eight*. New York: Thomson Delmar Learning.

Wellhousen, K. (2002). *Outdoor play everday: Innovative play concepts for early childhood*. Albany, NY: Delmar.

Wellhousen, K., & Kieff, J. (2001). *A constructivist approach to block play in early childhood*. Albany, NY: Delmar.

Whiren, A. (1975). Table toys: The underdeveloped resource. *Young Children, September*, 413-419.

河合準雄(1983). 모래 상자놀이 요법 입문. 심재경 (역). 서울: 양문각. (원본발간일 1969년).

10

놀이와 장애아

놀이는 장애 요인을 교육적, 치료적, 사회복지적 측면에서 보완하는 데 중요한 역할을 한다. 어떤 의미에서 비장애아보다 장애아에게 놀이 경험이 더욱 절실하게 요구된다고 하겠다. 장애아는 놀이의 양적·질적 측면에서 비장애아와 다른 양상을 보인다. 비장애아에 비해 놀이 유형이나 내용이 단순하고 사회적 놀이에 많은 제한점을 갖는다(김수진, 2004).

Saracho와 Spodek(1987)에 의하면 장애아에게 놀이 경험을 제공하기 위해서는 먼저 장애의 유형과 수준에 따라 적합한 놀이 활동을 선택하고 장애아가 안전하게 놀이할 수 있는 물리적 환경을 준비해야 한다. 장애아의 놀 권리를 찾아주기 위해서 장애아의 특별한 요구를 수용할 수 있는 놀이 환경 제공, 놀이에서 배제되지 않도록 참여기회 개방, 다양한 놀이 여건 마련 등이 보장되어야 한다(노은호·주혜영, 2011). 또한 장애아의 놀이를 격려하고 지도하며 함께 놀아 주는 교육적, 사회적 분위기가 조성되어야 한다.

10장에서는 장애를 지적장애, 신체장애, 정서장애의 세 가지 유형으로 분류하여 각 장애 유형에 따른 놀이 특징과 바람직한 지도법 및 놀이 환경 조성에 관하여 살펴보고자 한다.

1 지적장애아와 놀이

지적으로 장애를 보이는 영유아의 놀이 특징과 놀이 지도, 환경 구성에 대해 살펴보고자 한다.

1) 지적장애아의 놀이 특징

지적장애아란 지적 능력이 지속적으로 지체되어 있거나 미발달 상태에 머물러 있는 영유아를 뜻하는데 이러한 영유아들은 적응 행동에도 현저한 장애를 보이는 것이 특징이다.

지적장애아와 비장애아의 놀잇감 선택, 놀이지속시간 및 놀이 활동 유형을 비교, 분석한 연구(Beeghly, Perry, & Cicchetti, 1989; Wing, Gould, Yeates, & Brierly, 1977)에 의하면, 지적장애아들은 비장애아에 비해서 놀잇감과의 상호작용이 현저하게 적었으며, 사회적 놀이에서 지체현상을 보였다. 그 밖에 지적장애아도 상징놀이를 하지만 생활 연령보다 정신 연령의 영향을 많이 받아서 비장애아보다 늦게 상징놀이를 시작하였으며 상징놀이의 수준이 낮은 것으로 밝혀졌다. 김수진(2004)에 의하면 지적장애아의 놀이발달은 대체적으로 지체되어 있으며 상징 놀잇감보다 조작놀잇감을 선호하고 놀이습득을 위해 반복훈련이 요구된다고 한다.

전반적으로 지적장애아는 탐색놀이, 구성놀이, 가상놀이 수준이 비장애아보다 낮다고 볼 수 있으며, 대부분 언어적 지체와 환경에 대처하는 능력이 결여되어 사회적 놀이가 뒤떨어진다고 할 수 있다(김수진, 2004; 서현아, 1995; Hughes, 1995).

이러한 지적장애아의 놀이 특징에 대해 Hughes(1995)는 지적장애아의 놀이가 비장애아의 놀이와 질적으로 차이를 보이기보다 정신 연령에 따라 놀이를 하게 되므로 놀이의 지체 현상을 보이는 것이라고 주장하였다.

2) 지적장애아의 놀이 지도 및 환경 구성

지적장애아는 비장애아와 동일한 놀이 욕구를 갖고 있음에도 불구하고 이들에게는 놀이 기회가 충분히 제공되지 못하고 있다. 그 이유를 Frost(1992)는 다음과 같이 지적하였다.

- 지적장애아가 놀이를 통해 기술을 습득할 수 있는 잠재력을 과소평가하기 때문이다
- 지적장애아의 놀이 관련 연구가 부족하여 이에 관한 이론이 정립되지 못했다.
- 놀이 설비와 시설물이 지적장애아에게 부적합하다.
- 지적장애로 인한 증상 때문에 놀이를 할 수 없는 경우가 많다.
- 지적장애아에게는 놀이 지도가 불가능하다고 믿는 일반인의 태도가 문제이다.
- 놀이가 지적장애아의 발달에 미치는 영향력이 올바르게 인식되지 못하는 현실이다.
- 지적장애아의 사고와 부상에 대해 지나치게 염려하기 때문이다.

그러나 최근에는 지적장애아의 놀이를 중요하게 인식하여 많은 학자와 교사, 부모들이 지적장애아에게 적합한 놀이 활동을 개발하고 환경을 구성하는 일에 관심을 쏟게 되었다. 그 결과로 지적장애아 놀이 지도법, 예를 들어 직접적 교수법과 긍정적 강화 및 칭찬, 지적장애아와 비장애아의 통합교육(Sluss, 2005; Strain, 1974)의 효과가 소개되었다.

한편 국내에서 이루어진 유인숙(2007)의 연구에서는 신체표현놀이가 지적장애아의 어휘력을 향상시켰으며 이미숙(1998)의 연구에서도 사회극화 놀이가 지적장애아의 언어 능력을 향상시키는 데 효과가 있는 것으로 나타났다. 또한 한인원(1991), 윤인중(1994)은 놀이 활동이 지적장애아의 적응 행동 발달에 긍정적인 영향을 미친다고 밝혔다. 주연경(2005)도 지적장애아의 사회적 기술을 발달시키는 데 집단놀이가 효과적이라고 보고하였다.

지적장애아를 위한 놀이 환경 조건을 소개하면 다음과 같다(Frost & Klein, 1979).

- 지적장애아의 능력, 흥미 및 주변 여건에 맞는 놀이 환경을 조성한다. 놀이 시설은 한 가지 용도 이상으로 사용 가능하며 지체 정도가 다양한 영유아가 함께 사용할 수 있도록 설계되어야 한다.
- 지적장애아의 호기심과 탐구심을 자극하는 놀이 환경을 제공한다.
- 지적장애아의 각기 다른 인지적, 지각 운동적 놀이 욕구를 만족시키고 학습을 촉진시키는 놀잇감과 놀이 활동이 단계별로 제공되어야 한다.
- 지적장애아가 성공의 기쁨, 확신감과 자긍심을 갖도록 도와주는 환경이어야 한다.
- 지적장애아의 학습에 모델이 되는 비장애아와 성인들이 함께 참여하는 환경을 조성한다.
- 견고하면서 융통성 있게 변화시킬 수 있는 놀이 환경을 제공한다.
- 지적장애아들이 일상생활에 적응할 수 있도록 도와주는 놀이 환경이어야 한다.

2 신체장애아와 놀이

신체장애아의 놀이를 학자들의 연구 결과를 중심으로 시각장애아, 청각 및 언어장애아, 지체부자유아로 분류하여 놀이 특징, 놀이지도 및 환경구성에 관하여 살펴보겠다.

1) 시각장애아의 놀이

시각장애아의 놀이를 연구한 Troster와 Bambring(1994)은 시각장애아의 놀이가 비장애아와 다른 점을 다음 여덟 가지로 지적하였다. 첫째, 시각장애아는 주변 환경과 사물을 탐색하는 능력이 지체되어 있으며, 둘째, 다른 사람과 함께 하는 놀이에 참여하지 않고 혼자 놀이를 주로 하며, 셋째, 덜 자발적으로 놀이하며, 넷째, 일상생활의 모방을 거의 하지 않으며, 다섯째, 인형놀이를 덜 하며, 여섯째, 또래보다는 어른과 함께 놀이하며, 일곱째, 상징놀이와 역할놀이가 현저하게 지체되며, 여덟째, 공격적인 놀이는 거의 하지 않는다(Frost, Wortham, & Reifel, 2001, 재인용).

이러한 주장과 유사하게 Celeste(2006)의 연구에서도 시각장애아는 주로 혼자 놀이를 하였고 또래보다는 성인과 상호작용하는 것을 더 선호하는 것으로 밝혀졌다. 또한 Singer와 Streiner(1966)가 시각장애아의 놀이를 연구한 결과, 이들의 놀이는 비장애아의 놀이보다 덜 상상적인 특징을 보였다. 이러한 결과는 시력이 상상력 발달에 중요한 역할을 한다는 사실을 암시한다(Frost, 1992, 재인용).

이상에서 살펴본 바와 같이 시각장애아의 놀이에는 여러 측면에서 특징이 있으나 많은 연구에서 강조되는 사실은 시각 장애아의 정서적, 사회적, 지적, 신체적 발달을 위해서 놀이 경험이 꼭 필요하다는 점이다. 이를 입증한 국내 연구로 이효신·정신애(2004)는 극놀이 경험이 시각장애아의 사회적 상호작용 증진에 효과적이었음을 밝혔고, 강주희(2012)는 쌓기놀이 활동이 시각장애아의 수세기 및 공간 능력을 향상시키는 유용한 수단임을 증명하였다. 김정현(2012)의 연구에서도 게임 활동이 시각장애아의 수학 문제해결력을 향상시키고 수학적 태도 형성에 긍정적 영향을 미치는 것으로 나타났다.

시각장애아의 놀이를 촉진시킬 수 있는 방법을 살펴보면 다음과 같다(김영은·이건하, 2007; Frost, 1992).

- 놀이 설명 : 놀이를 시작하기 전에 놀이 환경, 시설물의 위치 및 형태, 놀잇감, 게임 및 놀이 활동, 놀이 친구 등에 관하여 시각장애아와 함께 이야기 나누는 시간을 충분히 갖고 구체적으로 설명해준다.
- 감각적 놀이 환경 : 시각장애아가 다양한 감각 경험을 할 수 있는 놀이 환경을 조성한다. 특히 촉각, 청각 및 공간 지각력을 자극하는 환경이 필요하다. 예를

들어 놀이 시설물 주변의 지면이나 보도의 경사 및 감촉을 각각 다르게 만들면 시각장애아에게 많은 도움이 된다. 또한 놀이 시설물 주변에 생기는 그늘의 온도 차이로 각 시설물을 인지할 수 있도록 훈련시킬 수 있다. 촉감 지도(tactile maps)를 중요한 장소에 비치해 두는 것도 시각장애아에게 도움이 된다. 촉감 지도란 시각장애아가 주변 환경을 촉감으로 파악할 수 있도록 실제 환경의 질감과 유사한 자료(예 잔디 – 펠트지)를 붙여 만든 지도를 뜻한다(Renshaw & Zimmerman, 2007). 그 밖에 감각을 자극하는 열쇠, 플라스틱 그릇, 나무숟가락 등을 제공하여 탐색하게 하고 인형이나 자동차로 상상놀이를 해 보도록 격려한다.

- 연습 : 교사는 시각장애아가 다양한 놀이 시설물과 놀잇감을 다른 사람의 도움 없이 독립적으로 안전하게 사용할 수 있도록 연습시킨다. 장애아가 미끄럼틀을 안전하게 올라가고 미끄러져 내려오며, 기어오르기 시설물에 오르고 내려올 수 있도록 연습시킨다. 또한 안전을 위해 모든 시설물에 난간(guard rail)을 설치해 주면 자발적으로 연습하는 데 도움이 된다.
- 강화 : 시각장애아가 적절한 놀이 행동을 했을 경우나 목적을 달성했을 때 교사는 강화해 준다. 그러나 강화는 단계적으로 줄여나가고 놀이 행동 자체에서 보상을 얻도록 지도한다.
- 통합 : 시각장애아와 비장애아를 통합시켜 함께 놀이하도록 한다. 최상의 교사는 바로 또래이기 때문이다.
- 피드백(feedback)과 평가 : 교사는 시각장애아와 함께 놀이에 대해 평가한다. 평가 내용을 계획의 달성 여부에 국한시킬 필요는 없다. 교사가 해야 할 중요한 역할은 장애아가 자신의 놀이 행동을 되짚어 보도록 도와주고 적절한 격려와 칭찬을 해 주는 것이다.

2) 청각 및 언어장애아의 놀이

청각 및 언어장애아의 놀이를 분석한 여러 연구에서(Esposito & Koorland, 1989; Mann, 1984) 청각장애아는 비장애아에 비해 협동적인 가상놀이를 덜 하고 사물의 상징적 활용을 덜 하는 것으로 밝혀졌다(Hughes, 1995, 재인용). 청각장애아는 언어장애를 수반하므로 또래들과 의사소통이 원활하지 못하다. 따라서 청각장애아는 놀이 친구와의 상호작용을 거의 하지 않는 단독놀이나 병행놀이를 많이 하는 경향을 보인다(Saracho & Spodek, 1988). 그러나 1세에서 3세 청각장애아를 대상으로 연구한 Blum, Fields, Schareman과 Silber(1994)는 청각장애아도 모형 놀잇감으로 실물을 대체하여 표상하고 자신의 경험을 상징놀이에 재현할 능력이 있으나 다만 상징놀이의 복잡성이 비장애아보다 뒤떨어질 뿐이라고 주장하였다.

우리나라의 청각장애아와 비장애아의 실외 놀이를 비교한 갈영이(2004)의 연구에서도 청각장애아는 비장애아보다 또래와의 상호작용은 덜하고 위축 행동을 더 많이 하는 것으로 밝혀졌다. 또한 청각 및 언어장애아에게 놀이 경험이 미치는 영향을 분석한 한옥순(2001)의 연구에서는 그림책을 활용한 극화 놀이가 장애아의 어휘습득을 향상시켰다.

청각장애아에게 필요한 놀이로 운동놀이, 극놀이, 게임 종류가 제안되고 있다(Saracho & Spodek, 1988).

- 운동놀이 : 청각장애아의 운동 능력은 비장애아에 뒤떨어지지 않는다. 청각장애아는 경쟁적인 운동놀이를 좋아하므로 다양한 운동놀이를 제공한다.
- 극놀이 : 청각장애아는 의사소통이 원활하지 못하므로 극놀이, 특히 무언극놀이를 통해 친구와의 사회적 상호작용을 자주 경험하도록 한다.
- 게임 : 언어가 사용되지 않는 게임, 예를 들어 줄다리기, 릴레이 경주 등을 통해 경쟁심과 협동심을 촉진시킬 수 있다. 청각장애아와 비장애아의 통합 학급에서 언어 게임을 하는 경우에는 팀 전체가 함께 언어 반응을 하는 게임 종류를 선택하면 효과적이다.

3) 지체부자유아의 놀이

지체부자유아란 팔, 다리, 목, 척추 등이 외형상으로 비장애아와 달리 변형되었거나 변형은 없더라도 지체의 기능이 부자유스러운 영유아를 뜻한다.

신체적으로 장애가 있는 영유아들 가운데 지적 발달은 정상이거나 우수한 경우도 많다. 그러나 일반적으로 지체부자유아는 주변 환경에 적응하는 데 문제가 있을 뿐 아니라 그들의 신체장애를 이해하지 못하는 주변 사람들을 접할 때 어려움을 겪게 된다. 또한 비장애아들이 즐기는 놀이 활동에서 제외됨으로써 소외감을 느끼기도 한다.

지체부자유아를 위한 놀이 환경 가운데 특히 문제가 되는 것은 실외 놀이장이다. 지체부자유아를 위한 실외 놀이장을 설계하는 데 있어서 가장 기본적으로 고려되어야 할 점은 접근성(accessibility)이다. 즉, 휠체어를 탄 장애아가 놀이장의 모든 영역이나 시설물에 자유로이 접근할 수 있도록 설계하여야 한다(김영은·이건하, 2007).

이러한 접근성 문제를 해결하기 위해서 Frost(1992), Moore, Goltsman과 Iacofano(1992)는 다음과 같이 제안하고 있다.

- 실외 놀이장은 지체부자유아가 휠체어를 타고 막히는 곳 없이 계속 이동할 수 있도록 순환형(continuous circulation)으로 설계되어야 한다(그림 10-1).
- 실외 놀이장의 시설물, 언덕에 올라가기 위하여 설치하는 경사로(ramps)의 각도는 8.33%(⊿ 밑변 12 : 높이 1)를 초과하지 않도록 한다. 휠체어 사용에 적절한 경사로의 각도는 5~6%이다(⊿ 밑변 20 또는 16.6 : 높이 1).
- 물·모래놀이 영역은 장애아가 휠체어를 탄 상태에서 놀 수 있도록 높이는 76~81cm, 밑부분은 움푹 들어가게 만든다(그림 10-2). 그러나 휠체어에만 의지하지 말고 의자에서 내려 참여하도록 격려한다.
- 모든 경사로와 놀이 시설물에는 난간을 만들어야 한다. 또한 놀이 시설물에서 휠체어의 방향을 바꿀 수 있도록 전환 플랫폼(platform)을 만든다(김영은·이

건하, 2007).

- 실외 놀이장에는 가능하면 층계를 만들지 않는 것이 좋다.

[그림 10-1] 순환형으로 설계된 실외 놀이장

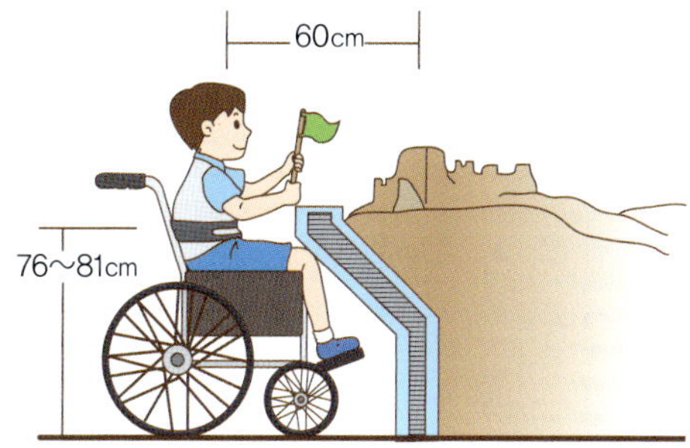

[그림 10-2] 지체부자유아를 위한 모래밭

[그림 10-3] 지체부자유아를 위한 미끄럼틀

- 미끄럼틀은 지체부자유아가 이용할 수 있도록 경사로를 만들어 휠체어를 타고 미끄럼틀 꼭대기까지 올라갈 수 있게 한다(그림 10-3).
- 중증의 지체부자유아를 위해서는 상자 형태(box-type)의 의자 그네를 제공한다.
- 실외 놀이장의 문과 출입구는 휠체어가 이동하기 쉽도록 양쪽으로 열리게 만들며 문의 폭은 최소한 80cm 이상이어야 한다.
- 실외 놀이장의 화장실과 세면대는 지체부자유아가 편리하게 이용할 수 있게 만든다.

그 밖에 지체부자유아의 놀이 발달을 촉진시키기 위해서는 부모나 교사가 중요한 역할을 담당하는데 그들의 역할을 구체적으로 설명하면 다음과 같다(Frost, 1992; Frost, Wortham, & Reifel, 2001).

- 비장애와 통합하여 또래 간 상호작용하며 놀이하게 한다.
- 지체부자유아의 장애 유형이나 장애 정도에 맞으면서 안전한 놀이 환경, 놀잇감 및 시설물을 제공하여 지체부자유아가 두려워하지 않고 다양한 놀이에 적극적으로 참여하도록 격려한다.
- 장애아의 놀이를 관찰하고 적절한 시기에 개입하여 도와준다.

3 정서장애아와 놀이치료

놀이는 오래전부터 정서부적응아의 치료에 활용되었다. 놀이치료란 '놀이를 주 매체로 활용하여 영유아가 가지고 있는 심리적인 문제를 스스로 극복하고 최적의 발달을 이루도록 도와주는 치료상담의 한 가지 형태'이다(김광웅·유미숙·유재령, 2004: 15). 놀이치료법의 근거는 놀이가 영유아의 자연스러운 자기표현이라는 사실에 있다. 즉, 심리적으로 문제를 지닌 영유아가 자연스런 놀이 활동을 통해서 자신의 문제를 표현하고, 불안과 긴장을 해소하면서 차츰 자신의 문제에 대한 통찰력(insight)을 갖게 되어 보다 긍정적이고 적극적인 방향으로 나가도록 이끌어 준다는 것이다(김광웅, 1982).

놀이가 치료에 처음으로 사용된 것은 S. Freud가 '어린 한스(little Hans)'를 치료한 것에서 비롯되지만, 놀이 상황을 유아 정신치료에 실제로 활용한 사람은 Hug-Hellmuth(1919)이다. Freud의 제자인 그는 정서부적응아를 관찰하고 이해하기 위하여 놀이를 도입하였다. Hug-Hellmuth의 방법은 영유아의 놀이를 관찰하여 놀이에 수반되는 모든 동작을 일종의 상징으로 해석하는 것인데, 사용된 상징들은 주로 부모에 대한·성적 욕구와 억압된 적개심이었다(Guerney, 1984, 재인용).

이후로 Klein, A. Freud, Axline 등의 학자들이 놀이치료를 도입하고 이론화하는 데 크게 기여하였으며 이를 토대로 현재까지 다양한 놀이치료 방법이 개발되어 현장에서 활발하게 적용되고 있다.

우리나라 유아교육계에 놀이치료가 처음 도입된 것은 1970년대 중반 주정일 교수에 의해서이다(김광웅·김화란, 2009). 그 후 1987년 놀이치료기관으로 원광아동상담센터가 설립된 이래로, 서울대학부속병원 놀이치료실, 강남종합사회복지관, 가양4종합사회복지관, 보라매 청소년수련관, 연세대학교 어린이생활지도연구원 아동가족상담센터 등에서 놀이치료를 활발하게 이어가고 있다.

본 절에서는 Guerney의 분류 기준에 따라 놀이치료 접근법을 소개하고 치료 과정을 간략하게 설명하고자 한다.

1) 놀이치료 접근법

놀이치료가 실제로 적용될 때에는 다음 세 가지 차원에 따라 접근 방법이 각기 달라진다(Guerney, 1984).

- 놀이치료가 개별치료 또는 집단치료로 이루어지는가
- 놀이 행동을 얼마나 구조화하는가
- 치료자의 역할이 얼마나 지시적인가

Guerney는 놀이치료를 크게 비지시적 놀이치료와 지시적 놀이치료로 분류하고, 지시적 놀이치료법을 놀이 내용을 강조하는 치료법과 상호관계를 강조하는 치료법으로 다음과 같이 세분화하였다.

- 놀이치료
  - 비지시적 놀이치료 (nondirective therapy)
  - 지시적 놀이치료 (directive therapy)
    - 내용 중심의 놀이치료
      - 정신분석학적 놀이치료 (psychoanalytic play therapy)
      - 이완놀이치료 (release therapy)
      - 이야기 꾸미기 기법 (mutual storytelling technique)
    - 상호관계 중심의 놀이치료
      - 치료놀이 (theraplay)
      - 인지행동적 접근법 (cognitive behavioral approach)

(1) 비지시적 놀이치료

비지시적 놀이치료는 Axline(1969)이 개발한 놀이치료법으로 영유아 중심놀이치료(child-centered play therapy)라고도 한다. 이 놀이치료법은 인간의 내부에는 자신의 문제를 만족스럽게 해결할 수 있는 능력이 있을 뿐 아니라 성숙한 행동을 하고 싶어 하는 성장 충동이 있다는 가정에 기초하여 놀이 행동에 통제나 지시를 하지 않고 자유롭게 놀이하도록 허용한다. 놀이치료자는 영유아의 놀이 행동을 관찰하여 영유아가 자신의 내적 세계를 탐색하고 이해하도록 이끌어주는 역할을 한다(최영신, 2014).

비지시적 놀이치료가 효율적으로 이루어지기 위하여 Axline은 치료자들이 지켜야 할 여덟 가지 원칙을 다음과 같이 제시하였다.

- 치료자는 영유아와 따뜻하고 친밀한 유대감(rapport)을 형성해야 한다.
- 치료자는 영유아를 있는 그대로 수용해야 한다.
- 치료자는 영유아와 허용적 관계를 맺음으로써 영유아가 자신의 감정을 모두 표현할 수 있게 한다.
- 치료자는 영유아가 표현한 감정을 민감하게 인지하고 그 감정을 반사시켜 줌으로써 영유아가 자신의 행동에 통찰력을 갖도록 한다.

- 치료자는 영유아가 자신의 문제를 해결할 수 있는 능력이 있음을 존중해야 한다.
- 치료자는 영유아의 행동이나 대화를 지시하려고 시도해서는 안 된다.
- 치료자는 치료를 서둘러서는 안 된다.
- 치료자는 필요한 경우에만 제재를 가한다.

한편 비지시적 놀이치료는 개별치료뿐 아니라 집단치료로 실시할 수 있는데, 어느 방법이 더 효율적인가 하는 것은 영유아가 당면한 문제의 특성이나 발달 수준에 따라 다르다. Axline은 영유아의 문제가 주로 사회적 적응에 관련된 경우에는 집단치료가 효과적이지만 정서장애에 관련된 경우에는 개별치료가 더 유용하다고 주장했다.

비지시적 놀이치료에 사용되는 놀잇감으로는 우유병, 가족 인형, 가구가 있는 인형 집, 병정 인형과 무기, 각종 동물 인형, 소꿉놀잇감(탁자, 의자, 아기용 흔들침대, 인형 침대, 난로, 장난감 접시, 냄비, 숟가락, 인형 옷, 빨랫줄과 빨래집게, 빨래통 등), 인형(커다란 헝겊 인형, 종이 인형, 손 인형 등), 인형극 틀, 크레용, 찰흙, 손가락 그림 물감, 모래, 물, 장난감 권총, 나무, 못판, 나무막대기, 장난감 자동차, 비행기, 탁자, 화판, 손가락 그림 물감과 찰흙, 작업용 탁자, 장난감 전화, 선반, 물동이, 작은 빗자루, 걸레, 헝겊 조각, 종이(도화지, 손가락 그림용 종이, 헌 신문지, 가위로 오릴 재활용 종이), 각종 그림(사람, 집, 동물, 기타 사물 그림), 빈 바구니 등이다(Axline, 1969).

(2) 지시적 놀이치료

지시적 놀이치료에서는 놀이치료자의 직관적 통찰, 목표 및 처방에 따라 영유아의 놀이를 지도한다. 즉, 영유아에게 놀이의 자유를 전적으로 부여하지 않고 치료자가 놀이 경험이나 놀잇감, 놀이 방법 등을 지시하는 것이다.

Allen(1934)에 의하면, 지시적 놀이치료는 치료의 내용이나 영유아와 치료자의 상호관계, 이 두 가지 중 어느 것을 강조하느냐에 따라 접근법이 달라진다고 한다. 내용을 강조하는 입장에서는 놀이를 영유아의 무의식적인 욕구와 환상을 표출시키는 매체로 간주하며, 상호관계를 중요시하는 입장에서는 영유아와 치료자가 상호관계를 맺는 것에 놀이의 가치를 두고 있다(Guerney, 1984, 재인용).

다음에 지시적 놀이치료에 속하는 놀이치료법을 내용 중심의 치료와 상호관계 중심의 치료로 분류하여 소개하고자 한다.

1 내용 중심의 놀이치료

① 정신분석학적 놀이치료

정신분석학적 놀이치료(psychoanalytic play therapy)에서는 영유아가 자신의 무의식적 갈등에 대해 통찰력을 갖게 하기 위하여 치료자가 영유아의 말과 행동을 해석하는 것을 중요시한다. 정신분석학적 놀이치료의 대표적 학자로 Klein과 A. Freud를 꼽을 수 있는데 이 두 학자는 다소 의견 차이를 보이고 있다. Klein은 영유아가 놀이를 통해 자신의 모든 것을 표현하므로 놀이와 자유 연상은 동등하다고 간주하였다. 그러나 A. Freud는 놀이와 자유 연상을 동등하게 취급하는 것은 부당하다고 주장하였다. 왜냐하면 영유아의 놀이는 재미 때문에 자발적으로 하는 행동이므로 어떤 상징적 의미가 있는 것으로 해석할 때 무리가 생길 수 있다고 우려하였다. 예를 들어 Klein은 영유아의 놀이 행동에 상징적 의미가 있다고 생각하여 어떤 영유아가 장난감 트럭을 충돌시키는 놀이를 한다면 이를 성적 문제에 대한 표현으로 해석했다. 한편 이런 해석에 대해 A. Freud는 트럭충돌놀이가 어떤 상징적 의미를 지닌 것이 아니라 단순히 관찰한 내용을 재현한 것일 수도 있다고 설명했다(Hughes, 1995, 재인용). A. Freud는 놀이의 치료적 가치는 영유아의 놀이 행동을 관찰함으로써 유용한 정보를 수집하여 그들의 심리적 세계를 이해하는 것이라고 주장하였다.

② 이완놀이치료

Levy(1932)는 이완놀이치료법(release therapy)을 개발하였다. 이 치료법은 특정놀이 상황을 의도적으로 구성해 놓고 영유아에게 자유로운 놀이를 허용함으로써 정서 발달에 장애를 야기시킨 과거 경험을 놀이에 반복 재생시켜서 부정적인 정서를 해소하게 하는 방법이다(Schaefer, 1985, 재인용). 예를 들어 괴물이 나오는 영화를 보고 나서 야경증에 걸린 경우, 괴물 인형을 가지고 놀게 함으로써 불안감과 공포심을 해소하도록 치료하는 것이다.

③ 이야기 꾸미기 기법

Gardner(1971)는 영유아의 그림, 찰흙 작품이나 인형에 대해 설명을 하도록 유도하는 전통적인 치료 방법에 현대적 기법을 접목시켜서 치료자와 영유아가 서로 이야기를 꾸미는 치료 기법(the mutual storytelling technique)을 개발하였다. 이 치료법에서는 영유아에게 'TV 쇼' 구성을 위하여 치료자와 이야기를 꾸며 보도록 유도한다. 정해진 줄거리에 따라 치료자가 이야기 꾸미기를 시작하면, 영유아가 이를 받아 이야기를 연결해 나기는 '빈칸 채우기'식으로 진행하며 치료자는 영유아가 꾸민 이야기를 재구성하여 들려준다. 이러한 상호 이야기 꾸미기를 통해 영유아가 자신의 정서적 문제를 꿰뚫어 볼 수 있게 된다(Guerney, 1984, 재인용).

2 상호관계 중심의 놀이치료

① 치료놀이

치료놀이(theraplay)는 Jernberg(1979)에 의해 개발되었으며 근본 원리는 영유아기에 감각 경험이 결핍되면 이후에 정서장애가 발생한다는 이론에 기초하고 있다. 감각 경험의 결핍은 흔히 부모가 자녀에게 적절한 자극을 제공하지 못했거나 영유아 스스로 자극을 처리할 능력이 없기 때문에 야기되는 경우가 많다. 이처럼 영유아기의 자극 경험이 결핍되면 자신에 대한 확신감과 타인에 대한 신뢰감을 발달시키지 못하게 된다(Guerney, 1984, 재인용). 치료놀이법은 치료자가 영유아 눈을 마주 보고 어루만져 주거나 쓰다듬는 등의 신체적 접촉을 함으로써 영유아가 애착을 형성하고 타인에 대한 신뢰감을 증진시키게 하는 치료법이다(장애연, 2016).

② 인지행동적 접근법

행동 수정 이론을 놀이 상황에 적용하는 행동주의적 접근법(behavioral approach)과 인지이론을 통합하여 적용하는 놀이치료법이다. 이 치료법에서는 사고와 감정을 동시에 고려하여 대처기술, 자기통제, 자기효능감을 증진하도록 돕는다. 치료자는 적극적으로 개입하여 적절한 모델링을 제공하고 칭찬이나 강화를 사용하여 특정기술을 가르치는 역할을 한다(김광웅·유미숙·유재령, 2004). ADHD 증상을 보이는 유아에게 사탕 나르기, 블록 쌓기 등 인지행동적 게임놀이를 실시한 결과, 주의력이 향상되었다고 한다(이초용, 2011).

2) 놀이치료 과정

놀이치료의 과정은 치료자와 영유아, 부모의 첫 만남이 이루어지는 접수상담으로 시작되어 사정평가 및 치료계획을 세우고 실제 치료에 들어가 초기, 중기 과정을 거쳐 치료 종결로 마무리된다. 놀이치료 과정을 간략히 소개하면 다음과 같다(김광웅·유미숙·유재령, 2004; 이숙·최정미·김수미, 2002; Landreth, 2009)

(1) 접수상담

영유아의 부모나 주 양육자가 치료의 필요성을 느끼고 놀이치료실에 치료를 의뢰하여 전문가와 상담하는 첫 만남이 이루어지는 단계이다. 이 단계에서는 부모 면담, 영유아 면담이나 놀이 행동 관찰을 통해 치료받을 영유아의 생육사, 발달사, 현재의 생활 상태 등 중요한 정보를 수집한다. 이런 과정을 통해 치료자는 영유아가 보이는 문제의 특성을 개략적으로 이해하고 그런 문제가 나타나게 된 배경에 대한 가설을 세운다.

(2) 사정평가 및 치료계획

접수상담이 완료되면 그다음 단계로 객관적인 평가를 통해 영유아의 문제 행동이 왜, 무엇에 의해 발생했으며, 언제부터 악화되었는지 등을 파악하기 위해 놀이를 관찰하고 구조화된 검사나 투사검사(예 동작성 가족화 검사)를 실시한다. 또한 평가 결과를 토대로 영유아에게 적합한 놀이치료 계획을 세운다. 즉, 최적의 치료 목표, 치료 방법 및 치료 일정을 구체적으로 계획한다. 일반적으로 놀이치료는 일주일에 1~2회, 1회 50분 정도의 치료 시간을 기본으로 하지만 영유아 증상의 심각성, 놀이치료법의 유형, 치료 효과 등에 따라 융통성 있게 조정한다.

(3) 초기 놀이치료

놀이치료 초기 단계에서 가장 중요한 목표는 영유아와 치료자가 신뢰관계를 맺는 것이다. 영유아가 낯선 치료실 환경과 치료자를 탐색하면서 유대감을 형성하도록 도와주어야 한다. 치료자는 수용적인 태도를 취하고 영유아의 감정을 적절히 반영해 주며 동기부여를 해 주어 영유아가 자유롭고 편안하게 놀이 활동을 하도록 한다.

(4) 중기 놀이치료

놀이치료 중기에 접어들면서 영유아는 자신에게 내재되어 있는 억압된 부분들을 놀이에 활발하게 표출하기 시작한다. 치료자는 영유아가 과거에 경험했던 상처와 결핍을 극복하고 현재 생활에 맞게 활동할 수 있는 새로운 경험으로 재형성하도록 도와주어야 한다.

(5) 치료 종결

치료 목표가 달성되어 영유아가 일상생활에서 안정을 찾고 적응을 하며 문제 행동이 사라지기 시작하면 놀이치료를 종료한다. 놀이치료의 종결은 영유아, 부모, 치료자가 함께 협의하고 받아들여서 부작용 없이 이루어져야 한다. 적어도 치료 종결 4주 전부터 종결 시기를 알려 주고 종결에 따른 상실감이나 거부감을 느끼지 않고 영유아가 종결을 준비할 수 있도록 천천히 계획을 세워 진행한다.

참고문헌

갈영이(2004). 통합된 청각장애유아와 일반 유아의 실외 놀이에서 나타난 사회적 행동 비교 연구. 공주대학교 교육대학원 석사학위논문.

강주희(2012). 쌓기놀이 활동이 시각장애유아의 수세기능력 및 공간능력에 미치는 영향, 이화여자대학교 교육대학원 석사학위논문.

김광웅(1982). 유아 생활 지도. 서울: 학문사.

김광웅·유미숙·유재령(2004). 놀이치료학. 서울: 학지사.

김광웅·김화란(2009). 처음 만나는 놀이치료. 서울: 학지사.

김수진(2004). 장애유아 놀이 활동의 실제, 국립 특수 교육원, 자격연수(6), 113-128.

김영은·이건하(2007). 장애아동을 고려한 놀이 환경 기본계획방향에 관한 연구. 大韓建築學會論文集: 計劃系, 23(10), 29-36.

김정현(2012), 수학게임 활동이 시각장애유아의 수학 문제해결능력과 수학적 태도에 미치는 효과. 시각장애연구, 28(2), 229-245.

노은호·주혜영(2011). 인권문서를 통해서 본 장애유아의 놀 권리 보장에 관한 연구. 한국보육학회지, 11(1), 59-73.

서현아(1995). 발달지체유아와 정상 유아의 놀이 행동 양식비교. 대구대학교 대학원 박사학위논문.

유인숙(2007). 동화를 통한 신체표현놀이가 정신지체아동의 어휘력 향상에 미치는 효과. 대구대학교 교육대학원 석사학위논문.

이미숙(1998). 사회극화놀이가 정신지체아의 언어능력 향상에 미치는 효과. 우석대학교 교육대학원 석사학위논문.

이숙·최정미·김수미(2002). 현장중심 놀이치료. 서울: 학지사.

이초용(2011)). 인지행동적 게임놀이치료가 ADHD 성향 유아의 실행기능에 미치는 효과. 덕성여자대학교 대학원 석사학위논문.

이효신·정신애(2004). 극놀이 역할 참여가 시각장애 유아의 사회적 상호작용에 미치는 효과, 특수교육재활과학연구, 43(2), 243-263.

장애연(2016). 상호작용 집단치료 놀이 프로그램 개발 및 적용. 중앙대학교 대학원 박사학위논문.

주연경(2005). 집단놀이 활동이 정신지체아의 사회적 기술에 미치는 효과. 대구대학교 재활과학대학원. 석사학위논문.

채종옥·이경화·김소양·김연진(2013). 놀이 지도. 경기: 양서원.

최영신(2014). 아동 중심 놀이치료에서의 놀이과정 관찰지표 개발. 충북대학교 대학원 박사학위논문.

한옥순(2001). 이야기극화놀이가 언어발달지체아동의 어휘습득에 미치는 효과. 단국대학교 대학원 석사학위논문.

한인원(1991). 놀이 활동이 정신지체아의 적응 행동 발달에 미치는 영향. 숙명여자대학교 교육대학원 석사학위논문.

Axline, V. M. (1969). *Play therapy*. New York: Ballantine Books.

Beeghly, M., Perry, B. W., & Cicchetti, D. (1989). Structural and affective dimensions of play development in young children with Down's syndrome. *International Journal of Behavioral Development, 12*, 257-277.

Blum, E. J., Fields, B. C., Scharfman, H., & Silber, D. M. (1994). Development of symbolic play in deaf children aged 1 to 3. In A. Slade, & D. P. Wolf (Eds.). *Children at play: Clinical and developmental approaches to meaning and representation*(pp. 238-260). New York: Oxford University Press.

Celeste, M. (2006). Play behaviors and social interactions of child who is blind: In theory and practice. *Journal of Visual Impairment & Blindness, 100*(2), 75-90.

Frost, J. L., & Klein, B. L. (1979). *Children's play and playgrounds*. Boston: Allyn & Bacon.

Frost, J. L. (1992). *Play and playscapes*. Albany, NY: Delmar Publishers Inc.

Frost, J. L., Wortham, S. C., & Reifel, S. (2001). *Play and child development*. Upper Saddle River, NJ: Merrill Prentice Hall, Inc.

Guerney, L. F. (1984). Play therapy in counseling settings. In T. D. Yawkey and A. D. Pellegrini (Eds.), *Child's play: Developmental and applied*(pp. 291-321). Hillsdale, NJ: Lawrence Erlbaum.

Home, B. M., & Philleo, C. C. (1976). A comparative study of the spontaneous play activities of normal and mentally defective children. In J. S. Bruner, A. Jolly and K. Sylva (Eds.), *Play: It's role in development and evolution*(pp. 512-520). New York: Penguin

Books.

Hughes, F. P. (1995). *Children, play and development*. Boston: Allyn and Bacon.

Koegel, R. L., Firestone, P. B., Kramme, K. W., & Dunlap, G. (1974). Increasing spontaneous play by suppressing self - stimulation in autistic children. *J. of Applied Behavior Analysis, 7*, 521-528.

Landreth, G. (2009). 놀이치료 : 치료관계의 기술. 유미숙 (역). 서울: 학지사. (원본발간일. 2002년).

McMahon, L. (1992). *The handbook of play therapy*. London: Routledge.

Moore, R. C., Goltsman, S. M., & Iacofano, D. S. (Eds.) (1992). *Play for all guidelines: Planning, design and management of outdoor play settings for all children*, Berkeley, CA: MIG Communications.

Renshaw, R. L., & Zimmerman, G. J. (2007). Using a tactile map with a 5-year-old child in a large - scale outdoor environment. *Review: Rehabilitation Education for Blindness and Visual Impairment. 39*(3), 113-121.

Saracho, O. N., & Spodek, B. (1987). Play for young handicapped children in an integrated setting, Part Ⅰ. *Day Care and Early Education, 15*(2), 32-35.

Saracho, O. N., & Spodek, B. (1988). Play for young handicapped children in an integral setting, Part 2. *Day Care and Early Education, 15*(3), 31-33.

Schaefer, C. E. (1985). Play therapy. *Early Child Development and Care, 19*, 95-108.

Schaefer, C. E., & Reid, S. E. (Eds.). (2001). *Game play: Therapeutic use of childhood games*. New York: John Wiley & Sons, Inc.

Sluss, D. J. (2005). *Supporting play: Birth through age eight*. New York: Thomson Delmar Learning

Strain, P. (1974). Increasing social play of severely retarded preschoolers with socio-dramatic activities. *Mental Retardation, 13*, 7-9.

Tait, P. (1972). Behavior of young blind children in a controlled play session. *Perception and Motor Skills, 34*, 963-969.

Wing, L., Gould, J., Yeates, S. R., & Brierly, L. M. (1977). Symbolic play in severely mentally retarded and in austic children. *J. of Child Psychology and Psychiatry, 18*, 167-178.

저자소개

이숙재

연세대학교 대학원 교육학박사

현재 : 성신여자대학교 유아교육과 명예교수

저서 : 『영유아 놀이 활동』

『놀이 이론』(공역)

『유아를 위한 운동놀이』(공저)

『영유아의 발달과 교육』(공저)

『창작공예의 이론과 실제』(공저)

『유아 미술 교육』(공저)

제5판

영유아 놀이 이론과 실제

초　판　1쇄 발행 1990년 2월 28일
초　판 14쇄 발행 1996년 8월 26일
개정판 15쇄 발행 2004년 2월 26일
제3판 23쇄 발행 2014년 1월 20일
제4판　7쇄 발행 2018년 1월 11일
제5판　5쇄 발행 2023년 8월 31일

지 은 이 | 이숙재
펴 낸 이 | 김기섭
편 집 인 | 박연순 · 이윤미
펴 낸 곳 | 창지사 www.changjisa.com
08589 서울시 금천구 가산디지털 1로 83 파트너스타워 1차 9층
전화 (02)719-2211~3
팩스 (02)701-9386
등　　록 | 1977년 4월 28일 · 제1-421호

ISBN 978-89-426-1197-3 (93370)

값 24,000원